China Emergency Management Report 2011

中国应急管理报告

2011

主编 洪 毅

国家行政学院出版社

《中国应急管理报告(2011)》编委会

目录

第四部分 2010 年应急管理工作创新专题分析

第六部分　2010年全国应急管理工作大事记

第一部分

权威要论

加快推进建立公共安全综合风险管理体系

国家行政学院副院长　洪毅

过去几年，我国应急体系建设取得了突破性进展，成功应对了四川汶川和青海玉树特大地震等各类重特大突发事件。“十二五”期间，我国应急管理的重点是大力加强应急管理基础能力、全面提高应对复杂多变公共安全形势的综合能力。这就要求我们全面落实预防为主、防范与处置并重、常态与非常态结合的工作原则，重点突出预防和全过程控制，不断推动公共安全风险防范工作创新，切实提高突发事件应对能力。

自20世纪90年代以来，世界各国在推进应急管理工作的过程中，都在强化预防与应急并重、常态与非常态结合的工作原则，积极探索建立公共安全综合风险管理体系，全面提高综合风险防范能力。实践证明，风险管理作为一种科学的管理手段，是完善政府社会管理和公共服务职能，促进科学发展、和谐发展的必然要求，是落实应急管理工作预防为主，常态与非常态管理相结合原则，增强应急管理工作预见性、针对性、科学性和主动性的具体体现，是从更基础层面提升突发事件应对能力的重要抓手，影响深远，意义重大。

一是有利于推动应急管理工作关口前移

突发事件应对重在抓早、抓小、抓苗头，把危险因素发现和控制在萌芽状态。近几年来，我国在突发事件应急处置方面积累了不少好的经验和做法，信息共享、处置联动、舆论引导、军地协同等方面的工作机制不断完善，恢复重建保障机制也在不断健全。相对而言，当前我国各地区各部门预防和应急准备工作基础仍比较薄弱。有的对应急管理认识不到位，将应急管理简单等同于突发事件应急处置，“重处置、轻预防”，“重末端治理、轻源头防范”。有的存在麻痹侥幸心理和“不设防”的思想，习惯于等事上门，未雨绸缪不够。通过开展综合风险管理，对风险进行系统分析与评估，更积极、更主动地采取有针对性的措施，以最小成本最大限度地分散、转移、消除风险，达到最大的安全效果，起到事半功倍的效果。

二是有利于实现对各类风险的综合评估与控制

当今社会，不同地区、不同部门、不同类型的风险之间叠加效应、传递效应和耦合效应日益增强，容易形成“系统性风险”，需要采取综合措施进行应对。近年来，我国在自然灾害、生产安全、食品安全、金融、信访维稳等领域开展了特定类型风险管理工作。但受传统的分部门管理模式影响，当前我国风险管理工作分散于各地区各部门，“重单项、轻综合”、“重自我、轻协作”，难以形成强大合力。通过开展综合风险管理，把自然灾害、事故灾难、公共卫生、社会安全等各类风险放在一个统一的大风险系统中进行统筹考虑、研究不同地区、不同部门、不同类型风险之间的相互影响和相互作用，有利于从整体上实现对公共安全风险的综合评估与控制。

三是有利于强化对突发事件的常态化管理

应急管理工作“功夫在诗外”，不可能一蹴而就、一劳永逸，必须持之以恒、常抓不懈，形成长效机制。作为一种更具前瞻性、基础性、常态化的管理模式，风险管理渗透在城乡规划、建设、管理、运行、服务各个环节。当前，“重突击、轻日常”、“重运动、轻长效”的现象在我国个别地区和部门不同程度存在。各级政府应急管理办事机构在很大程度上承担的仍是传统政府值班室功能，应急任务重，牵头组织开展综合演练、风险评估、应急预案和规划编制等基础性工作不够；不少议事协调机构因无强有力的实体组织支撑，也无法有效组织相关部门经常性地做好预防准备工作。通过开展综合风险管理，并把它作为一项基础性的常规工作抓紧、抓实、抓好，切实在经常性上下功夫，有利于建立突发事件应对的长效机制。

四是有利于提升社会公众风险防范能力

风险沟通是缓解社会恐慌心理，调动社会积极因素参与应急管理工作的重要手段。当前，我国个别地方日常风险沟通机制和快速应急信息发布机制尚未建立，在突发事件发生后风险沟通渠道不畅，信息发布不及时、不准确、不全面，造成部分公众恐慌。例如，在当前我国食品安全工作中，沟通不畅造成误读误解已成为当前一些媒体、消费者和社会公众对食品安全现状有误解、不满意、不信任的重要因素。通过开展公共安全综合风险管理，在政府内部建立信息共享机制，并加强政府与相关专家、社会组织、媒体、公众之间的沟通交流，使社会公众更好地了解风险评估结果，更主动地采取相应的风险控制措施，有利于形成全社会有序参与风险管理的工作格局和畅通有序的风险沟通机制，增强全社会的风险防范能力。

近年来，我国高度重视公共安全风险管理工作，在单灾种风险管理的理论研究和实际应用方面取得了重要进展，自然灾害、生产安全领域成果丰硕，金融风险、社会稳定风险、健康风险等领域扎实推进，《突发事件应对法》等法律法规对综合风险评估工作作了明确规定，北京、上海、广东等地在奥运、世博、亚运等重大活动中进行了积极探索并积累了一些好的经验。不过，我们也要清醒地看到，与全面落实应急管理关口前移的工作原则、有效应对复杂多变的公共安全形势、最大限度地保障民众生命财产安全的要求相比，我国公共安全综合风险管理工作还有不小的差距。这就要求我们认真研究风险管理工作的规律，系统总结各地区各部门的先进做法，学习借鉴世界各国的成功经验，加快构建我国公共安全综合风险管理体系。

当前和今后一段时期，我国推进公共安全综合风险管理工作的基本任务，就是坚持“统一领导、条块结合，分类管理、分级负责，依靠科技、重点突破，动态评估、综合控制，政府主导、社会参与”的原则，建立健全“各级政府分级负责、政府部门依法管理、责任主体认真履责，社会公众积极参与”的工作格局，实现对公共安全风险的全过程综合管理，切实增强应急管理工作的预见性、针对性、科学性和主动性，为促进经济社会的科学发展、和谐发展提供有力保障。

加快推进建立我国公共安全综合风险管理体系，需要着力抓好以下几个方面的重点工作：

第一，大力强化综合风险管理的基础工作

克服“重处置、轻预防”的思想，树立“预防为主、防范高于处置”的观念，将公共安全综合风险管理的理念和方法纳入城乡建设发展规划，并运用于城乡规划、发展、建设、管理、运行、服务等各个环节，逐步推动风险管理的程序化、规范化和制度化。系统分析和评估各种风险因素，并通过优化规划、建设和管理手段，达到消除或控制存量风险，预防或减少增量风险的管理目标，切实实现“无急可应、有急能应”的目标，更积极、更主动、从更基础的层面扎实推进应急管理工作。

第二，不断完善综合风险管理的体制机制

在各级党委、政府统一领导下，依托常态行政管理体制，充分发挥应急体系的统筹协调作用，强化顶层设计，逐步建立健全“横向到边、纵向到底”的综合风险管理体系。明确综合风险管理职责分工，强化各级政府应急管理办事机构的综合协

调作用，发挥有关部门和机构的职能作用和专业优势，对自然灾害、事故灾难、公共卫生、社会安全等各类风险实施统分结合。完善风险分级管理机制，重点推进专项风险管理体系、区域风险管理体系和综合风险统筹协调机制建设。

第三，全面加快综合风险管理的规范化建设

研究出台全国性综合风险管理实施指南和相应的风险管理实施细则与工作规范，更好地指导全国综合风险管理工作的有序开展。完善各类危险源和危险区域的登记、监测、评估和控制机制。推进相关地方和行业公共安全综合风险管理试点工作，探索建立跨地区、跨部门、跨领域的综合风险管理联动机制。积极鼓励各地区、各部门、各单位制定符合各自实际情况的综合风险评估标准。有效整合各地区各部门现有资源，开展综合风险管理相关标准、规范及技术研究等工作。

第四，积极推进地方综合风险管理创新

加强综合性应急演练，建立部门间、地区间、行业间的协调联动机制，提高演练的实用性和实战性，强化上下贯通、左右联动的应急处置实战技能。依靠专家、依托科技，强化风险管理科技支撑，逐步建立综合风险管理信息化体系，实现对危险源和危险区域的综合监测、快速研判、科学评估、有效控制。充分发挥基层组织和单位综合风险管理责任主体和创新主体的重要作用，支持基层和群众积极探索实践，鼓励各地区因地制宜开展工作，为综合风险管理事业源源不断注入活力。

第五，逐步培育全社会共同参与的风险文化

督促企事业单位积极履行风险管理主体责任，完善风险管理制度与操作流程。引导公众增强风险防范意识，推进建立政府主导和社会参与相结合，全民动员、协调联动的工作格局。加强政府与专家、社会组织、媒体和公众之间的风险信息交流，建立面向社会、多方参与的风险信息共享和沟通机制，积极引导相关单位和人员做好风险防范准备并采取安全防范措施。加强宣传教育，培育公众的风险意识和全社会的风险文化。

公共安全综合风险管理是一项系统性、专业性、科学性和综合性很强的工作，是一项开创性、示范性、引领性的工作，是应急管理实现“预防为主、关口前移”的重要基础性工作。

因势随形　与时俱进
努力推进救灾减灾事业的新发展

民政部副部长　罗平飞

刚刚过去的2009年，对于救灾减灾工作者而言，是一个特殊的年份。我们既感受了新中国成立60周年的自豪，也经历了百年不遇金融危机的考验，还肩负着汶川地震灾后重建的重担。在人民群众尤其是受灾困难群众的期待中，我们召开宁波会议，系统梳理新做法新经验，提出“四个坚持”新理念，作出应对挑战新部署。一年多来，我们的工作有哪些进展，面临的形势有哪些新变化，下一步的着力点是什么，这就是我们这次会议要解决的主要问题。下面，我讲三点意见，供大家参考。

一、2009年救灾减灾工作的主要成绩

与往年相比，去年全国的自然灾害，可以概括为“四个罕见”：部分地区受旱程度历史罕见；局部地区降雨（雪）强度历史罕见；台风登陆集中历史罕见；一些中小河流洪水历史罕见，给经济社会发展和人民生命财产安全带来严重影响。据统计，全年各类自然灾害共造成4.8亿人次受灾，因灾死亡和失踪1 528人，紧急转移安置709万人，倒塌房屋83万间，农作物受灾4 721万公顷，绝收491万公顷，因灾直接经济损失2 523亿元。面对严重的自然灾害，国家减灾委、民政部先后启动11次救灾预警响应、27次应急响应，派出45个工作组，受灾地区民政部门及时启动应急预案，及时安排救灾物资和资金，有效帮助受灾群众解决基本生活困难。一年来，各级民政部门努力完善体制机制，大力加强能力建设，着力做好救灾应急，全力推进恢复重建，坚持在改革中前进，在创新中发展，在为民解困中取得了显著成绩。

（一）灾民救助标准有新提高

民政部、财政部进一步完善中央救灾补助项目，增设因灾遇难人员抚慰金项目，向每个遇难者家庭补助5 000元。较大幅度提高因灾倒损农房恢复重建补助

标准,地震灾害倒房户户均补助1万元,损房户户均补助900元,其他灾害倒房户户均补助7 000元,损房户酌情考虑。全年安排中央救灾资金75亿元,调拨救灾帐篷5万顶、棉衣被16.5万件(床)、彩条布155吨。地方各级财政安排救灾资金30亿元,帮助重建农房43.5万间,受灾群众生活得到妥善安排。

(二)汶川地震灾区农房重建有新突破

去年是汶川地震灾区农房重建的攻坚之年,决战之年。面对中央要求两年内基本完成近200万户农房重建的艰巨任务,各级民政部门迎难而上,勤奋履职,千方百计帮助受灾群众加快推进重建。400亿元的中央专项补助资金及时拨付到位,近百亿元的"特殊党费"半数以上用于农房重建,各省接收的捐赠资金尽量优先支持农房重建,设立40亿元的担保基金帮助困难家庭解决贷款问题。四川、甘肃、陕西三省民政部门努力把各项工作做实做细做到位,确保房屋质量和重建进度齐抓共进,恢复重建和新灾应对统筹兼顾。一年来,灾区农房重建工作进展顺利,重建任务基本完成,农房质量大幅提高,汶川地震农房重建取得决定性胜利,成为灾后重建中规模最大但进度最快、完成最好的项目之一。

(三)应急保障能力有新提升

规划新建和改扩建中央救灾物资储备库16个,其中格尔木和乌鲁木齐中央库可行性研究报告获国家发展和改革委员会批复,格尔木库已完成初步设计。各省均建立省级救灾物资储备库,92%的地市、60%的县建立储备库点,基本覆盖多灾易灾地区。中央救灾物资储备大幅增加,目前中央和地方各级储备帐篷50万顶、棉衣被275万件(床)及部分其他物资,救灾物资储备库网络基本形成。100%的省级和地市级、98%的县级、55%的乡镇(街道)、29%的行政村(社区)完成救灾应急预案制定。全国92%的县建立灾害信息员制度,灾害信息员总数达54万名。开发升级全国灾情管理系统,98%的地市、92%的县实现网络化报灾,灾情统计的及时性、规范化、准确度大大提高。

(四)推进规范管理有新举措

《自然灾害救助条例》起草工作取得重大进展,条例草案两次征求部门和地方意见,并公开征集社会意见,目前正履行立法程序。下发《民政部关于加强救灾应急体系建设的指导意见》,明确今后3~5年内救灾应急体系的建设目标和主要任务。制定和修订救灾应急、冬春生活救助、救灾捐赠、灾害信息员队伍建设等多项业务的工作规程和指导意见，完善灾前预评估、灾中快速评估、灾害现场评估的工作规范和技术规程，制定公布救灾物资储备库和灾情统计方面的 3 项国家标准和 16 个品种救灾储备物资行业标准。建立民政、财政、审计、人民银行、监察等部门齐抓共管的资金监管机制，保证了数百亿元救灾资金和救灾捐赠资金的安全使用。

(五)科技支撑能力有新增强

加快环境减灾卫星运行管理与应用系统工程建设，初步建立业务应用产品体系，卫星遥感、卫星通信、卫星导航等高新技术在灾害监测评估中得到进一步应用。有效组织开展"中国巨灾应急救援信息系统集成与示范"、"重大自然灾害风险防范关键技术研究"等国家科技支撑计划和"863"计划。将"防灾减灾"列为民政科技发展的重点领域，成立"民政部灾害评估与风险防范重点实验室"和"民政部减灾与应急工程重点实验室"。民政部卫星减灾应用中心获中编办批复成立。

(六)综合防灾减灾有新推动

推动设立全国"防灾减灾日"。国家减灾办、国务院应急办和各级民政部门积极发挥协调职能，精心组织部署，在全国范围内开展内容丰富、形式多样、遍布城乡的宣传活动。各地累计开展上万场科普宣传，数千万群众积极参与，社会防灾减灾意识普遍增强。各地开展上万场救灾应急预案演练，其中河北省举办大规模应急演练，动用车辆 300 辆，模拟转移安置群众 10 万人，预案的实用性和操作性明显增强。综合减灾示范社区创建活动推进力度进一步加强，宣传力度进一步加大，社会影响进一步扩大。全年创建 403 个减灾示范社区，示范带动作用明显。

(七)国际合作交流有新拓展

成功举办亚欧救灾能力建设合作研讨会，亚洲、上合、东盟、中日韩、中俄印以及中挪、中俄、中乌等双边多边救灾减灾合作机制更趋务实。首次对外发布《中国的减灾行动》白皮书，首次以中国政府名义带领队伍参加境外救灾演练，积极主动向国际社会展示我国救灾减灾领域的工作成就，广泛宣传抗击汶川特大地震的成功经验。我国在国际救灾减灾领域的地位进一步提高，作用进一步增强。

此外，按照国务院的统一部署，认真做好汶川地震灾区生活志和社会赈灾志的编纂工作。85 家参编单位高度重视，大力支持，积极配合，指定专门人员负责，落实工作经费，切实保障编纂工作顺利进行。目前，已收到多个参编单位近 1 000

万字的资料长编和320万字的志书初稿，"两志"编纂工作取得阶段性进展。

同志们，刚刚过去的2009年，对救灾减灾工作而言，是任务十分繁重的一年，是充满考验和挑战的一年，也是工作成效十分明显的一年。刚刚经历过巨灾考验的各级民政部门，在党委、政府的坚强领导下，围绕大局，抢抓机遇，恪尽职守，锐意进取，在汶川地震灾后重建、新灾应急、综合减灾等方面取得了显著成绩。这些成绩的取得，得益于党中央、国务院的正确领导，得益于各级党委、政府的高度重视，更得益于各级民政部门和救灾减灾战线广大干部职工的共同努力。我代表民政部，向辛勤工作在民政救灾减灾战线上的全体同志表示由衷的问候，向长期以来高度重视、热情关心、全力支持救灾减灾工作的各级领导、有关部门和全体同志表示衷心的感谢！

二、当前救灾减灾工作面临的形势和任务

回首过去的几年，救灾减灾工作走过了艰苦的历程，也取得了历史性的进展。但我们要清醒地看到，救灾减灾工作面临的形势依然严峻，任务极其繁重。一是受全球气候变化影响，我国极端天气事件明显增多，各类灾害的突发性、反常性、难以预见性日显突出，对我们的应急能力提出严峻挑战。二是金融危机的影响仍在持续，"保增长、保民生、保稳定"已成为我们党和政府的战略选择和政治承诺，任何灾害的变故都可能酿成挑战社会稳定的极端事态，救灾减灾工作保障受灾群众生活、维护社会稳定的地位和作用更加突出，我们所担负的政治责任也更加重大。三是随着人民群众思想观念、利益诉求、生活方式发生的新变化，对救灾减灾工作在保障水平、覆盖范围、规范管理等方面提出更高要求。四是在政务公开加快推进和现代媒体传播能力大大增强的背景下，救灾减灾工作被直接推到前台，始终是社会关注的焦点、媒体议论的热点，以前可由一个部门从容不迫做的事，现在必须迅速公开运作；以往可由政府独立决策的事，现在需要经受社会的评判，救灾应急的困难度和复杂性大大增加。

在深刻认识严峻形势的同时，我们也要看到，当前救灾减灾事业也面临难得的发展机遇。一是党中央、国务院明确要求把救灾减灾工作作为关系经济社会发展全局的一项重大工作进一步抓紧抓好，为救灾减灾事业指明了发展方向。二是改革开放以来我国经济持续较快增长，尤其在应对国际金融危机的关键之年，中央明确提出要更加注重改善民生，为救灾减灾事业提供了坚实保障。三是社会各

界参与救灾减灾、开展社会互助的热情日益高涨，形成了推动救灾减灾事业发展的强大力量。四是信息技术、网络技术、遥感技术的普及应用，为提高救灾减灾工作效率和水平提供了有力支撑。总体而言，新形势下的救灾减灾工作，需要我们坚持用时代发展要求审视自己，以改革创新精神完善自己，抢抓机遇，因势随形，与时俱进。

当前和今后一个时期，救灾减灾工作的基本思路是：以建立健全灾害应急救援体系为目标，加强法制建设，完善体制机制，着力提高综合协调能力，着力提高应急保障能力，着力提高科技运用能力，着力提高社会动员能力，确保受灾群众的基本生活。具体来讲，就是要继续全面落实 2008 年全国救灾救助工作会议和 2009 年救灾减灾工作会议的部署，贯彻“一个预案”，完善“五个机制”；强化“一个意识”，打造“三个支撑”等要求，坚持以人为本，把握需求，在更高层次上提供服务；坚持围绕中心，融入全局，在更宽视野中精心谋划；坚持统筹协调，整合资源，在更广平台上凝聚力量；坚持固本强基，强化能力，在更实基础上科学发展，全面提升救灾减灾工作水平。

要实现这些目标要求，全面推进新时期的救灾减灾工作，需要着力处理好“四个关系”。

(一)救灾与减灾的关系

在去年初的宁波会议上，我曾提及这一问题并作出要求。一年来，各地做了许多有益探索并取得了一些成效。鉴于这是一个需要我们长期把握的问题，借今天这个机会再多强调几句。救灾与减灾，两者既相互区别又辩证统一。从一般概念上讲，救灾侧重于某次灾害过程的灾中应急和灾后重建，减灾则贯穿于经济社会发展的各个领域和灾害管理的各个环节。救灾突出应急性，减灾体现日常性。而在实际工作中，减灾是最积极最有效的“救灾”，科学的救灾也必须始终贯穿减灾因素，两者统一于同一过程。我感到，要谋求新形势下救灾减灾事业的新发展，就要在减灾中实现救灾，在救灾中体现减灾，在两者的相互融合中实现工作的整体推进。一要转变观念。思想是行动的先导。防灾抗灾实践反复证明，主动防范胜于被动救灾，必须始终坚持多年来形成的“以防为主，防、抗、救相结合”的工作方针，牢固树立主动减灾、综合减灾和灾害风险管理的理念，把工作重心转向救灾减灾并重上来。二要夯实基础。抗灾救灾成效，很大程度上取决于城乡居民防灾减灾意识是否具备，取决于各类减灾基础设施是否完善，城乡基层减灾工作是否扎实深入。必须坚持预防与处置并重，常态与非常态结合，把工作重点放到加强基层减灾能力上来，切实强化防灾抗灾基础，为救灾应急提供有效支持。三要统筹兼顾。救灾和减灾在灾前、灾中、灾后各个阶段的工作各有侧重，但环环相扣，紧密相连，上一阶段的成效，往往会影响下一阶段的工作。防灾备灾不充分，应急处置就会陷入被动；应急措施不得力，恢复重建难度就会加大；重建和减灾结合不好，又可能产生新的灾害隐患。必须强化两项工作在各阶段的有序衔接，做到互为支撑，相互促进，全面提高工作总体成效。

(二)应急工作与长远建设的关系

自然灾害是地球表面孕灾环境、致灾因子和承灾体综合作用的产物，它始终伴随着人类文明的演进，总是客观存在。而特定自然灾害的发生则具有突发性和不确定性。这就决定了救灾减灾工作既是一项长期任务，又具有应急性质。我感到，要实现新形势下救灾减灾工作的长远发展，不能把应急工作与长远建设割裂开来，要在应急中探寻规律，寻求长效机制；在长远建设中关注当前，解决现实问题。一方面，要在应急中谋划长远。应急工作的核心是及时高效，要在第一时间启动预案，第一时间人员到位，第一时间款物到位。同时，还要注重应急资源的积累和长效机制的建立。要建立统一指挥、反应灵敏、协调有序、运转高效的应急指挥系统；建立"纵向到底、横向到边"、互相衔接、操作性强的应急预案系统；建立初报及时、核报准确、评估科学、统一发布的灾情管理系统；建立布局合理、品种齐备、数量充足、管理规范的救灾物资储备系统。另一方面，要在谋划长远中关切当前。长远建设的关键是规范、持续，既要保证救灾减灾事业长期稳定发展，又要及时解决当前的难点问题。目前，要着力在提升法律层级上下功夫，尽快出台救灾减灾领域的综合性法规，形成各级法规条例、地方规章、工作规程衔接配套的制度体系；要在健全资金投入、分配等机制上下功夫，建立救灾分级管理和分级负担机制，灾情会商评估和救灾资金使用绩效考核机制，救灾资金社会化发放和部门联合监管机制，社会捐赠资金使用反馈机制；要在完善标准上下功夫，研究制定救灾减灾相关国家或行业技术标准、管理标准，继续完善救灾补助项目，形成与经济社会发展相适应的补助标准。总之，要做到立足现实，着眼未来，科学推进工作。

(三)自身努力与各方参与的关系

事物发展是内因和外因共同作用的结果。内因是关键，起决定性作用；外因是条件，起辅助作用。新形势下的救灾减灾工作，是一项跨部门、多层面、宽领域的事业，是一项极为复杂的系统工程。这就决定了我们在推进救灾减灾工作创新发展的进程中，要强调自身努力这一内在因素，也要注重各方参与这一外在条件，实现内外力量的有机整合。一要提升能力，勇于担当。我们必须一如既往地完善机构，强化队伍，巩固基础，优化环境。注重各级救灾减灾综合协调和应急指挥机构、救灾物资储备管理机构、救灾减灾技术支持机构的建设；注重培育发展防灾减灾各类专业人才队伍，提高科技运用能力，为政策措施的顺利落实提供坚实保障；注重把握并努力实现、满足人民群众的期待和需求，在完成应急任务的同时着力打牢全社会防灾抗灾基础；注重不断营造全社会关心支持救灾减灾事业的良好氛围。二要凝聚力量，共同推进。要更加注重沟通协调，努力把救灾减灾变成党委政府的部署，各部门齐抓共管的事业；要更加注重力量整合，探索联合军队、民兵预备役人员等力量共建救灾救援应急队伍，通过共建共享、购买服务等充分利用社会上的应急装备设备；要更加注重良性互动，发挥好部队和各方面专业救援队伍的作用，发挥好专家学者的决策咨询作用，激发广大人民群众中蕴藏的巨大能量，激发社会各界的参与热情。我们要在统筹协调上下功夫，在汇集共识上用气力，在凝聚力量上见成效，努力完善政府主导、民政负责、部门配合、社会参与的工作新格局。

(四)已有经验运用与理论实践创新的关系

事物的发展都表现为实践创新和理论创新辩证统一的过程。救灾减灾事业的发展，说到底是一个实践基础上的创新问题。要在更高起点上推动救灾减灾事业创新发展，既要牢固树立实践第一的观点，又要善于用新理论总结新经验，用新理念指导新实践。一要善于运用已有经验。科学的认识来源于实践，是对实践经验的总结升华，是实践创新的先导。近年来，各级民政部门在实践中进行了大胆探索，特别是在2008年应对低温雨雪冰冻灾害和汶川特大地震过程中形成的举国体制、协调联动、对口支援、全民参与等等，都是实践证明行之有效的好经验。科学运用这些经验，必将推动救灾减灾工作再上新台阶。二要在运用经验的实践中继续创新经验。实践没有止境，创新也没有止境。新形势下的救灾减灾工作，必须适应新变化，满足新要求，努力在完善政策法规机制上求突破，在提高管理水平上求突破，在改进服务手段、提高服务效率上求突破，在更好地保障受灾群众生活的工作实践中，运用新知识，适用新手段，探索新方法，创造新经验。三要强化对新实践的新认识。新时期的救灾减灾理论和实践必须始终体现时代性,把握规律性,富于创造性,需要我们在新实践的基础上主动思考,深入研究工作的难点、热点问题。我感到,当前,如何开拓城市救灾减灾工作新格局,如何开展自然灾害外的其他公共突发事件救灾应急,如何开创新型救灾保险制度,如何更有针对性地提高综合减灾能力,如何更好地推动社会参与,是需要我们大力研究的课题。

正确把握和处理以上四个关系,需要我们深刻认识救灾减灾工作的发展规律,辩证地把握主要矛盾和矛盾的主要方面,找准解决问题、推进工作的有效方法和途径;需要我们在把握需要与可能结合点的基础上,找准不同时期、不同阶段救灾减灾工作的关键部位和核心环节,作为主要矛盾重点解决,以形成个体带动整体、局部促进全局的救灾减灾工作发展格局。

三、2010 年要重点做好的七项工作

今年是实施"十一五"规划的最后一年,也是应对国际金融危机的关键之年。做好救灾减灾工作,确保受灾群众基本生活,维护灾区社会稳定对于促进经济社会平稳较快发展具有特殊重要意义。各级民政部门要继续以饱满的热情,扎实的作风,更加强烈的责任感和使命感,重点做好以下七项工作。

(一)进一步加快法规制度建设

加快推进《自然灾害救助条例》立法步伐,尽快将救灾减灾工作纳入法制化轨道,逐步健全完善救灾减灾法规制度体系。加快制定中央和地方救灾资金分担政策,进一步完善救灾补助项目和标准,研究建立补助标准自然增长机制。研究制定《救灾捐赠统计制度》,明确接收、管理、使用、反馈、统计各环节工作要求,进一步完善救灾捐赠工作规程。加快推进国家救灾减灾标准体系建设,推广普及已制订标准的实际运用,提高规范管理水平。

(二)妥善安排好受灾群众冬春生活

去年我国发生较为严重的旱灾等自然灾害,不少受灾群众冬春期间出现生活困难。温家宝总理、回良玉副总理等中央领导同志十分关注受灾群众的过冬问题,多次作出重要批示,要求采取有效措施,切实解决群众困难,让群众平安过冬。中央财政加大支持力度,安排近 40 亿元冬春救助资金,第一笔约 80%的资金已于去年 12 月份下拨各省,剩余资金拟于春节前后下拨。各地要切实把受灾群众冬

春生活安排作为当前的首要任务来抓。要严格按照民政部新颁布的工作规程，摸清不同人员在口粮、饮水、衣被、取暖以及医疗方面存在的困难，尽快将救灾款物发放到户，落实到人。最近发生雪灾、地震等灾害的省份，要统筹使用中央补助资金，加大地方投入，及时向受灾困难群众提供救助，确保他们有饭吃、不受冻，安全温暖过冬。

(三)认真做好汶川地震灾区恢复重建后续工作

四川、甘肃、陕西三省要抓紧完成农房重建的扫尾工作，尤其要重点加大对灾区贫困户、异地重建户及边远山区农户的帮扶力度。要继续关注农房重建后续工作中出现的还贷难等各类新情况、新问题，及时研究采取措施，落实解决方案。要在完善重建规划的基础上，统筹推进因余震等灾害造成的新增倒房的重建，确保不留工作盲点。要加大沟通协调力度，加快实施《汶川地震恢复重建防灾减灾专项规划》，努力提高灾区综合防灾减灾能力。各地要继续做好汶川地震救灾捐赠资金的统计、管理工作，严格按照国务院及有关部门制定的指导意见安排使用，并认真落实定期向社会、捐赠者反馈信息的要求，确保工作规范有序、公正公平、公开透明。此外，各地还要继续配合做好汶川地震抗震救灾志的编纂工作，在确保质量的基础上按期完成任务，将“两志”编纂成经得起实践和历史检验的志书。

(四)组织落实好新灾应对工作

进入 1 月份以来，各地自然灾害频发，元旦当天即发生两次地震，随后部分地区出现大范围的大风、降温、雨雪及持续寒冷天气，京、津、冀等地日降雪量突破历史极值，新疆、内蒙古、西藏等地区暴雪成灾。据有关部门预测，今年春季华南大部分地区可能会出现冬春连旱，夏季华北地区南部至黄淮大部、华南等地可能发生流域性洪水，同时部分地区的地震活动需密切关注。各地民政部门要发扬连续作战的精神，确保各项新灾应对措施落实到位。一要加强与有关部门的灾情会商，对本地区重大自然灾害发生趋势作出预测，为减灾备灾和救灾工作提供依据。二要结合本地灾情特点，抓紧做好救灾物资储备工作。三要积极配合做好全国灾害管理升级系统的普及使用，入汛前在所有地市、县区以及条件具备的乡镇实现网络化报灾，确保灾害发生后第一时间掌握、报告灾情。四要在灾害发生后迅速启动应急预案，切实做好受灾群众紧急转移和临时生活保障。五要在摸清底数、核准对象的基础上，保证倒房重建工作早谋划，早安排，早启动，早完成。

(五)着力加强基层能力建设

主要做好四方面工作:一要继续加强队伍建设。要按照《民政部关于进一步做好灾害信息员队伍建设工作的指导意见》要求,全面落实灾害信息员队伍建设任务,争取上半年完成中央和所有省级灾害信息员职业技能鉴定站的设立,全年完成5万名灾害信息员的考核鉴定。要根据国家即将颁布实施的《防灾减灾人才发展中长期规划(2010—2020)》,抓紧编制各地相应规划,形成覆盖全国的防灾减灾人才规划体系。二要继续加快救灾物资储备体系建设。进一步加快中央物资储备库的新建和改扩建工程,争取年内完成全部16个中央库的可行性研究报告批复。各地要结合本地灾害形势和救灾工作需要,通过改扩建、新建、租借等方式解决存储场所,争取年内实现县级以上都设有救灾物资储备点,并存有一定数量品种的物资。三要继续推进救灾应急预案体系建设。进一步修订完善国家层面和省、地、县三级的已有预案,增强预案的实用性、操作性和相互衔接。进一步加大对乡镇(街道)和行政村(居委会)的指导和督促力度,力争年内实现村级以上预案全覆盖。四要切实加强基层救灾装备建设。各地要在调查研究的基础上,进一步加强指导,对基层信息化办公设施和应急通讯装备提出明确要求,同时要多想办法,多寻途径,积极帮助基层提升应急能力。

(六)协调推进各项综合减灾工作

主要开展五方面工作:一要做好综合减灾两个五年规划的有效衔接。对于"十一五"规划中尚未启动的项目,要加大协调力度,加快工作进度,尽快启动实施。要科学确立"十二五"救灾减灾事业发展规划的指导思想、目标任务、重大工程和保障措施。要加强规划的有效对接,将"十一五"期间确实难以完成的任务,纳入"十二五"规划继续推进。要争取将救灾减灾的重要指标、重大项目和重点工程纳入各级经济社会发展总体规划。二要继续加强救灾减灾综合协调体制机制建设。尽快在全国各省和计划单列市全部建立综合协调机构,推动市、县两级综合协调机构建设,健全各级减灾委员会工作网络。三要组织部署好今年的"防灾减灾日"活动。要突出活动的针对性,以"防灾减灾日"宣传活动为平台,建立健全防灾减灾科普宣传教育长效机制。四要继续推动综合减灾示范社区创建活动。进一步完善创建标准,更加注重典型宣传和示范引导,落实保障措施,增强基层综合减灾能力。五要加强基层综合减灾场所建设。在城乡社区大力推进集减灾宣传教育、日常救灾减灾培训、受灾群众紧急避险转移等功能为一体的综合减灾场所建设。

(七)努力强化救灾减灾科技支撑

要加快构建全天候、全覆盖、多分辨率、多要素相结合的“天—地—现场”一体化灾害立体监测网络体系,发挥天地协同监测优势,提高灾害监测预警工作的科学性、准确性和及时性。积极推进卫星导航、卫星通讯、无人机等高新技术在救灾减灾领域的集成应用,提高救灾应急现场保障能力。研究探索救灾减灾科技支撑体系的思路和突破口,强化对避难场所规划、物资储备规划的技术支撑能力。进一步加快国家级重点实验室和民政部重点实验室的建设,加强有关科研项目申报、实施的组织与管理,推动救灾减灾领域的科学研究,加快科技成果的应用转化。各地要积极参与有关救灾减灾科研项目的示范应用和业务培训,努力提高各级救灾减灾工作的科技水平。

同志们,2009 年,救灾减灾工作在应对挑战中逆势飞扬,在为民服务中整体提升。2010 年,是我国经济走向全面复苏的关键之年,也是救灾减灾工作长远发展的机遇之年。金融危机或许已是强弩之末,各种自然灾害的挑战却更加严峻,保障民生、改善民生的政治承诺依然坚定沉重。救灾减灾工作担负着更加艰巨任务,承载着更多民众企盼。我们一定要以更加昂扬的精神,更加扎实的工作,进一步推进救灾减灾事业的科学发展,为受灾群众幸福生活续写更加美好的希望,为服务经济社会建设全局作出更大贡献!

统一认识　坚定信心
加快推进我国卫生应急体系建设与发展

卫生部副部长　尹力

党和政府始终把人民群众生命安全放在首位,高度重视改善民生,加强和创新社会管理,建设和谐社会。"十一五"期间,我国卫生应急体系建设处于起步发展阶段,工作基础相对薄弱,各项建设和发展任务十分繁重。过去5年里,我国卫生应急战线的同志们肩负责任、不辱使命,团结奋斗,迎难而上,一手抓突发事件应对,一手抓基础工作推进,做了大量卓有成效的工作。

一、"十一五"期间卫生应急工作成效显著

"十一五"期间,是极不平凡的五年。在党中央、国务院的领导下,在地方和部门的支持配合下,我们有效控制了甲型H1N1流感、人禽流感、鼠疫、手足口病等一系列重特大传染病疫情,成功应对了汶川地震、玉树地震、舟曲泥石流等一系列重特大自然灾害,及时救援了平顶山矿难、山西王家岭矿难、伊春空难等一系列特大事故灾害;同时,出色完成了北京奥运和新中国成立60周年庆典、上海世博、广州亚(残)运等一系列大型活动的卫生保障任务。

(一)千方百计强化突发事件应对工作,重大事件处置不辱使命

我们将切实减轻事件危害、保障人民群众健康安全作为卫生应急工作的首要任务,以高度的政治责任感和使命感,全力以赴投入每一起突发事件的处置。5年来,我国有效处置了各类突发公共卫生事件1.1万余起,其中包括重特大突发公共卫生事件48起,参与其他各类突发事件的紧急医学救援更是不计其数。

(二)以"一案三制"建设为重点,全面推进各项工作,卫生应急体系建设初见成效

通过全力推进卫生应急组织体系建设,积极促进卫生应急工作机制建设,不断完善卫生应急管理法规和规范性文件建设,全面推动卫生应急预案体系建设

等，初步实现了卫生应急的组织管理和指挥体系从无到有、管理职能从分散到集中、管理机制从单一部门应对到跨部门协调联动的转变，积累了一些实践经验，为下一步我国卫生应急体系建设全面快速发展打下良好的基础。

（三）不断总结经验，探索发展，应急核心能力不断提升

加强卫生应急指挥决策系统建设，探索建立国家、省、地三级突发公共卫生事件信息决策指挥系统，并将整个指挥系统建设纳入国家医改信息化建设。初步组建了各级各类卫生应急队伍，成立了国家突发公共卫生事件专家咨询委员会，建立了国家突发公共卫生事件应急专家库，研究拟定了卫生应急人才培养规划和培训规范。加强监测预警和应急网络实验室检测能力建设，为科学处置打好技术基础。目前，我国县级以上疾病预防控制机构突发公共卫生事件网络报告率达100%，县级以上医疗机构网络报告率98%，乡镇卫生院和社区卫生服务中心网络报告率84%。中国疾病预防控制中心建立了突发急性传染病预警系统。同时积极推进实验室检测能力建设，完善应急实验室网络。加强应急物资储备能力建设，建立了实物储备、技术储备和生产能力储备相结合的应急物资储备与调用机制。卫生部制定下发了《2006—2010年全国卫生应急工作培训规划》，成功举办鼠疫、人禽流感、化学中毒事件救治、放射恐怖袭击事件救治等大型演练，积极参与其他部门组织的联合演练。地方各级卫生行政部门按照分级培训、滚动实施的原则，主动组织开展各类卫生应急培训，并采取多种形式，开展各类突发事件的应急演练。通过培训演练，达到了锻炼队伍、检验预案、磨合机制、加强联动、积累经验的目的。

总结“十一五”卫生应急工作，我们有三点深刻体会。

一是卫生应急工作十分重要，不可缺少。卫生应急是国家应急体系的重要组成部分，承担着突发公共卫生事件应急处置，自然灾害、事故灾难和社会安全事件紧急医学救援，以及大型活动医疗卫生保障等工作任务。卫生应急是国家公共卫生的重要内容，做好卫生应急工作就是向全社会提供基本的公共卫生产品和服务。加强卫生应急建设是各级人民政府和卫生部门的重要职责，是以人为本、把人民群众生命安全放在首位执政理念的具体体现。每起公共事件处置成功与否，公共卫生安全是否得到保障，直接反映政府的执政能力与公信力。

二是需要尽快建立健全卫生应急体系。实践表明，卫生应急工作的开展，不仅限于协调管理，它还包括应急管理组织机构的建设、法规制度与预案体系的建设、应急队伍的建设、应急保障能力的建设，以及应急文化的建设等。只有这些方面有机

地组合在一起,形成统一指挥、布局合理、反应灵敏、运转高效、保障有力的系统,形成工作合力,才能满足保障人民群众健康安全和国民经济社会持续发展的需要。

三是需要进一步加强卫生应急核心能力建设。卫生应急处置工作要求依法、科学、规范、统一,要求有力、有序、有效、有度。要达到这些标准,必须要加强卫生应急指挥决策、监测检测、风险管理、队伍装备、救治基地、后勤保障等方面的能力建设,尤其要在卫生应急信息化、卫生应急队伍、救治基地三个关键点上下功夫,以尽快弥补当前我们事件处置工作中的能力"短板"。

二、充分认识卫生应急工作的长期性、艰巨性以及卫生应急体系建设的紧迫性

"十二五"时期是我国全面建设小康社会的关键时期。随着经济社会发展,人民生活水平提高,群众对社会安全的要求以及对各类突发事件的关注度越来越高。卫生应急工作任务涉及广大人民群众切身利益,涉及社会管理多方面,关系国民经济发展和社会稳定,关系党和政府的形象。继续推进和全面做好"十二五"期间我国卫生应急体系建设,是当前亟待解决好的问题。

第一,突发公共卫生事件防控形势不容乐观。近年来,全球突发公共卫生事件呈现频次高、规模大、影响广泛、损失严重等特点,成为全世界共同面临的挑战。我国每年都报告突发公共卫生事件 2 000 起以上,除传染病类、中毒类事件外,重大食品安全、药品安全、职业中毒事件也时有发生。同时,新发传染病、不明原因疾病不断出现;危害严重的传染病借助先进交通工具造成远距离传播扩散的风险进一步增加;输入性传染病流行时有发生且风险不断增大。同时,我国还是世界上受自然灾害影响最为严重的国家之一,常见的洪涝、地震、台风、山体滑坡和泥石流等自然灾害在我国每年都有发生。当前,我国正处于改革与发展的关键时期和经济社会转型期,事故灾难频发的势头一时仍难以根本遏制,社会安全事件发生的可能性客观存在。这些突发事件严重危害公众身体健康。

第二,突发事件应对任务十分繁重。公共卫生、自然灾害、事故灾难、社会安全等各类突发事件的发生、发展规律各不相同,我们对其规律的认知还十分有限。大多数情况下,很难准确地预测突发事件的发生时间、地点及其危害。重特大灾害也许发生在明年,但也有可能就在明天!这就给我们如何早期发现事件风险,如何确定风险可能带来的危害大小,如何及时、有效应对等,提出了严峻的挑战。

应对突发事件，我们必须时刻准备着，必须召之即来、来之能战、战之能胜。

第三，我国卫生应急基础和能力建设亟待加强。目前，我国卫生应急体制仍不健全，地(市)级卫生行政部门有独立卫生应急工作机构编制的尚不足50%，县级卫生行政部门还不到20%。同时，各级疾病预防控制机构和医疗卫生机构卫生应急管理体系不完整、不系统，平时由于缺“抓手”、缺项目、缺经费，而缺乏基本的救援培训和训练，队伍能力有限，难以有效应对当前复杂多变的公共安全形势，与党中央和国务院要求和人民群众期望不相适应。

三、坚定信心，科学谋划，加快推进我国卫生应急体系的建设与发展

党中央、国务院高度重视卫生应急工作。党的十七届五中全会通过的《中共中央关于制定国民经济和社会发展第十二个五年规划的建议》中，明确提出“加大公共安全投入，加强安全生产，健全对事故灾难、公共卫生事件、食品安全事件、社会安全事件的预防预警和应急处置体系”。目前，卫生部把卫生应急工作纳入“十二五”规划的重点工作范围，明确在“十二五”期间将以有效应对各类突发事件为目标，以提升卫生应急能力为核心，全面推进卫生应急体系建设。当前和今后一段时间，卫生应急工作面临着难得的建设和发展机遇期。“十二五”期间，我们坚持预防为主、预防与处置并重，结合我国国民经济和社会发展的新形势、新特点、新任务、新要求，坚持“应急准备是基础，能力建设是核心，队伍训练是重点，装备保障是前提，指挥到位是关键，妥善处置是目标”的工作思路，重点围绕一个目标、二条主线、三项重点、四个建设来全面推进卫生应急工作。

一是明确“十二五”卫生应急体系建设总体目标。到2015年，建立并完善“一支队伍、一套机制和五个系统”，即建立应对各类突发公共卫生事件的专业化卫生应急队伍，健全卫生应急工作机制，完善应急的组织管理、指挥决策、监测预警、物资储备和调运、科技支撑五个系统。形成统一指挥、布局合理、反应灵敏、运转高效、保障有力的突发公共事件卫生应急体系，卫生应急管理综合能力显著提高，能够满足预防准备、监测预警、应急处置和恢复评估的需要。

二是围绕以有效处置为目标抓项目、以完善体系为目标抓“一案三制”两条主线开展工作。“十二五”期间，一方面，要进一步分析研究我国突发公共事件卫生应急处置和大型活动医疗卫生保障工作的业务需求，根据实际需要，明确卫生应

急能力建设目标与建设项目，按照"急需先建、突出重点、分步实施、逐步发展"的原则，组织力量加以落实。另一方面，要根据加强能力建设的实际需要，抓好各项卫生应急准备工作。

三是重点加强信息化、队伍、救治基地三项核心能力建设。信息是卫生应急工作的核心，信息不灵、情况不明，做好卫生应急工作就无从谈起。下一阶段，首要任务是充分利用我们的组织优势，充分利用现代化的信息技术，尽快完善卫生应急信息系统，确保各类突发事件信息灵敏，为及时反应、有效处置奠定基础。卫生应急队伍能力的高低，将直接影响事件处置的成效。要按照平急结合原则，加强队伍装备、交通、通讯保障设备配置，加强卫生应急培训和演练，锻造出各级各类能够随时拉得上、打得赢的专业化卫生应急队伍。救治基地建设是做好卫生应急工作的基础。我国幅员辽阔，地理环境十分复杂，加强区域性的紧急医学救援基地建设十分必要。要充分利用现有医疗卫生资源，逐步建立综合与专项医学救援兼顾，陆地、海上（水上）与空中医学救援相结合的全国紧急医学救援基地网络，尽快发挥基地网络功能。

四是要在"四个强化"上下功夫，依法、科学、规范、统一开展卫生应急工作。"十二五"期间，突发公共事件卫生应急工作要在处置能力方面得到明显提升，必须做好四项基本功。首先，要强化法制意识，贯彻落实《突发事件应对法》，切实承担法律规定的职责，认真完成法律赋予的任务，在现有法律法规框架内，调动各方面的积极性，大力推进各项卫生应急工作。其次，要强化应急工作的科学性，充分依靠专家，充分利用现代科学技术，重点抓好重大、新发传染病和不明原因疾病的发生、发展和演变规律研究，快速准确的检测技术和监测技术研究，实现科学研究、科学研判、科学决策、科学应对；再次，要强化卫生应急工作规范化建设，进一步推进《突发公共卫生事件应急条例》等法规、预案及相关规范的修订完善工作，制订完善各类卫生应急技术标准和技术方案，推进规范化培训和演练，不断提高应急管理水平。最后，要强化卫生应急工作的统一性，在指挥决策上强调统一，确保令行禁止，确保有力、有序、有效开展事件处置工作；在卫生应急体系建设和发展过程中也要强调统一性，无论是决策指挥系统、紧急医学救援基地网络建设，还是队伍组建、培训演练等，都必须从全国一盘棋、全省一盘棋角度来考虑问题，切实防止各行其是，事倍功半。

加强安全生产应急管理
促进安全生产形势的持续稳定好转

国家安全监管总局局长　骆琳

这次广东安全生产应急管理综合试点现场会暨全国安全生产应急管理工作会议在广东召开，得到了广东省委、省政府的高度重视和大力支持。广东省政府全面介绍了广东安全生产和应急管理工作情况。广东省在加快推进改革开放和社会主义现代化建设的伟大实践中，深入贯彻落实“以人为本”的科学发展观，着力加快转变经济发展方式，始终高度重视安全生产工作，致力于推动经济社会的安全发展和持续协调全面发展，在加强多种所有制经济安全监管、安全技术服务社会化、安全生产应急管理等方面，进行了积极的探索和实践，创造了可资借鉴的宝贵经验。

这次会议的主要任务，就是总结推广广东安全生产应急管理综合试点经验，深入分析全国安全生产和应急管理工作面临的形势，认真贯彻落实全国安全生产电视电话会议和《国务院办公厅关于继续深入开展“安全生产年”活动的通知》精神，安排部署当前和今后一个时期的安全生产应急管理工作，动员各地区、各部门、各单位坚持预防为主、加强监管、落实责任，进一步加大安全生产应急管理工作力度，全面提升应急保障能力，促进全国安全生产形势的持续稳定好转，更好地维护人民群众生命财产安全，为加快经济发展方式转变提供安全生产工作的有力支持和安全生产状况的可靠保障。

下面我讲几点意见。

一、全国安全生产应急管理工作取得了新的进展和明显成效

党中央、国务院高度重视安全生产和应急管理工作。胡锦涛总书记和温家宝总理多次对全面加强安全生产工作和事故抢险救援、安全生产应急能力建设等作出重要指示。去年以来，张德江副总理在国务院安委会全体会议、全国安全生产电视电话会议、参观第二届中国国际安全生产应急技术与装备展览、深入基层视

察指导安全生产工作等多种场合上，都对加强安全生产应急管理工作作出了重要指示，强调要健全安全生产应急管理体制机制和法制，不断提高综合应急能力；要抓紧建立健全应急救援体系，加强应急救援基地建设，进一步整合各方面的抢险救援力量，在依托现有大型企业救援队伍的基础上探索建立国家专业救援队伍，进一步提高应急救援队伍、装备和科技保障能力；要完善处置应急预案，健全预警预报和应急响应机制，提高应对处置重特大事故的能力；要深刻吸取事故教训，加强应急演练，防止因撤离不及时或救援不当造成事故损失扩大；要研究推广煤矿井下救生舱等避险设施和技术。中央领导同志的一系列重要指示，为我们做好安全生产应急管理工作指明了努力方向，提出了明确要求。在各地区、各部门、各单位的共同努力下，安全生产应急管理工作不断得到加强。

一是安全生产应急管理法制、体制和机制不断健全完善。在法制建设方面：《安全生产应急管理条例》立法进程加快，制定出台了《生产安全事故应急预案管理办法》、《生产安全事故信息报告和处置办法》等部门规章和规范性文件。在体制建设方面：全国各省（区、市）和新疆生产建设兵团都建立了安全生产应急管理机构；约半数的市（地）、部分重点县（市、区）和工矿商贸类中央企业建立了机构。在机制建设方面，健全完善了国家安全生产应急救援联络员会议制度，各级安监机构与相关部门之间建立了防范自然灾害引发安全事故的应急联动机制，及时发布预警信息；建立了重特大事故应急救援协同机制，有效组织进行了各类重特大事故的抢险救援工作。

二是应急救援队伍和基地建设得到加强。各地认真贯彻《国务院办公厅关于加强基层应急队伍建设的意见》，以矿山、消防等专业救援队伍为依托，加快建立综合性应急救援队伍。全国目前已建成264支骨干救援队伍，初步建成了21个国家级矿山救援基地、21个国家级危化救援基地、6个国家级油气田救援基地。在消防、交通等领域，初步建成一批由兼职人员和志愿者组成的业余救援队伍。“十一五”以来，国家和地方各级政府在应急救援基地、队伍建设方面投入资金20多亿元，矿山和化工行业国有企业投入资金约30亿元，大大改善了安全生产应急管理工作条件和救援队伍装备水平。

三是信息化水平有所提高。制定并实施《国家安全生产应急平台体系总体方案》，初步实现了国家安全生产监督管理总局与国务院应急指挥机构、部分省级安全生产应急指挥中心、国家级救援基地应急平台的联网运行。各地把安全生产应急平台体系建设纳入“十一五”规划，北京、广东等省（区、市）已经建成并投入运行。信息技术的推广应用和信息系统的不断完善，进一步提高了安全生产应急管理工作效率，提高了应对处置安全生产突发情况、重特大事故的能力。

四是预案管理进一步规范。各地认真贯彻《生产安全事故应急预案管理办法》，制定了本地区生产安全事故应急预案管理办法或实施细则。各级安全监管和应急管理机构加强监督指导，在确保预案全覆盖的同时，抓紧解决部分预案质量不高、针对性不强、预案之间衔接不够等问题。重视做好预案演练工作。2009年全国共组织开展安全生产应急预案演练 24.8 万多次，参演人员约 658 万人次。通过预案演练和吸取借鉴事故教训，及时发现漏洞、纠正问题，进一步增强了预案的严密性、科学性和可操作性。

五是宣教培训工作深入开展。成功举办了第二届中国国际安全生产应急管理论坛暨应急技术与装备展览会。在总局政府网站和《中国安全生产报》开设了安全生产应急管理专版专栏，宣传应急管理政策，发布相关工作动态。各地区和各重点企业利用报刊、网络、广播、电视等媒体，普及应急知识，进一步增强了社会公众安全意识和自救互救能力。分层次组织开展安全生产应急管理培训，2009 年全国共培训应急管理人员 32.4 万人，应急救援人员 1.6 万人。

六是事故救援成效明显。2009 年，全国矿山救援队伍出动救援 5 261 起，抢救遇险被困人员 1.51 万人；危险化学品应急救援队伍参与事故救援 8 991 起，抢救疏散遇险被困人员 3.76 万人；公安消防部队共接警出动 53.5 万起，营救遇险被困人员 7.87 万人，抢救和保护财产价值 278 亿元；海上和水上应急救援队伍参与救援 1 964 起，使 1.84 万人、1 588 艘船舶脱离险境。有力地保护了人民群众生命财产安全。

在过去的一年里，各级安全生产应急管理机构和应急救援队伍坚持预防为主、关口前移，积极参与安全生产监督检查、隐患排查治理等工作，有效防范各类事故的发生。2009 年以及今年一季度，全国安全生产继续保持了总体稳定、趋于好转的发展态势，事故起数和死亡人数持续下降，重点行业领域的安全状况不断改善，大部分地区安全生产形势比较稳定。安全生产工作所取得的进展和成效，是我们在党中央、国务院的坚强有力领导下，各地区、各部门、各单位共同努力的结果；同时也是与安全生产应急管理工作战线的同志们的辛勤劳动、拼搏奉献分不开的。为此，我代表国务院安委会办公室、国家安全生产监督管理总局，向大家表示衷心的感谢和诚挚的慰问!

在充分肯定成绩的同时,也要看到存在的差距和不足。与安全生产领域其他各项工作一样,由于种种历史的和现实的原因,安全生产应急管理工作目前仍然存在着一些困难和问题,还不能完全适应安全生产、安全发展的要求。截至目前,全国尚有约50%的市(地)没有建立安全生产应急管理机构;一些地方虽然建立了机构,但职能、人员、经费等尚未落实到位;统一协调、高效运作的安全生产应急救援机制尚需健全完善,应急反应灵敏程度和事故抢险救援工作效率有待进一步提高;矿山、危化品应急救援队伍的技术装备水平总体上看仍然比较低下,复杂环境、困难条件下的事故抢险救援能力不足,一些事故发生后未能迅速有效地抢救涉险被困人员,每想到这种情况,就深感痛惜和不安;重大危险源监控制度尚未得到全面认真的贯彻实行,因监控不力造成的事故时有发生;应急管理的基层基础工作仍然比较薄弱;社会公众尤其高危行业从业人员应急知识、自救互救常识还很不够,因施救不当造成事故伤亡增加、损失扩大的情况屡屡发生。所有这些问题,都是安全生产和应急管理工作发展过程中的问题,都要在今后的工作实践中积极探索、持续改进并认真加以解决。

二、紧密结合各地实际,认真学习借鉴广东安全生产应急管理综合试点工作取得的成功经验

为了更好地把握新形势下安全生产应急管理工作的规律和特点,全面提升应急管理工作水平,去年初,我们选择了经济社会发展水平较高、安全生产监管任务繁重、应急管理工作基础比较扎实的广东省,开展了综合试点工作。广东省委、省政府对此高度重视,主要领导同志对试点工作作出重要指示,提出明确要求,从组织领导上保证了试点工作的顺利进行。各级地方领导思想认识明确,把这项工作摆上重要日程,认真抓好落实;省安全监管、应急管理机构与相关部门密切配合,开展调查研究,制定工作方案,加强督促指导,及时发现和解决问题,推动了试点工作的深入开展。

经过一年多的努力,试点工作在以下6个方面取得了明显进展和成效。一是建立完善了安全生产应急管理工作体系。广东全省21个地级以上市、94%的县(市、区)、省属和中央驻粤企业集团,已经建立了安全生产应急管理机构,并落实了职能、编制和人员。部分市县将应急管理机构延伸到了乡镇和街道。通过建立

机构、健全体系，使应急管理工作得到了切实有效的加强。二是把安全生产应急管理进一步纳入法制化、规范化轨道。省政府下发了《关于加强安全生产应急管理工作的意见》，制定实施了《广东省实施〈生产安全事故应急预案管理办法〉细则》，建立了安全生产应急救援联络员会议制度。将安全生产应急救援法律法规的宣传教育列入地方政府普法计划和安全生产执法检查内容。三是扩大了应急救援队伍和应急救援服务。在原有韶关、梅州、清远 3 支矿山救护队的基础上，又在矿山比较集中的肇庆、河源新建了 2 支救护队。依托大型石化企业建立了 8 支危化救援队伍。依托现有消防力量，组建了针对火灾、泄漏等 8 类事故的 117 支专业救援队伍。在 12 个行业(领域)建立了专职或兼职应急救援队伍。救援服务向基层延伸，许多乡镇、街道依托治安联防队，通过培训和配备装备器材，承担起安全生产应急救援职责。四是建成了互联互通的安全生产应急管理系统网络。省政府投入专项资金，完成了安全生产调度值班系统、视频监控系统、应急资源管理系统、应急救援指挥系统等信息工程建设项目。一批市级安全生产应急指挥平台已建成并投入使用，实现了省市两级之间、相关部门之间应急管理网络的互联互通。五是建立了比较严密的安全生产应急预案体系。全省高危行业企业的应急预案达到全覆盖，许多地方的乡镇、街道等基层单位也制定了应急预案。各级、各类预案之间的衔接进一步密切。通过健全完善预案、及时启动预案，有效地应对处置了一些紧急情况，减少了事故发生和事故损失。六是形成了统一协调的安全生产应急管理工作机制。建立了事故快速响应机制，相关部门和单位都建立健全了安全生产值班制度，坚持 24 小时日常值班及紧急状态下的应急值守；建立了部门联动机制，在省安委会框架内，各有关部门相互配合协作，应急资源和信息共享，联手处置紧急情况，联合开展救援行动；积极探索在中南 6 省区、珠江三角洲 9 市，以及内陆与港澳地区之间，建立安全生产应急救援的区域协作机制；探索建立了安全生产应急管理与其他领域应急管理的协调配合机制。

广东安全生产应急管理综合试点所取得的基本经验，概括起来主要是：

第一，领导重视、责任落实，是加强应急管理和安全生产各项工作的有力保证。广东试点经验再次表明，只要各级领导真正重视起来，摆上重要位置，强化领导责任，逐级抓好落实，包括应急管理在内的安全生产各项工作就能得到切实有效的加强，机构体系、人员力量、资金和技术等方面困难和问题也都是可以解决的。

第二，突出重点、狠抓关键，是全面推动安全生产应急管理工作的有效途径。

安全生产应急管理工作是一项系统性工程,包涵了机构和体系建设、应急救援基地和队伍建设、预案管理、宣教培训、抢险救灾、重大危险源监控、预防性安全检查等多个方面的内容。其中机构和体系建设是最重要的。任何一项工作,必须有机构负责,有人去做,才有可能真正得到加强。广东在综合试点中,就是紧紧抓住了建立机构、健全体系这个关键环节,带动了其他工作的全面开展。

第三,重视基层、打好基础,是加强安全生产应急管理的根本举措。广东在组织开展试点中,重视加强基层和基础工作,机构建设到基层,预案管理到基层,救援服务到基层,并认真做好救援队伍建设、信息工程建设和宣教培训等基础性工作。学习推广广东试点经验,就是要坚持把应急管理和安全生产全部工作的重心,始终放在抓基层、打基础上,进一步夯实安全生产工作的根基。

第四,配合协作、部门互动,是做好应急管理和安全生产工作的重要条件。安全生产应急管理工作涉及多个部门和单位,需要各个方面的密切配合和通力协作。同时作为政府综合性应急管理的一个组成部分,安全生产应急管理工作还需要在政府统一领导下,切实加强与自然灾害、社会突发事件、公共卫生事件等应急管理工作的衔接和配合。广东在建立安全生产应急管理部门协同机制、完善工作运行机制方面所进行的实践和创新,为我们提供了有益和宝贵的经验。

综上所述,广东试点经验的核心,就是把加强安全生产应急管理和安全生产工作,作为落实"以人为本"的科学发展观的必然要求和迫切任务,真正做到思想认识到位、机构体系建设到位、基层基础工作到位、部门配合协调到位,通过扎实有效的工作,综合提升了安全生产应急保障能力,推动了地方经济社会的安全发展。广东的做法和经验,对于进一步加强新形势下的安全生产应急管理乃至全部安全生产工作,具有重要的引路作用和宝贵的借鉴意义。各地区、各部门和各单位要紧密结合实际,认真学习借鉴并大胆探索实践,创造更多的新鲜经验。

三、认清严峻形势和艰巨任务,扎实做好下一步安全生产应急管理各项工作

进入 2010 年以来,全国安全生产虽然保持了总体稳定、趋于好转的发展态势,事故总量和伤亡人数进一步持续下降,但重特大事故多发频发,形势十分严峻。今年以来,相继发生了湖南湘潭立胜煤矿"1·5"火灾事故、神华集团内蒙古乌海骆驼山煤矿"3·1"透水事故等多起重特大事故,给人民群众生命财产造成严

重损失。尤其严重的是,3 月 28 日,位于山西境内的华晋焦煤公司王家岭煤矿在基建施工过程中发生透水事故,当班井下共有作业人员 261 名,事故发生后 108 人升井,尚有 153 人被困井下。党中央、国务院高度重视,胡锦涛总书记、温家宝总理和张德江副总理作出重要指示,要求采取有力措施,调动一切力量和设备,千方百计抢救井下被困人员,严防发生次生事故。张德江副总理带领有关部委负责同志,连夜赶赴事故现场指导指挥救援工作。目前抢险救援工作正在紧张有序进行。

相继发生的这些重特大事故,更加凸显出进一步加强安全生产应急管理、做好应急救援工作的重要性和紧迫性。目前我国正处在工业化、城镇化快速发展阶段,处在各类生产安全事故的易发多发期。由于产业结构不合理,工业经济大而不强,采掘、冶炼、重化工等传统产业和高危行业在经济构成中所占比重过大,客观上加大了事故发生的几率。又由于经济发展方式粗放,能源原材料需求增长过快,煤电油运紧张,企业扩大规模、增加生产的愿望强烈,加大了安全生产的压力。目前全国煤矿在建项目就多达 7 000 多个,产能规模高达 15 亿吨。发生“3·1”透水事故的神华集团乌海能源公司骆驼山煤矿和“3·28”透水事故的华晋焦煤公司王家岭煤矿,都是基建矿井。此外,由于受气候变化的影响,极端天气条件和地震、海啸、台风、泥石流等自然灾害增多,也直接影响安全生产,甚至引发事故灾难。

应急管理工作肩负着有效应对和处置事故、尽最大可能减少事故损失、切实保护人民群众生命财产安全的神圣职责。责任重大,使命光荣,任务艰巨繁重。面对十分严峻的安全生产形势,我们一定要认真学习、深刻领会中央领导同志关于加强安全生产和应急管理工作的一系列重要指示精神,进一步增强责任感、使命感和紧迫感,倍加努力做好这方面的工作。

当前和今后一个时期的安全生产应急管理工作,总体上讲,就是要认真贯彻落实全国安全生产电视电话会议和安全生产工作会议精神,按照《国务院办公厅关于继续深入开展“安全生产年”活动的通知》要求,突出预防为主、加强监管、落实责任,以有效防范遏制和应对处置各类事故、降低事故总量和减少事故损失为目标,以学习推广广东试点经验为抓手,以机构建设、能力建设为重点,进一步完善体系、壮大队伍、健全机制、巩固基础,全面提高应急管理水平和应急救援能力,促进全国安全生产形势的持续稳定好转。要突出抓好以下 6 个方面的重点工作：

(一)大力推动各级安全生产应急管理机构建设,尽快形成健全完善的应急管理工作体系

省、市两级已组建的安全生产应急管理机构要进一步充实力量、健全职责职能;没有机构的今年务必要建立起来。省级煤矿安全应急救援指挥中心已经批复,各地要抓好落实。推动应急管理机构建设向基层延伸,重点县区、中央企业和高危行业大型企业,都应依法建立专门的安全生产应急管理机构。乡镇、街道等基层组织和高危行业中小型企业,起码应当确定兼职机构和人员,做到专人专责。通过建立上下贯通、覆盖全国的工作体系,确保安全生产应急管理各项工作落到实处。

(二)加快推进应急救援基地和队伍建设,逐步建立国家、地方和企业相结合的应急救援系统

在国家层面,要依托中央企业和行业"龙头"企业,加快建设国家级矿山、油气田、危险化学品应急救援基地,抓紧国家陆地搜寻救护平顶山基地项目建设,尽快进行组建国家安全生产专业救援队伍的试点。在地方层面,要依托区域内重点企业、大企业,抓紧建设一批骨干救援队伍,支持和引导民间组织、社会力量积极参与安全生产应急救援。在企业层面,高危行业企业尤其是重点企业,必须依法建立专职安全生产应急救援队伍;其他企业要建立兼职应急救援队伍,并与邻近的专职队伍签订应急救援协议。同时要积极推进国家、地方和企业三级矿山医疗救护体系建设,提高矿山事故受伤人员的救助治愈率。

(三)加大投入力度,努力提升应急救援技术装备和信息化水平

地方各级政府是本行政区域内公共安全基础建设的责任主体,企业是本单位安全生产的责任主体,都应当依法保障安全生产应急投入。通过多渠道加大投入,改善应急救援技术装备条件。今年要重点配备和采用大型快速救援钻机、大型排水设备、井下快速掘进、人员搜寻定位等先进技术和装备,提升处置矿山透水、垮塌等事故的救援能力;在化工企业推行重大危险源自动监控、带压堵漏技术,在煤矿推广井下救生舱、灾区探测等技术和装备。结合安监系统"金安"工程建设,加快建立各级安全生产应急平台,尽快实现安全监管监察机构与有关部门、地方应急平台的互联互通,实现其应急值守、信息研判和决策、队伍和物

资调度、远程会商、视频传输等功能，进一步提高安全生产应急管理工作的效率效能。

（四）做实应急预案、信息管理、宣教培训等基础工作，进一步提高应急管理工作的实效性

一是做实预案工作。生产经营单位的预案制定，一定要从对车间、区队各类不安全因素和岗位危险性的调查分析着手，使预案制定过程成为安全隐患排查的过程。政府和部门预案要注意避免过于原则、过于笼统，不仅要把责任明确到岗位人头，同时要解决好应急救援装备物资如何调度使用等细节问题，免得事到临头仓促忙乱，贻误战机。二是要做实信息管理工作。按照分级负责、分类管理的原则，建立起国家、省、市、县四级安全生产应急资源数据库，加强信息报送、统计分析、事故救援总结评估、典型案例分析等工作。三是要做实做细宣教培训工作。将应急管理培训纳入安全培训规划，统一安排部署，统一检查考核。面向高危行业产业人员和社会公众，开展安全生产应急管理宣传教育，普及应急救援知识。深刻吸取屡屡发生的次生事故教训，凡存在人身伤亡事故风险特别是中毒、窒息事故风险的单位，必须认真负责地对每一位职工群众进行应急救援知识的教育，严防因盲目施救、错误施救造成伤亡增加。

（五）加强重大危险源监控，开展预防性安全检查，推动安全生产应急管理工作关口前移

各级安全监管和安全生产应急管理机构要对管辖范围内的各类危险源进行普查、辨识和登记，建立危险源数据库，切实掌握危险源的数量、类别、危害程度以及应急处置程序，落实分级监控、重点监控措施。有重大危险源的企业必须开展危险源评价，建立危险源计算机监控系统，并与当地安全监管机构的应急平台联网。要本着“险时救援、平时防范”的原则，组织各类应急救援队伍，对服务范围内的企业开展预防性安全检查，及早发现、及时督促企业解决安全生产隐患和问题。继续做好自然灾害引发生产安全事故的预警预防工作，及时发布预警信息。

（六）加强配合协作，建立健全安全生产应急管理工作运行机制和应急联动机制

各级安全监管和安全生产应急管理机构要在地方政府的统一领导下，切实加

强与政府综合应急管理部门、专业监管部门、工作支持部门和单位的配合协作。要在安委会的框架内，明确安全生产应急管理工作职责分工，建立联席会议或联络员制度，定期研究工作中出现的问题；建立科学高效的协商和决策制度，及时沟通信息、交换意见，协同应对处置安全生产紧急情况和各类事故。要继续推动《安全生产应急管理条例》和地方性法规规章的制定工作，增强相关法律制度的执行力，把安全生产应急管理工作进一步纳入制度化、规范化和科学化的轨道。

安全生产应急管理工作使命神圣、责任重大，任务艰巨繁重。我们要在党中央、国务院的领导下，深入贯彻落实科学发展观，自觉做安全发展的忠诚卫士，牢固树立大局意识、责任意识、忧患意识和服务意识，进一步振奋精神、坚定信心，求真务实、真抓实干，在抓落实上继续狠下功夫，靠扎实有效的工作，推动实现全国安全生产形势的持续稳定好转，为保护人民群众生命财产安全，促进经济社会安全发展，做出更大的贡献！

统一思想　狠抓落实
推动安全生产应急管理工作再上新台阶

国家安全监管总局副局长　王德学

广东安全生产应急管理综合试点现场会暨全国安全生产应急管理工作会议，经过各方面和与会同志的共同努力，已圆满完成了会议的各项议程，今天就要结束了。应当说，这次会议准备充分、组织严密、内容丰实、指导性强。通过这次会议，使大家明确了方向、提高了认识，学到了经验、看到了差距，认清了形势、增强了信心。我们相信，这次会议必将对做好当前和今后的安全生产应急管理工作起到重要的推动作用。下面，我就贯彻落实会议精神尤其是骆琳同志重要书面讲话精神，扎实推进安全生产应急管理工作更好地开展问题讲几点意见。

一、认真贯彻落实会议精神，切实把思想统一到会议的部署上来

(一)要认真学习贯彻会议精神

加强安全生产应急管理工作是继续深入开展“安全生产年”活动的重要内容之一，是深化“三项行动”、“三项建设”的重要组成部分。本次会议既对继续深入开展“安全生产年”有关应急管理工作作出了深入部署，又交流了广东等地(单位)的宝贵经验，对做好今年和今后工作都有重要的指导意义。会议结束后，各地区、各有关部门和单位要尽快传达学习、贯彻落实，将安全生产应急管理工作作为深化“三项行动”、“三项建设”的重要方面，采取有力措施强力加以推进。一是要把这次会议精神立即向本地区、本部门和单位的领导班子传达汇报，让大家了解主要精神；二是要根据骆琳等同志的讲话精神，对照会议提出的总体要求和部署的重点工作，认真研究分析和查找本地区、本部门、本单位安全生产应急管理工作的现状、问题和差距，研究制定具体的落实意见，提出明确的工作目标、具体任务和有力措施；三是对本地区、本部门、本单位安全生产应急管理工作进行一次全面的动员和具体的安排部署，让基层部门和单位了解全国安全生产应急管理工作的总

体要求、工作目标、工作思路和重点任务，了解本地区、本行业(领域)、本单位安全生产应急管理的具体目标、任务和要求，把工作进一步落实下去；四是大力宣传推广广东等地(单位)的做法和经验，用以指导和推动工作。

(二)要深刻领会会议精神对做好安全生产应急管理工作的重要指导意义

骆琳同志在讲话中，从安全生产工作全局的高度强调，安全生产应急管理是安全生产工作不可分割的重要组成部分，必须始终把握两手抓的重要原则，即一手抓安全生产监管监察，一手抓应急管理；必须从安全发展大局出发谋划好安全生产应急管理工作；必须将安全生产应急管理工作纳入安全生产工作总体布局之中，同步部署、同步检查、同步考核、同步推进；必须突出预防为主，着力做好事故防范；必须以提高综合应急能力为主线，着力落实责任、健全体系、完善措施、加大投入。同时，对做好应急管理工作的总体要求、目标任务、工作措施进行了全面阐述。这个讲话，站的高、看的远、想的深、讲的实，前瞻性、针对性、指导性、操作性强，是我们做好当前乃至今后工作的指南。只要我们认真领会、全面贯彻、真抓真做，安全生产应急管理工作就一定会上一个大台阶。广东等地(单位)的经验归结起来说就是：干部认识高、摆的位子高、工作热情高，落实力度大、推动力度大、投入力度大，工作作风实、责任落的实、事事抓的实。他们的经验丰富、实在、全面，可信、可学、可做。只要我们把落实领导同志的部署要求同学习借鉴先进经验结合起来，真正重视、真学真做、真抓实干并创造性地工作，就一定能推动安全生产应急管理工作的不断创新发展。

(三)要切实把思想统一到会议精神上来

我们要进一步做好安全生产应急管理工作，首先必须把思想统一到这次会议精神上来。只有这样，才能把行动统一到会议精神上来。一是要把对安全生产应急管理工作重要性的认识统一到会议精神上来。骆琳同志的重要讲话，对安全生产应急管理工作重要性已作出了深刻全面地阐述，我们要认真学习，深刻领会，提高认识。一定要认识到，加强安全生产应急管理是落实科学发展观的需要，是继续深入开展“安全生产年”活动的需要，是促进安全生产形势进一步稳定好转的需要，是构建社会主义和谐社会的需要。我们一定要在提高认识的基础上，高度重视，将其纳入经济社会发展规划之中、纳入安全生产工作总体布局之中，加大力度，努力推进。

二是对应急管理工作的总体要求、目标、任务要统一到会议精神上来。骆琳同志在书面讲话中提出的安全生产应急管理工作的总体要求、目标、任务，是我们今年乃至今后要把握的原则、要努力的方向、要做好的工作。我们一定要思想统一、步调一致，不出杂音、不走弯路。尤其要按照以贯彻落实深化安全生产"三项行动"和"三项建设"各项工作措施为重点，进一步完善体系、强化建设、强基固本、提升能力，努力推动安全生产应急管理、应急救援能力上台阶、上水平这个总体要求，把安全生产应急管理工作纳入到"安全生产年"的大格局中去审视、去谋划、去把握、去推动，围绕提升能力这条主线，找准工作切入点、抓住主攻的重点、一个个突破难点，一步一个脚印地走、只争朝夕地抓、脚踏实地地干，务求早见实效。

三是对广东等地（单位）经验的认识要统一到会议精神上来。广东等地（单位）的安全生产应急管理经验是实践的结晶，是被实践证明了的行之有效的方法。骆琳同志在书面讲话中给予了高度评价和充分肯定，强调广东等地（单位）经验的核心是在党委政府的统一领导下，努力推动认识到位、工作到位、投入到位，通过系统、科学的方法推进应急管理工作，提高综合应急能力，以实现有力地预防事故发生和科学有效地应对处置事故。我们一定要克服广东等地（单位）条件好，我们比不了；广东等地（单位）经验好，我们学不了；广东等地（单位）成效好，我们做不到等不正确的认识，真正看到广东等地（单位）经验的可贵之处，与广东等地（单位）不比客观比主观，不比条件比工作，不比难度比力度，认真学习、大力推广，以推动本地区、部门、单位安全生产应急管理工作的更好开展。

四是对如何加强领导、落实责任、做好工作要统一到会议精神上来。广东等地（单位）的经验告诉我们，要推进安全生产应急管理工作不断加强、健康发展，关键在于提高认识，关键在于领导重视，关键在于落实责任，关键在于推动有力。我们一定要按照骆琳同志的要求，借鉴广东等地（单位）的经验，树立紧迫感、责任感、使命感，高度重视，切实加强对安全生产应急管理工作的领导，层层落实责任，始终坚持"一手抓安全生产监管监察、一手抓应急管理"的要求，做到两手抓、两手都要硬，心无旁骛、兢兢业业地做好工作，不断推动安全生产应急管理工作的向前发展。

二、大力学习推广广东安全生产应急管理综合试点经验

昨天上午，陈建辉同志代表省安委会作了安全生产应急管理试点经验介绍，着重从安全生产应急管理机构建设、法制建设、保障能力建设、技术支撑体系建设、预案管理、机制建设等六个方面，介绍了广东省开展试点工作以来在安全生产应急管理方面所做的工作、取得的成效和突破。同时，还介绍了广东省安全生产应急管理工作的主要做法和体会。刚才，广东省相关部门和市、县、街道、企业的代表又介绍了他们的具体做法和经验，总体来说，广东安全生产应急管理综合试点是成功的，试点取得的成绩是很大的，试点积累的经验是宝贵的。我们一定要认真学习借鉴广东经验，结合工作实际，指导推动本地区、本部门、本单位安全生产应急管理工作的开展。

(一)要学习借鉴广东各级领导既高度重视安全生产应急管理，又狠抓工作责任落实的经验

安全生产应急管理是各级政府的一项重要职责，必须得到各级党委政府的高度重视，必须摆到突出位置，必须纳入到整个安全生产工作的大局之中，必须层层建立健全责任制度、绩效考核制度、责任追究制度。只有这样，才能有力地推动其快速发展。广东省各级党委、政府高度重视安全生产应急管理工作。中央政治局委员、省委书记汪洋同志亲自过问，省长黄华华、原常务副省长现政协主席黄龙云、副省长肖志恒同志对解决安全生产应急管理和应急救援体系建设有关资金、机构、编制等问题亲自上手、全力支持。分管副省长佟星同志亲自抓具体项目，亲自出面协调解决安全生产应急管理工作中的重点、难点问题。广东省各地区、各部门、各单位按照省委省政府的统一部署和要求，一级抓一级，一级带一级，层层抓落实。省安委会办公室建立了工作通报制度，每月通报一次各地工作进展情况，对工作进度滞后的地市领导进行约谈；各市、县(市、区)成立了以主要领导为组长的安全生产应急管理指挥领导小组，将安全生产应急管理工作纳入安全生产责任制考核工作之中，实行一票否决。同时，将安全生产应急管理工作融入到安全生产监管的各个环节，等等。我们相信广东能做到的，其他各地、各单位也能做得到。请各地、各单位一定要营造一个好的环境，像广东那样，各级主要领导重视，主要领导抓主要领导，逐级建立好机制，层层负责抓落实，强力推进见实效。

(二)要学习借鉴广东建立健全应急管理法规制度,依法推进安全生产应急管理工作的经验

应急管理的效能来源于科学完备的法规制度保障,只有将应急管理实践中取得的具体经验做法和规律性认识,通过法规制度予以固化,才能指导和规范应急管理实践。加强安全生产应急管理工作必须注重应急管理法规标准建设、规章制度建设、法制宣传和严格执法,做到有章可循、有法可依、有法必依、依法行政。广东省将安全生产应急管理普法工作列入各级政府普法计划,大力宣传《安全生产法》、《突发事件应对法》等法律法规,结合安全生产和应急管理工作实际,制定实施了《广东省安全生产条例》、《关于加强安全生产应急管理工作的意见》、《省安全生产应急救援联络员会议制度》、《广东省实施〈生产安全事故应急预案管理办法〉细则》等法规规章。同时,还加大了对安全生产应急管理的执法检查力度,将安全生产应急管理违法处罚列入全省安全生产执法检查范围。通过应急管理立法、普法、执法工作的深入开展,完善了应急管理法规标准体系,增强了应急管理法制观念,提高了各级安全生产应急管理人员知法、懂法和认真执法的自觉性,依法促进了安全生产应急管理工作的深入开展。我们希望各地、各单位要学习借鉴广东经验,大力加强安全生产应急管理法制建设,切实推动依法行政、依法监管、依法规范。

(三)要学习借鉴广东以抓机构建设带动应急队伍建设、预案体系建设、应急机制建设、应急装备建设齐头并进的经验

安全生产应急管理机构是贯彻落实党和国家应急管理方针、政策、法律法规有力有效开展的保证,应急管理工作只有机构建立了,人员落实了,才能有人想事、有人务事、有人干事。广东省安全生产应急管理工作之所以做的好、发展快,其中一条重要原因就是坚决有力地加强了全省安全生产应急管理机构建设,将建立健全安全生产应急管理机构作为一项硬指标、硬任务来抓,推动所有省(区)、市(地)和重点县建立安全生产应急管理机构。目前,全省 21 个地级以上市全部成立了安全生产应急管理机构,全省 121 个市(县、区)中,除 7 个机构改革试点县外,其余 114 县(市、区)都成立了安全生产应急管理机构,有的还延伸到了基层乡镇。负有安全生产监管职责的部门(单位)、省属、中央驻粤有关企业也成立了安全生产应急管理机构并落实了安全生产应急管理人员。与此同时,推进了预案体系建

设、体制机制建设，特别是装备建设。在装备建设方面，一年多来，全省共投入3亿多元资金，用于配置、更新应急救援装备和设备，大大提高了应急能力。我们希望各地区各有关部门和单位在这方面要加大力度，已有机构的要强化，没有机构的要快建，真正形成工作体系，并以此推动其他工作的开展，尤其是投入力度的加大。

(四)要学习借鉴广东从基础入手，“横向到边，纵向到底”扎实推进安全生产应急管理工作的经验

加强安全生产应急管理是一项长期的、艰巨的任务，是一项复杂的系统工程。加强基础工作、基层工作就抓住了安全生产应急管理的根本。“基础不牢、地动山摇”、“基层扎实、坚如磐石”。广东充分发挥省安委会及其办公室的综合协调作用，将安全生产应急管理横向拓展到相关部门，纵向延伸到街道、乡镇，形成了“横向到边、纵向到底”的管理格局。通过组织开展安全生产应急资源普查，摸清了各行业、各类型安全生产应急队伍、装备、物资、专家的分布情况；通过加强省、市、县应急平台体系建设和与相关专业部门应急平台的互联互通，实现了应急资源共享、信息共享；通过大力开展应急培训和应急宣传，提高了应急人员素质和社会公众的应急意识；通过落实县(市、区)、街道、乡镇安全生产应急管理责任，有效地加强了基层的应急管理工作，等等。各地、各单位一定要下大气力，加强基层基础建设，大大提高预防和应对事故灾难的能力。

(五)要学习借鉴广东先试先行，以典型示范推动安全生产应急管理全面开展的经验

安全生产应急管理是一项新事业、一门新学问，是一项探索性的工作。需要试点，需要创造，需要不断总结经验、探寻规律，需要用典型示范来指导、推动工作。国家安全生产监督管理总局在广东开展安全生产应急管理综合试点，目的在此、意义在此。广东在这方面积累了丰富的经验。如，为了推动市、县安全生产应急管理机构建设，在肇庆市开展了试点工作，取得经验后，立即召开现场会推广肇庆经验做法。与此同时，当了解发现佛山市率先建成应急预案、应急资源信息化管理系统，湛江市率先完成应急资源普查整合、登记分类建档，珠海市建立工业园区内危化企业应急联动机制，广州、韶关、深圳等市依托本地企业建设危化、特种设备、城镇燃气、建筑施工等专业应急救援队伍，省质监局、省建设厅、省交通厅依

托企业建设本行业领域专业应急救援队伍，汕头市澄海区澄华街道办成立基层村(居)应急救援队伍等好做法之后，省安委会立即组织人员及时对他们的经验做法进行总结，通过发简报、发通报等形式转发全省各地各部门学习借鉴。以上这些经验做法部分已在会上进行了介绍，其余已收编在《广东省安全生产应急管理实践与探索》一书中，会后，请大家认真学习研究，充分吸收他们的经验和做法，坚持抓典型、刻样板，尊重基层的首创精神，及时发现好的典型，及总结推广好的经验，用典型引路，推动工作的健康发展。

此外，我们也要注重学习借鉴其他地区、部门、单位的好做法、好经验。

三、以更加务实、科学的方式方法推动安全生产应急管理工作任务的落实

前面已经讲到，骆琳同志在讲话中对今年的安全生产应急管理工作思路、目标、任务阐述得十分明了、要求非常明确，广东省和其他地区、部门、单位又给我们提供了实用、管用的经验和做法，下一步关键是抓落实、抓促进、抓提高的问题。各地区、各有关部门和单位一定要进一步提高认识，加大工作力度，以务实、科学的方式方法，将安全生产应急管理各项工作推向前进。工作中要注意把握以下几点：

(一)抓组织领导

广东等地(单位)的经验和大量的事实有力地证明，安全生产应急管理工作要上去，关键在于领导重视特别是主要领导重视。各地区、各有关部门和单位一定要就安全生产应急管理方面的工作特别是重要问题，多向党委、政府和部门、单位领导尤其是向主要领导汇报、请示，让领导特别是主要领导了解情况，取得领导特别是主要领导的支持，使之成为一把手工程，做到主要领导抓、抓主要领导，真正把应急管理工作摆到重要位置、提上议事日程，强化对这项工作的领导，加大在机构、编制、资金工作等方面的支持力度，为做好安全生产应急管理工作提供组织和条件保证。各级安委会办公室要充分发挥综合协调及推动促进作用。

(二)抓示范引导

通过示范提供样板、树立标杆、提供可以借鉴的经验，可以给其他地区、部门、单位增加压力、动力，促其做好工作；可以发挥带动作用，激励大家积极向上、奋发

有为;可以发挥引导作用,少走弯路,提高效率,加快推进工作进程。各地区、各有关部门和单位一定要善于种试验田、善于刻样板、善于树标杆,注重培养典型、注重发现典型、注重总结经验,采取多种方式进行弘扬宣传、推广交流,搞好典型引路,发挥榜样的力量,以带动安全生产应急管理工作的更好开展。

(三)抓重点难点

从总体上说,加强管理体系建设、加强救援体系建设、加强平台体系建设、加强应急队伍建设,提高综合应急能力,这是我们的重点。各地区、各部门和各单位之间工作发展不够平衡,有的整体好些,有的某方面好些,有的工作差些。现在最大的难题是市(地)及重点县两级应急管理机构建设和应急投入问题。从国家层面看,国家级救援基地建设的投入问题,由于发展和改革委员会、财政部等方面的支持,矿山救援基地建设投入问题已经突破,危险化学品救援基地建设正在运作当中,也有望取得突破。各地区、各有关部门和单位一定要针对重点难点问题,一项项攻关、一个个突破。对市、县级应急管理机构问题,要列出计划,一个一个落实、一地一地推进;对应急管理和装备投入问题,既要想办法争取政府的投入,更要注意引导促进企业自身加大投入,解决救援技术装备不适应救援工作需要的问题。此外,对应急管理和救援队伍素质提高问题,对于从业人员应急意识和技能提高问题,要通过加大教育培训力度、加大演练实践力度来解决。

(四)抓责任落实

各地区、各有关部门和单位要进一步采取有力措施,狠抓责任落实,进而保证工作落实。首先要明确责任,并建立健全企业、部门、地方应急管理工作业绩考核评估制度和责任追究制度,将其纳入政绩业绩考核之中,认真考核、奖惩严明、促进工作。其次要研究出台约束激励政策措施,调动各方面的工作积极性。第三要认真贯彻"管好本级、下管一级、指导一级"的要求,逐级带动、逐级推动、逐级促动,强化责任落实。同时,要强化督促检查,对督查中发现的好经验要进行总结推广,发现的问题要查明原因、尽快研究解决。

同志们,现在,大政方针已定,前进方向已明,关键是抓好落实。让我们在党中央、国务院的坚强领导下,加强领导、强化责任,狠抓落实、大力推进,全面做好安全生产应急管理工作,完成会议提出的各项目标任务,真正把应急管理和救援水平搞上去,为促进全国安全生产形势持续稳定好转和构建社会主义和谐社会做出贡献!

第二部分 >>>

2010年全国应急管理工作总体概况及分析

2010 年全国应急管理工作总体概况及分析

一、2010 年我国突发事件基本情况

2010 年我国自然灾害多灾并发、重灾连发，影响范围广，人员伤亡情况严重；安全生产继续保持总体稳定、持续好转的发展态势，但事故总量、伤亡人数依然较大，重特大事故仍时有发生；公共卫生形势依然严峻。连续发生的一系列重特大突发事件，给应对处置工作带来巨大压力和严峻考验。

全年因洪涝、台风、山体滑坡、泥石流、风雹、干旱、高温热浪、地震、低温冰冻、雪灾、海冰等各类自然灾害造成 4.3 亿人（次）受灾，同比减少 11%；因灾死亡（失踪）7 844 人，紧急转移安置 1 858.4 万人（次），同比分别增加 401%、162%；农作物受灾面积 3 742.6 万公顷，同比减少 20.7%；倒塌房屋 273.3 万间，因灾直接经济损失 5 339.9 亿元，同比分别增加 226%、112%。主要特点：一是大灾多发频发。全年发生 67 次重特大自然灾害，年初黄渤海海冰、西南地区特大干旱为数十年甚至百年一遇，青海玉树 7.1 级地震是当地有历史记录以来最强烈的地震，甘肃舟曲特大山洪泥石流是新中国成立以来最严重的地质灾害。二是灾害分布范围广。全国 31 个省（区、市）及新疆生产建设兵团均不同程度受灾。汛期华南、西南、东北乃至西北都出现大范围持续强降雨，引发 27 次严重暴雨洪涝灾害。暑期全国大部出现历史同期罕见极端高温。入冬后南方地区出现大范围强雨雪天气，12 个省（区、市）平均降水量达历年同期水平的 10 倍。三是损失极为严重。除受灾人数、农作物受灾面积两项指标略有减少外，因灾死亡（失踪）人口、紧急转移安置人数、倒塌房屋数量和因灾直接经济损失均较常年大幅增加，特别是城镇受灾十分突出。综合来看，全年灾情严重程度在近 20 年中仅次于 2008 年。四是灾害多集中于中西部地区。经济相对欠发达的中西部 10 省（区）因灾死亡（失踪）人口、直接经济损失分别约占全国的 90%、60%，国家 592 个扶贫开发重点县中 94.3%的县受灾。四川、甘肃、陕西三省汶川地震极重和重灾区中 96%的县（区、市）遭受严重山洪泥石流灾害。五是抗灾救灾难度大。特大灾害大多发生在交通极为不便的高山峡谷地带，滑坡、堰塞湖等次生灾害多发，灾区基础设施损毁严重，救援人员进入和救灾物资调运十分困难，抢险救灾任务异常艰巨。特别是玉树强烈地震、舟

曲特大山洪泥石流抢险救灾及灾后重建面临的困难前所未有。

全年共发生各类事故 363 383 起，造成 79 552 人死亡，同比减少 15 865 起、3 648 人，分别下降 4.2%、4.4%。主要特点：一是安全生产总体水平进一步提高。全年事故死亡人数首次降到 8 万人以下，32 个省级统计单位中 28 个单位事故死亡人数下降。亿元 GDP 事故死亡率、工矿商贸十万就业人员事故死亡率、道路交通万车死亡率、煤炭百万吨死亡率等 4 项指标降幅均超过 10%，大部分重点行业(领域)事故起数有所下降。二是重特大事故尚未得到有效遏制。全年发生 85 起重特大事故，造成 1 438 人死亡，同比分别上升 26.9%、27.6%，与近年相比有所波动和反弹。三是部分行业(领域)安全问题突出。道路交通事故起数和死亡人数均居首位，火灾事故起数和工矿商贸事故死亡人数分居第二位。建筑施工发生较大以上事故上升 30%以上，煤矿技改、整合等建设项目事故多发。四是非法违法生产经营建设行为仍屡禁不止。全年发生 11 起特别重大事故，其中 8 起是非法违法生产经营建设行为所致。五是环境污染事件呈多发势头。先后发生大连输油管道爆炸、渭南输油管线成品油泄漏、吉林集安通沟河饮用水源附近柴油泄漏、福建紫金山铜矿废水泄漏、广东北江铊超标等重大环境污染事件。

全年共接报突发公共卫生事件共 1 336 起(不含动物疫情)，病例 46 501 例，死亡 399 人，同比分别下降 45%、81%、60%。其中传染病类、食品安全与食物中毒、环境因素与职业中毒以及其他类突发事件占总数比例分别为 72.9%、16.5%、9.3%、1.3%。主要特点：一是全国突发公共卫生事件起数、病例数、死亡人数均显著下降，特别是传染病类突发事件下降超过五成，全年未发生特别重大突发公共卫生事件。二是食品安全形势严峻。先后发生违法销售未销毁问题乳粉等食品安全类突发事件，公众消费信心和相关行业产业受到不利影响。全国共接报食物中毒事件 220 起、死亡 184 人。农村地区由于饮食、卫生条件等原因，食物中毒问题较为突出。三是环境因素导致的突发公共卫生事件和职业中毒事件时有发生。高温中暑、非职业性一氧化碳中毒等环境因素导致的公共卫生事件和职业中毒事件 124 起，死亡 157 人，同比均有所增加。四是重大动物疫情形势平稳。未发生区域性重大动物疫情，但受周边国家疫情频发、候鸟迁徙、国内畜禽养殖条件差等因素影响，疫情防控压力仍然很大。

二、应对工作总体情况

党中央、国务院高度重视应急管理工作。胡锦涛总书记、温家宝总理等中央领导同志多次就完善应急管理机制、做好各类突发事件防范处置工作作出重要批示指示。各地区、各部门认真贯彻党中央、国务院决策部署，深入推进“一案三制”建设，着力强化应急管理基础，不断提升重特大突发事件应对能力，有力有序有效处置了青海玉树强烈地震、甘肃舟曲特大山洪泥石流、贵州关岭山体滑坡、神华集团骆驼山煤矿透水、山西王家岭煤矿透水、辽宁大连输油管道爆炸、河南平顶山煤矿爆炸、黑龙江伊春空难、上海静安区特大火灾等一系列重特大突发事件，最大程度预防和减少了突发事件及其造成的损失和影响。

(一)组织领导体系方面

全国应急管理组织体系建设得到进一步加强，协调联动机制进一步健全，为高效有序防范应对突发事件提供有力组织保障。国家层面，中央决定成立了国务院食品安全委员会及其办公室，防灾减灾、安全生产、公共卫生等方面的专项应急指挥机构进一步完善。青海玉树地震、甘肃舟曲泥石流灾害发生后，国务院迅速成立抗震救灾总指挥部、抢险救灾指导协调小组，及时研判灾情，指导部署抢险救灾和恢复重建工作。地方层面，各级应急管理领导机构和办事机构进一步强化，截至2010年底，共有2 317个县(市、区)建立或明确了应急管理办事机构。各地积极探索加强应急管理区域合作，相继建立了泛珠三角地区、东北四省区、苏鲁豫皖四省、中南五省、黄渤海区域等应急联动合作机制。军地合作方面，河北、云南、贵州、江西等地政府和驻地军队相继建立抢险救灾军地联动机制，有效强化了军地在突发事件防范应对工作中的协作。

(二)应急准备方面

各地区、各部门在应急管理法规、预案、队伍、资金、物资等各方面准备更加充分，保障更加有力。一是法律法规体系进一步健全。国家相继颁布《石油天然气管道保护法》、《国防动员法》等涉及应急管理工作的法律，国务院先后出台《自然灾害救助条例》、《气象灾害防御条例》，完成《危险化学品安全管理条例》修订工作。北京、辽宁、陕西、内蒙古、湖南、广东、广西等省(区、市)分别制订了突发事件应对条例或办法。二是地震、通信保障、生活救助、流感应对等一批国家专项预案和部门预案得到修订,针对性、操作性进一步增强。组织开展了反恐演习、水上搜救、安全生产紧急救援、处置电网大面积停电、重大动物疫情防控等专项演练,对磨合机制、锻炼队伍起到积极作用。三是应急队伍建设取得积极进展。国家地震救援队顺利完成扩编,达到 480 人,国家和区域矿山应急救援队、首批 4 大类 11 支国家卫生应急队建设均取得突破性进展。武警部队以工化中队为依托,建成 32 支共2 716 人的自然灾害和事故灾难专业救援队伍。国家重点防汛机动抢险队已达 102 支,森林消防队伍规模达到 1.78 万支、56.6 万人。各级各类应急救援、志愿者队伍和专家库建设稳步推进。四是资金投入力度进一步加大。发展和改革委员会、财政部积极支持各地区、各部门加快应急项目规划、实施进度。中央财政全年共安排各类抗灾救灾资金1 559.37 亿元,对重点地区受灾群众有针对性地提高了救灾补助标准。五是应急保障能力进一步提升。国家突发公共事件应急体系、综合减灾、安全生产等“十一五”专项规划基本完成实施,防汛抗旱指挥系统、自然灾害灾情管理系统以及各省级政府应急平台指挥系统等一批科技含量高、支撑能力强的项目顺利建成并投入使用。抢险救援技术装备研发、推广工作成效显著。应急物资储备库建设进展明显,中央级救灾物资代储单位已达 17 个,水利、铁道、交通运输、农业等方面的应急物资储备也得到进一步加强。

(三)预警防范方面

各地区、各部门大力健全监测预警体系,深入开展安全生产隐患排查、源头治理工作,努力做到预防为主、防范在前。一是监测预警体系进一步完善。气象服务网络已覆盖全国 85%以上的乡镇以及近海海域,水利部门建成覆盖各大流域的水情信息网络,民政部门抓紧建设自然灾害遥感监测评估业务体系,突发公共卫生事件网络直报系统进一步向乡镇、社区等基层卫生服务机构延伸。二是预警预报信息发布更加及时有效。气象部门全年发布寒潮、暴雨、台风、干旱、高温等各类气象灾害预警 967 次。交通运输、海洋、国土资源等部门实时发布公路、海上气象信息,成功预警预报地质灾害 1 166 处,避免近 10 万人员伤亡。外交、商务等部门加强境外安全预警信息发布,指导我驻外人员和机构切实加强安全工作。三是安全生产源头治理多措并举。各地区、各有关部门深入实施安全生产“打非”专项行动,组织开展了煤矿瓦斯、尾矿库、建筑消防和道路安全等隐患排查行动。安全生产监督管理总局会同住房城乡建设、交通运输、工业与信息化、农业、质检、旅游、教育、卫生等部门大力开展安全生产专项治理行动。全年共排查各类隐患 900

余万项，落实治理资金 100.5 亿元。

(四)应急处置与救援方面

成功抗击了玉树地震、舟曲山洪泥石流、山西王家岭矿透水等一系列灾害和事故灾难，最大程度减少人员和财产损失，受到国内外的广泛赞誉。一是组织领导坚强有力，决策指挥科学得当。在重特大突发事件应对处置工作中，党中央、国务院领导同志及时决策部署，亲赴现场指挥协调，慰问群众；各专项指挥机构、部际联席会议充分发挥协调枢纽作用，确保重大指挥决策及时传达、工作部署落实到位；各地区、各部门负责同志靠前指挥，精心组织，及时有效调动力量开展现场处置。二是应急响应启动迅捷，应对处置科学依法。突发事件发生后，各地区、各部门依法及时启动预案，科学应对处置。全年启动国家自然灾害救助应急响应 51 次、防汛抗旱应急响应 29 次。全国矿山、危险化学品等专业救护队紧急处置事故 12 455 起，抢救遇险人员 28 681 人。三是协调联动紧密配合，抢险救援成效卓著。党政军各方紧急投入玉树地震、舟曲泥石流等特大灾害的抗灾救灾战斗，解放军、武警部队、公安民警及民兵预备役人员冲锋在前，出色完成抢险救援、安置群众、抢修设施、恢复生产、社会治安等各项工作。科学高效实施山西王家岭矿难救援，成功挽救了 115 名矿工的生命。公安消防部队全年营救 159 965 人，挽回经济损失 430 多亿元。水上搜救部门成功救助 23 555 人、1 865 艘船舶。四是妥善安置群众生活，全力维护社会稳定。中央财政全年安排自然灾害生活救助资金 113.44 亿元，救助受灾群众 9 000 余万人次。民政、交通运输、铁道、民航、商务、住房城乡建设、卫生等部门以及各受灾地区全力做好救灾物资筹集和调运工作，妥善解决群众衣食住等生活问题。五是坚持正确舆论导向，营造良好社会氛围。各类突发事件发生后，有关地区、新闻宣传部门迅速启动宣传报道应急机制，主动收集社会舆情，有针对性地开展宣传报道和舆论引导工作，为突发事件应对处置营造良好社会氛围。广大群众踊跃捐款捐物，玉树、舟曲灾区共接收捐款 110 亿元，志愿者、社会组织积极参与救灾，形成了政府主导、社会参与、同心协力、共渡时艰的良好格局。

(五)恢复重建和善后工作方面

各地区、各部门把灾后恢复重建、事故责任追究等善后工作作为突发事件应对的重要方面，科学部署、周密安排，各项工作进展更加有力有序。一是恢复重建科学高效。在科学开展灾害损失综合评估的基础上,编制灾区恢复重建总体规划,及时制定出台支持灾区恢复重建的政策措施,组织有关省市、中央企业开展对口援建。四川汶川地震灾区恢复重建已基本完成,灾区面貌发生翻天覆地的变化。青海玉树、甘肃舟曲灾区恢复重建工作进展迅速。截至2010年底,全国因灾损毁民房重建开工率、竣工率、修复率分别达到95.9%、68.5%、83.2%。二是善后处置深入细致。灾区各级党委、政府在加快组织恢复重建的同时,按照中央部署,更加注重人文关怀,更加注重社会和谐,在政策落实、补助发放、救济补偿、抚恤慰问等事关群众切身利益的善后工作方面,多措并举,全方位解决群众面临的困难。三是事故处理严肃认真。有关各方认真展开事故调查处理,依法严肃追究责任。国务院安委会对全国55起重大事故查处实施挂牌督办,地方各级安全监管部门严格督办各类事故,相关责任人及时得到相应处理,有力震慑了各种违法违规行为。

(六)培训宣教方面

各地区、各有关部门扎实开展应急管理宣教培训,各级干部应急管理能力进一步提升,社会公众防灾避险、自救互救意识和能力进一步增强。一是深入推进应急管理培训。有关部门分别组织多期综合减灾、防汛抗旱、信访接待、高校维稳、事故处置、火险预警管理、地质灾害监测预防等方面的专题培训。天津、重庆、上海等地认真落实培训规划、积极拓展培训范围,分层次、分批次对政府、企事业单位应急管理工作人员以及农民工进行系统培训。二是广泛开展科普宣教活动。民政、公安、农业、工商、质检、安全监管、海洋、食品药品监管等部门会同新闻宣传单位以“防灾减灾日”、“海洋宣传日”、“110宣传日”、“平安农机”、“安全用药,关注农村”等活动为载体,组织普法宣传、知识竞赛、文艺演出、播放公益广告,编印发放了大量防灾避险、安全防范宣传资料。三是大力推动减灾示范社区、基地建设。各地认真落实地震安居、防雷避险、海洋防灾等示范社区创建工作,一批国家级科普教育培训基地先后建立,为推广宣传防灾减灾知识起到良好示范效应。

三、主要问题和下一步工作

在各方面的不懈努力下,2010年突发事件防范应对工作取得显著成效。同时,也暴露出一些问题和薄弱环节。一是应急管理体系有待进一步完善。应急管理机构设置不健全、人员配置不齐备、职责落实不到位的现象在一些地区、部门、行业仍不同程度存在。二是应急监测预警体系亟需健全。对突发性天气精细化预报预警能力还不够、不强。跨部门、跨区域灾害综合应急监测预警体系还不完善。预警信息发布的时效性有待进一步提高。三是应急队伍能力建设相对滞后。各类应急救援队伍建设规模、标准难以完全满足实际需要。部分基层应急队伍自我保障、协同能力不够强,应急培训、预案演练缺乏系统性、科学性。四是应急保障还存在薄弱环节。一些地方和部门经费保障不足,应急设施和救援装备老化、科技含量不高,应急避难场所等基础设施建设滞后,应急物资储备调运制度不健全、资源配置不尽科学合理。五是巨灾防范应对能力需进一步提高。对巨灾发生机理理论研究、临灾速报等方面的工作仍然滞后,一些重大灾害易发、多发区建筑物和基础设施设防标准偏低,巨灾风险保障、资金扶持、捐赠救助等制度尚不健全。

为进一步提高突发事件防范处置能力,切实保护国家安全、保障人民群众生命财产安全,今后将重点抓好以下几个方面的工作:

一是进一步深化应急管理体制机制建设。继续推进各地区、各部门以及高危行业大中型企业应急管理体系和工作机制建设,着力加强地方、部门、军队之间信息共享、协调联动机制建设,统筹资源,提高联合处置能力,科学高效、协同有序应对各类突发事件。

二是着力完善应急管理法律预案体系。加快推进《突发公共卫生事件应急条例》、《安全生产应急管理条例》等法规的制修订进度,抓好《国家核应急预案》、《国家生产安全事故应急预案》、《国家食品安全事故应急预案》等一批国家专项预案及配套标准、规范的完善工作,加强预案演练。针对救援补偿、伤亡抚恤等问题,研究制定相关部门规章、地方性法规,指导、规范各级政府应急管理行为,充分调动各方参与应急工作的积极性。

三是全面推动监测预警能力建设。继续推进"天—空—地—现场"一体化灾害监测预警体系和群测群防体系建设。建立健全网络舆情监测体系和社会矛盾纠纷排查调处机制。依托科研机构、大专院校加强重大灾害机理研究,强化灾害信息搜集、处置能力。加快推进国家应急平台体系和国家应急广播体系建设,科学建设、合理布局各级各类突发公共事件监测系统,切实提高监测预警和风险识别、评估能力。

四是切实加强应急救援体系建设。抓紧编制“十二五”国家突发事件应急体系建设、综合防灾减灾、航空应急救援体系建设等规划。加强军地协调，充分发挥军队和武警部队在应急处置中的主力军、突击队作用，推进国防动员力量纳入国家应急体系；积极完善各级各类防汛抗旱、事故救援、处突维稳、医疗卫生等领域专业应急队伍建设。指导各地加强骨干应急救援队伍建设，大力支持、加快培育应急志愿者队伍建设，加强专业人才培养。积极构建覆盖国内外的领事安保体系，提升境外我公民和机构安全保护工作的能力与水平。

五是扎实做好应急基础保障工作。加强突发事件应急指挥决策系统建设，尽快形成以国家和省级指挥平台为骨干，市、县信息网络为支撑，具备指挥调度、现场监控、异地会商、全面保障等功能的综合应急指挥系统。积极推进各类应急救援基地及避难场所等基础设施建设。加快应急产业发展，提高各级应急队伍特别是基层队伍装备水平。加强应急物资储备库建设，合理确定储备品种、数量及分布，提高科学管理水平。

六是广泛开展科普宣教培训工作。认真组织开展“安全生产月”、“防灾减灾日”等主题宣传教育活动，广泛宣传普及应急知识。部署相关部门、企事业单位加大培训力度，提高公众防范应对突发事件的能力。充分发挥新闻媒体、基层社区、社会组织宣传应急工作的积极性，营造全社会共同关注、参与应急工作的良好氛围，切实增强工作合力。

（由国务院应急办组织供稿）

第三部分

2010年全国分类突发事件应急管理概况及分析

1 自然灾害类突发事件应急管理概况及分析

2010年全国自然灾害应对工作总结评估报告

一、2010年全国自然灾害基本情况

2010年我国多灾并发，重灾连发，灾害强度大，影响范围广，人员伤亡多，城镇受灾重，重复受灾、贫困地区受灾比例高，农业损失、民房倒塌和基础设施损毁严重。特别是年初北方大部严重寒潮冰雪、西南地区严重秋冬春连旱、4月14日青海玉树7.1级强震、汛期南方地区连续多次严重暴雨洪涝、8月8日甘肃舟曲特大山洪泥石流等数次重特大自然灾害，造成伤亡人数之多、灾情之重、救灾和恢复重建难度之大历史罕见，给我国经济社会发展和人民生命财产安全带来严重影响。

经核定，2010年全国各类自然灾害共造成4.3亿人次受灾，因灾死亡失踪7 844人，紧急转移安置1 858.4万人次；农作物受灾面积3 742.6万公顷，其中绝收面积486.3万公顷；倒塌房屋273.3万间，损坏房屋670.1万间；因灾直接经济损失5 339.9亿元。综合判断，2010年是近20年来仅次于2008年的第二个重灾年份，其中青海、甘肃、云南、四川、陕西、吉林、新疆、江西、湖南、贵州等省（自治区）灾情较为严重。

二、自然灾害应对工作评估

2010年，面对罕见的自然灾害，各地区、各有关部门在党中央、国务院坚强领导下，认真贯彻落实科学发展观，大力提升应急保障能力，不断夯实灾害监测预警体系，在抗灾救灾工作中始终坚持以人为本、把受灾群众生命放在第一位，灾后迅速组织开展抢险救援、灾害救助、医疗救治等工作，及时、高效、有序地应对了西南旱灾、玉树地震、舟曲泥石流、南方暴雨洪涝等重特大自然灾害，受灾群众基本生活得到切实保障，灾区生产生活秩序得到尽快恢复，灾后恢复重建进展顺利，确保了社会大局稳定，促进了经济社会又好又快发展。

(一)组织领导方面

各地区、各有关部门坚决贯彻落实党中央、国务院关于抗灾救灾工作的一系列重大决策部署,认真落实各项防灾减灾和抗灾救灾措施,加强组织领导,强化责任落实,为防灾减灾和抗灾救灾工作奠定坚实基础。

在中央层面,各有关部门切实履行防灾减灾和抗灾救灾综合协调职能,不断完善工作机制。国家减灾委、国家防总先后两次召开联席会议,对防灾减灾工作进行全面部署。国家防总、水利部先后召开全国防汛抗旱电视电话会议暨国家防总全体会议、全国水库安全度汛视频会议、全国防台风工作视频会议等,科学研判形势,提前部署各阶段防汛抗旱和抢险救灾工作。国土资源部组织 88 名专家长期值守 18 个重点省份,派出 150 名专家协助各省市开展排查巡查,全面推进汶川和玉树地震区、三峡工程库区等重点地区的地质灾害防治工作。交通运输部大力推进非水网地区水上搜救机构建设,全面落实"保畅通、保运输、保安全"各项措施。农业部召开全国草原防火工作会议,部署草原火灾防控工作,落实防灾增产和抗灾减损措施。国家森林防火指挥部、国家林业局组织召开全国森林公安森林防火工作会议、重点省区森林防火工作座谈会、春季沙尘暴灾害应急工作会议等,研究部署森林防火、春季沙尘暴应急等工作。中国地震局会同有关部委,检查各地、各有关部门贯彻落实全国防震减灾工作会议和《国务院关于进一步加强防震减灾工作的意见》精神等情况。中国气象局召开了汛期气象服务动员电视电话会议、4 次气象服务工作领导小组会议以及 18 次专题会议,对全年气象服务工作进行安排部署。国家海洋局积极开展海冰灾害防御工作,于汛前召开海洋灾害应急管理工作动员会,组织开展海洋防灾减灾专项检查,督促指导沿海各地做好汛期海洋防灾减灾工作。各地进一步加强防灾减灾和抗灾救灾的组织领导。

在地方层面,"4·14"玉树地震和"8·8"舟曲特大山洪泥石流灾害发生后,青海、甘肃两省分别及时成立了救灾指挥部,全面统筹指挥协调抗灾救灾工作。云南省成立了省抗旱救灾工作协调领导小组,建立健全"地方统一领导、省军区牵头协调、各部队通力合作"的抗旱救灾指挥协调机制。地方减灾协调机构建设取得明显进展,截至 2010 年底,河北、山西、内蒙古等 22 个省(自治区)和新疆生产建设兵团以及青岛、宁波 2 个计划单列市已经成立了减灾委员会,上海、浙江、河南、广西、青海 5 省(自治区、直辖市)和深圳市成立了减灾救灾综合协调机构。295 个地市、2 342 个县(市、区)成立了减灾委或减灾救灾综合协调机构,分别占全国总数的88.6%和81.9%。各大流域防汛抗旱指挥协调职能进一步完善，浙江、福建、江西、山东、湖南、广东、重庆等省(直辖市)进一步完善防汛抗旱组织指挥体系，防汛指挥机构延伸到乡镇。

(二)机制建设方面

各地区、各部门围绕防灾减灾和抗灾救灾工作，大力加强应急联动机制建设。天津市加强地方政府与军队在抢险救灾工作中的协调组织和协同指挥，辽宁、吉林、黑龙江、内蒙古自治区积极推进东北四省区应急管理协作机制建设，河北、辽宁、山东、河南等省建立了北方搜救区域联动合作机制，江苏、山东、河南、安徽四省签署了《苏鲁豫皖四省应急管理合作协议》，中南五省(市)签署政府地震应急协作联动协议。云南省建立抢险救灾军地联动长效机制，省民政厅与成都军区昆明指挥所签订了《军地联合抢险救灾使用直升机工作机制》。

(三)法规建设方面

各有关部门认真贯彻落实《中华人民共和国突发事件应对法》，围绕建立防灾减灾和抗灾救灾长效机制，加紧研究、制订和完善有关法律法规。民政部大力推进《自然灾害救助条例》制订工作，条例已于2010年7月8日由国务院正式公布，并于9月1日起施行，填补了自然灾害救助工作的法规空白。中国地震局组织修订了《破坏性地震应急条例》和《地震应急救援管理条例》。国家海洋局推动制订《海洋观测预报管理条例》。国土资源部制订下发《应急技术支撑体系建设方案》，交通运输部组织制订《交通运输安全生产和应急体系建设“十二五”发展规划》，水利部起草完成我国首部《全国抗旱规划》，编制并启动全国1 836个县级山洪地质灾害防治非工程措施建设实施方案，牵头组织编制了全国山洪地质灾害防治专项规划。林业、气象、海洋等部门结合自身职能相继制订行业应急管理工作方案，加快推进减灾救灾法规配套技术标准体系建设。

(四)预案建设方面

各地区、各部门大力推进应急预案体系建设，积极开展应急演练，取得显著成效。民政、农业、林业、地震、气象等部门着手修订《国家自然灾害救助应急预案》、《全国草原火灾应急预案》、《国家扑救重大、特别重大森林火灾应急预案》、《国家地震应急预案》、《中国气象局气象灾害应急预案》等，同时注重加强对基层各类应急预案制(修)订工作的指导。全国所有的省级、地级和县级人民政府，90%的乡镇(街道)、55%的行政村(社区)已完成救灾应急预案编制工作。在加强预案管理工作的同时,各地区、各有关部门认真贯彻国务院应急办《突发事件应急演练指南》,编制各类应急演练计划,组织开展自然灾害应急演练。国土资源部组织开展多点连发特大型地质灾害应急演练和远程观摩会商。交通运输部成功举办了“2010 年海峡两岸海上搜救联合演练”,组织救捞部门开展了“北部海区海上专业救助演练”等 10 多次大型搜救演练,组织实施包括高寒地区、高原湖泊等特殊水域在内的多科目水上搜救演练。农业部在天津召开了北方四省重大病虫害应急演练。林业、地震、气象、海洋等部门也都结合自身职能,采取多种形式组织应急演练,切实提高公众的防灾减灾意识和能力。吉林省各地市组织开展森林防火、地震救援、学校紧急疏散应急演练。江苏省全年组织各类演练 4 000 多次,帮助社区居民熟悉社区避险路线、紧急避难和安置场所,掌握应急、自救、逃生技能。湖北省制订实施《湖北省中小学校安全逃生演练教育活动指导方案》。重庆市在近 7 000 所中小学校开展了防灾减灾主题教育及演练活动,在近 200 个社区开展了防灾减灾演练。四川省组织汛前全省突发地质灾害应急演练,带动基层开展以防范地质灾害为主的应急演练 60 余次。政府部门应急指挥能力、社会公众防灾避险意识、抢险救灾队伍技战术水平得到切实有效提升。

(五)队伍建设方面

各地区、各有关部门认真贯彻落实《国务院办公厅关于加强基层应急救援队伍体系的指导意见》,加强专业救援队伍和应急专家队伍建设,大力培育应急志愿者队伍。一是加强专业应急队伍建设。目前,全国已建立了重点防汛机动抢险队 102 支,组建 19 支抗洪抢险专业应急部队和武警水电应急救援部队,基层乡镇级抗旱服务队 11 753 支。各类专业(半专业)森林消防队规模已达 1.78 万支、56.6 万人。中国地震局顺利完成国家地震救援队扩编工作,并会同武警总部共同研究制定加强武警部队抗灾救灾力量建设方案。山东省建成各级各类专业应急救援队伍 1 186 支约 17 万人。湖北、重庆等地也积极组建各类专业应急救援队伍,人员规模逾万人。二是加强综合应急救援队伍建设。江苏省全面建成县级综合性应急救援队伍,乡镇(街道)综合性应急救援队伍也基本建成。安徽省依托省消防总队建立了综合应急救援总队,全省 17 个市和绝大部分县(市、区)均依托消防队伍成立了综合应急救援队。山东省已建立综合应急救援支队 17 个、大队 162 个、中队 256 个,一线救援执勤力量 8 309 人。重庆市组建各级各类综合应急救援队

12 007 支。甘肃省已组建规模约 25 万人的各类综合性应急救援队伍 1.93 万支。三是加强应急专家队伍建设。国家防总、水利部组建 152 人的国家防汛抗旱专家组队伍。国土资源部进一步完善应急专家体系，在全国范围遴选 124 名应急专家，并在 7 个重点地区成立片区专家巡查组。江苏、湖北、重庆、甘肃等地积极组建省级应急管理专家组，初步建立专家参与应急管理工作的机制。四是推进基层应急队伍建设。民政部已组建 47.6 万人的灾害信息员队伍，全国地质灾害群测群防监测员超过 10 万人，气象信息员队伍已达 37.5 万人。浙江省县级以下应急队伍达 1.8 万支、近 30 万人。五是加强应急志愿者队伍建设。天津市建立了首支省级搜救志愿者队伍，黑龙江省注册应急志愿者达 30 万人，山东省建成 932 个志愿者协会，注册志愿者 180 万人。各级各类应急队伍建设取得显著成效，队伍结构更加合理，人员素质不断提高，社会参与度日益加深，种类齐全、优势互补、保障有力的应急队伍体系初步形成。

(六)应急保障方面

我国应急物资储备体系进一步完善，应急资金、物资投入力度进一步加大，管理日益规范，应急管理科技水平不断提升，为灾害防御、抢险救援和受灾群众生活救助提供了有力保障。

1. 应急物资保障体系进一步健全。民政部进一步加强救灾物资储备体系建设，确认 17 个中央级救灾储备物资代储单位，协调落实中央救灾物资采购和管理费 9.9 亿元，增储一批救灾帐篷、棉衣、棉被、睡袋、折叠床等物资，新增约 150 万余人次的临时住所保障和 160 万余人次的御寒保障能力。国家防总、水利部新增 6 个中央防汛物资储备仓库，储备了 2 亿元的抢险机具、物料以及救生器材等中央防汛物资。国土资源部初步配备国土资源系统应急信息采集装备。交通运输部投资建设部分内河航道应急物资储备仓库。农业部建设草原防火指挥中心 3 个，物资库站 26 个，建设边境草原防火隔离带 2 944 公里，新增风力灭火机、野外生存装备、防火服、防火车等应急物资储备项目。国家森林防火指挥部储备总价值 4 000 万元的扑火物资 36 250 件，向有关省区调拨价值约 2 232 万元的扑火物资 27 011 件，全年租用 95 架飞机和直升机，部署在全国各主要林区执行森林航空消防任务。中国气象局建立了专门应急物资储备库，并实行数据库管理和动态调配，储备物品包括便携式自动气象站、油机、雷达配件、火箭弹及高炮、作业火箭配件等上百类应急物资。全国省、地、县三级采购救灾储备物资资金投入达 9.82

亿元。

2. 应急资金投入力度进一步加大。中央财政累计安排防灾减灾和抗灾救灾资金 1 559.37 亿元,其中重点安排用于汶川、玉树、舟曲三个特大灾害救灾资金 1 142.76 亿元;安排自然灾害生活救助资金 79 批次 113.44 亿元,救助受灾群众 9 000 余万人次。国家森林防火指挥部、国家林业局落实中央基本建设资金 11 亿元,同比增加 83%;落实航空护林、预防管理、扑火准备金等预算经费 3.2 亿元。交通运输部安排公路水毁抢修补助资金 5 亿元,支持部分重灾省份开展交通基础设施抢修和保通保运工作。水利部及时下达中央度汛应急资金和特大防汛抗旱经费 30 批次 29.84 亿元,有力支持地方抗洪抢险和抗旱减灾工作。各地也不断加大防灾减灾和抗灾救灾资金投入力度,全国省、地、县三级财政共投入救灾资金约 86.1 亿元。黑龙江省投入 4 700 万元,为省军区购置应急救援装备,安排近亿元资金用于森林防火指挥系统和物资基地建设。浙江省各级财政全年投入约 19 亿元资金,用于抗灾救灾以及中小学校园"人防、物防、技防"工程、省消防综合训练基地建设。湖北省每年投入 4 000 万元专项用于农村特困户危房改造。福建、陕西两省救灾资金投入数额均超过 10 亿元。

3. 应急科技支撑能力进一步提升。各地区、各有关部门继续加强防灾减灾救灾科技支撑能力建设,积极推动减灾救灾科学技术创新和成果转化。民政部建成"灾害评估与风险防范"、"减灾与应急工程"两个重点实验室以及国家自然灾害灾情管理系统二期,完善 PDA 减灾终端移动信息平台建设。水利部建成国家防汛抗旱指挥系统一期工程,二期工程已开工建设。农业部完成"十一五"国家科技支撑计划"草地灾害评估与治理关键技术研究"课题验收工作。中国地震局推进地震应急指挥系统规范化运行工作,着力开展国家地震烈度速报与预警、地震预报实验场、电磁监测试验卫星等重大项目的立项研究。中国气象局建设的全国天气预报电视会商会议系统已联通 31 个省(自治区、直辖市)气象局,各省(自治区、直辖市)气象局均建成省内电视会商系统。天津市整合全市应急资源,进一步扩大市应急平台联网范围。山东、湖北省级人民政府应急平台建设项目取得积极进展。

(七)监测预警方面

各地区、各有关部门认真履责,不断完善自然灾害监测预警体系,预警信息发布渠道更加丰富、覆盖范围更加广泛,为防灾减灾和抗灾救灾决策制定提供了重要支撑。

1. 加强自然灾害趋势预测分析会商。国家减灾委、民政部不断规范灾情会商机制，会商单位增至16个，全年组织召开各类会商会议近20次。国家防总、水利部组织召开防汛抗旱会商会、视频会议200余次，全国水文部门共计发布各类水、雨情材料10万余期，水情预测预报分析1万期。农业部完善信息采集报送和分析研判机制，深入调查土壤墒情、作物苗情和病虫情，及时发现灾害苗头；在冬小麦生长关键时节先后与中国气象局联合召开8次会商会，在关键时期组织了两次虫情会商，积极推进蝗虫、条锈病和水稻重大病虫害数字化监测预警。林业、气象部门联合组织开展春季沙尘天气趋势预测分析会商。中国地震局对全球地震活动以及我国地震趋势进行了认真分析，多次专题研究震情发展趋势。各级气象台站加强上下联动，加强对灾害性天气的会商，完善了从中期展望、短期预报到短时临近预警的灾害性天气预报预警服务流程。国家海洋局组织对风暴潮、海浪、海冰等海洋灾害进行趋势预测，为海洋灾害防御提供决策依据。

2. 完善自然灾害监测预警协作机制。民政部积极拓展灾害遥感监测数据获取渠道，与水利、国土资源等国内60多个部门及科研院所签订数据服务协议，加强与涉灾部门的业务衔接，建立无人机站应急联络工作机制，提高获取国内外高分辨率遥感数据的能力。国家森林防火指挥部与中国气象局签署合作框架协议，建成“月尺度全国森林火险气象等级预测系统”；协调将环境减灾卫星运用于林火监测。中国地震局会同有关地方政府，圆满完成了世博会、亚运会、三峡试验蓄水等重大活动地震安全保障任务。中国气象局牵头建立气象灾害预警服务部际联络员会议制度，组建了由25个部委参与的部际联络员队伍，在汛期每天发布《气象灾害预警服务快报》；与国土资源部、国家森林防火指挥部、国家旅游局、国家电网公司等签署合作协议，联合开展地质灾害、森林火灾预警等技术研究，提高了气象服务的专业化、精细化水平。

3. 加强监测预警业务支撑体系建设。民政部加快建立重特大自然灾害遥感监测评估业务体系。国土资源部增建群测群防“十有县”526个，完善18万处灾害隐患点群测群防信息，地质灾害气象预警体系覆盖范围进一步扩大。水利部积极组建覆盖全国各大流域的宽带水情广域网，水情测报和信息传播的时效性和准确性明显提高。中国地震局加强水库地震台网建设和管理。各级气象部门充分利用卫星、雷达、自动气象站、闪电定位系统等装备加强实时监测，自动气象站覆盖全国85%以上乡镇以及我国近海海域。国家海洋局加快海洋观测站(点)、锚系浮标、Argo浮标、海啸浮标等基础监测设施升级完善,初步建成覆盖沿海的立体海洋观测系统。

4. 做好自然灾害预警预报信息发布。国土资源部全年成功预报地质灾害1 166处,避免人员伤亡95 776人,避免直接经济损失9.3亿元。8月中旬,四川绵竹青平乡发生特大山洪泥石流灾害,由于监测预警及时到位,3 000余人成功避险。交通运输部实时发布交通阻断信息和绕行路线信息,全年共发布公路气象预报预警信息401期、路况短信4万余条。农业部发布灾害性天气预警信息120多期,下发防灾紧急通知18份,与中国气象局等有关单位联合开展草原火灾气象监测预警预报工作,在中央电视台《天气预报》栏目发布草原火险气象等级预警预报。各级气象部门积极推进气象预警手机短信全网发送"绿色通道"建设,河南、湖南、广西、海南、四川等省(自治区)已与当地手机运营商达成协议,实现对重大灾害性天气影响区域内的全网手机用户免费快速发送。中央气象台全年共发布寒潮、暴雨、海上大风、台风、干旱、高温等各类气象灾害预警967次。国家海洋局和中央人民广播电台合作开通《海洋预报站》栏目,在海洋预报网站上开辟预警专栏,通过手机平台向广大涉海从业人员及时发布预警消息。

(八)应急处置方面

各地区、各有关部门在应对灾害时各尽其职,密切配合,及时启动应急预案,紧急转移受威胁群众,多方调集力量投入抢险救援,妥善安置受灾群众,应急处置和抢险救援工作成效显著。

1. 加强工作指导,协助灾区抗灾救灾。国家减灾委、民政部全年共派出85个工作组,协助和指导各地开展救灾工作。国家防总、水利部向防汛抗旱一线及时派出210多个工作组或专家组。国土资源部70多次派出应急工作组赶赴突发事件现场开展应急处置。农业部在春耕、"三夏"、"三秋"等重要农时季节,先后派出83个工作督导组、专家指导组和11个科技服务团,组织1万多名专家和50多万名农技人员深入重灾区和粮食主产区,推动战低温、抗大旱、抢农时、促早熟等各项措施落实。地震系统全年派出22批400多人次,对国内4级左右有感地震和5级以上破坏性地震开展震情趋势判断、地震流动监测、灾害调查评估等应急工作;青海玉树地震发生后,及时组织160人的工作队赶赴现场指导开展应急工作。各受灾地区加强抗灾救灾工作组织领导,普遍成立了由各级政府主管领导任组长、有关部门主要领导为成员的抗灾救灾工作领导小组，实行了“县级领导包乡镇、乡镇干部包村、村干部包户”的抗灾救灾目标责任制。地方各级政府灾后迅速派出工作组深入灾区核查灾情，协助和指导基层开展抗灾救灾工作，落实各项支持措施。

2. 强化应急联动，协同应对自然灾害。各有关部门在抗灾救灾工作中注重统筹协调，加强应急联动，形成强大的抗灾救灾合力。青海玉树地震发生后，在国务院抗震救灾总指挥部的统一指挥下，民政部积极协调交通运输、铁道、民航、商务等部门以及军队和有关地方全力做好救灾物资筹集和调运工作，协调各地民政部门向青海玉树空运大量面包、饼干、方便面、火腿肠等即食食品，调运 4 000 台取暖火炉分发给受灾群众，解决灾区燃眉之急；与外交、商务、红会等部门积极搭建救灾捐赠平台，切实规范捐赠程序，加强全国救灾捐赠工作的指导协调。民政、住房城乡建设、商务、教育、财政、卫生、农业、工商、物价等部门协调联动，积极稳妥做好受灾群众过渡性安置住房、生活必需品供应、救助政策实施、安置点规划管理及配套设施建设、市场经营秩序监管等各项工作，全力维护好灾区社会稳定大局。

3. 科学应对处置，应急工作成效卓著。汛期水利部门认真分析研判灾情形势，统筹上下游，兼顾左右岸，科学调配水量，实现了对洪水及水资源的有效管理、科学调度，极大地减轻了下游的防洪压力。国家森林防火指挥部、国家林业局进一步加大森林火灾应急处置工作力度，高火险时段和敏感时期提前启动应急预案，充实值班力量，加大火情调度力度，协助指导各地妥善处置 26 起重特大森林火灾。国家海洋局在海冰灾害应急期间调动飞机、雷达、调查船以及岸边台站等多种手段，获得大量海冰现场观测数据，为各级海洋预报机构第一时间掌握灾害发展态势、及时准确预测提供了大量的第一手资料。各受灾地区切实落实人员转移措施，解救洪水围困群众近百万人，最大程度地减少了人员伤亡。山东省在应对 8 月初全省大范围暴雨洪涝灾害中，调集武警官兵 1 000 多人、机器 1 万多台投入抢险救灾，组织 15.78 万名群众紧急转移避险。云南省在应对严重旱灾时省先后出动驻滇部队 18 499 人次、民兵预备役 22.11 万人次，全力投入抗旱救灾，有效解决 965 万人、2 200 万头牲畜饮水困难；出动专业和半专业扑火队 2 万余支 62 万人，消除火灾隐患 7 000 多处，扑灭森林火灾 578 起，堵截消灭入境山火 8 起。玉树地震发生后，青海省全力开展抗震救灾，在有关各方的全力支持下，累计抢救压埋人员 2 008 人，转移安置受灾群众 18 万人，救治伤员 1.1 万人，转移 3 109 名重伤员到外地接受治疗，为6.55万人次提供医疗服务。

(九)恢复重建方面

各受灾地区、各有关部门提早部署、周密安排，加强统筹协调，及时组织群众开展灾后重建，严把重建质量，认真研究解决重建工作面临的各种问题和困难，大力推进灾后恢复重建各项工作，取得显著成效。

1. 开展灾害评估，提供决策支持。青海玉树地震和甘肃舟曲特大山洪泥石流灾害发生后，按照国务院的统一部署，民政、地震、发展改革等部门主动协调受灾省份和相关部门，组织开展灾害损失综合评估工作，圆满完成玉树地震和甘肃舟曲特大山洪泥石流两场重特大自然灾害的国家评估报告，为损失认定、灾后恢复重建等各项工作提供了科学决策依据。

2. 出台支持政策，落实救助措施。经国务院批准，中央财政提高因灾倒损民房恢复重建补助标准：对倒房户户均补助1万元、损房户户均补助1 000元，高寒、寒冷地区户均补助标准则对应提高到1.4倍；全年安排34.11亿元用于灾区(不含玉树和舟曲灾区)恢复重建倒损民房。四川省对汶川地震重灾区“二次”受灾的重建农户，在参照汶川地震重建补助标准的基础上，每户增加补助5 000元；对舟曲特大山洪泥石流灾害中房屋损毁需重建的群众，甘肃省在每户国家补助2万元或2.5万元的基础上，用省级接受的捐助资金将每户补助标准提高到10万元，受损房屋维修补助标准提高到农村居民每户补助4 000元、城镇居民每户补助6 000元，受损房屋需加固的，按每户3万元安排预算，同时政府还提供三年贴息贷款，切实解决群众住房恢复重建资金困难。

3. 坚持科学规划，统筹恢复重建。各地坚持统筹规划和群众意愿相结合、当前和长远相结合、质量和效率相结合的原则，将以人为本和科学重建的理念贯穿于恢复重建全过程。福建省从以往的“分散重建”为主转变为以“集中重建”为主，集中重建户数占到总户数的62%；湖北省按照“住得下、建得起”的要求严把建筑面积关，对特困家庭恢复重建根据家庭人数严格控制建房面积，保证既改善居住条件又防止因重建增添过多债务。山西省倡导采用“砖混房、地圈梁、构造柱、现浇板”的标准，严把重建质量关口。

4. 发挥群众作用，动员社会帮扶。各地多措并举，全力帮助灾区群众解决实际困难。湖北省采取部门结对帮扶的方式帮助受灾群众开展灾后重建。福建省采取地区对口支援方式，福州市出资3.8亿元援建三明市8个集中重建点，厦门市投资6亿元援建南平市13个集中重建点和5个社会事业重建项目。陕西省岚皋县对重点村组和重灾户实行一帮一、人盯人，责任到人、帮扶到户，驻村驻户帮助解决重建困难。甘肃省舟曲县利用广电等设施广泛宣传灾后恢复重建“政府要补助、群众是主体”的意识，全面激发广大干部群众重建家园的积极性、主动性，大力开展党员帮建、多户联建等多种形式的帮建活动，又好又快地完成灾后重建任务。

5. 加强督促指导，加快重建进度。湖北、湖南、江西等省建立恢复重建定期报告制度，与重灾区建立直接联系制度，对进度缓慢的灾区直接派驻工作组现场督办。陕西省减少拨付环节，2010年灾后恢复重建资金全部由省里直接下拨到县。四川汶川“5·12”地震灾后恢复重建已基本完成，中央“三年目标任务两年基本完成”的要求如期实现。青海玉树“4·14”地震灾区玉树州6县19个乡镇共开工建设农牧民住房11 306户，城镇居民住房重建开工建设11 697户，完成维修加固10 939户，部分群众在入冬前已搬入新房。甘肃舟曲特大山洪泥石流灾区的三眼峪、罗家峪、峰迭新区土地征用、房屋拆迁工作已全部完成，为灾后重建工作奠定了基础。截至2010年年底，全国需重建民房65.7万户，已开工63万户，开工率95.9%，已竣工45万户，竣工率68.5%；需修复民房181.6万户，已修复151.2万户，修复率83.2%。

(十)科普宣教方面

各地区、各有关部门深入开展防灾减灾知识宣传教育，组织各类主题鲜明、内容丰富、形式多样的宣传活动，减灾示范社区和基地建设进展顺利，灾害应急管理培训成效显著，各级领导干部应急处置能力得到有效提高，社会公众防灾减灾意识明显增强。

1. 加强防灾减灾知识宣传普及。各地区、各有关部门以“防灾减灾日”、“国际减灾日”为契机，组织策划各类宣传活动，完善减灾宣传机制，与政府部门、新闻媒体和社会组织通力协作，为防灾减灾宣传提供了更多更好的载体。国家减灾委、民政部举办了首届“国家综合防灾减灾与可持续发展论坛”；组织国家“防灾减灾日”宣传周活动；会同教育部、共青团中央、中国红十字会总会举办全国防灾减灾知识大赛，组织编写并发放城乡社区防灾减灾知识手册、挂图光盘。国土资源部与中央电视台联合举办了“全国地质灾害群测群防十大杰出监测员颁奖晚会”。水利部协调中央电视台5个频道密集播放防汛抗洪公益广告232次。国家林业局将沙尘暴应急基本常识以汉、蒙、维文印发给基层群众。地震、教育等部门联合组织以“加强疏散演练、确保学生平安”为主题的全国中小学安全教育日主题活动，普及防震避险知识，开展宣传活动1 500余场、发放宣传品200多万份，参与人数达数千万人。国家海洋局在“防灾减灾日”宣传周和“海洋宣传日”期间，组织声势浩大的海洋防灾减灾宣传教育活动。各地区广泛开展防灾减灾知识进机关、进企业、进农村、进社区、进学校活动，普及防灾减灾知识和自救互救技能。黑龙江省组织开展“全省纪念《突发事件应对法》颁布实施三周年宣传周”活动，发放《公众防灾应急手册》约170万册。江苏省开展防灾减灾知识大赛，并组织500万人参加全国应急减灾知识书面竞赛，发放各类宣传资料1 000余万份，举办1 500多场知识竞赛和文艺演出。

2. 推进减灾示范区和基地建设。民政部制订下发新修订的《全国综合减灾示范社区标准》，积极部署第四批“全国综合减灾示范社区”创建工作，推动全国数十万社区开展形式多样的宣传教育活动。中国地震局积极推进城市地震安全示范社区建设，新增7个国家级科普教育基地、近百个地震安全示范社区；新建地震安全农居示范点6 000多个，惠及近70万农户。中国气象局组织河北、浙江、重庆等雷电灾害多发省份开展农村防雷减灾示范工程建设和气象应急科普进农家活动，已建成多个防雷减灾示范村。国家海洋局组织沿海省市开展海洋防灾减灾示范区和海洋灾害风险评估工作，浙江、福建省海洋防灾减灾示范区试点建设进展顺利，部分沿海部分省(直辖市)已发布省级海洋灾害区划。全国已建立国家、省、地、县四级200个气象科普馆，国家级科普教育基地117个。省级现代农业气象试点县、农村气象灾害防御体系建设试点县以及农业气象灾害风险区划工作在全国多个省(自治区、直辖市)展开。

3. 组织开展灾害应急管理培训。民政部成立国家级灾害信息员职业技能鉴定站，完成《灾害信息员基础知识》、《灾害信息员工作实务(四级和五级)》等教材以及灾害信息员考试题库的编写工作，组织开展县级以上灾害信息员培训和鉴定工作，对全国20个省份2 300余名基层灾情管理人员进行业务培训，针对汶川地震灾区教师、妇女等特定群体开展应急培训。水利部举办了第五期防汛抗旱行政首长培训班，进一步提高了地方和部队防汛抗旱指挥能力。农业部强化草原防火项目管理，对全国草原防火重点省区和52个Ⅰ、Ⅱ级地(市、州、盟)草原防火办信息管理人员等100余人进行了培训。国家森林防火指挥部举办20多期防火培训班。国家林业局以提高地面监测站技术人员理论水平、实际操作能力为目的，举办沙尘暴灾害地面监测技术培训班。各地积极开展面向各级领导干部、应急管理工作人员以及高危行业从业人员、农民工的培训。重庆市分层次举办了3期应急管理培训班，对各区县政府和市政府有关部门应急管理工作分管负责人、应急办主任及业务骨干共270人进行系统培训，各区县共举办培训234期，培训人员达3.6万人。

（由民政部救灾司组织供稿）

2010年中国水旱灾害应急处置

2010年,我国水旱灾害频繁偏重发生,各大江河流域均发生洪水,一些河流发生了超过历史实测记录的特大洪水,西北、西南、华南等地发生严重的山洪、泥石流、滑坡灾害,西南地区发生历史罕见特大干旱,有7个台风(热带风暴)在我国沿海登陆。面对严重的洪涝灾害,党中央、国务院高度重视、正确决策,国家防总和地方各级党委、政府及防汛抗旱指挥部超前部署、科学调度,广大军民紧急动员,全力以赴抗洪抢险、抗旱减灾,战胜了频繁发生的洪涝与干旱灾害,特别是有效应对了西南地区的特大干旱和长江三峡建库以来的最大洪水,确保了人民群众饮水安全和生命财产安全,夺取了2010年防汛抗旱工作的最终胜利。

一、全面战胜西南地区历史罕见特大干旱

2009年入秋至2010年3月下旬,我国云南、贵州、广西、四川和重庆等5省(区、市)部分地区降雨总量与多年同期相比偏少5成以上,部分地区接近或突破历史最低值,江河来水偏枯、水利工程蓄水不足,发生了严重旱情。受旱范围覆盖云南、贵州大部和广西西北部以及四川、重庆等地92个市(州),影响人口6 196万人,大部分地区持续受旱时间长达半年以上,其中云南中北部和东部、贵州省西南部等重旱区旱情持续达8个月之久。旱情高峰期,因旱饮水困难人数一度达到2 088万人,占全国因旱饮水困难人数的80%,其中有1 422万人靠拉运水和人背畜驮解决基本生活用水;耕地受旱面积一度达到10 104万亩,占全国同期受旱面积的84%。严重干旱导致5省(区、市)直接经济总损失769亿元,约占5省(区、市)GDP总数的2%,持续干旱还对水力发电、航运等造成很大影响,森林火灾高发,植被和生态环境遭受不同程度破坏。此次西南地区的旱情持续时间长、强度大、范围广、损失重,历史罕见。

在党中央、国务院的高度重视下,国家防总、水利部精心组织、统一指挥,各有关部门积极配合,旱区各级党委、政府组织干部群众奋力抗旱,确保了旱区人民群众饮水安全,保障了工农业生产用水需求,降低了旱灾影响和损失,取得了抗旱减灾工作的全面胜利。

国家防总、水利部密切监视旱情发展变化，及时作出安排部署，国家防总副总指挥、水利部部长陈雷多次主持召开抗旱会商会议，明确提出举全部之力、全系统之力、全行业之力，全力以赴做好抗旱减灾各项工作。一是启动抗旱Ⅱ级应急响应，多次发出紧急通知部署抗旱工作，先后派出 38 个工作组和专家组赴重旱区检查指导。二是要求旱区各地把保障城乡居民基本生活用水放在首位，摸清抗旱水源现状，落实水库供水、应急调水、打井取水、拉水送水等人饮解困方案，加快抗旱应急水源工程建设。据统计，西南 5 省（区、市）共新建抗旱水源井 2.4 万眼、抗旱应急调水工程 678 处、“五小”水利工程 7.75 万处，这些工程累计解决了 823 万人的因旱饮水困难。三是商发展和改革委员会、财政部提前下达 2010 年农村饮水安全、灌区改造配套、病险水库除险加固和农田水利重点县等建设资金 64 亿元；商财政部先后向西南受旱省（区、市）安排特大抗旱补助费 2.8 亿元、综合抗旱资金 10 亿元，为旱区抗旱提供支持。四是组织协调北京、天津、上海、江苏、浙江、安徽、福建、山东、湖北、广东等 10 个省市水利部门调集抗旱资金和物资支援灾区抗旱；7 大流域机构和 3 所科研院校也向云南、贵州、广西 3 省区派出专家、技术人员和找水打井设备，解决水源 118 处。五是在全力保障城乡居民基本生活用水的同时，指导旱区合理调配生活生产用水，适时开展春播抢种；组织旱区抓紧对因旱受损水库、塘坝等水利设施进行修复除险。

中央和国务院有关部门急旱区之所急、想旱区之所想，共同做好抗旱工作。发展和改革委员会、财政部、民政部及时安排相关资金支持西南 5 省（区、市）抗旱救灾。国土资源部调集专业队伍和钻机赴旱区找水打井。交通运输部、铁道部、农业部及时保障抗旱物资运输、农资供应保障和调剂调运。卫生部加强对旱区饮用水安全管理和疾病防控工作。国家林业局全力做好森林防火各项工作。中国气象局加强预测预报，组织开展人工增雨作业。中央统战部广泛动员统一战线各方面力量，支持抗旱救灾。中宣部对新闻宣传作出安排部署，主流媒体营造了良好抗旱氛围。解放军、武警部队共出动官兵和民兵预备役人员及车辆机械等为西南旱区开展送水、浇灌农田和打井等服务。

旱区各级党委、政府积极组织广大干部群众全力以赴投入抗旱减灾，据统计，西南 5 省（区、市）在抗旱期间累计投入各类抗旱资金 45.5 亿元，约占财政收入的 0.7%，投入劳力 3 503 万人次，启动泵站 1.7 万处、机动抗旱设备 140 万台套、机动运水车 2 122 万辆次，抗旱用电 1.6 亿度、用油 2.8 万吨，累计完成抗旱浇地

3 926 万亩,保障了全部因旱饮水困难群众的基本生活用水。

二、科学防控长江三峡建库以来最大洪水

2010 年汛期,长江流域降雨偏多,多次发生暴雨洪水过程,多条江河发生超历史记录的特大洪水,上游三峡水库及汉江丹江口水库分别出现了 5 次较大的洪水过程,中下游江湖高水位维持时间长,防汛抗洪抢险任务重。

7 月中下旬,长江上游和汉江流域出现大范围强降雨过程,嘉陵江流域、岷沱江流域和汉江流域 7 月 15 日～25 日累积雨量为 100～300 毫米,其中嘉陵江干流上中游、渠江上中游及汉江白河流域达300～500 毫米。受强降雨影响,长江上游嘉陵江支流渠江,汉江支流任河、坝河、白河、丹江、淇河等 10 多条河流发生超历史纪录的特大洪水,长江上游、汉江干流接连出现两次大的洪水过程。长江上游干流寸滩水文站 7 月 19 日洪峰流量达 64 900 立方米每秒,为 1987 年以来最大;三峡水库 7 月 20 日入库洪峰流量达 70 000 立方米每秒,为建库以来最大洪水,7 月 31 日出现最高库水位 161.01 米,超过汛限水位 16.01 米。汉江丹江口水库 7 月 25 日入库洪峰流量达 34 100 立方米每秒,为建库以来第二大洪峰,7 月 28 日出现最高库水位 154.95 米,超过汛限水位 5.95 米。

面对严峻的防汛形势,党中央、国务院高度重视,国家防总、长江防总和相关地区各级党委、政府及防汛抗旱指挥部加强监测分析、加密会商研判,超前部署、科学调度,充分发挥三峡、丹江口等水利工程的作用,拦洪削峰,避免了长江干流洪水与汉江洪水遭遇,确保了长江中下游防洪安全。

一是三峡水库的调度。国家防总认真分析研判长江上游雨情、水情及中下游防洪形势,依据国家防总批复的《三峡—葛洲坝水利枢纽 2010 年汛期调度运用方案》,结合实时雨水情和中下游干支流堤防工程状况,以及对未来降雨来水趋势的科学预测判断,确定了三峡水库调度原则:以尽量发挥三峡水库的防洪效益为目标,以控制长江中游荆江沙市河段水位不超警戒水位、尽量减轻中下游防洪压力为原则,进行三峡水库调度。具体调度为:当三峡水库入库流量小于 50 000 立方米每秒时,按 34 000 立方米每秒控制下泄;当入库流量大于50 000 立方米每秒时,按 40 000 立方米每秒控制下泄。按此原则,国家防总指导长江防总在上游洪峰到来前,提前加大三峡水库泄量,预留足够的防洪库容。7 月 20 日三峡水库 70 000 立方米每秒的洪峰入库时,出库流量只有 40 000 立方米每秒,削减洪峰百分比达

43%，降低荆江河段沙市站水位约2.8米，降低洞庭湖口城陵矶水位约1.2米，实现了长江中下游沙市河段水位不超警的预期调度目标，大大减轻了中下游堤防防守压力。

二是丹江口水库的调度。丹江口水库调度的目标是充分发挥水库拦洪削峰能力，减轻汉江中下游防洪压力。国家防总指导长江防总滚动会商、缜密分析，科学调度，先后向丹江口水库发出14次调令，当7月25日丹江口水库出现建库以来第二大入库洪峰流量34 100立方米每秒时，控制水库以6 210立方米每秒的流量下泄，削减洪峰百分比达82%；汉江中下游皇庄站最大流量4 910立方米每秒，仅为一次小幅涨水过程，汉江中下游除汉川受长江干流水位顶托影响超过保证水位外，其他站点水位均控制在警戒水位以下，中下游严峻的防洪形势得到了缓解，也避免了杜家台分洪区及皇庄、陈集等6个民垸的运用，防洪效益显著。

在做好水利工程调度的同时，沿江各地的防洪行政责任人、工程技术人员、抢险队伍和机械物料全部准备到位，各级党委、政府及时转移受洪水威胁地区的群众，组织数万名干部群众和解放军、武警部队、消防官兵并肩奋战，昼夜巡堤查险，及时发现并正确处理各类险情，确保群众生命财产安全。在汉江洪水防御的关键时刻，湖北省连夜安全转移杜家台分洪区内24 328名群众，省军区、武警湖北总队官兵快速抢筑子堤29公里，为实施分洪运用做好了准备；仙桃市及时扒开阻碍东荆河行洪的天星洲外垸、王小垸，给洪水出路，降低了民垸上游附近河段的洪峰水位。

三、经验与启示

1. 要坚持落实防汛抗旱责任制度

在2010年的防汛抗旱工作中，党中央、国务院以及地方各级党委、政府都高度重视，切实加强了对防汛抗旱工作的组织领导，逐级落实防汛抗旱行政责任人和岗位责任人，完善监察、考核、评估和责任追究制度，形成主要领导亲自抓、分管领导具体抓、各级干部齐努力的良好局面。汛期开始前，国家防总会同监察部联合通报了全国重要防洪工程和重点抗旱地区行政首长防汛抗旱责任人名单，地方各级防指也通过新闻媒体及时公布了防汛抗旱行政责任人、技术负责人等。每到防汛抗旱的关键时刻，各级行政首长亲赴一线指挥协调，保证了防汛抗洪和抗旱减灾工作的顺利开展和各项措施的有效落实。

2. 要坚持实行防汛抗旱预案制度

防汛抗旱预案制度体现了预防为主、防抗结合的工作方针,是开展防灾减灾各项措施和手段的有力保障。当重大汛情、旱情、灾情发生后,国家防总及各成员单位、地方各级防指及时启动应急响应,加强联合会商,科学调度水利工程,及时组织人员转移和抢险救灾,以快捷有效的方法防止灾害发生或减轻灾害损失,确保抗洪抢险和抗旱减灾工作高效有序进行。2010 年国家防总先后启动防汛抗旱应急响应 29 次,召开防汛抗旱会商会 180 多次,组织重点地区、重点流域防汛抗旱异地视频会议 13 次,发出紧急部署和调度命令 210 多个,向防汛抗旱一线及时派出工作组或专家组 210 多个,各流域防总和地方各级防指累计启动应急响应 2 400 多次,派出工作组或专家组近 1.8 万个,保证了防汛抗旱工作有序、有力、有效开展。

3. 要坚持防汛抗旱以人为本原则

各级党委、政府和防汛抗旱指挥部在防汛抗旱工作中坚持以人为本,始终把确保人民群众的生命安全和饮水安全放在首位。2010 年汛期,各级党委、政府及时发布预警信息,落实人员转移预案,迅速转移台风影响区、山洪灾害易发区、受洪涝灾害威胁区和发生严重险情的水库下游地区群众累计达 1 745 万人次,解救洪水围困人数上百万,最大程度地减少了人员伤亡。在抗旱工作中,旱区各地摸清抗旱水源现状,倒排雨季来临前的人饮解困供用水计划,编制完善人饮解困方案,加强饮水解困分类指导,广辟抗旱水源,做到人饮解困工作不漏一村、不漏一户、不漏一人,通过采取各种有效措施,保障了旱区群众的基本生活用水。

4. 要坚持充分发挥水利工程作用

水利工程设施是防汛抗旱工作的基础保障,在历次抗洪抢险和抗旱减灾过程中都发挥了不可替代的重要作用。在防汛抗洪工作中,国家防总、各流域防总和地方各级防汛抗旱指挥部科学分析水情、雨情和工程运行情况,统筹上下游,兼顾左右岸,对洪水实施拦、分、蓄、滞、排等措施,实现了对洪水的有效管理、科学防控。2010 年汛期,在国家防总的统一指挥下,长江防总充分发挥三峡、丹江口等骨干水库的拦洪错峰作用,避免了长江干流洪水与汉江洪水遭遇,确保了长江中下游防洪安全。在抗击西南大干旱期间,通过科学调度,充分挖掘水源潜力,凡是有骨干水利工程覆盖的地方,城镇居民生活用水一般都未受到大的影响。云南省各类水利工程大旱期间累计供水 40 亿立方米，保证了全省有水可调、有水可拉、有水可用，没有出现群众喝不上水的情况，保障了城镇供水安全，保障了工农业生产基本用水，保障了重旱地区的水源供应。

5. 要坚持加强监测分析及时预警

科学应对洪水和干旱灾害，合理部署防御力量，掌握防汛抗旱工作的主动权，必须以准确的气象和水文预测预报为依据。近年来，各级气象、水文部门加强了对台风、洪水、干旱等灾害的预测预报，及时发布预警信息，为调度决策提供了科学依据。2010 年，各级气象、水文、海洋等部门加强监测力量，及时准确地作出暴雨洪水和风暴潮、海浪的滚动预报，汛期发布国家级暴雨预警 249 期、高温预警 172 期、台风预警 77 期，水情预测预报信息 390 多期，各类风暴潮、海浪灾害警报和海上实况速报 2 200 多期，为防汛抗洪决策提供了有力支撑。

6. 要坚持做好新闻宣传舆论引导

近年来，我国水旱灾害频繁发生，已成为社会关注的热点之一。2010 年，各级防汛抗旱部门在中央宣传部门、中央新闻单位和地方媒体的大力支持下，精心筹划，周密组织，通过采取编发汛（旱）情通报、召开新闻发布会和通气会，接受在线访谈回答网民提问、制作防汛抗洪公益广告、组织记者赶赴一线现场采访等方式，大力宣传中央指示精神和决策部署，准确报道汛情灾情，及时反映抢险救援的措施和进展，切实加强防汛抗洪信息服务，积极稳妥做好热点引导，为夺取防汛抗旱斗争胜利提供了强有力的舆论支持。同时，还结合“5·12”防灾减灾日、地球日等活动现场发放宣传册、布置宣传板等方式，普及防汛抗洪防灾减灾知识，加强群众对水旱灾害的认识，提高防灾避灾的自觉性和主动性。

（由水利部、国家防总办公室组织供稿）

2 事故灾难类突发事件应急管理概况及分析

2010年全国安全生产事故灾难应对工作总结评估报告

2010年,在党中央、国务院的高度重视和坚强正确领导下,各地区、各有关部门和单位认真贯彻党中央、国务院关于加强安全生产工作的一系列决策部署和重要指示精神,深入贯彻落实科学发展观,坚持以人为本、安全发展,突出预防为主、加强监管、落实责任,不断深化各个重点行业(领域)安全专项整治,继续深入开展"安全生产年"活动,扎实推进安全生产执法、治理和宣教"三项行动",切实加强安全生产法制体制机制、安全保障能力和安监队伍"三项建设",在有效应对国际金融危机、建设项目大量增加,能源原材料和交通运输市场需求旺盛,以及气候条件异常、因自然灾害引发的事故灾难频繁的情况下,全国安全生产形势继续保持了总体稳定、趋于好转的发展态势。

一、事故灾难基本情况及主要特点分析

(一)全国生产安全事故基本情况

2010年,全国共发生各类生产安全事故363 383起、死亡79 552人,同比减少15 865起、3 648人,分别下降4.2%和4.4%。工矿商贸、道路交通、水上交通、铁路交通和农业机械事故起数和死亡人数同比下降;火灾事故起数同比上升,但死亡人数同比下降;民航飞行、渔业船舶和其他事故起数有所下降,但死亡人数同比上升(各行业〈领域〉各类事故情况详见表1)。在各行业(领域)事故中,道路交通事故起数和死亡人数均居第一位,分别占60.41%和81.99%;事故起数居第二位的是火灾,占36.24%,死亡人数居第二位的是工矿商贸,占13.34%(各行业[领域]事故起数和死亡人数比例详见图1、图2)。其中,发生各类较大事故1 732起、死亡6 870人,同比减少28起、33人,分别下降1.6%和0.5%;发生重大事故74起、死亡1 028人,同比增加12起、193人,分别上升19.4%和23.1%;发生特别重

大事故11起、死亡410人，同比增加6起、118人，分别上升120%和40.4%（各行业〈领域〉特别重大事故明细详见表2）。

表1　2010年各行业(领域)各类事故情况表

	事故起数	同比		死亡人数	同比	
		±	±%		±	±%
合计	363 383	−15 865	−4.2	79 552	−3 648	−4.4
一、工矿商贸	8 431	−1 111	−11.6	10 616	−920	−8.0
其中:煤矿	1 403	−213	−13.2	2 433	−198	−7.5
二、火灾	131 705	3 374	2.6	1 108	−40	−3.5
三、道路交通	219 521	−18 830	−7.9	65 225	−2 534	−3.7
四、水上交通	331	−27	−7.5	329	−7	−2.1
五、铁路交通	2 301	−297	−11.4	1 589	−218	−12.1
六、民航飞行	3	−1	−25.0	45	39	650.0
七、渔业船舶	263	−64	−19.6	319	13	4.2
八、农业机械	812	−24	−2.9	214	−48	−18.3
九、其他	16	−3	−15.8	107	13	13.8

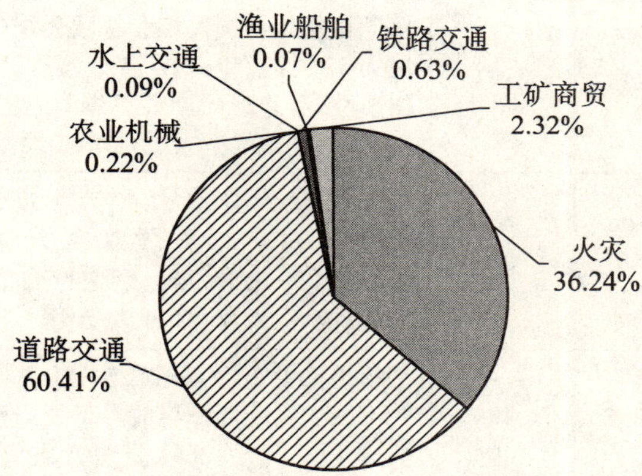

图1　各行业(领域)事故起数比例图

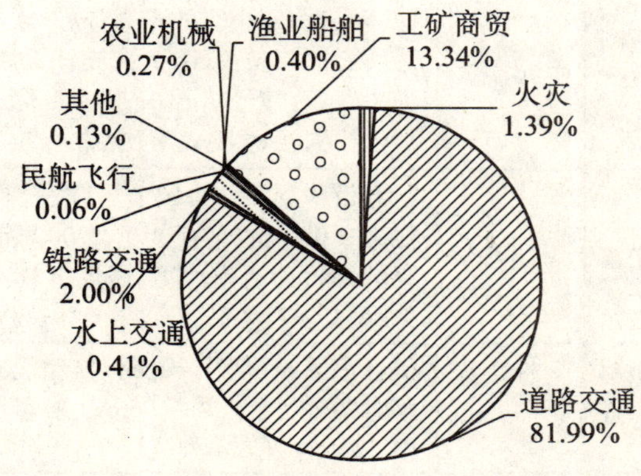

图2　各行业(领域)死亡人数比例图

表 2　2010 年各行业(领域)特别重大事故明细表

序号	日期	事故地点	死亡人数	事故简要情况
1	1月5日	湖南省	34	湘潭市湘潭县谭家山镇立胜煤矿(高瓦斯矿井,煤尘具有爆炸性;采矿许可证、安全生产许可证过期)中间井一240m 水平东平巷入口处发生电缆着火事故,事故发生时,井下有作业人员 85 人,其中 51 人安全升井,34 人死亡
2	3月1日	内蒙古	32	神华乌海能源有限公司骆驼山煤矿(国有重点煤矿,在建矿井,建井时间为 2006 年,设计能力 150 万吨/年,立斜井混合开拓)16 层回风巷掘进工作面发生透水事故,造成 39 人被困井下,其中 7 人获救生还,32 人遇难
3	3月28日	山西省	38	临汾市乡宁县华晋焦煤公司王家岭矿(基本建设矿井,设计能力 600 万吨/年)北翼盘区 101 回风顺槽发生透水事故,当班井下有 261 人作业,事故发生后有 108 人安全升井,153 人被困井下,其中 115 人获救生还,38 人遇难
4	3月31日	河南省	48	洛阳市伊川县国民煤业有限公司(瓦斯突出矿井,设计能力 15 万吨/年,属停产整顿技改矿)发生煤与瓦斯突出事故,引起地面副井口爆炸,造成 50 人死亡或下落不明(其中地面 5 人死亡),26 人受伤(1 人重伤)
5	5月23日	辽宁省	33	阜新市彰武县境内一辆大型卧铺客车(车号津 AB2626,核载 35 人,实载 54 人)在长深高速公路 306 公里加 200 米处,与一辆逆行的重型半挂汽车列车相撞,造成 33 人死亡,24 人受伤
6	6月21日	河南省	49	平顶山市卫东区兴东二矿(私营煤矿,整合技改矿井)井下发生火药爆炸事故。事故当班入井 75 人,事故共造成 49 人死亡,26 人受伤(7 人危重)
7	7月16日	辽宁省	1	大连市中石油国际储运公司罐区一条直径 900mm 的原油储罐输油管发生爆炸起火事故,经过 2 000 多名消防官兵近 24 小时的奋力扑救,至 7 月 17 日上午,储油罐所有阀门被关闭,大火被扑灭,事故造成 1 人轻伤、1 人失踪,直接经济损失超过 1 亿元。灭火过程中消防战士 1 人牺牲,1 人重伤
8	8月16日	黑龙江省	37	伊春市华利实业有限公司(股份制烟花爆竹企业,生产能力 2 000 箱,储存能力 5 000 箱,许可生产范围为 C 级的爆竹和烟花)发生爆炸事故,造成 34 人死亡,3 人失踪、152 人受伤
9	8月24日	黑龙江省	44	伊春市境内,河南(鲲鹏)航空公司 VD8387 航班在降落时坠毁,机上共有 96 人(乘客 91 人,机组 5 人),其中 52 人生还,44 人死亡

续表

序号	日期	事故地点	死亡人数	事故简要情况
10	10 月 16 日	河南省	37	中平能化集团平禹煤电四矿 12190 备采面在防突打钻执行局部措施时发生煤与瓦斯突出，突出煤量约 2 500 吨，瓦斯涌出量 18 万立方米。当班入井 276 人，其中 239 人安全升井，37 人死亡
11	11 月 15 日	上海市	58	静安区胶州路 728 号一幢 28 层楼的高层居民住宅楼发生火灾事故，造成 58 人死亡，71 人受伤(16 人重伤)

(二)2010 年生产安全事故主要特点分析

2010 年，全国安全生产继续保持了总体稳定、趋于好转的发展态势，但事故总量仍然过大，重特大事故尚未得到有效遏制，安全生产基础仍然薄弱，非法违法行为、违规违章现象屡禁不止，安全生产形势依然严峻。

1. 全国事故总量和死亡人数下降

全国发生各类事故 363 383 起，死亡 79 552 人，同比分别下降 4.2%和 4.4%，没有发生涉难 60 人以上事故。全国各类事故比“十五”期末(2005 年)分别下降 49.4%和 37.4%，平均每年分别下降 9.9%和 7.5%。全国年度各类事故死亡人数继 2008 年首次降到 10 万人以下、2009 年降到 9 万人以下之后，2010 年又降到了 8 万人以下。煤矿遏制了一次死亡 50 人以上事故。全国没有发生涉难 60 人以上事故。

2. 大部分重点行业(领域)事故下降

工矿商贸企业事故总量和死亡人数同比分别下降 11.6%和 8%。煤矿同比分别下降 13.2%和 7.5%。其他重点行业(领域)事故死亡人数同比：金属与非金属矿山下降 17.5%，危险化学品下降 9.4%，火灾下降 3.5%，道路交通下降 3.7%，水上交通下降 2.1%，铁路交通下降 12.1%，农业机械下降 18.3%。

3. 大部分地区安全生产状况稳定

全国 32 个统计单位中，有 28 个单位的事故死亡人数下降，8 个统计单位的重特大事故下降。北京、天津、上海、浙江、福建、广东、海南、云南、西藏、重庆、青海、宁夏和新疆生产建设兵团 13 个单位的工矿商贸领域未发生重特大事故。北京、天津、浙江、海南、重庆和新疆生产建设兵团等 6 个单位未发生重特大事故。

4. 安全生产总体水平有较大幅度提高

反映安全生产整体水平的四项相对指标同比降幅均在10%以上。亿元GDP生产安全事故死亡率由0.248降到0.201,同比下降19.0%;工矿商贸十万就业人员生产安全事故死亡率由2.4降到2.13,同比下降11.3%;道路交通万车死亡率由3.6降到3.2,同比下降11.1%;煤矿百万吨死亡率由0.892降到0.749,同比下降16.0%。

5. 重特大事故尚未得到有效遏制

全国重特大事故共发生85起,死亡1 438人,同比增加18起、311人,分别上升26.9%和27.6%。其中重大事故共发生74起,死亡1 028人,同比增加12起、193人,分别上升19.4%和23.1%;特别重大事故共发生11起,死亡410人,同比增加6起、118人,分别上升120%和40.4%。

6. 建筑施工坍塌、坠落较大以上事故多发

建筑施工发生较大以上事故138起,死亡574人,同比增加36起、132人,分别上升35.3%和31.2%。其中:发生较大以上坍塌、坠落事故108起、死亡458人,同比增加30起、114人,分别上升38.5%和33.1%,分别占全年建筑施工较大以上事故的77.1%和79.0%。

7. 煤矿技改、整合矿井较大以上事故多发

煤矿建设项目发生较大以上事故80起、死亡802人,分别占煤矿较大以上事故的59.8%和76.5%。其中:技改、整合矿井发生较大以上事故72起、死亡677人,分别占煤矿建设项目较大以上事故的90.0%和84.4%。煤矿技改、整合矿井发生重特大事故17起、死亡396人,分别占煤矿建设项目重特大事故的77.3%和78.6%。

8. 因非法违法行为导致重特大事故时有发生

因非法违法生产经营建设行为导致重特大事故61起,死亡1 095人,分别占全部重特大事故的71.8%和76.1%。尤其是在11起特别重大事故中,有8起是因非法违法生产经营建设行为导致的,分别占72.7%和80.2%。

二、安全生产应急管理工作总结评估

2010年,各地区、各有关部门和单位深入学习胡锦涛总书记、温家宝总理和张

德江副总理等中央领导同志关于安全生产应急管理工作的一系列重要论述和指示精神，深入贯彻落实科学发展观，紧紧围绕应急管理这一中心工作，坚持“以人为本、生命至上”的理念，以加强应急管理、完善应急体系、提高应急能力为主线，深入推进“一案三制”建设，着力提升预警预防能力，大力加强基层基础工作，广泛开展宣传教育，应急处置能力和水平得到显著提高，有效地减少了各类重特大生产安全事故造成的人员伤亡和财产损失，为全国安全生产状况的明显好转做出了积极贡献。

（一）安全生产应急管理水平稳步提高

1.“一案三制”建设取得显著成效

（1）安全生产应急管理体制不断健全

随着政府公共管理职能的不断加强和各级领导对安全生产应急管理工作的重视，安全生产应急管理机构建设稳步推进。交通运输部建成了烟台、秦皇岛 2 个专业溢油应急中心，并加强了非水网地区水上搜救机构建设，新疆、云南、江西、贵州等地先后成立了省级水上搜救中心。农业部指导各级农机安全监督管理机构成立了安委办等日常管理机构，建立了从国家至乡镇的管理体系，为有效应对重特大农机事故提供了有力的组织保证。质量监督检验检疫总局成立了应急管理领导小组，各直属检验检疫局、各省（区、市）质量技术监督局也相应成立了应急管理领导小组及应急管理办公室，形成了分级负责、条块结合和属地管理为主的突发事件应对工作指挥体系。国家核应急办组建了核应急响应技术支持中心，推动了核应急辐射监测、辐射防护、医学救援、航空监测四个专业技术支持中心建设。公安消防、道路交通、核工业、铁路、民航、电力等行业（领域）的应急管理机构也在不断健全，各行业（领域）安全生产应急指挥体系初步形成。

在各级党委、政府的大力支持下，安全生产应急管理机构不断建立健全，专职安全生产应急管理人员数量快速增长，初步形成了国家、省、市三级安全生产应急指挥体系，并不断向基层延伸。贵州省 9 个市（州、地）、88 个县（市、特区）以及大中型企业和中央驻黔企业都成立了安全生产应急管理机构，基本建立了四级应急管理（指挥）体系。河南省共有 17 个省辖市、49 个县（市、区）成立了安全生产应急管理机构，共有专兼职应急管理人员 344 名，有效保证了安全生产应急管理工作的顺利开展。据不完全统计，全国 32 个省级安全生产应急管理机构已经全部成立,其中应急指挥中心 21 个,应急办(处)11 个;有 215 个市成立了安全生产应急管理机构,其中应急指挥中心 142 个、应急办(处)73 个,占 333 个市级单位的 64.6%;有 434 个县成立了安全生产应急管理机构,占 2 859 个县级单位的 15.2%。中国电力投资集团公司成立了由集团公司总经理任主任的安全生产应急管理委员会及其办公室,建立了集团公司的应急指挥中心和应急响应中心,并在所属二级单位组织建立了 22 个应急指挥中心和应急响应中心,行使应急救援指挥权。纳入统计范围的 54 家中央企业全部成立了安全生产应急管理机构,所属二级单位安全生产应急管理机构总数达到 1 536 个。

(2)安全生产应急管理工作机制不断深化

在国务院应急办协调指导下,建立了国家、省、市、县四级安全生产应急管理工作机制以及与全国安全生产应急救援队伍的工作机制,公安消防、道路交通、环境保护、海(水)上搜救等行业(领域)也都结合实际,建立健全了各专项安全生产应急管理工作机制。各行业(领域)之间的部门联系日益紧密,安全生产应急救援协调机制、海(水)上搜救协调机制等工作机制不断建立,国务院各有关部门之间的合作日益深化,在事故灾难救援中发挥着重要作用。在华晋焦煤公司王家岭矿"3·28"特别重大透水事故救援中,安全生产监督管理总局迅速从全国调集应急救援专家、排水设备设施,配合地方政府抢险救人;卫生部及时派出医疗专家赴现场对获救的 115 名矿工进行指导治疗;铁道部组织专列运送 60 名重症人员赴太原救治;山西省电力、通信、公安、武警、交警、医疗、解放军、民兵预备役等部门和单位通力合作,为 115 名矿工的成功获救提供了坚强保障。

各地区也高度重视安全生产领域应急联动机制建设,结合本地区安全生产工作实际,加强了区域性应急联动机制建设,提高了本地区应急处置能力。河北省政府与省军区建立了军地联合应急处置机制,制定印发了《关于军民融合加强非战争军事行动能力建设的意见》,各设区市也分别成立了应急行动军地联合指挥部,实现了军事力量与现有应急救援力量的有机结合。辽宁、吉林、黑龙江、内蒙古 4 省(区)签署了《东北四省区应急管理合作协议》,建立了东北四省区应急管理协作机制。江苏、安徽、山东、河南 4 省及上海、江苏、浙江 3 省(市)分别在徐州、苏州组织召开了苏皖鲁豫应急管理合作交流会议和沪苏浙应急管理合作交流会议,签署了区域合作协议,建立了应急管理合作联席会议制度,构建了应急管理工作跨区域合作机制。山东、辽宁、河北、天津等省(市)建立了北方搜救区域联动合作机制。甘肃省政府与省军区印发了《甘肃省军地联动协调机制》，进一步加强了地方和部队在处置突发事件过程中的信息共享、协调联动、人力及物力等资源的合理配置。

(3)安全生产应急管理法制建设不断加强

《国务院关于进一步加强企业安全生产工作的通知》(国发〔2010〕23号，以下简称《国务院通知》)的出台，有力推动了安全生产应急管理法制建设。国务院办公厅将通知所涉及的各项工作任务，逐条分工落实到国务院相关部门，国务院安全生产委员会办公室就学习宣传和贯彻落实相关工作作出了安排部署。安全监管总局将通知内容细化为99条具体工作任务，分解下达到各司局和所属单位，并就煤矿、非煤矿山、危险化学品、烟花爆竹、冶金、机械等企业贯彻落实通知以及事故查处挂牌督办、矿山企业领导带班下井、企业安全生产标准化建设、安全生产综合监管、应急管理等方面的工作，制定出台了27个部门规章和规范性文件。工业和信息化、公安、环保、住房城乡建设、交通运输、铁道、农业、质检、旅游、电力、民航等行业(领域)主管部门下发文件，对本行业(领域)的贯彻落实提出具体要求。各省(区、市)和新疆生产建设兵团以及工矿商贸领域各中央企业，都制定了贯彻实施办法，在责任约束、政策扶持、资金保障、考核奖惩等方面制定了有关规定。

各地区、各有关部门也紧密结合实际，积极推动出台了一批法律法规，有力地促进了本行业(领域)和本地区的安全生产应急管理法制建设。安全生产监督管理总局发布实施了《金属非金属地下矿山企业领导带班下井及监督检查暂行规定》等7个部门规章，配合法制办完成了《工伤保险条例》的修订工作，正在配合法制办对《职业病防治法》进行审查修改。住房和城乡建设部出台了《房屋建筑和市政基础设施工程质量监督管理规定》和《城市轨道交通工程安全质量暂行办法》。交通运输部为全面规范交通运输突发事件应对工作，组织起草了《交通运输应急管理规定》。农业部制定了《农业机械事故处理办法》，修订了《拖拉机驾驶证申领和使用规定》等3个规章。民用航空局制定了《中国民用航空应急管理规定》，对民航应急工作的职责、管理体制、工作机制和预案体系做出了进一步的规划和明确，完善了民航法规体系，为各级管理部门履行监督检查职责提供了更为充分的依据。工业和信息化部、公安部等部门以及黑龙江、江苏、广东等省也都出台了相关部门规章和地方性法规，加强了安全生产应急管理法制建设。

(4)安全生产应急预案体系不断完善

国家专项预案、部门预案和地方政府及其部门预案进一步完善，其他各类生产经营单位应急预案编制工作也得到加强,基本形成了覆盖各地区、各部门、各生产经营单位“横向到边、纵向到底”的安全生产应急预案体系,高危行业(领域)预案覆盖率达到100%。安全生产监督管理总局正在组织修订《国家安全生产事故灾难应急预案》和《危险化学品事故灾难应急预案》。交通运输部组织修订了《公路水运工程生产安全事故应急预案》、《民用航空器海上遇险专项应急预案》,初步形成了以《国家海上搜救预案》、《公路突发事件应急预案》、《水路突发事件应急预案》为主体,防治船舶污染、航道突发事件、公路水运工程建设等各类应急预案为补充的应急预案体系。铁道部修订了《铁路突发公共卫生事件应急预案》等8个应急预案,并编制了《铁道部处置铁路交通事故应急预案》和《铁路建设工程生产安全事故应急预案》。农业部制定了《农机事故应急预案》。旅游局正在组织修订《旅游突发事件应急预案》和《中国公民出境旅游突发事件应急预案》。国防科技工业局修改完善了《国防科技工业重特大生产安全事故应急预案》,建立了军工重大危险源数据库,举行了首次国家核事故应急演练等。四川省全年累计制定专项预案29个、部门预案50个、市级预案1 122个、县级预案18 429个、街道(乡镇)预案16 183个、社区预案34 939个、国有及国有控股企业预案2 356个、规模以上非国有企业预案11 365个、教育单位预案42 207个,基本覆盖了常见的突发事件,预案形成了体系。工业和信息化部、公安部、环境保护部、住房和城乡建设部、质量监督检验检疫总局、气象局、电力监管委员会等部门以及河北、辽宁、黑龙江、安徽、湖北、甘肃等省也都结合实际,制修订了各相关应急预案。据不完全统计,目前事故灾难类专项预案共9个,部门预案已达42个,全国32个省级统计单位共上报生产经营单位5 826 920家,其中编制应急预案的生产经营单位5 391 729家,编制应急预案6 283 116个,预案覆盖率达到92.53%。

各地区、各有关部门为进一步加强应急预案管理,提高应急预案的针对性和实效性,加强了应急预案管理工作。安全生产监督管理总局指导河南、湖北、重庆3省(市)修订了相关部门应急预案,完成了中央企业总部应急预案备案审查,进一步完善了应急预案体系,提高了应急预案编制质量。环境保护部制定了《突发环境事件应急预案管理暂行办法》,对突发环境事件应急预案的编制、评估、发布、备案、实施、宣教、培训、演练以及修订等全过程管理进行了规定。交通运输部制定了《航运企业应急预案编写指南》,提高了航运企业应急预案规范化、标准化。北京市通过信息化管理系统组织区县开展部门和重点企业应急预案编制和备案管理。黑龙江省制定了《应急预案管理办法》，编制了《应急预案操作手册编制指南》，增强了应急预案的实用性和可操作性。广东省通过应急预案管理培训，建立专家数据库，加大预案评审和备案工作力度，推进了应急预案管理工作的深入开展。重庆市通过应急预案"三化"(简明化、程序化、图表化)试点，提高了应急预案的时效性。

2. 应急管理基础工作得到加强

(1)安全生产应急平台体系建设逐步推进

2010年，各地区、各有关部门按照国家应急指挥平台建设规划要求，积极推动本地区、本行业(领域)安全生产应急平台体系建设，为科学、快速处置各类突发生产安全事故提供了科学保障。国家安全生产应急救援指挥中心应急平台项目已经批复，批准建设投资约4 900万元，目前正在组织实施。各省(区、市)安全生产应急平台正在按照建设项目审批程序积极开展实施工作。北京、河北、安徽、江西、山东、广东、四川、贵州8省(市)已经正常运行，天津、辽宁、吉林、上海、江苏、浙江6省(市)已经开始建设，黑龙江、湖南2省和新疆生产建设兵团已有初步设计，重庆、云南、青海3省(市)已经立项，河南已有规划方案。在省级安全生产应急平台加紧建设的同时，中央企业应急平台建设也快速开展。中国石油天然气集团公司、中国石油化工集团公司、中国航天科技集团公司、中国兵器工业集团公司等15家中央企业应急平台已建成并投入运行，中国核工业建设集团等3家中央企业已经立项并开始建设，中国电力投资集团公司已有规划方案和初步设计。

(2)安全生产应急救援队伍建设快速发展

2010年，在各地区、各有关部门和单位的积极推动和大力支持下，安全生产应急救援队伍规模进一步壮大，管理进一步规范，战斗力得到提升。安全生产监督管理总局加强了矿山、危化应急救援队伍建设。目前，全国共有专职矿山救护队伍406支、24 583人，专职危险化学品应急救援队伍388支、32 332人。公安部按照打造消防铁军三年规划要求，全国共组建4 190个攻坚组，并增设44个公安消防大队、331个执勤中队和28个特勤中队，各地也积极依托现有消防力量，组建高层、地下、石油化工、危险化学品泄漏等灾害事故灭火救援专业队伍1 185个。交通运输部加强了应急队伍建设，以海事、救捞为主的专业应急队伍不断强化，公路航道应急抢通队伍、客货场站和港口码头应急抢险队伍以及应急运输(车、船)保障队伍逐步建立。铁道部在全路组建了200余支专门应急救援队伍，设置专职应急救援人员 2 万人，兼职应急救援人员达 18 万余人；委托中铁二、五、十二、十七局集团和中铁隧道集团在昆明、贵阳、西安、太原、长沙组建 5 个铁路隧道专业抢险救援队伍，预计 2011 年 3 月底前完成。国家电网公司专兼职应急救援队伍已达 899 支，人数超过 10 万人。南方电网公司建立了 1 598 人的应急专家队伍，救援队伍数量和人数达到 773 支、17 202 人。在专业应急救援队伍不断壮大的同时，志愿者队伍也在快速发展。交通运输部在宁波、海口、北海、南煌城、大钦岛、温州建立了 6 支救助志愿者队伍。目前，以各专业应急救援队伍体系为基础的安全生产应急救援队伍体系进一步健全。

(3)安全生产应急救援装备水平明显加强

各地区、各有关部门和单位紧密结合实际，继续加大资金投入，为安全生产应急救援队伍更新和配发应急救援装备。安全生产监督管理总局积极推动国家(区域)矿山、危化应急救援队装备建设，争取国家投资为其配备高、精、尖装备和大型、关键救援设备，提升矿山、危化领域重特大事故救援能力。公安部根据灭火救援任务需要，全年新购消防车1 887 辆，消防车配备总数达 2.4 万辆，各类个人防护装备配备总数近 20 万件(套)，生命探测仪、液压破拆工具等救援器材配备总数达 200 万件(套)，长沙、银川 2 个应急装备物资储备库和 81 个战勤保障大队投入使用，储备灭火药剂 4 218 吨、各类物资 7.6 万件。交通运输部不断加强海上搜救和防污能力建设，目前已经配备 900 多艘海事执法船、75 艘专业救助船、120 艘打捞船、21 架专业救助直升机、12 个溢油设备库、200 多艘溢油回收船、26 万米围油栏、300 多套收油机等专业设备。铁道部在主要电气化区段动态储备内燃机车，在机车集结点配备相关配件和加油汽车，确保牵引供电中断后 2 小时内能迅速将内燃机车组织到位，并在全路建立应急物资储备场所 6 000 余处，储备物资价值 10.4 亿元。气象局配备了移动应急指挥车 45 辆，可实现与地方政府以及气象局互联互通，另建有移动气象台 20 个，配置移动监测车 55 辆，可随时开赴现场进行应急服务。上海市投入消防专项资金 3.8 亿元，增配各类消防车 99 辆、器材装备 60 万件(套)，建成投用 7 个消防站，开工建设卢湾等 4 个消防站，使全市投用和在建消防站达到 120 个。国家电网公司进一步加大了应急电源储备规模，新增配备应急电源车 342 辆，应急电源总容量超过 32 万千瓦。建设、农业、环保、质检、民航等行业(领域)和北京、四川等省(市)以及相关中央企业应急救援装备建设也得到加强。

(4)安全生产应急管理科技水平明显提高

各重点行业(领域)按照《"十一五"安全生产科技发展规划》和《国务院通知》要求,积极支持推广科技水平高、安全性能好、实用性强的新技术、新工艺。工业和信息化部、公安部、交通运输部、安全生产监督管理总局联合部署在运输危险化学品、烟花爆竹、民用爆炸物品的道路专用车辆、旅游包车和三类以上的班线客车安装使用具有行驶记录功能的卫星定位装置,并明确在2年之内全部完成。安全生产监督管理总局完成了"十一五"国家科技支撑计划中安全生产项目的科研任务,组织实施了2010年度351项事故防治关键技术攻关项目,发布了70余项安全生产先进适用技术、装备等推广目录,召开了全国安全生产科技装备现场会和推广煤矿井下救生舱等避险设施现场会,结合安全生产行政许可、监督检查等工作,强制推行安全性能可靠的新技术、新工艺、新装备和新材料。江苏省建成了由3.5万多艘渔船组成的全省渔船卫星定位、防碰撞自动识别系统,30个监控指挥平台也已基本建成并投入使用。山东省进一步完善了以CDMA手机定位通信终端、AIS船舶自动识别避碰和卫星监控为主体的省、市、县、乡四级共享的海上渔船应急救援信息网络。四川省建成了省、市运管机构和企业三级GPS监控平台846个,安装使用GPS动态行驶记录仪的营运车辆达到4万辆,全省配备危险品安装监测仪的一级客运站比率达100%。陕西省进行了道路运输企业危险货物运输车辆GPS监控系统建设,全省251家道路运输企业的7 196台危险货物道路运输车辆安装了GPS卫星定位仪,占全省危险货物道路运输车辆总数的82.6%。

3. 安全生产事故灾难预防预警工作稳步推进

(1)自然灾害引发生产安全事故预警工作机制趋于成熟

针对2010年我国自然灾害多发频发的现状,各地区、各有关部门和单位全面加强了与国土、地震、气象、海洋等部门的联系,不断完善工作机制,及时下发预警信息,积极防范和应对自然灾害引发的生产安全事故。安全生产监督管理总局密切跟踪暴雨、台风、暴雪等灾害性天气过程和洪水、泥石流、地震等重大自然灾害灾情变化,认真研判自然灾害引发生产安全事故的风险,及时发布相关预警信息并做好后续跟踪及反馈工作,全年发布自然灾害预警通知11份、预警信息30份,跟踪了解了云南楚雄州、西藏日喀则地区等地的26起地震情况,督促有关省份和中央企业做好暴雨、台风、暴雪等灾害性天气和地震、泥石流等重大灾害引发生产安全事故的防范应对工作。公安部认真研判雨雪低温等恶劣天气、突发事件对道路交通的影响,采取针对性措施积极应对,先后下发17个紧急通知、67期公路天气交通影响预警通报,召开19次视频会议,部署协调有关工作。住房和城乡建设部加强了寒潮冰雪、高温暴雨等灾害性天气的预警防范工作,下发了《关于做好强降雪降温天气应对工作的紧急通知》等多个文件。交通运输部积极指导有关方面开展极端天气等自然灾害预警工作,全年共发布390期公路气象预报和11期重大公路气象预警,发送路况短信4万余条,取得了受台风影响期间中国籍运输船舶连续7年“零死亡”的佳绩。旅游局进一步强化了旅游目的地安全风险信息提示制度,通过旅游局政府网站等多种媒体,针对自然灾害、境外安全风险等因素,共发布了90余条旅游出行提示。铁道部、农业部、质量监督检验检疫总局等部门也都结合本行业(领域)特点,针对极端天气情况和易发自然灾害情况,加强了自然灾害引发生产安全事故预警工作机制建设,取得了明显成效。

(2)安全生产“打非”专项行动取得明显成效

各地区、各有关部门紧密结合本行业(领域)实际,持续加大对非法违法行为的打击力度,依法严厉打击无证无照和证照不全生产经营建设行为,限期整改、关闭取缔了一大批非法违法生产经营建设的企业,规范了安全生产秩序,减少了事故的发生。煤矿整顿关闭工作部际联席会议14家成员单位联合采取措施,依法关闭取缔2 045处非法和不具备安全生产条件的煤矿,结合资源整合和企业重组,使全国小煤矿总数降到9 000余处,超额完成“十一五”期末降至1万处以内的目标任务。国土资源部、环境保护部会同安全生产监督管理总局,结合矿产开发秩序整顿和资源整合,关闭取缔非法和不具备安全生产条件的金属与非金属小型矿山5 970座。国务院办公厅转发了安全生产监督管理总局、公安部、质量监督检验检疫总局、工商行政管理总局、交通运输部、商务部、海关总署等七部门《关于进一步加强烟花爆竹安全监督管理工作的意见》,七部门联合召开视频会对贯彻落实等工作作出部署。公安部、交通运输部、农业部、安全生产监督管理总局继续联合开展了道路和水上交通动态监控试点并取得新成效,组织开展了机动车涉牌涉证违法行为专项整治和道路交通集中整治,严肃查处客车超员、超速行驶、疲劳驾驶和酒后驾车等严重违法行为。安全生产监督管理总局组织召开了危险化学品安全生产监管部际联席会议第三次会议,部署开展了依法严厉打击无证或证照不全生产和运输危化品、损毁城市危化品管网等非法违法行为。住房和城乡建设部重点整治了招投标中的资质不符、挂靠、转包、违法分包等严重问题。据不完全统计，2010年全国查处各类非法违法行为共计442.6万余起，依法关闭取缔各类非法生产、经营、建设、运输等单位和项目1.08万余个。因非法违法所造成的重特大事故比例由上半年的80%以上降到四季度的54%。

(3)重点行业(领域)安全整治和隐患治理深入开展

各地区、各有关部门和单位结合实际，继续深化重点行业(领域)安全专项整治，不断加大隐患排查治理力度，有效防范了事故发生。安全生产监督管理总局、煤矿安全监察局组织开展了煤矿瓦斯防治、防治水和防灭火、领导干部带班下井、建设项目安全设施“三同时”、兼并重组与整合技改煤矿安全生产等专项检查；实施了煤矿瓦斯治理示范工程，建成了630个瓦斯治理示范矿井和79个示范县；集中开展了为期半年的金属与非金属地下矿山安全生产大检查，继续抓好防尾矿库溃坝、防海洋石油井喷泄漏等安全专项整治；以石英砂加工、木制家具制造和石棉生产使用企业为重点，对粉尘与高毒物品危害进行了排查治理；组织矿山、危险化学品应急救援队伍开展了预防性安全检查21.5万队次，查出隐患74.1万项，协助整改71.8万项。公安部组织开展了建筑工地、人员密集场所、高层地下建筑、文物古建筑、中小学校和幼儿园的消防检查，共检查单位290余万家，督促整改火灾隐患270余万处；以高速公路、农村地区、山区、临水临崖道路为重点，全面排查治理事故多发路段、安全防护设施和管理设施严重缺失路段，会同有关部门共排查治理公路危险路段2.8万余处、标志标线4.9万余处。环境保护部启动了全国重点行业企业环境风险及化学品检查工作，对重点行业企业生产和使用化学品情况、环境风险单元和周边环境敏感点开展全面排查，共检查企业近5万家，基本建成了全国重点行业企业环境风险及化学品数据库。住房和城乡建设部组织开展了建筑安全生产大检查，共检查在建工程项目43 441个，发现隐患79 780项，下发隐患通知书2 455份，责令停工整改项目417个。交通运输部积极推进水上交通安全整治，实施渡改桥工程，开展“放心桥、平安渡”建设活动。民用航空局在“8·24”河南(鲲鹏)航空伊春坠机事件发生后，组织开展了为期25天的大检查，共查出各类安全隐患2 341个，其中重大安全隐患88个，下发整改通知书417份，整改建议书240份。工业和信息化部、农业部、质量监督检验检疫总局、旅游局、国防科技工业局等部门还组织开展了民爆器材、农业机械、特种设备、游乐设施、军品科研生产等安全专项治理工作。据不完全统计，全年全国共排查各类隐患936.3万项，其中重大隐患2.4万项，落实治理资金100.5亿元，到年底已完成治理2.1万项。

(4)各行业(领域)应急演练广泛开展

2010 年,各地区、各有关部门和单位积极开展应急演练,检验了预案、磨合了机制、锻炼了队伍、教育了公众,取得了很好的效果。安全生产监督管理总局在全国安全生产应急管理现场会上,组织实施了危险化学品道路运输事故应急处置、矿山井下事故应急救援、危险化学品事故应急处置综合演练,取得了很好的效果。交通运输部成功举办了“2010 年海峡两岸海上联合搜救演练”,两岸共出动 14 艘搜救船艇和 3 架搜救直升机,演练了遇险通报及险情核实、紧急应变与沟通协调、组织搜救、海上搜寻、人命搜救、医疗救护、船舶消防和善后与恢复等 8 个科目;组织救捞部门开展了“北部海区海上专业救助演练”等 10 多次大型搜救演练,组织实施包括高寒地区、高原湖泊等特殊水域在内的一系列不同规模、不同层次、不同科目的水上搜救演练。铁道部进一步加强了全路应急演练,开展各类应急演练 2.6 万余次,参与人数 70 万人次。农业部于 2010 年 9 月 4 日在浙江省舟山海域举行了渔业船舶水上安全突发事件应急演练,采取现场模拟与桌面演习相结合的方式,重点进行了商船与渔船发生碰撞事故后渔船自救互救以及渔船火灾扑救等科目的演练。电力监管委员会协同地方政府和电力企业在河北省开展了省会城市处置电网大面积停电事件联合应急演练。辽宁省政府与省军区联合组织实施了“辽宁—2010”军地联合处置突发事件演习,设置应急响应、抗震救灾、溃坝抢险、海上搜救、直升机高速公路救援等 5 个课题,形成了一系列重要理论成果。公安消防、道路交通、核工业、铁路、民航、电力等行业(领域)以及安徽、湖北、河南、辽宁等省也都举行了大型演练。据不完全统计,全国全年共开展各级各类安全生产应急演练 31.8 万次,参演人员 728.2 万人次,直接投入达 23.9 亿元。

4. 安全生产应急管理科普宣教与培训广泛开展

(1)安全生产应急管理科普宣教工作广泛开展

2010 年,各部门、各单位广泛开展了安全生产应急管理宣传教育活动,强化了安全意识,提高了安全素质。安全生产监督管理总局等部门举办的第 9 个全国“安全生产月”和“安全生产万里行”活动中,加强了安全生产应急管理法制宣传;举办了首届全国安全生产应急救援技能大赛和全国安全生产应急知识竞赛。农业部、安全生产监督管理总局联合开展了“平安农机”创建活动,评选出 119 个示范县(区、市),进一步加强了安全宣传教育,有效提高了农民群众安全意识,减少了农机事故发生率;在 6 月份组织开展了农机安全宣传咨询日活动,向农民免费发放了农机安全手册、宣传挂画和连环画册。公安部开展了“全国消防安全教育示范学校”创建活动和以“全民消防、生命至上”为主题、以“全民消防疏散逃生演练”为主要内容的“119”消防日宣传活动，组织制作了《家庭消防安全知识》动画片和《2000～2009年全国重特大火灾案例》警示片；会同中央文明办部署实施了“文明交通行动计划”，倡导文明交通行为，传播文明交通理念；组织开展了“畅行中国——文明交通在行动”百城百台大联播活动，汇集全国143个城市的169家交通广播、交通电视媒体开展交通安全宣传。质量监督检验检疫总局联合安全生产监督管理总局、教育部等4个部委，举办了特种设备安全大型专题晚会并在中央电视台播出，宣传特种设备质量安全和应急知识，电视观众上千万人次；组织了1 000余次特种设备安全进企业、进社区、进校园活动，发放了10万份宣传材料，受众人群达20万人以上。气象局开展了气象防灾减灾宣传志愿者中国行科普宣传活动，共有9所高校2 000余名师生参加，组成200个宣传分队，奔赴全国各地700余个乡镇，进入15 000余家农户，深入391所中小学开展了宣传活动。天津市在天津人民广播电台交通广播开办了《应急之声》栏目，主要普及应急知识、传授应急自救互救常识、介绍应急法律法规、分析典型应急案例等，全年播发节目35期。广东省举办了“应急管理在心中，和谐幸福在广东”为主题的应急知识宣讲活动，组成21个宣讲队奔赴21个地级以上市共进行应急知识宣讲100场，派发各类宣传手册、传单7.4万份。新疆维吾尔自治区开展了各种应急管理知识宣传活动1 600余次，发放应急管理知识宣传册3.87万本、宣传单25.6万份。

(2)安全生产应急管理培训工作深入开展

各地区、各有关部门和单位逐步建立健全安全教育培训工作制度，强化保障措施，强力推进以企业“三项岗位”人员、农民工和班组长为重点的安全生产全员培训工作。安全生产监督管理总局正在组织编制《安全生产应急管理培训教材编制规划》和《煤矿企业安全生产应急管理》、《矿山救护队员及矿工自救互救》等规划和教材；分6批对市县分管领导干部和市级安全监管局局长进行了安全生产轮训；组织了4期安全生产应急管理人员培训班，培训省、市、县三级安全生产应急管理人员392人。交通运输部积极组织开展安全生产和应急管理培训，对600多名交通运输安全和应急管理人员进行了培训。铁道部各铁路局共举办应急管理培训班300余次，各站段举办各类应急培训班11 000余次，对专兼职应急管理人员进行了培训。国有资产监督管理委员会、安全生产监督管理总局联合举办了中央企业负责人安全生产应急管理培训班，对123户中央企业安全生产应急管理负责人进行了培训。上海市安全生产监督管理局将应急知识纳入安全生产培训工作中，全年共培训农民工34万人，培训生产经营单位负责人1.5万人次，培训安全生产管理人员2.3万人次。中国石油天然气集团公司举办了8期应急业务培训班和6期应急预案审核员培训班，培训学员1 400人。据不完全统计，2010年共培训“三项岗位”人员477.8万人次，同比增加5.4%；农民工安全技能培训1 044.4万人次，同比增加8.1%。

(二)应急处置能力明显加强

1. 成功应对处置多起重特大突发事故(件)

(1)成功处置多起矿山、危险化学品重特大事故

2010年，在中央领导同志直接指挥或指导下，各有关部门和单位的密切协调、通力合作，成功处置多起重特大矿山、危险化学品生产安全事故，减少了人民群众生命财产损失。山西华晋焦煤公司王家岭矿“3·28”透水事故救援中，在张德江副总理的直接指挥下，安全监管总局会同山西省政府迅速调集临汾市矿山救护队、汾西矿业公司矿山救护队等22个小队、300余名专业矿山救护指战员和111台水泵、118台开关、15台轨道平板车等排水设备设施，以及从郑州排水站、新密市矿山救援指挥中心、西安科技大学、沈阳自动化研究所、中国矿业大学等专业机构调集的专家队伍，经过抢险人员连续奋战8天8夜，成功救出115人，创造了矿山救援史上的奇迹，受到了中央领导同志的肯定和表扬；四川省威远县八田煤矿“11·21”透水事故救援中，经各方共同努力，被困井下的29名矿工全部获救。2010年，全国矿山救护队参与4 158起事故的救援工作，抢救遇险被困人员11 167人；危险化学品应急救援队伍参与8 297起事故的救援工作，抢救遇险被困人员17 514人。

(2)成功处置多起重特大火灾事故

2010年，公安消防加快了第三期消防特勤队建设，按照打造消防铁军三年规划要求，全面加强了应急救援队伍和装备建设，成功处置了多起重特大火灾事故。在大连市中石油国际储运有限公司“7·16”输油管道爆炸火灾事故抢险救援中，在张德江副总理的亲自指挥下，辽宁省公安消防部队先后出动14个消防支队、18个企业专职消防队的348辆消防车、2 380余名指战员赶赴现场扑救，公安部紧急

从天津、河北、吉林、黑龙江、山东等地公安消防总队调集460余吨泡沫液，通过陆、海、空等方式驰援大连，经过15个小时的艰苦奋战，成功关闭了储油罐阀门，切断了泄漏源，扑灭了大火，保住了周边126个、总储量达747万多吨的原油、成品油及二甲苯、苯等危险化学品储罐，避免了一场毁灭性灾难的发生。2010年，公安消防部队共接警出动58.9万起(其中，火灾扑救13.2万起、抢险救援18.3万起、社会救助14.8万起、公务执勤近1万起、其他出动11.6万起)，出动官兵615.9万人次，出动消防车辆96.8万辆次，营救遇险被困人员159 965人，挽回经济损失430多亿元。

(3)成功处置多起重大突发环境事件

2010年，环境保护部积极探索环境保护新道路，全面加强环境应急管理工作，积极防范并妥善处置突发环境事件，有力保障了群众身体健康和国家环境安全。在中石油公司兰郑长成品油管道渭南支线柴油泄漏事件应急处置工作中，环境保护部会同发展和改革委员会、水利部、工业和信息化部等部门有关同志和专家20余人组成国务院联合工作组，会同陕西、河南两省政府和中石油，成立专家组、监测组、防治组、宣传组、综合组，分别负责研究完善污染处置技术方案、规范应急监测、加强污染处置、做好宣传应对等工作，调集700余人展开抢险救援，投入工程抢险车、环保监测车等应急救援装备，使用吸油毡、吸油拖栏、围油栏、凝油剂等应急救援物资，采取控制源、上游截、中间治、下游防等综合措施，成功处置了泄漏的柴油，确保了渭河、黄河环境安全。2010年，环境保护部共直接调度并妥善处置了156起突发环境事件，其中重大环境事件5起、较大环境事件41起、一般环境事件109起，1起事件级别待定。

(4)成功处置多起重大海(水)上事故

2010年，交通运输部认真贯彻落实党中央、国务院关于安全生产应急管理工作的有关决策部署，强化应急基础，加强应急准备，妥善处理了各类突发事件。2010年7月16日18时20分，大连新港中石油输油管线发生爆炸起火，导致大量陆源原油泄漏入海。事件发生后，根据张德江副总理的重要指示，建立了交通运输部海事部门牵头、地方政府全力支持、社会力量积极参与的应急机制，共调集专业清污船舶作业1 041艘次、渔船14 282艘次、清污人员6万余人次，作业面积1 678平方公里，确保了“油污不流向公海，不蔓延到渤海”目标的实现。2010年，共发生水上险情2 218次，其中特大险情47起、重大险情498起。中国海上搜救中心及各省(区、市)海上搜救中心协调派出救助船舶 8 095 艘次、飞机 345 架次,救助遇险人员 23 555 人,救助遇险船舶 1 865 艘,救助成功率 96.1%。2010 年,农业部积极组织渔业力量参与渔业海难救助 1 020 起,共救助渔船 1 582 艘、渔民 5 995 人,挽回经济损失 4.46 亿元,取得了明显成效。

2. 圆满完成青海玉树地震抗震救灾任务

青海玉树 7.1 级地震发生后,各有关部门和单位在党中央、国务院的坚强领导下,积极开展抗震救灾工作,挽救了大量人民群众的生命财产损失。安全生产监督管理总局按照与地震局建立的应急联动机制协议,迅速派出赴地震灾区工作组并先后抽调四川省、青海省、河北省等 26 支矿山救护队、医疗救护队以及救援专家共 512 人,携带破拆、支护、生命探测、通信、医疗急救等设备装备,于当日 20 时抵达地震灾区,成功从废墟中营救出 46 名幸存者,清理出 71 具遇难者遗体,救助和转运受伤人员 241 人。公安部紧急调集 10 个公安消防总队、2 196 名消防官兵,携带生命探测仪等抢险救援装备器材 1.6 万件(套)和搜救犬 37 只参加抢险救援,抢救遇险群众 569 人,在废墟中救出被埋压群众 416 人,其中 48 人生还,解救被困群众 153 人,疏散被困群众 4 100 人,抢救财产价值 1 120 余万元;协调指导青海及周边省区公安机关全力开展抗震救灾交通保障工作,护送、引导各类救援物资车辆 3 000 余批次。工业和信息化部迅速成立抗震救灾指挥领导小组,启动通信保障应急预案,指导协调企业迅速抢通灾区受损通信,成为灾区第一个全面恢复的基础设施。据统计,通信部门共出动应急抢修人员 979 人,投入各类应急通信车、发电油机、卫星电话等各类应急通信装备 698 台(套)。住房和城乡建设部组织各地支援玉树应急供水车 1 台、移动厕所 50 座、垃圾箱 100 个、吸粪车 3 台、压缩垃圾运输车 2 台等设备,组织专家协助、指导青海省住房和城乡建设厅完成了 455 万平方米房屋建筑、92 000 平方米道路和 17 座桥梁的应急评估。交通运输部积极协调当地交通运输部门,努力打通救灾通道,恢复公路畅通,并千方百计协调运力保障运输,为救灾工作及时有效开展创造了条件。铁道部按照一级响应迅速启动应急预案,立即成立了抗震救灾指挥部和救灾调度台,实行 24 小时值班,建立救灾物资运输绿色通道,以最快速度运抵灾区。抗震救灾期间,累计运送医务人员、陪护人员1 937 人,转运伤员 166 人;开行抢字头军列 3 列;开行救灾物资列车 224 列,运送帐篷 53 514 顶,棉被 144 252 床,棉衣 163 881 件,救护车 215 辆、保障及指挥车 17 辆、疾病监测车 3 辆、牵引车 2 辆,挖掘机 2 台、油品 30 830 吨、折叠床20 754床、简易厕所500所、药品及小型医疗器械34 373件、食品、水和饮料84 263件、大米1 380吨、活动板房173套、配件249件、发电机278台、火炉1 025个、大型医疗器械2套、建筑材料55吨、防潮垫43 170张、其他物资20 515件。电力监管委员会积极组织国家电网公司、中电投集团公司以及中国水电建设集团公司等电力企业投入抗震救灾中，共计投入1 600余人的抢修队伍、12台应急发电车、165台应急发电机和200多辆各种救援车辆参与救灾，有效保障了灾区电力供应。民用航空局及时启动应急响应，迅速建立抗震救灾指挥体系，在震后3小时内恢复玉树机场运行，在当天建立西宁至玉树抗震救灾穿梭飞行保障机制，为抗震救灾做出了突出贡献。抗震救灾期间，玉树机场共保障抗震救灾飞行485架次，转运救援人员17 051人次、伤员2 133人次、救灾物资2 175吨。西宁机场共保障抗震救灾飞行483架次，转运救援人员15 565人次、救灾物资2 028吨。

3. 圆满完成了世博会、亚运会期间的安全保障工作

各部门和各单位积极协调力量，充分发挥安全生产应急救援队伍的专业力量，保障了世博会、亚运会等重大活动的顺利安全举行。安全生产监督管理总局对上海市、广东省危化品安全管理进行了重点督查，建立健全了苏浙沪和环渤海区域危化品道路运输安全区域联控机制，有效保障了上海世博会、广州亚运会安全；成立了烟花产品生产和储存安全监督领导小组，制定了工作方案，组织有关地区安全监管部门开展了烟花生产储存安全监督工作，圆满完成了上海世博会开幕式、广州亚运会、亚残运会开闭幕式焰火安全监督工作，确保了焰火燃放安全。工业和信息化部成立了世博会、亚运会通信保障领导小组，建立了通信保障、应急处置、信息报送等工作机制，督促、协调互联网骨干网网间直联带宽扩容，加强了海缆保护工作，组织了跨沪、苏、浙三地的世博会通信保障综合演练，全力确保了世博会、亚运会的通信安全畅通。公安部加强了对消防安全的监督检查，上海、广东公安消防部门及时制定了安保工作方案和各项安保工作措施，江苏、浙江、广西、福建等地的公安消防部门，按照“环沪”、“环粤”护城河要求，加强联勤联动，取得了世博会期间世博园区未发生火灾，亚运会期间场馆绝对安全的好成绩；深入开展了迎世博、迎亚运、创文明、保平安交通秩序整治，大力实施环沪、环粤交通安保“护城河”工程，切实加强入沪、入粤道路交通管控，科学引导交通流量，为上海世博、广州亚运成功举办创造了良好道路交通环境。环境保护部制定了专项应急预案和值班表，组织、指导华东环保督查中心以及上海、江苏、浙江等省(市)环保部

门和上海市松江区政府,开展了“2010年上海世博会环境安全保障应急演练”。住房和城乡建设部会同安全生产监督管理总局对上海世博工程进行了安全检查,在上海世博会和广州亚运会开幕前,组织开展了市政设施安全保障工作检查,查找安全隐患,督促落实防范措施。交通运输部高度重视上海世博会和广州亚运会期间的交通运输安全和应急保障工作,成立了安保协调领导机构,对道路及水上交通运输安全保障工作进行了部署,充分利用GPS监控平台,加强对入沪、入穗客运班车、旅游客车和危险品运输车辆运行过程的监控,严格管控入沪、入穗船舶,并加强应急准备,切实消除安全隐患,提高了安全监管和应急处置能力。国家核应急办会同公安部、军队核应急办,组织核与辐射安全领域专家成立联合检查组,对上海世博园区核安保措施落实情况进行了专项检查,针对检查中发现的报警阈值、放射性物质探测仪器仪表配置与管理、特殊地点的核安保监控等方面存在的薄弱环节,提出了整改措施建议。上海市抽调安全监管精干力量,组建驻园工作小组,全力确保世博园核心区域安全,对园区内相关单位和设施开展安全督察,对应急预案编制情况、应急演练、应急救援人员配备情况进行了详细检查。

4. 依法查处事故,用事故教训推动安全生产工作

各地区、各有关部门突出落实责任,厉行责任追究,用事故教训推动工作。国务院安委会发布了《重大事故查处挂牌督办办法》,安委会办公室先后公告了全国55起重大事故查处挂牌督办名单。地方各级安委会也建立了事故查处挂牌督办制度。对已发生的事故,严格按照“四不放过”和“依法依规、实事求是、注重实效”的原则进行查处追究。2010年各类事故查处结案率达到95.9%,累计追究处理5 357人,其中:给予党纪政纪处分4 546人,移送司法机关追究刑事责任811人。2009年由国务院事故调查组负责查处的5起特别重大事故,已全部结案并及时向社会公布,共有168人受到刑事责任追究,142人受到党纪政纪处分。2010年发生的11起特别重大事故中,上半年发生的6起已调查结案。监察部、公安部、司法部、最高人民法院、最高人民检察院、国务院法制办、安全生产监督管理总局、煤矿安全监察局共同组织开展了重特大事故责任追究落实情况的专项督查。全国有25个省(区、市)开通了“12350”安全生产举报投诉电话,2010年共接收群众举报358次,全部进行了核查和落实。

(三)存在的主要问题

各地区、各有关部门和单位大力加强安全生产应急管理工作取得了积极进展

和明显成效，但也存在一些困难和需要解决的问题，与党中央、国务院的要求和广大人民群众的期望相比还存在较大差距。一是安全生产应急管理体制机制建设还不平衡不完善，市、县两级应急管理机构还没有全部建立，已经建立的机构还存在人员不齐、职责不到位的现象，与相关部门的应急管理机制运行不顺畅、不灵活；二是安全生产应急管理法制建设滞后，《安全生产应急管理条例》仍未出台，应急救援队伍调集、应急救援物资征用和毁损补偿、应急救援人员伤亡抚恤等方面缺乏必要的法律依据，影响了应急管理工作进一步发展；三是安全生产应急预案与实际需要还有差距，各级应急预案衔接性、实效性、可操作还有待提高，应急演练也不能及时广泛开展；四是应急管理基础工作还比较薄弱，各地安全生产应急平台建设不均衡，应急救援队伍装备建设与实际需要有较大差距，应急资源数据库仍未建成，无法保障及时、科学、有效施救；五是应急管理培训仍有欠缺，人民群众的应急知识和应急能力较差，因施救不当导致损失扩大的事故仍时有发生。

三、对策与建议

（一）继续深化应急管理体制机制建设

积极推动省、市、县三级安全生产应急管理机构以及高危行业大中型企业应急管理机构建设，切实做到机构、编制、人员、职责和经费“五落实”。加强装备建设和人才培养，强化与当地政府负有安全生产监督管理职责的部门和军队、武警等重要救援力量的沟通协调，建立有效的应急管理工作机制，有效发挥其在安全生产应急管理综合监管和事故救援中指挥、指导、协调作用。

（二）继续深化应急管理法制建设

进一步加强安全生产应急管理政策法规标准体系建设，督促各地将《安全生产应急管理“十二五”规划》纳入本地区经济社会发展“十二五”规划，尽快出台《安全生产应急管理条例》、《重大危险源监督管理规定》等法规规章及其相关配套措施。同时，针对救援补偿、牺牲抚恤等问题，制定相关部门规章、地方性法规及经济政策，规范地方政府应急管理行为，保护应急救援力量参与社会救援的积极性。

（三）继续深化应急预案管理工作

尽快组织修订《国家生产安全事故应急预案》，在政府应急预案制定、应急预案评审、应急演练等方面制定相关标准或办法，积极推动各级监管部门依法将应急预案作为重点行业（领域）企业准入的必要条件，指导相关企业规范编制预案，关键应急预案或应急程序应简明化、图表化、牌板化并定期、科学开展演练，提高针对性、可操作性，确保预案质量。

（四）不断加强应急救援队伍体系建设

重点抓好7个国家矿山应急救援队的建设，推动其他国家（区域）矿山、危化以及矿山医疗应急救援队伍建设，指导各地加强地方骨干应急救援队伍建设，大力推进公安消防、公路交通、铁路运输、海上搜救、船舶溢油、民用航空、电力等行业（领域）专业应急救援体系建设，形成分类清晰、布局合理、快速高效的安全生产应急救援体系。

（五）不断加强应急管理基础工作

继续推进各地区安全生产应急平台建设，开发和完善软件应用系统，发挥应急平台技术优势；督促指导各地进一步丰富完善安全生产应急资源数据库，推广应用经过实践检验、能显著提高救援效果的新技术、新工艺，引进高效快速救援钻机、大型排水设备、大型清障支护设备、快速灭火、堵漏、洗消设备以及人员避险、搜寻、定位等高精尖具有国际领先水准的应急救援装备，提高安全保障和应急救援能力。

（六）不断加强应急管理培训教育工作

进一步加强对地方行政领导干部、安全生产应急管理人员、救护队指战员、重点行业和重点部位职工的培训工作，强化对从业人员应急知识、应急技能的培训，提高从业人员应急意识和应急处置能力；充分调动和发挥生产经营单位、中介组织、新闻媒体的作用，广泛开展专题宣传和日常教育活动，普及应急知识，增强应急意识，营造社会关注安全生产应急管理的良好舆论氛围。

（由国家安全生产应急救援指挥中心组织供稿）

环境应急管理工作主要进展和形势分析

“十一五”以来，在党中央、国务院的正确领导下，环境保护部认真贯彻落实科学发展观，以生态文明建设为目标指向，积极探索环境保护新道路，指导各级环保部门全面加强环境应急管理工作，努力推进环境应急管理体系建设，积极防范环境风险，妥善处置突发环境事件，努力保障人民群众身体健康和国家环境安全。

一、主要工作进展

2009 年环境保护部印发《关于加强环境应急管理工作的意见》、召开第一次全国环境应急管理工作会议后，各级环保部门坚持一手抓应急响应，妥善处置各类突发环境事件，一手抓夯实基础，积极推进环境应急管理体系建设，全国环境应急管理工作取得重要进展。各地对环境应急管理工作认识普遍提高，保障环境安全的理念初步确立；环境应急全过程管理逐步落实，疲于应对的被动局面初步得到扭转；环境应急管理体系建设目标进一步明确，“一案三制”建设取得积极进展；环境应急管理体制逐步完善，地方环境应急管理机构建设取得重要突破。面对突发环境事件频繁发生、社会危害加剧、处置难度加大的严峻形势，各级环保部门充分发扬“中国环保精神”，恪尽职守、勇于担当、团结协作、无私奉献，保障了国庆六十周年大庆和奥运会、世博会、亚运会等重大活动的环境安全，最大程度地减轻了突发环境事件造成的危害，同时也经受了考验、锤炼了队伍、磨合了机制、提高了素质，积累了宝贵的经验。

（一）圆满完成重大事件和重大活动的环境应急管理工作

各级环保部门共同努力，圆满完成三方面重大工作任务：一是妥善处置了一批重大、敏感性突发环境事件。2010 年，连续发生多起重大突发环境事件，仅环境保护部就直接调度并妥善处置突发环境事件 156 起，其中重大事件 5 起。事件发生后，陕西、河南、辽宁、吉林等地政府和环保部门及时启动应急响应，开展应急监测、污染处置、风险排查等工作，环保部迅速派出工作组赶赴现场，加强指导和协调，避免了事态恶化，将事件对环境的影响降低到最小程度，保障了人民群众生命财产安全。在处置中石油兰郑长输油管道渭南支线“12·30”柴油泄漏事件中，陕西省及时与当地驻军取得联系，迅速组织开展现场抢险，下游的河南省紧急调集了 300 多人的应急工程抢险队，大家冒着严寒昼夜连续施工，通过采取封堵漏油点、设置隔油带、处理污染物和调度闸坝等综合措施，有效控制了事态发展，确保了黄河中下游饮用水安全。大连"7·16"输油管道爆炸火灾事故发生后，当地政府及有关部门加强环境应急监测，迅速采取"围、追、堵、清"等清污措施，对重污染区调派专业清污队伍清理，对轻污染区组织当地驻军、群众分片包干清理，通过全力开展海上及沿岸清污工作，实现了党中央、国务院提出的"油污不流向公海，不蔓延到渤海"的目标。福建紫金矿业集团紫金山金铜矿湿法厂泄漏污染事件发生后，当地政府及时采取有效措施进行堵漏截流，全力保证了群众用水安全。在这些重大、敏感性突发环境事件发生后，环境保护部坚决贯彻党中央、国务院领导的重要批示精神，迅速牵头组织协调有关部门，及时派出工作组、专家组赶赴现场，指导、协调、督促地方政府开展应急处置工作；依法进行了实地调查，核实澄清了有关事项，对事后处置及环境安全隐患防范措施进行了评估，并督促企业整改到位。

二是有力应对重大自然灾害次生环境问题。青海玉树地震发生后，青海省环保厅立即组织开展应急监测，深入排查环境风险，采取措施消除隐患，环保部迅速启动应急响应，调度情况并科学部署，及时派出工作组和专家赶赴现场指导。甘肃舟曲特大山洪泥石流灾害发生后，甘肃省环保厅果断决策，迅速行动，成为第一支抵达灾区现场的政府专业部门，积极做好应急监测、隐患排查和信息报送，有效降低了环境影响。在 7、8 月份全国进入主汛期后，各地认真贯彻落实国务院要求，妥善处置了多起洪涝次生突发环境事件，特别是吉林永吉县化学品桶被洪水冲入松花江后，吉林省政府采取超常规措施，组织吉化公司抢险队、消防官兵、驻吉部队、沿江群众等各方力量，迅速开展打捞任务，环保部门上下同心协力，紧密支持、配合当地政府开展应急工作，成功打捞被冲走的 7 000 多只化学品桶，温家宝总理给予了"组织有力、科学部署、打捞成功"的高度评价。

三是成功保障国家重大活动的顺利开展。为举办一届"成功、精彩、难忘"的世博会提供充分的环境安全保障，上海市研究制定了完备的应急预案，并与周边省市建立了联动机制，环境保护加强了督查和指导，组织上海、江苏、浙江三省市及苏州、嘉兴两市环保部门，成功举办了世博会环境安全保障应急演练，达到了"统一思想、提高意识、检验队伍、磨合机制、提升能力"的预期目的。世博会期间，快速、有效地处置了上海和浙江的3起突发环境事件，确保了世博会的顺利举行。为保障广州亚运会环境安全，广东省制定了《东深供水工程水质应急与安全保障方案》、《广州亚运会空气质量保障极端不利气象条件应急预案》和《广州亚运会水环境保障行动计划》，举行了应急监测演练，环保部组织开展了专项督查活动。特别是在亚运会开幕式前夕，成功控制了广东北江铊污染事件，保障了亚运会的顺利召开。

(二)有序开展重点领域环境风险防控工作

在各级环保部门的共同努力下，全国重点领域环境风险防控工作有序开展。一是深化重点领域、重点行业环境风险防控工作。2010年开始，组织各地环保部门进行重点行业企业环境风险及化学品检查，对石油加工、化工、医药行业的43 510家企业进行风险评估，获取基础数据444M，基本建成全国重点行业企业环境风险及化学品数据库，基本建立企业、区域环境风险分级评估方法，基本摸清全国环境风险底数。各地积极应用检查数据，重庆市开发重点环境风险源登记及隐患排查整治管理系统，进行环境风险科学化、精确化、信息化管理探索。广东省根据企业环境安全隐患大小，分为重点监管企业和一般监管企业，梳理出第一批环境安全隐患企业清单，实施分类管理。河南省对616家国控、省控重点企业环境风险防范情况进行专项督查。二是推进尾矿库和饮用水水源地环境应急管理工作。通过多年持续开展尾矿库专项整治行动和环境风险隐患排查整治工作，初步建成全国尾矿库信息台帐，基本掌握全国12 523座尾矿库分布、主要污染物、环境监管情况、周边主要环境敏感点等基础信息。2010年，在河北省尾矿库环境应急管理工作试点基础上，印发《尾矿库环境应急管理工作指南》，明确了环保部门“管什么”和“怎么管”的问题，召开全国尾矿库环境应急管理工作现场会议，全面总结推进尾矿库环境应急管理工作。组织吉林省吉林市、江苏省徐州市和山东省临沂市进行区域环境安全防控试点，研究编制《集中式地表饮用水水源保护区环境应急管理工作指南》，系统地提出饮用水水源地事前预防和预警、应急准备、事中应急响应和事后管理的具体措施，很好地解决了环保部门对饮用水水源地“管什么”和“怎么管”的问题。

(三)稳步推进环境应急管理体系建设

加强环境应急管理工作，关键是加快建设中国特色环境应急管理体系。近年来,各级环保部门抓预案、促机构,立法制、建机制,环境应急管理体系建设取得积极进展。

一是加强预案建设和管理。2010 年,基本完成《国家突发环境事件应急预案》的修订,印发《突发环境事件应急预案管理暂行办法》、《石油化工企业预案编制指南》,对环境保护主管部门、企业事业单位环境应急预案的编制、评估、备案、修订等方面提出了明确要求。加强对地方环保部门预案建设的指导,组织上海市和重庆市环保局各开展 1 次应急演练,指导开展了广州亚运会环境应急监测演练、苏州市环境应急综合演练。

二是加强应急管理法制建设。《水污染防治法》中增设"水污染事故处置"专章,《大气污染防治法》中加入应对大气污染事故条款,《太湖流域管理条例》中增加突发环境事件预防、预警和应对等内容。在修订《环境保护法》时,充分考虑环境应急管理内容,为环境风险防范提供充足的法律依据。环境保护部 2009 年印发《关于加强环境应急管理工作的意见》,2010 年以部令颁布《环境保护行政主管部门突发环境事件信息报告办法》。同时,积极指导各地推进环境应急管理法制建设,《广东省突发事故应对条例》中专设突发环境事件应对章节,河南省政府办公厅印发《关于加强环境应急管理工作的意见》,重庆市环保局印发《企业环境安全主体责任实施意见》等,有效提高政府、企业和公众的环境风险意识。

三是加强应急管理体制建设。在"统一领导、综合协调、分类管理、分级负责、属地管理为主"的应急管理体制原则下,初步建立重、特大突发环境事件由国家直接调查,一般突发环境事件由省(区、市)调查,情况不清的由区域环保督查中心分别督查的体制。2002 年,我部成立环境应急与事故调查中心作为国家级的环境应急管理机构,并将华东、华南、西北、西南、东北和华北区域环保督查中心纳入环境保护部环境应急响应体系。全国 31 个省级环保部门和新疆生产建设兵团环境保护局均成立了环境应急管理组织协调机构,约有二分之一的省份成立了省级环境应急管理机构。江苏全省和重庆大部分区县,安徽安庆、宿州,辽宁沈阳、大连、本溪,贵州贵阳、安顺、黔东南、铜仁,湖南岳阳、常德,甘肃陇南等地成立了地市级的环境应急管理机构。

四是加强应急管理机制建设。2010 年,环境保护部与安全生产监督管理总局联合印发《关于建立健全环境保护和安全监管部门应急联动工作机制的通知》,大部分省级环保部门与安监部门签署了应急联动机制协议。同时,积极拓展与公安消防、水利、交通、纪检监察和发展改革等部门的合作。北京、河北建立了"京冀突发水环境事件应急协调机制",上海、江苏、浙江建立了"长三角地区环境应急联动机制"。湖南省成立主管副省长为组长的省环境安全应急处理协调领导小组,统一指挥协调环保、安监、水利、交通等部门妥善处置全省突发环境事件。山西省环保厅还与交通厅建立了危险化学品运输环境应急联动机制。河南省环保厅和水利厅共同出台意见,明确互通水质和水文信息,共同防范处置水污染事件。广西环保厅建立了纪检监察与环境监察联动机制,规范环境应急处置执法程序。四川环保厅与发展改革、工商管理部门联动,定期通报审批企业信息,加强"高污染、高环境风险"行业监管。广东、广西积极探索两省相邻地市环境监察和监测应急联动。

(四)努力提高环境应急队伍能力水平

环境保护部在指导各地建立环境应急管理机构的同时,积极建设环境应急专家队伍和环境应急救援队伍,积极举行应急演练,不断提高应急队伍能力水平。

一是积极组建环境应急专家队伍。2009年,遴选300多位专家纳入环境应急专家库,挑选26位专家组成国家环境应急专家组,印发《环境保护部环境应急专家管理办法》。积极指导地方环保部门依托高等学校、科研单位和企业组建环境应急专家库(组),安徽省环境应急专家库有兼职环境应急专家38人,为环境应急管理工作提供智力支持。

二是积极探索环境应急救援队伍建设模式。在依托消防部门及重点大中型企业应急救援队伍处置突发环境事件同时,环境保护部积极开展专业环境应急救援队伍建设模式探索。一种是环保消防联动,依托消防队伍组建专职环境应急救援队伍模式。2008年,指导山西省朔州市人民政府依托消防部门成立了突发环境污染事件应急指挥中心,组建专职的应急救援队,在环保、消防部门专家的指导下执行突发环境污染事故现场救援任务。救援队日常管理由消防部门负责,经费由财政保障。一种是环保、消防、企业共建兼职环境应急救援队伍模式。2010年,指导沈阳市人民政府组织环保、公安消防和企业人员组成100人的环境应急救援队伍。救援队日常管理由沈阳市环保局负责,经费由财政保障,按照平战结合的原则,队员平时在各自单位,遇有重大突发环境事件,根据市应急指挥中心调度,参与现场救援。一种是企业应急队伍负责现场救援,政府负担费用模式。重庆市环保局委托重庆天志环保危险废物应急处置队、长寿化工有限责任公司应急处置队和长风化工有限责任公司应急处置队按照市应急救援总队的统一调度，承担危险化学品泄漏、燃烧、爆炸和次生环境污染事故等灾害事故的救援任务，相关应急救援费用由政府补助。

三是积极提高应急演练实战水平。环境保护部为提高环保部门应急实战能力，2010 年组织指导开展上海世博会环境安全保障应急演练和重庆市环境应急综合演练。同时，各地环保部门每年均按预案要求组织应急、监测、监察等部门开展桌面推演、远程指挥、应急监测和模拟事故现场应急处置等多种形式的应急演练，积极参与配合政府和有关部门组织的不同类型演练，指导当地重点环境风险企业组织应急演练。辽宁和河南分别在全省范围内组织开展分区域环境应急拉动演练，青海海西州环保部门指导当地碱业公司开展液氨球罐泄漏事件应急救援演练，陕西渭南环保部门与当地煤化工企业联合举行氨泄漏事故应急演练，大力提高突发环境事件应对能力。同时，积极进行环境应急管理培训。2010 年，环境保护部举办 4 期环境应急管理培训和 5 期专项培训，培训人员近 1 300 人。

(五)统筹推进环境应急能力建设

近年来，环境保护部高度重视提高环境应急管理能力。2010 年，环境保护部印发《全国环保部门环境应急能力建设标准》，并在辽宁省沈阳市开展市、县级环境应急能力标准化示范建设。同时，投资 1 300 余万元进行处置环境与核恐怖袭击事件应急项目——化学反恐项目建设，建设涵盖突发环境事件预测预警、应急预案、信息报告、应急处置、应急物资、恢复重建、总结评估、管理队伍、专家队伍、救援队伍等信息的应急平台体系。各地也积极开展环境应急平台和环境应急能力标准化建设。江苏通过卫星通讯，实现了事故现场情况与应急平台的无缝接合。陕西在重点污染源自动在线监控平台的基础上，开发了集预警预测、信息研判、辅助决策、远程指挥为一体的指挥模块系统，完成了便携式移动通信车载改装，实现了前方现场与后方指挥对接。四川、重庆、上海等地依托“12369”环保举报热线建立了突发环境事件接警平台，极大地提高环保部门的应急响应能力。

(六)环境投诉受理工作迈上新台阶

据统计，全国已有 80% 的地市级环保部门和 70% 的县级环保部门开通了“12369”环保举报热线，30% 的地方环保部门成立了环境投诉受理中心，约有 5 000 余人专门从事环境投诉受理工作。

2010年，环境保护部共办理群众电话和网络举报约23 200件，受理举报1 566件，已办结1 468件，结案率94%。从各地环保部门查处情况看，群众反映的环境污染问题属实和基本属实的有1 076件，约占受理数的73%，不属实的有392件，约占受理数的27%。从查实的举报件看，有360家被举报企业超标排放，206家无环评手续，258家擅自投入生产，103家涉及搬迁和规划问题，307家存在不符合产业政策、不履行处罚决定、不正常使用治污设施、未按环评批复建设治污设施、偷排及乱倒废渣等问题。根据调查情况，各地环保部门依法对企业存在的违法行为进行了相应处罚，取缔、关闭或关闭生产线148家，实施停产治理235家，限期治理321家，现场纠正167家，经济处罚72家，警告20家，补办环评手续94家，还依法对其他164家企业作出责令完善治污设施、限期清理废渣等处罚决定。

同时，印发《环保举报热线管理办法》，对全国12369环境投诉受理工作的规范化管理、工作责任的落实以及管理体制和管理范围等提出明确要求。环境保护部在中国环境报开设《接热线查违法 听民声保民情》专栏，每月在《中国环境报》法制版宣传“010-12369”环保举报热线受理群众举报、投诉的情况，举报件处理的实时动态，以及案例分析、专家点评等，对各级环境保护部门处理群众反映的环境举报件的工作情况进行宣传。2010年，共刊登稿件11篇、典型案例40例，以及2009年度接报情况统计分析1篇和“010-12369”环保举报热线开通一周年专题报道1篇。通过一年来的努力，12369环保举报热线正成为群众投诉环境污染问题的主渠道，正成为环保为民的优质品牌。

（七）畅通突发环境事件信息渠道

环境保护部高度重视突发环境事件信息报告工作，积极利用网络和电话举报平台，广泛收集突发环境事件信息。

一是探索建立基层信息报告网络。环境保护部通过“12369”环保举报热线，主动接听群众突发环境事件举报。上海、宁夏等地也将“12369”环保热线作为突发环境事件的接警平台，实行24小时值班制度。江苏制定《江苏省举报环境违法行为奖励办法》，率先实行省、市、县三级联动的环保有奖举报制度，北京、辽宁等省市也实行环保有奖举报制度。通过设立环保举报热线和有奖举报，调动了群众参与环境保护的积极性，加强了社会公众对环境违法行为的监督，有力地打击了环境违法行为。

二是加强突发环境事件信息预警通报。公众对突发环境事件甚为关注，突发环境事件造成的污染、责任人追究和公众损失赔偿等问题常居社会环境舆情关注度前列。为此，环境保护部指派专人每日通过网络、报纸等新闻媒体搜集突发环境事件信息，及时调度处置突发环境事件。重庆市环保局建立了突发环境舆情快速处置机制，明确环保部门在突发环境舆情处置中的主体责任和各环节的具体任务，规范了突发环境舆情处置流程。浙江省环保厅完善突发环境事件分析统计月报和网络媒体搜索制度，针对网络媒体的特点，安排专人值班加强对突发环境事件网络信息的掌控。四川省环保厅强化环境应急信息报告队伍建设，全省各级环保部门设立专职信息员，负责信息收集、汇总、报告工作。通过快速发现、尽早处置突发环境事件，及时公布突发环境事件信息，有效消除了公众疑虑，维护了社会和谐稳定。湖北省环保厅印发《湖北省环保系统重大紧急信息报送制度》，明确信息报送的范围、方式和时限，建立了重大紧急信息报送责任制度和通报制度。安徽省建立了环境应急信息快报制度，减少了信息报送中间环节，提高了信息报送效率。

二、当前面临的形势

我国环境应急管理工作起步晚、起点低、基础差，但发展空间大、后发优势明显，环境应急管理工作的机遇与挑战并存。

(一)环境应急管理工作的主要挑战

当前，我国环境安全形势依然严峻，突发环境事件仍然处于高发期。一是环境风险异常突出。从全国重点行业企业环境风险及化学品检查情况看，在检查的4.3万多家企业中，12%的企业距离饮用水水源保护区、重要生态功能区等环境敏感区域不足1公里，10%的企业距离人口集中居住区不足1公里，72%的企业分布在长江、黄河、珠江和太湖沿岸重点流域沿岸，危险化学品行业企业布局性环境风险十分突出。尾矿库环境风险也十分严重，截至2010年，全国仍有危库、险库、病库1 477座，其中绝大部分是无主尾矿库，安全、环保投入严重不足，环境风险隐患突出，极易次生突发环境事件。一些地区重金属污染历史遗留问题突出，治理难度大，潜在事故风险高。二是事件总量居高不下、类型多、发生区域广。从环保部直接接报处置的事件看，2008年为135起，重大事件为9起；2009年为171起，重、特大事件为4起；2010年为156起，重大事件为5起。近三年来，水污染事件为

48%，大气污染事件为37%，土壤污染事件为5%，其他污染事件为10%。除西藏外，其他各省（市、区）均发生过突发环境事件，其中，华南、华东、西南等地区较多。三是事件诱因复杂，预警防范难。安全生产、交通事故等引发的次生突发环境事件持续上升，平均占事件总数的60%。百年一遇甚至几百年一遇的暴雨和洪水、地震、泥石流等自然灾害多发频发，次生环境事件相继出现。受经济利益驱动，企业违法排污、放松环境风险管理导致的事件不断出现。污染物长期累积，导致湖泊、土壤污染事件不断增多。此外，人为抛弃污染物、投毒等因素引发的事件也呈上升趋势。四是事件危害大、处置难、社会关注度高。有的事件动辄威胁几十万人，甚至上百万人的饮用水安全，严重危害群众健康和社会稳定，有的事件造成巨大经济损失。一些跨界污染事件需要几个月才能处置完毕，一些危险化学品、重金属污染事件等处置难度非常大。公众对相关事件造成的污染如何处理、责任人如何追究、公众损失如何赔偿等问题甚为关注。

面对严峻的形势和艰巨的任务，环境应急管理工作还存在很多不适应，突出表现在思想认识不够到位，特别是西部地区、经济相对落后地区或未发生突发环境事件的地区重视不够；应急管理的法制、体制、机制缺失，环保、安监等部门应急管理职责定位不清，部门之间工作合力尚未形成，环保系统内部环评把关不严、监测数据失真、环境监管不力等问题较多；应急管理能力远不能适应工作需要，工作基础和支撑严重不足；企业环境风险防范意识淡薄、防范水平低，应急预案可操作性差，应急救援力量薄弱。

（二）环境应急管理工作的重大发展机遇

在正视困难和问题的同时，我们也要看到重大发展机遇。一是环境应急管理工作写进了党和国家的重要文件。十七届五中全会通过的《中共中央关于制定国民经济和社会发展第十二个五年规划的建议》明确提出，“十二五”期间，要以解决饮用水不安全和空气、土壤污染等损害群众健康的突出环境问题为重点，防范环境风险，健全重大环境事件和污染事故责任追究制度。二是党中央、国务院领导高度重视环境应急管理工作。2010年，党中央、国务院领导共对有关突发环境事件作出42次重要批示，其中胡锦涛总书记批示2次，温家宝总理批示10次，李克强副总理批示21次，张德江副总理批示4次，党中央、国务院领导的重要批示，是我们做好环境应急管理工作的强大动力和重要支持。三是环保部明确把防风险、保安全作为“十二五”期间的重点工作之一。目前，《“十二五”环境保护规划》的指导思想是“降总量、改质量、防风险”,防范环境风险纳入指导思想,并将环境应急能力建设作为重要内容,在我国环境规划历史上还是首次,突出说明了加强环境应急管理工作的极端重要性,环境应急管理法制、体制、机制建设将会取得新突破,能力建设将会有大幅度提升,环境应急管理正面临重大发展机遇。

三、今后工作的重点方向

当前正值“十二五”开局之年,要结合环境应急管理工作实际,认真贯彻落实《国务院关于加强环境保护重点工作的意见》提出的“有效防范环境风险和妥善处置突发环境事件”要求,重点做好以下七方面工作:

(一)认真谋划“十二五”环境应急管理工作

“十二五”期间,加强环境应急管理工作,最重要的是加快推进环境应急管理体系建设,要以保障群众健康和环境安全为目标,以“事前预防、应急准备、应急响应、事后管理”的环境应急全过程管理为主线,加快建设风险防控、应急预案、指挥协调、恢复评估四大核心体系,以及政策法律、组织管理、应急资源三大保障体系。有关部门在制定“十二五”环保规划时,要与区域、流域等规划相衔接,突出规划中环境应急管理内容,系统考虑环境应急管理“一案三制”和应急能力建设,着重考虑重大环境应急工程建设项目。各地要按照国家“十二五”规划和能力建设规划的总体要求和部署,认真谋划、准确定位环境应急管理工作,把风险防范工作落实在环境管理的各个环节,积极研究应急能力建设问题,鼓励各地先期启动和实施应急能力建设规划,力争在“十二五”期间,建立起比较完备的环境应急管理体系,使环境应急管理水平有一个质的飞越,基本满足经济、社会和环保发展的要求。

(二)妥善处置各类突发环境事件

各级环保部门要以高度的政治责任感和对人民负责的精神,将妥善处置各类突发环境事件摆在环境应急管理工作的首要位置。在当地政府的统一领导下,积极做好以下工作:一要依法履行职责。对突发环境事件,特别是涉及饮用水污染、重金属污染、危险化学品污染以及由环境问题引发的群体性事件,要第一时间报告、第一时间赶赴现场、第一时间开展监测、第一时间向社会发布信息,迅速查明原因并采取有效措施,控制事态发展,最大程度地减轻事件造成的危害。二要严格信息报送。认真执行《环境保护行政主管部门突发环境事件信息报告办法(修订稿)》,确保信息报告及时、畅通、有效,坚决杜绝迟报、漏报、瞒报、谎报现象。环境保护部将按照《突发环境事件信息报告情况通报办法》的规定,加强督促指导。三要依法开展调查和责任追究。要与监察部研究制订专门的责任追究办法,特大环境事件由环境保护部与监察部调查处理,重大环境事件由省级环保部门与监察部门调查处理,较大环境事件由市县级环保部门与监察部门调查处理。要对照环境应急全过程管理的要求,逐一调查并追究责任,切实做到"事件原因没有查清不放过,事件责任者没有严肃处理不放过,整改措施没有落实不放过"。

(三)深化重点领域、重点行业环境风险防控工作

环境保护部将以科研机构为依托,加强环境风险管理的技术支撑,各地在巩固已有工作的基础上,突出抓好四方面工作:一要完成重点行业企业环境风险及化学品检查工作。各地要深入分析企业环境风险检查质量核查中发现的问题并及时整改,认真开展数据分析汇总,及时完成检查报告和技术报告。环境保护部将开展企业、区域(流域)环境风险等级评估方法研究,适时选取典型区域流域进行评估。二要推进饮用水环境安全保障工作。尽快制定《饮用水源地环境应急管理工作指南》,组织开展饮用水源地生物预警试点工作,在天津、湖南、贵州的重点饮用水水源地以及山东临沂、江苏徐州两省交界处建设水质生物预警设备。各地要结合实际,认真贯彻落实指南要求,确保饮用水源地的水质安全。三要深化尾矿库环境应急管理工作。抓紧研究制定尾矿库环境风险分级分类技术方法,进一步加强督促指导。尾矿库数量较多的省级环保部门都要确定 2 至 3 个地级市,按照《尾矿库环境应急管理工作指南》的要求,开展示范工作。四要加强化工园区环境应急管理工作。抓紧制定《化工园区环境应急管理工作指南》,并选取部分重点化工园区进行试点。鼓励各地结合实际,先行先试,积极探索化工园区环境应急管理的方式方法。

(四)推进环境应急管理规范化

突出环境应急预案管理和法制建设。一要加强环境应急预案管理。环境保护部将研究制定与《突发环境事件应急预案管理暂行办法》相配套的环境应急预案编制指南、评估指南、评审及备案工作程序、《环境应急演练规范性指南》等,并组织指导有关地区开展一次应急演练。各地要严格执行《突发环境事件应急预案管理暂行办法》,各省级环保部门至少要组织开展一次应急演练,至少要选择 3 至

5家重点企业开展预案管理试点工作,同时要督促、指导重点企业开展经常性的应急演练活动。二要推进环境应急管理法制建设。尽快出台《环境应急管理办法》,制订《环境保护部门环境应急管理工作规范》,研究建立环境风险评价的审批和验收制度。各地要结合工作实际,进一步宣传好贯彻好落实好《突发事件应对法》,结合贯彻落实环境保护部《关于加强环境应急管理工作的意见》,开展《突发事件应对法》贯彻落实情况的自查和督查。

(五)健全环境应急管理工作机制

从两个方面着力推进机制建设。一要完善内部应急管理工作机制。环评审查、审批和环保"三同时"验收时,要对环境风险防范提出明确要求;积极开展应急状态下环境标准、监测规范的研究,为应急管理提供科学可靠的支撑;日常执法监督要把应急管理作为重要内容,督促企业切实落实环境风险防范治理措施;在应对突发环境事件中,环境应急、监测、科技、环境监察、宣教等部门要各司其职,各履其责,密切配合,形成合力。二要完善外部应急联动机制。进一步落实《环境保护部 国家安全生产监督管理总局关于建立应急联动工作机制的协议》和《关于建立健全环境保护和安全监管部门应急联动工作机制的通知》的相关要求,主动与安监部门开展更具实质性的联动合作。积极推动与交通运输、公安消防等部门建立应急协作机制,切实提高综合应对效能。

(六)强化环境应急管理能力建设

主要从两个方面着力推进应急管理能力建设。一要充分利用"十二五"规划机遇。制定环境应急管理能力建设规划,还要选择沈阳市作为试点地区,开展市、县级环境应急能力标准化示范建设。各地要抓住机遇,积极开展环境应急管理能力建设,各省级环保部门可以积极探索不同特征区域的能力建设实施办法。二要做好各项基础性工作。要继续推动反恐应急平台项目建设,全面提升应急管理的信息化水平。探索建立区域应急物资信息库,督促指导风险较高的工业园区建立应急物资储备,提高区域应急响应能力。开展铬、镉、溢油、农药等应急处置技术研究,为研发高效、集成的应急处置设备奠定基础。继续开展全方位、多层次的应急管理培训,各地也要组织开展应急培训,不断提高应急管理工作水平。

(七)打造12369知名环保品牌

严守"有报必接、违法必查,事事有结果、件件有回音"的承诺,重点抓好四个方面工作。一要抓规范管理。环境保护部将颁布《12369 环保举报热线工作管理办法》，各地要认真贯彻落实，积极向当地编制部门申请建立专门工作机构和人员编制，争取当地财政资金支持，尽快全面开通 12369 环保举报热线，逐步实现全国环保举报热线的互联互通。二要抓人员培训。结合环保举报受理的特点，积极探索"以典型案例为模板，以答复口径为内容，以法言法语、文明用语为规范"的新型培训模式，使培训更加贴近信访文明服务要求，更加贴近群众环保诉求，提高办理效率和质量。三要抓举报落实。各地要认真对待群众重复举报的环境问题，对群众多次反映、污染状况仍未改善的举报，应建立督办机制，加大督办力度。对超出环保部门职能范围的举报，应及时向当地政府报告，协调相关部门及时处理，妥善化解群企矛盾，维护社会稳定，环境保护部也将适时督查、督办。特别是不要因为我们的工作没有落实好，而使群众环境投诉引发群体性事件，如果那样确实是对人民不负责，对党的事业不负责，这件事应引起高度重视。四要抓宣传曝光。继续以《中国环境报》等新闻媒体为载体，定期曝光群众举报属实的环境违法行为，对重大环境违法案件处理情况跟踪报道，自觉接受群众监督。

（由环境保护部环境应急与事故调查中心组织供稿）

3 公共卫生类突发事件应急管理概况及分析

2010年全国公共卫生事件应对工作总结评估报告

一、基本情况

2010年,我国内地共报告突发公共卫生事件1 336起(不含动物疫情,见附表1),报告病例46 501例,死亡399人。与2009年相比,报告事件数下降45%,病例数下降81%,死亡数下降60%。

附表1 2010年突发公共卫生事件报告起数情况

种类	特大	重大	较大	一般	合计
传染病	0	2	24	948	974
食物中毒	0	0	120	100	220
环境因素事件	0	0	59	36	95
职业中毒	0	1	21	7	29
其他中毒	0	0	6	5	11
预防接种、服药反应	0	1	4	0	5
其他公共卫生事件	0	0	0	1	1
医源性感染事件	0	0	0	1	1
总计	0	4	234	1 098	1 336

(注:不含动物疫情)

全部报告事件中,无特别重大突发公共卫生事件报告。重大事件4起,占0.3%,与2009年相比,下降60%;较大事件234起,占17%,与2009年相比,上升15%;一般事件1 098起,占82%,与2009年相比,下降51%。

2010年突发公共卫生事件分类统计中,传染病类事件974起,占全部事件的73%;食品安全事件和食物中毒事件220起,占全部事件的16%;环境因素事件95起,占全部事件的7%;职业中毒事件29起,占全部事件的2%;其他类突发公共卫生事件18起,占全部事件的1%(见附图1)。

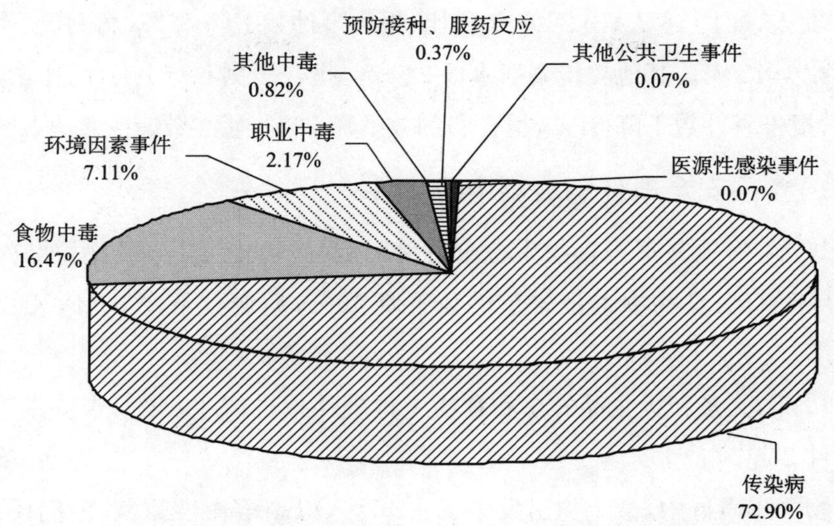

附图 1 2010 年各类突发公共卫生事件报告起数
(不含动物疫情)

(一)传染病事件

2010 年,内地共报告传染病事件 974 起,占报告事件总数的 73%;报告病例 36 466 例,占报告病例总数的 78%;报告死亡 42 人,占报告死亡总数的 11%。与 2009 年相比,传染病报告事件数下降 53%,病例数下降 84%,死亡数下降 94%。2010 年,传染病事件中,以水痘(238 起)、流行性腮腺炎(194 起)、手足口病(181 起)、急性出血性结膜炎(152 起)及霍乱(66 起)为主,事件数和病例数分别占传染病报告事件总数和报告病例总数的 85%和 80%。

2010 年,内地报告重大传染病事件 2 起,病例 7 例,死亡 2 人。其中,肺鼠疫疫情 1 起,发生在西藏自治区林芝地区;人感染高致病性禽流感 1 起,发生在湖北省鄂州市。与 2009 年相比,重大传染病报告事件数减少 6 起,病例数、死亡数分别下降约 75%和 71%。2010 年,内地无特别重大传染病事件报告,比 2009 年减少 1 起(2009 年甲型 H1N1 流感疫情为 1 起特别重大突发公共卫生事件)。

2010 年,内地共报告甲类及按照甲类管理传染病事件 69 起,报告病例 166 例,死亡 3 人(人感染高致病性禽流感 1 人、鼠疫 2 人),与 2009 年相比,报告事件数上升 11%,病例数上升 55%,死亡数减少 4 人。乙类传染病事件 56 起(甲类管理传染病除外),报告病例 3 155 例,死亡 21 人,与 2009 年相比,报告事件数下降 33%,病例数下降约 39 倍,死亡数下降约 32 倍。丙类传染病事件 605 起,报告病例 26 379 人，死亡 18 人，与 2009 年相比，报告事件数下降 53%，病例数下降 64%，死亡数减少 12 人。其他类传染病事件 244 起，报告病例 6 766 人，无死亡，与 2009 年相比，报告事件数下降 61%，报告病例数下降 73%，死亡数减少 1 人。

（二）食品安全事件和食物中毒事件

2010 年，内地共报告食物中毒事件 220 起，报告中毒 7 383 例，死亡 184 人。与 2009 年相比，食物中毒报告事件数下降 19%，病例数下降 33%，死亡数上升约 2%。

2010 年，无重特大食品安全和食物中毒事件报告，2009 年报告特别重大食品安全事件 2 起。

食物中毒事件中，微生物引发中毒占 37%，以副溶血性弧菌、沙门氏菌、蜡样芽孢杆菌、变形杆菌等引发中毒常见；有毒动植物引发中毒占 35%，其中以食用毒蘑菇、菜豆、蓖麻子、河豚、有毒贝类等中毒常见；农药及化学物引发中毒占 18%，以亚硝酸盐、鼠药、有机磷农药中毒常见；不明原因食物中毒占 10%。因食用有毒动植物中毒死亡的人数最多，占食物中毒死亡总数的 61%。

（三）环境因素事件

2010 年，内地共报告环境因素事件 95 起，报告病例 2 035 例，报告死亡 117 人。与 2009 年相比，环境因素事件报告事件数上升 111%，病例数下降 64%，死亡数上升 89%。

环境因素事件中，高温中暑事件 57 起，占环境因素事件总数的 60%；报告死亡 85 人，占环境因素事件死亡病例的 73%。非职业性一氧化碳中毒 25 起，占环境因素事件总数的 26%；报告死亡 32 人，占环境因素事件死亡病例的 27%。

（四）职业中毒事件

2010 年，内地共报告职业中毒事件 29 起，报告病例 171 例，报告死亡 40 人。与 2009 年相比，职业中毒事件数下降 15%，病例数下降 26%，死亡数上升 60%。

（五）药品和医疗器械安全事件

2010 年，内地共报告药品群体不良事件 2 起（其中 1 起预防性服药事件同时纳入了其他突发公共卫生事件统计），报告病例 169 人，死亡 1 人。与 2009 年相比，事件报告数下降 50%。

（六）其他类突发公共卫生事件（包括其他中毒、群体不明原因疾病、医源性感染事件、预防接种服药事件、核和辐射突发事件等）

2010年，内地共报告其他类突发公共卫生事件18起（其他中毒11起、预防接种服药事件5起、医源性感染事件及其他公共卫生事件各1起），合计报告病例446例，死亡16人。与2009年相比，其他类公共卫生事件的报告事件总数下降31%，病例数下降57%。

（七）玉树地震和舟曲山洪泥石流灾区灾后突发公共卫生事件

2010年，玉树地震涉及的玉树藏族自治州未监测到传染病类突发公共卫生事件发生。灾区共报告食物中毒事件1起，其中5人中毒，4人死亡。舟曲泥石流灾区灾后未监测到突发公共卫生事件发生。

（八）动物疫情

1. 重大动物疫情

2010年，全国重大动物疫情形势总体保持平稳，未发生区域性重大动物疫情，及时防堵了周边国家疫情传入，口岸检验检疫机构共截获有害生物3 654种，40余万次，同比增长8.6%和49.3%，所有疫情均得到有效控制和扑灭，没有造成扩散蔓延。

2010年，广东、广西、河北、甘肃、山西、江西、贵州、宁夏、新疆、西藏、青海等省先后发生28起O型口蹄疫疫情，发病牲畜15 673头，扑杀84 772头只。甘肃、河南、湖北3省发生7起高致病性猪蓝耳病疫情，发病猪6 508头，死亡1 733头，扑杀6 799头，新疆发生2起A型口蹄疫疫情，发病牛54头，扑杀牲畜206头只，6月初，西藏阿里地区日土县发生1起小反刍兽疫疫情，发病羊133只，死亡69只，扑杀1 094只。

2. 野生动物疫情

2010年，内地共报告野生动物异常情况49起，死亡野生动物39种1 166只（头），与2009年相比，死亡数下降52.3%。2010年内地共发生2起较大、4起一般野生动物疫情，无特别重大、重大疫情。发生的2起较大野生动物疫情分别为湖北石首麋鹿产气荚膜梭菌病和湖北省石首麋鹿致病性大肠杆菌病；发生的4起一般野生动物疫情分别为北京大兴麋鹿产气荚膜梭菌病、广西猴结核病、辽宁大连蛇岛喜鹊致病性大肠杆菌病、西藏那曲地区双湖特区野鸟高致病性禽流感。另外，喜马拉雅旱獭鼠疫疫源地动物鼠疫流行较为猛烈，长爪沙鼠鼠疫疫源地动物鼠疫疫情比较活跃，南方家鼠鼠疫疫源地已连续两年未监测到动物鼠疫疫情。

二、主要特点分析

通过对2010年内地报告的公共卫生类突发事件的性质、原因以及“三间分布”（时间、空间和人群间分布情况）等客观因素进行深入分析，2010年公共卫生类突发事件主要呈现以下特点：

（一）突发公共卫生事件报告整体呈下降趋势，传染病类突发事件下降较为明显

2010年全国无特别重大突发公共卫生事件报告。与2009年相比，2010年突发公共卫生事件报告的事件数、病例数及死亡数均明显减少。其中，以传染病类报告的事件数减少为主，流行性感冒、水痘、流行性腮腺炎等病种报告的事件数减少较多；报告的病例数和死亡数减少以甲型H1N1流感为主。同时，监测显示，鼠疫和人感染高致病性禽流感等突发急性传染病对人民群众生命安全的威胁和正常生产生活秩序的影响仍持续存在；输入性传染病对我国公共卫生安全影响不断增大，2010年我国口岸多次发现并处置了开放性肺结核、基孔肯雅热、登革热和恶性疟疾等输入性疫情。此外，2010年我国报告高温中暑事件导致死亡人数较多，提示全球气候变化和极端天气对人民群众健康的影响应予关注。

（二）未发生重特大食品安全事故，但食品安全任务依然艰巨

2010年，我国内地相继发生了违法销售未销毁问题奶粉、茶油苯并芘超标、葡萄酒掺假、个别仿瓷餐具中脲醛超标等近50多起食品安全突发事件，上述涉及食品安全领域的突发性事件虽因各有关部门快速反应，未形成一般及以上突发公共卫生事件，但其发生的数量和频率较往年未降低，部分事件严重影响公众消费信心，造成相关产业萎缩，降低我出口食品国际竞争力，内地食品安全形势仍然十分严峻。

（三）食物中毒事件时有发生，且多发生在家庭

2010年食物中毒报告事件数、病例数和死亡人数均低于2009年，食物中毒事

件主要发生在家庭，占食物中毒报告事件数的48%。特别是农村地区人民群众相对缺乏食品安全知识，部分地区存在不良饮食习惯，食用有问题的自制食品或野生菌，导致食物中毒事件居高不下。

(四)药品和医疗器械安全事件连续下降，所涉及产品主要集中在预防用药和注射剂

与2009年相比，2010年此类事件报告数下降了50%，发生的2起事件分别由预防性服药和注射剂引起。

(五)重大动物疫情继续保持总体平稳，但防控形势依然严峻

2010年，全国重大动物疫情形势总体保持平稳，未发生区域性重大动物疫情，及时防堵了周边国家疫情传入，所有疫情均得到有效控制和扑灭，没有造成扩散蔓延。但近年来，周边国家高致病性禽流感疫情频发，对我国构成严重威胁；同时，国内形势也异常复杂，禽流感病毒污染面大、短期内难以根除，多种变异病毒同时存在，野鸟高致病性禽流感在局部地区季节性反复发生，且易受候鸟迁徙活动的影响，传播扩散隐患增加，加之目前我国畜禽散养较多，养殖条件差，疫情防控难度进一步加大；野生动物野外种群新发疫病增多，对珍稀濒危野生动物种群的危害凸显，疫病防控和生物多样性保护压力加大；野生动物驯养繁殖场所的一些人兽共患病对从业人员生命健康的潜在威胁较大；非洲猪瘟等外来疫病经野生动物传入的风险不容忽视；动物禽流感疫情严重威胁群众健康，2010年1起人感染高致病性禽流感事件中，死亡病例有禽类接触史或活禽市场暴露史。

(六)学校突发公共卫生事件有所下降，但学校仍然是事件发生的主要场所

2010年，全国共报告学校突发公共卫生事件870起，报告病例33 913例，死亡16人，分别占全国突发公共卫生事件总数、病例总数、死亡总数的65%、73%、4%；与2009年相比，学校突发公共卫生事件数下降55%，病例数下降60%，死亡数上升167%；学校突发公共卫生事件中，以传染病和食物中毒事件为主，分占学校事件总数的95%、4%。目前，学校报告突发公共卫生事件比例仍较高，尤其以乡村中、小学为主。

三、应对工作总结评估情况

2010年,在党中央、国务院的坚强领导下,卫生部、农业部、商务部、工商行政管理总局、质量监督检验检疫总局、林业局、食品药品监督管理局,深入贯彻落实科学发展观,积极沟通,密切配合,不断加强公共卫生类突发事件应急体系建设,完善相关制度,提高工作管理水平,指导、协调各地有关部门,积极做好公共卫生类突发事件的应急工作。

(一)组织领导方面

卫生部与发展和改革委员会联合制定下发了《关于加快突发公共事件卫生应急体系建设和发展的指导意见》,明确了今后一段时期加快发展卫生应急体系的基本原则、总体目标和主要任务。组织编制《国家突发公共事件卫生应急体系建设和发展规划(2010—2015年)》,并积极争取将其中的一些重要建设指标、政策措施纳入《卫生部"十二五"卫生事业改革与发展总体规划》的编制中;同时,认真编制与规划相配套的"十二五"期间卫生应急重大工程项目和重大行动计划的方案。继续推进各级卫生行政部门卫生应急管理机构建设,目前,全国所有省(区、市)卫生厅局和42.3%市级、18.8%县级卫生局设立了独立编制的应急办。继续强化卫生应急协调联动机制,增强部门间、军地间、省部间、地区间合作机制,进一步加强信息沟通和协调配合。启动第二届突发事件卫生应急专家咨询委员会的换届工作,制定了专家咨询委员会管理办法。积极推进卫生应急指挥决策系统建设,完成了卫生部卫生应急指挥决策系统终验工作,实施了卫生部卫生应急移动指挥平台建设,组织实施了地市级卫生应急指挥决策系统建设,启动了国家、省、地市三级突发公共卫生事件应急指挥视频交换平台建设项目。食品药品监督管理局进一步加强应急管理工作的组织领导,制定下发了《关于进一步加强食品药品安全应急管理工作的意见》,对全国食品药品监管系统应急管理工作目标、任务提出全面、明确的要求。多次组织召开专题会议,交流和探讨应急管理工作;组织开展食品药品安全应急管理体系课题研究,对全国食品药品监管系统应急管理工作情况进行调研;大力推进应急信息平台建设,初步完成了集短信、调度、多路传真和视频融合功能于一体的应急指挥信息系统。着力加强餐饮服务食品安全应急制度机制建设,强化餐饮服务食物中毒等突发事件信息报告。农业部成立以主管副部长为组长的农产品质量安全事件应急工作组，下设综合组、宣传信息组、种植业组、畜牧业组、兽医组、渔业组和保障组，制定了工作方案。要求各地建立应急工作组，确定联系人。目前，各省应急工作机制基本建立，正在向地、县级推进。农业部门坚持依法科学防控动物疫病，不断完善防控机制，在疫病高发季节和防控关键时期，特别是针对口蹄疫、生猪疫病等重点疫病和上海世博会、广州亚运会等重大活动，认真部署，制定下发国家动物疫病强制免疫计划、动物疫病监测计划、动物疫病流行病学调查方案等，强化动物疫病防控管理。同时，与有关部门密切配合，加强口岸、非口岸通道管理，强化边境地区动物疫病联防联控。商务部成立副部长为组长的食品安全工作领导小组，加强食品流通领域安全管理工作和突发事件应急处置能力，并组织开展食品流通领域的安全检查和工作指导。进一步健全完善生活必需品市场调控工作体制机制，在重特大突发事件发生时，保障事发地生活必需品供应。健全完善中央地方两级市场应急调控骨干企业队伍和与社会各界包括企业、专家和社会个人直接联系的联络机制，形成以商务系统公务员队伍为骨干，企业、专家和社会个人为辅的应急管理队伍。工商行政管理总局进一步健全完善市场监管应急管理体系，加强对市场监管应急工作的组织领导，将应急管理逐步纳入了制度化、规范化、法制化轨道，确保了应急工作及时、有序、高效处置。质量监督检验检疫总局成立了应急管理领导小组，下设应急管理办公室。各直属检验检疫局，各省、自治区、直辖市质量技术监督局也相应成立了应急管理领导小组及应急管理办公室。形成了分级负责、条块结合和属地管理为主的突发事件应对工作指挥体系。林业局强化对野生动物疫源疫病监测防控工作的动员部署，安排专项强化野生动物疫源疫病监测防控，加强疫情形势研判和应对措施调整力度，组织开展督导检查，配合质量监督检验检疫总局等相关部门联合开展北方边境地区非洲猪瘟等外来疫病专项督查。

(二)预案建设方面

卫生部按照国务院部署，积极参与《国家核应急预案》修订工作，并牵头修订《国家突发公共卫生事件应急预案》、《国家突发公共事件医疗卫生救援应急预案》，制订《国家流感大流行防控应急预案》；同时，组织专家编制《突发中毒事件卫生应急预案》和《突发事件应急心理救援预案》等，并进一步加强对各地卫生应急预案制定的工作指导。完成了《鼠疫诊疗方案》编写，启动了《鼠疫防控技术方案》的修订，组织起草了地震灾害、泥石流灾害、矿难事故、飞机失事事故、交通安全事故、社会安全事件、高原地区突发事件等突发事件专项卫生应急工作指南。食品药品监督管理局组织修订了《药品和医疗器械突发性群体不良事件应急预案》,积极推进餐饮服务食品安全应急预案制定工作,完成了餐饮服务食品安全应急预案征求意见稿;起草了《国家食品药品监督管理局食品药品安全突发事件应急工作手册》。农业部先后组织制定了春节、"两会"、国庆期间应急预案,加强节假日和重大活动期间应急工作。印发了《口蹄疫防控应急预案》,继续指导各地完善《水生动物疫病应急预案》。会同卫生部、工商行政管理总局制订了《全国布鲁氏病防治工作方案(2011—2013年)》。商务部组织修订《突发事件生活必需品应急管理暂行办法》,指导各地完善相应生活必需品供应应急预案。完善有关食品药品流通领域突发事件应急预案和屠宰行业突发事件应急预案。工商行政管理总局认真落实市场监管应急预案要求,进一步修订和完善相关预案,全面加强流通环节食品安全突发事件应对工作,配合有关部门做好相关应急预案的编制,积极指导地方工商部门完善本地区市场应急方案。质量监督检验检疫总局制定了《质检总局突发公共卫生事件应急管理程序》,纳入质量监督检验检疫总局质量管理体系框架,用质量管理体系理论和方法不断完善质量监督检验检疫总局的应急管理。针对"上海世博会"、"广州亚运会和亚残运会"等国际性大型活动,分别制定了口岸突发公共卫生事件、进口食品安全、口岸食物中毒、卫生检疫查验、口岸传染病及核和生物突发事件、动植物检验检疫等12个专门预案和相应指导手册。林业局指导各地进一步修订《突发野生动物疫情应急预案》和相关专项预案,不断完善预案体系,确保突发疫情应急处置工作有序开展。

(三)队伍建设方面

卫生部进一步加强卫生应急队伍建设工作,通过举办会议、培训演练、项目支持、科研开展等措施,着力提升各类卫生应急管理人员和专业队伍组织管理能力、现场处置能力、机动能力和自我保障能力。举办了全国卫生应急管理干部高级学习班、省级卫生应急管理干部师资培训班、副省级城市卫生应急管理干部培训班。向中央财政申请资金1.4亿余元,开展了首批4大类11支国家卫生应急队伍建设。召开了全国突发中毒事件卫生应急工作会议,部署中毒事件卫生应急能力建设工作,并举办了突发中毒事件卫生应急处置培训班。推动在中华预防医学会设立卫生应急分会。食品药品监督管理局积极探索应急管理培训方式和方法,组织编写《食品药品安全突发事件应急管理》培训教材,为系统提高应急队伍能力奠定基础；举办了全国食品药品应急管理培训班；首次组织了境外（美国）食品药品应急管理培训。农业部加强应急培训和演练，强化应急防控机制，举办多期流行病学调查技术培训班，在湖北省恩施市举行了全国突发重大动物疫情应急演练，不断提高实战能力。商务部对干部队伍进行应急管理培训，将应急管理培训纳入其他各级、各类应急管理培训内容。工商行政管理总局加强对全系统的培训教育，不断提高市场监管应急处置能力。同时，结合实际，有计划、有重点地对市场监管、食品安全等应急方案进行演练和应急系统检查。质量监督检验检疫总局为检验完善"世博会"和"亚运会"保障工作专门预案和相关指导手册，举办了大型实战演练，取得了明显效果，保障了相关大型活动保障任务的圆满完成。林业局举办野生动物疫源疫病监测防控管理专项培训和全国野生动物疫源疫病监测防控培训班，累计培训 2 200 余人次，进一步提升了省级林业主管部门管理人员和一线监测人员的野生动物疫源疫病监测防控水平。

(四)应急保障方面

卫生部启动了《突发公共卫生事件应急条例》修订工作，并着手制定省级卫生部门应急工作考核评估指标和卫生应急综合示范县（区）评价指标。启动了全国紧急医学救援基地筹建工作，起草了《国家级紧急医学救援基地工作规范》、《国家级紧急医学救援基地评审办法和标准》、《紧急医学救援基地网络管理办法》和《全国紧急医学救援基地网络设置规划》等文件。指导河北、青海、云南、吉林积极筹建国家鼠疫防控演练基地及国家鼠疫菌种保藏中心。开展卫生应急物资储备工作调研。密切与工业和信息化等部门配合，及时更新反恐卫生应急物资储备目录。制定印发了卫生部《上海世博会卫生保障工作方案》、《广州亚（残）运会卫生保障工作协调指导方案》等文件，明确主办城市和周边省份卫生部门的职责分工，做好了国家级卫生应急队伍和国家卫生应急实验室网络等卫生应急力量保障准备，强化了相关卫生应急机制和协调联动机制，指导、支持上海市、广州市顺利完成了上海世博会和广东亚（残）运会的卫生保障。食品药品监督管理局协调上海市、浙江省、江苏省食品药品监督管理局，联合签署《2010 上海世博餐饮服务食品安全保障省际联动协作协议》，建立全过程的食品安全监管网络，预防和控制跨省际餐饮服务食品安全事件发生，确保 2010 上海世博会餐饮服务食品、保健食品和化妆品安全。与广东省、广州市食品药品监督管理局建立了广州亚运会食品药品安全保障协调指导工作机制，建立了医疗器械质量检验协作机制，加强广州亚运会期间药源性兴奋剂监管及餐饮服务食品安全监管的指导与支持,实现了广州亚运会和亚残运会食品药品“零事故、零投诉”的目标。农业部以当前风险高、隐患大的农产品和农业投入品为重点,开展了种植业、畜产品、兽药及兽药残留、水产品、农资打假等五个方面的专项整治。推进动物标识及疫病可追溯体系建设。修订动物检疫规章,制订完善动物检疫规程,进一步规范动物产地和屠宰检疫,开展公路动物卫生监督检查站标准化建设和专项整治行动。依法组织制定水产苗种产地检疫目录和检疫方法标准,指导地方启动水产苗种产地检疫。加强基础免疫,抓好全国春秋两季集中免疫和日常补免,确保免疫密度和质量。组织春秋两季防控大检查,春秋防期间 4 种强制免疫疫病免疫密度均达到 90%以上,免疫抗体合格率均超过国家规定标准。组织有关单位对口蹄疫、高致病性猪蓝耳病疫苗临床应用效果进行评估。商务部进一步完善应急储备体系。联系一批重要商品生产基地,帮助骨干流通企业与生产基地和供应商建立产销合作关系。进一步督促落实地方增加储备品种,扩大生产规模。进一步健全完善应急商品投放网络,指导企业建立直供渠道。依托中央地方两级骨干企业队伍,加强应急商品数据库企业、储备商品承储企业管理。工商行政管理总局加强应急保障,落实监管职责和健全组织保障体系。围绕上海世博会及广州亚运会中心工作,切实做好市场监管工作,重点加强流通环节食品安全监管,确保食品市场消费安全和良好的市场秩序。指导上海市、广东省工商行政管理局组织实施迎世博、迎亚运流通环节食品安全突发事件应急演练,检验并提高工商部门食品安全突发事件应急处置能力。质量监督检验检疫总局制定了多项进口食品监督管理办法和出口食品生产企业监督管理办法,严格对进口食品实施监管,对出口食品企业实施生产过程监督,及时排查隐患。同时,按照总局发布的各类《产品质量监督检查实施规范》对食品实施监督抽查。对监管中发现不诚信的违规企业,采取限期整改、暂停出口、取消出口食品企业备案资格同时列入黑名单等方式,加大对弄虚作假、非法进出口及导致系统性、区域性质量安全问题发生的违法违规行为的处罚力度,加大违规成本,维护正常的进出口食品安全工作秩序。强化疫情联防联控机制,联合八部委组织“边境疫情防控北疆行”活动,派团赴云南、广西进行口蹄疫、蓝耳病等动物疫情督查,保障了进出口贸易特别是供港澳动物工作的顺利进行。林业局组织起草了《国家级野生动物疫源疫病监测站建设标准》和《陆生野生动物疫病分类与代码》,进一步修改完善《陆生野生动物疫源疫病监测防控管理办法》,努力构建野生动物疫病防控长效机制。

(五)监测预警方面

卫生部不断提升突发公共卫生事件的监测和报告能力，全国突发公共卫生事件网络直报系统已经覆盖100%的县级疾病预防控制机构、98%的县级及以上医疗机构、84%的乡镇卫生院和社区卫生服务中心。同时，积极推进实验室检测能力建设，完善实验室应急检测网络，全国疾控机构已建成4 292家生物安全实验室，恢复和新建了25种重点传染病和病媒生物的1 557个国家级监测点，开展主动监测工作，为重点传染病防控、风险分析评估和突发传染病疫情的早期预警、科学决策提供可靠依据。食品药品监督管理局进一步完善药品不良反应和医疗器械不良事件监测体系，积极推进化妆品不良反应监测体系建设。国家药品不良反应监测体系建设项目全面启动，地市级药品不良反应监测机构建设稳步推进。修订《药品不良反应报告和监测管理办法》，与卫生部联合下发《全国疑似预防接种异常反应监测方案》。及时发布有关产品安全性信息通报，对有安全隐患的产品的使用采取限制性措施。农业部制定下发《国家动物疫情测报站和边境动物疫情监测站管理规范》，进一步规范管理。2010年，全国共监测禽流感样品513万份、口蹄疫样品298万份，对病原学阳性畜禽均按规定及时进行处置。加大专项监测力度，对重点活畜禽交易市场和养禽场开展监测。定期组织专家对禽流感等重大动物疫情和外来病防控形势进行分析评估。强化流行病学调查，组织完善动物疫情测报体系管理和报告网络，加强疫情举报核查。2010年共核查动物疫情90起。建立农产品质量安全监测制度，组织开展农药及农药残留、饲料及畜产品违禁药物污染、兽药与兽药残留等质量安全监测。建立农产品质量安全信息通报制度。及时发布有关农产品农药残留、兽药残留等质量安全监测信息。针对重点地区、重点品种的农产品开展例行监测，及时通报国务院及地方政府。同时，密切关注全球特别是周边国家疫情，积极做好防范应对准备。商务部利用商品预测预警系统，加强对重要商品的分析研究和预测预警。在有重特大突发事件发生时，及时启动监测预警机制，发布局部地区生活必需品市场供应和价格波动情况。工商行政管理总局部署各地工商机关抽样检测食品。各地工商机关按照工商行政管理总局的统一部署，在重大活动和节日市场监管、商业促销监管、打击传销、加强旅游市场监管、应急准备等方面做了大量有效的工作，维护了重大活动和节日市场繁荣稳定。质量监督检验检疫总局加强风险监测预警工作，制定了《进出口食品安全风险监测(控)计划》、《进出口食用农产品安全风险监控计划》和《口岸传染病疫情评估处置程序》,对监测(控)数据及时汇总分析,尽早发现公共卫生、食品安全风险隐患,及时控制。林业局完成了《全国陆生野生动物疫源疫病监测防控体系建设规划(2010—2013年)》的编制和论证。积极争取尚未投资的100处国家级监测站建设资金,落实了边境地区、少数民族地区,特别是西部候鸟迁徙通道等省份50处国家级监测站的基本建设投资2 000万元。组织科技支撑单位,开展鸟类环志,采集野生动物样品,以掌握重要疫源候鸟种群的带毒情况和种群变化规律,推进野生动物疫源疫病主动监测预警。完成了对"野生动物疫源疫病监测信息网络直报系统"的验收,加快该系统的应用准备。

(六)应急处置方面

卫生部认真履行应对甲型H1N1流感联防联控工作机制办公室职责,密切跟踪分析疫情变化发展趋势,及时研究调整防控策略,有力组织指导各地开展甲型H1N1流感防控和医疗救治工作,全力减轻疫情危害。有效处置了西藏林芝朗县鼠疫、甘肃酒泉阿克塞鼠疫、湖北鄂州人感染高致病性禽流感、河南发热伴血小板减少综合征、云南不明原因猝死、广东东莞基孔肯雅热等重大或社会关注的突发公共卫生事件。坚持预防为主,积极开展青海玉树地震和甘肃舟曲特大山洪泥石流等灾区突发公共卫生事件的卫生应急工作,圆满完成上海世博会和广东亚(残)运会卫生保障。青海玉树地震灾后,立即组织全国医疗卫生人员紧急奔赴青海玉树地震灾区,积极指导和支持灾区卫生部门开展紧急医疗救援、鼠疫等传染病和突发公共卫生事件防控等工作,实现了"最大程度减轻人员伤亡、大灾之后无大疫和尽快恢复医疗卫生服务秩序"的工作目标。广州亚运会召开前夕,及时派出专家组指导和协助广东卫生部门处置一起自来水水源污染导致的诺如病毒感染疫情。针对年初西南大旱、年中全国大范围洪涝、年末多次大幅降温、降雪等情况,先后5次下发通知,并召开重点省份视频工作会议,部署并指导灾区做好突发公共卫生事件应急工作。食品药品监督管理局按照应对甲型H1N1流感联防联控工作机制的统一部署,全面加强防控药械的质量监管,全力保证甲型H1N1流感疫苗的及时批签发。截至2010年4月1日,中国药品生物制品检定所批签发甲型H1N1流感疫苗795批次,15 154.6万人份。青海玉树地震和甘肃舟曲特大山洪泥石流灾害发生后,加强对灾区救灾工作的指导协调,全力保证捐赠救灾药械质量安全,灾区没有发生药械质量安全事件。农业部针对出现的1例人感染禽流感病例，组织相关省份开展家禽疫情排查，加大防控力度。部分省份新发O型口蹄疫（缅甸98谱系病毒）疫情后，多次组织召开防控会议，部署重点省份强化防控措施，果断处置疫情，确保疫情控制在较小范围，未造成区域性暴发流行。针对频发的各种自然灾害，迅速反应，第一时间部署灾后防疫工作，紧急调运应急防疫物资，积极协调下拨防疫经费，先后派出多个工作组赴青海玉树地震灾区、甘肃舟曲灾区，以及有关省份洪涝灾区一线指导防疫工作，共无害化处理死亡动物4 000多万头只，环境消毒12亿平方米，确保了全国灾区未发生重大动物疫情、动物源性人畜共患病疫情和重大畜产品质量安全事件。2010年2—4月，根据防控需要，暂停全国奶牛及种牛调运，有效防止了口蹄疫疫情跨区域传播。上海世博会和广州亚运会期间，组织多个省份开展动物卫生保障和畜禽屠宰检疫监管检查，督促强化保障措施。组织召开了边境省份动物疫病防控工作座谈会，专题部署边境防控工作，并组织对边境省份动物疫病防控工作进行检查。商务部及时派遣工作组督办突发事件查处工作，通报相关违法情况，并组织有关企业进行整改。高度关注我对外投资合作人员和驻外经商机构甲型H1N1流感疫情防控工作，多次下发通知，要求各有关单位做好疫情防控工作，并通过媒体发布预警，指导我对外投资合作人员科学应对疫情。工商行政管理总局为防止境外部分地区暴发的口蹄疫和猪蓝耳病疫情跨境扩散蔓延，加强重大动物疫情市场防控工作，落实禽畜产品市场应急预案，严防未经检验检疫或检验检疫不合格肉品流入市场，促进禽畜产品消费安全。以严把食品市场准入关、监管食品质量和规范食品经营行为为重点，加大流通环节食品安全监管力度，开展专项执法行动，切实维护食品市场秩序。及时部署和督促协调各地工商行政管理部门认真开展流通环节问题乳粉清查、清缴和销毁工作。质量监督检验检疫总局积极有效应对各类食品安全突发事件。会同卫生、工信、工商等部门先后两次对问题奶粉开展了清查清剿活动，对全国1 200余家乳制品企业开展监督检查2万余次，联合监督销毁问题乳粉2.7万余吨，保持了对生产、使用问题乳粉违反行为的高压态势；积极应对“葡萄酒掺假”事件，组织检查葡萄酒企业791家，查处问题企业26家；积极应对“茶油中苯并芘超标”、“添加一滴香冒充高汤”、“霸王洗发水含二恶烷”、“美的紫砂煲”等突发公共卫生事件，共计抽查样品1 760个。妥善处置了东南亚部分国家进口黄鳝鄂口线虫和美国输华生蚝污染副溶血弧菌污染事件。林业局派出多个专家组，指导开展对封控区及周边的监测和巡查、异常死亡野生动物的清查和无害化处理等，力争将野生动物疫情扑灭在疫点上，将疫情所致经济损失、资源危害、社会影响降到最低。

(七)灾后重建工作

卫生部落实党中央、国务院关于汶川地震恢复重建和对口支援的总体部署，加大汶川地震灾区医疗卫生系统恢复重建和对口支援攻坚力度，截至2010年底，汶川地震灾区医疗卫生机构恢复重建项目大部分已竣工交付使用(四川、甘肃、陕西分别为90%、60%、92%)；玉树地震发生后，会同青海省卫生厅研究制订了《青海玉树地震灾区临时医疗卫生机构建设方案》并指导其实施，在玉树灾区搭建医疗卫生用板房5 500平方米、设置床位219张，搭建8人仓高压氧仓1个，基本满足过渡期工作需要，有力保障了灾区群众基本医疗和公共卫生服务需求；参与编制了《玉树地震灾后恢复重建总体规划》，落实了医疗卫生机构恢复重建任务；积极协助、指导舟曲特大泥石流灾区卫生部门做好医疗卫生系统恢复重工作；积极推进《灾区医疗防疫志》编纂工作。在全球进入“流感大流行后期”后，及时请示国务院同意，终止了持续1年多的甲型H1N1流感应急处置响应机制；组织起草了卫生部和联防联控工作机制疫情防控总结报告，委托清华大学开展了甲型H1N1流感防控工作专家独立评估。商务部指导“万村千乡市场工程”、“双百市场工程”企业，在玉树灾区设立临时商业网点，开展灾区灾后商业设施恢复重建规划工作，研究制定各项相关政策措施。工商行政管理总局切实保障灾区食品市场消费安全，强化青海玉树地震灾区和甘肃舟曲泥石流灾害地区及吉林等洪涝灾区的食品市场监管工作，以灾区群众日常生活必需的粮食、肉类、乳制品、水产品、蔬菜等为重点，集中开展专项执法检查，想方设法为灾区人民群众解决实际困难，切实维护灾区食品市场秩序。林业局指导做好受灾地区灾后的野生动物疫情监测，严密防范次生疫情，保障灾后重建工作顺利进行。

(八)科普宣教方面

卫生部密切联系宣传部门，采取多种方式加大防范各类突发公共卫生事件的社会宣传教育力度，引导公众提高对突发公共卫生事件认知水平和防护能力。及时、公开、透明发布甲型H1N1流感、河南发热伴血小板减少综合症等突发公共卫生事件信息和防控措施，同时加大突发公共事件防控舆情监测，争取及早发现苗头性问题，积极开展风险沟通，及时组织专家解疑释惑，妥善应对重大疫情和事件，消除社会恐慌和疑虑。认真探索卫生应急学历教育模式，推进9所高校中增设卫生应急专业课程的试点各项工作。食品药品监督管理局以“安全用药　关注农村”为主题，与有关部门联合开展药品安全知识科普宣传农村电影放映和向“农家书屋”赠书等系列活动，以百姓喜闻乐见的方式宣传安全用药科普知识。为河北、江苏、浙江等15个省(区)、291个县(市)近3万个行政村的3 000万农村人口放映数字电影30 175场次；向2 230家农村书屋赠送常见病合理用药丛书66 900多本。发动社会各界积极参与餐饮服务食品安全监督，在全国范围开展餐饮服务食品安全宣传周活动，深入普及《食品安全法》等法律法规和餐饮服务食品安全知识。农业部采用多种形式，积极宣传《农产品质量安全法》、《国家突发重大动物疫情应急预案》等法律法规，提高各级部门、企业、农民经济合作组织、农户的法律法规意识，以及农民科学养殖、科学用药、科学处置动物疫情等技术知识。商务部通过政府网站和新闻媒体，向对外投资合作人员多次发布传染病预警，提醒其尽量避免赴出现疫情的国家和地区；提醒对外投资合作人员暂缓赴疫情严重国家或地区务工。工商行政管理总局向全系统下发了《工商行政管理系统地震灾害应急管理实践》一书，宣传介绍地震灾害中工商部门应急管理工作的宝贵、成功经验。质量监督检验检疫总局利用多种方式公布进出口食品安全等突发事件的真相，对媒体的不实报道进行澄清，以真实确切的信息正面引导公众，避免误导误判。及时收集翻译境外传染病、国外通报我国出口食品、化妆品不合格信息，尽快发布公告、通知、警示通报，采取检查防控措施，避免事件扩散、再发生或限制我国出口贸易；2010年共发布疫情预警公告22个、境外动物疫情禁令9个、进出口食品安全警示通报192批，下发《出口食品化妆品不合格信息核查表》905份。采取多种方式加大传染病防控、食品安全知识的宣传力度，提高公众对传染病和食品安全等突发事件的判别能力和处置能力。林业局制作《陆生野生动物疫源疫病监测防控工作流程》录像片，充分利用报纸、网站等媒体，宣传各地疫情动态和监测工作开展情况，扩大监测工作的社会影响，提高公众野生动物疫病防范意识和能力。推动建立亚太地区野生动物疫病信息共享网络框架体系，促进野生动物疫病监测防控的双边、多边合作，扩大我国的对外影响。

四、存在的主要问题

近年来，我国报告的公共卫生类突发事件每年都在千起以上，传染病、食物中毒、食品安全、药品安全、职业中毒、动物疫情等各类突发事件仍时有发生；新发传染病、不明原因疾病不断出现；传染病输入性流行和远距离传播扩散风险进一步加大；同时，其他突发事件引起的次生和衍生公共卫生类突发事件的防范与应对任务艰巨。

当前，我国公共卫生类突发事件应急体系建设仍处于起步阶段，主要表现在：一是应急体制仍不健全，尤其是地市级和县级相关部门成立独立编制应急管理机构的进度仍然缓慢；二是应急指挥决策系统尚未实现全国的互联互通，没有实现事件现场与后方的音频、视频、文件和资料等的共享；三是监测体系仍不健全，公共卫生类突发事件应急检测检验能力不足，事件风险评估和风险沟通能力不强；四是各级专业化的应急队伍建设相对滞后，装备标准不统一，自我保障能力差，缺乏系统的培训和演练；五是全国尚未建立起突发公共事件紧急医学救援基地网络，难以满足重特大突发事件发生后大批伤病员医疗救治的需要。

五、相关工作建议

2011 年是我国组织实施“十二五”规划的开局之年。为保障我国国民经济长期平稳较快发展、社会和谐稳定，我国公共卫生类突发事件应急工作将全面贯彻十七大、十七届五中全会精神，全面落实科学发展观，依据《突发事件应对法》、《突发公共卫生事件应急条例》等法律法规，切实做好“十二五”规划，加快推进公共卫生类突发事件应急体系建设，进一步加强基层应急管理工作，全面提升应对公共卫生类突发事件的能力，促进应急工作全面、科学、协调、可持续发展。卫生部、农业部、商务部、工商行政管理总局、质量监督检验检疫总局、林业局、食品药品监督管理局将针对当前公共卫生类突发事件的发展趋势，提出下一步工作计划：

(一)抓好“一案三制”建设，提升公共卫生类突发事件应急管理水平

结合我国“十二五”国民经济和社会发展的新形势、新任务，进一步推进《突发公共卫生事件应急条例》、《国家突发公共卫生事件应急预案》、《国家突发公共事件医疗卫生救援应急预案》等法规、预案及相关规范的修订完善工作，完善各类公共卫生类突发事件应急技术标准和技术方案制订。强化相关部门公共卫生类突发事件应急体系建设，推动各地卫生、农业、商务、工商、质检、林业、食品药品监管等相关部门的行政管理机构，以及各有关专业机构加快应急管理机构或科室建

设，进一步健全应急管理体制。继续加强各部门沟通协调，完善多部门、跨区域、军地等方面的联防联控机制，健全会商制度，统筹部署公共卫生类突发事件应急工作，并通过联合开展培训、演练和督导检查，提高联合应急处置能力，协同有效应对可能发生的各类公共卫生类突发事件。继续与香港特区、澳门特区、台湾地区保持两岸四地间公共卫生类突发事件的信息沟通和合作机制，共同应对可能出现的突发急性传染病跨地区传播。

（二）加强应急指挥决策系统建设，提升应急指挥决策水平

加强公共卫生类突发事件应急工作信息化管理水平，采用现代化的信息技术，加快推进卫生、农业、商务、工商、质检、林业、食品药品监管等相关部门的公共卫生类突发事件应急指挥决策系统建设，完善决策指挥信息平台，尽快形成以国家和省级指挥平台为骨干，市、县信息网络为支撑、实现有线与无线通信指挥调度、移动指挥、异地会商、远程会诊、现场监控、综合保障等功能的突发公共卫生事件应急指挥系统。建立健全突发事件信息报送和舆情监测平台以及信息共享机制，确保各类突发事件信息灵敏，为及时反应、有效处置奠定基础。

（三）坚持预防为主工作方针，全面推动监测预警能力建设

进一步推进公共卫生类突发事件监测系统建设，完善各类监测系统布局，逐步实现监测信息资源共享，进一步提高重特大公共卫生类突发事件的早发现、早报告能力。积极开展公共卫生类突发事件风险识别和风险评估工作，及时发现重特大事件苗头，尽早预警、及时响应、有效处置。加强重特大公共卫生类突发事件舆情监测，及时发现国内外媒体关注的问题，积极引导社会舆论，防范媒体尤其是国外媒体炒作我突发急性传染病、食品安全等问题，避免社会恐惧和混乱出现。同时，依托疾病预防控制机构、动物疫病预防控制机构、科研院所、大专院校等，加强公共卫生类突发事件实验室应急网络建设，进一步提升检验检测能力，为突发事件监测和应对提供技术支撑。以推进《国际卫生条例(2005)》核心能力建设为契机，组织完善国际关注公共卫生类突发事件通报办法和国际间信息共享机制，加强出入境口岸核心能力建设。密切关注境外传染病疫情、食品安全等事件，指导我国内地尽早做好相关防范工作。

（四）开展应急队伍建设，增强现场应急处置水平和效率

卫生等相关部门将按照平急结合原则，依托现有的专业机构和专业人员，组

建并完善各级各类突发公共卫生事件应急队伍，重点加强国家队和省级队建设，加强队伍装备、交通、通讯保障设备配置，加强突发公共卫生事件应急培训和演练，在“十二五”期间，锻造出一支能够随时拉得上、打得赢的专业化突发公共卫生事件应急队伍。

(五)推进突发公共事件紧急医学救援基地网络建设，满足应急医疗救治的需要

卫生部门将依托区域内具备较好基础的医院，通过适当改造和功能扩展，使其能够承担大规模人员伤亡和疾病的医学救援工作。充分利用现有医疗卫生资源，逐步建立综合与专项医学救援兼顾，陆地、海上(水上)与空中医学救援相结合的全国紧急医学救援基地网络，同时抓紧研究制订紧急医学救援基地的建设准入标准、基地工作规范和基地网络管理办法，尽快发挥基地网络功能。

(六)加强公众科普宣教，做好风险沟通工作

继续引导各地区、相关部门建立健全日常信息共享机制，加强公共卫生类突发事件防控信息沟通。增强基层工作人员风险沟通意识，依法做好公共卫生类突发事件应急信息发布。加强公众卫生应急知识的宣传教育和普及，加大指导企事业单位员工职业防护等知识、技能培训力度，提高公众对公共卫生类突发事件的认知水平和防护能力，为开展公共卫生类突发事件防控和应对工作提供良好公众基础。

(由卫生部卫生应急办组织供稿)

第四部分

2010 年应急管理工作创新专题分析

1 应急资源普查

全国卫生应急能力资源调查报告

新中国成立以来，我国的卫生防疫系统一直承担着突发传染病疫情、食物中毒、重大自然灾害的传染源管理、现场应急处理等工作。改革开放 30 年以来，伴随着经济社会的巨大发展，我国的卫生应急管理工作走向了一个系统化、法制化建设过程。特别是在战胜 2003 年 SARS 疫情后，党中央、国务院将突发公共事件的应急工作列入了政府的重要议程，强化了政府的责任和管理力度，从维护社会稳定和可持续发展，保障人民群众身体健康和生命安全的战略高度，作出了重大的战略决策，采取了一系列重大举措。2003 年 7 月 28 日，胡锦涛总书记在全国防治非典工作会议上第一次提出了“坚持协调发展、全面发展、可持续发展的发展观”，要求全面加强和大力推进应急管理工作。正是在这一背景下，卫生部按照国务院的统一部署，于 2004 年初增设了卫生应急办公室（突发公共卫生事件应急指挥中心）。卫生部卫生应急办公室的成立和全国卫生应急工作整体展开，标志着新时期我国卫生应急体系建设的正式启动，是我国卫生应急工作全面发展、系统推进的一个重要的里程碑。

为了解“十一五”期间卫生应急工作建设发展情况，以及存在的不足和解决的建议与方法，卫生部于 2010 年下半年开展了全国卫生应急基本情况调查。调查采用问卷调查方式，调查的对象为省、市、县三级的卫生行政部门、疾控、监督和承担卫生应急任务的二级及以上医疗机构（部队、厂矿、武警、新疆生产建设兵团未调查）。调查单位共计 13 344 个，其中，卫生行政部门 2 837 个（省级 31 个、市级 307 个、县级 2 499 个，调查率分别为 100%、88.5%和 85.3%）；疾控机构 2 857 个（省级 36 个、市级 325 个、县级 2 496 个，调查率分别为 100%、93.7% 和 85.2%）；卫生监督机构 2 690 个（省级 27 个、市级 302 个、县级2 361个，调查率分别为 87.1%、87.0% 和 80.6%）；医疗机构 4 960 个（三级医院 935 个、二级医院 4 025 个，调查率分别为 75.8% 和 61.7%）。调查内容包括卫生应急机构设置、人员编制、队伍建设、经费保障、应急装备和储备等。

(一)调查基本情况

1. 机构设置。卫生行政部门设置独立应急管理机构的,省级 100%、市级 42.3%、县级 18.8%。疾控机构设置独立应急管理科室的,省级 72.2%、市级 31.1%、县级 21.2%。卫生监督机构设置独立应急管理科室的,省级 18.5%、市级 14.2%、县级 17.7%。在调查的医疗机构中,共有 4 553 家医疗机构指定了医务处(科)、院办公室、应急办等科室承担卫生应急管理工作,占 91.8%。

2. 人员编制。卫生系统从事应急管理工作共有 46 227 人,其中卫生行政部门 2160 人(在编 1320 人,占 61.1%),疾控机构 4 186 人(在编 1 794 人,占 42.9%),卫生监督机构 1984 人(在编 1399 人,占 70.5%),医疗机构 37 897 人、平均每家 7.6 人(多为兼职人员)。

3. 队伍建设。省、市、县按照平战结合的原则组建卫生应急队伍 18 846 支,共计 21 万余人。其中,紧急医学救援类 8 232 支、计104 113 人;突发急性传染病应急处置类 5 360 支、计 55 816 人;中毒事件应急处置类 4 029 支、计 40 617 人;核与辐射应急处置类 1 225 支、计 12 384 人。上述队伍配备统一服装的,省级 51.6%、市级 16.0%、县级 16.2%。依法为队员购买人身意外伤害保险的,省级卫生行政部门 51.6%、市级 6.5%、县级 3.6%;省级疾控机构 19.4%、市级 8.0%、县级 5.4%;监督机构 5.1%;医疗机构 22.2%。

4. 应急装备。各地参照卫生部下发的《卫生应急队伍装备参考目录(试行)》为卫生应急队伍配备部分装备的,省级 58.1%、市级 39.7%、县级 35.2%。卫生行政部门配置卫生应急指挥车辆的,省级 64.5%、市级 18.9%、县级 28.8%。疾控机构有 4 台移动式 BSL-3 实验室(均系"非典"期间法国赠送),每 36 家有 1 台简易的微生物检测车,每 65 家有 1 台简易的理化检测车。医疗机构平均有救护车 3.2 辆、呼吸机 7.3 台、重症监护(ICU)1.1 单元、儿科重症监护(PICU)0.2 单元。

5. 工作经费。全国 31 个省级卫生行政部门中 29 个有卫生应急日常工作经费,其中,20～50 万元的占 24.1%、50～100 万元的占 20.7%、100 万元以上的占 31.0%。46.3% 的市级、37.3% 的县级卫生行政部门有卫生应急日常工作经费,其中市级 10 万元以下的占 68.3%,县级 5 万元以下的占 53.2%。

6. 储备准备。政府储备由卫生部门提供目录,工信部门具体落实,其中 80.6%的省级、83.1% 的市级、82.0% 的县级有实物储备;疾控机构和医疗机构储备不均,49.5% 的疾控机构储备不足 5 万元或没有储备;有 49.2% 的医疗机构应急实物储备不足5万元或没有储备。

（二）调查发现的不足和问题

1. 机构设置不完善。全国尚有57.7%的市级、81.2%的县级卫生行政部门未设置独立卫生应急管理机构，有3.6%的市级、4.3%的县级卫生行政部门既未设置独立卫生应急管理机构又未明确指定处室承担应急管理工作。

疾控机构中有27.8%的省级单位、68.9%的市级单位和78.8%的县级单位未设置独立卫生应急管理科室。

2. 人员编制不足。因应急工作需要，各级卫生应急管理机构需长期借调工作人员，其中卫生行政部门借调840人，占38.9%，疾控机构临聘或抽调2392人，占57.1%，人员编制与实际需求有较大差距。医疗机构管理人员多为兼职，难以应对繁重的应急工作，临时组织和实施医疗救援也会影响工作效率。

3. 培训和演练缺乏系统性和规范性。近两年各地虽然开展了一定数量的培训和演练，但多为甲型H1N1流感、人感染高致病性禽流感、手足口病等重大传染病防控演练，中毒处置、核和辐射处置、自然灾害紧急医学救治等培训演练较少，缺乏有计划的、系统的培训和跨部门、跨地区的演练。近年来，卫生行政部门中有14%的县级机构未开展过任何形式的培训演练。各级卫生行政部门开展的中毒应急处置次数只占开展的总演练次数的12.4%。卫生监督机构中有1 000家（占总数的37.2%）未开展演练活动。

4. 应急队伍装备和自我保障严重不足。本次调查各级卫生应急队伍数量不少，但多数仅为名单队伍，装备缺乏；已装备的队伍现场处置设备少，自我保障能力弱，与《卫生应急队伍装备参考目录》要求的差距很大；48.4%的省级和80%以上的市县级队伍没有统一服装。35.5%的省级、81.1%的市级和71.2%的县级卫生行政部门无卫生应急指挥车辆。80%以上的队员没有人身意外伤害保险。

5. 储备机制不健全，应急床位准备不足。疾控、医疗机构储备多为本机构自行安排，储备也是一次性的，其更新补充机制不健全，如短时间内需多次处置突发事件时，可能会面临应急物资供应短缺的情况。医疗机构病床扩增时间长，难以满足应对较大应急救援事件的需要。

6. 日常工作经费短缺。省级卫生行政部门多数缺乏监测预警、卫生应急培训和演练以及队伍装备等专项经费。53.7%的市级和62.7%的县级卫生行政部门无日常工作经费，51.7%的疾控机构和42.3%的医疗机构无日常应急工作经费。

(三)"十二五"期间卫生应急工作方向

1. 推进机构建设,争取人员编制。积极协调编制部门落实卫生应急管理机构编制,推进机构建设,增加人员编制。省、市卫生行政部门和疾控机构设置独立的卫生应急管理机构,配备专职人员;县级卫生行政部门和疾控机构要争取设置独立的卫生应急管理机构,或指定具体部门承担应急工作,逐步完善应急管理体系。

2. 加强卫生应急人才培养。结合卫生部《医药卫生中长期人才发展规划(2011—2020 年)》,以及《2011—2015 年全国卫生应急工作培训规划》,对卫生行政部门和医疗卫生机构中应急处置和医疗救援人员进行分级培训,逐步达到规划要求。同时,建立长效培训机制。培育区域性培训中心,加强国际交流与合作,充分利用国际交流合作项目的相关支持,研发培训教材,培养师资队伍,提高培训质量,落实紧缺人才培养工程任务。

3. 加强队伍装备,提高现场处置能力。以国家卫生应急队伍建设项目为契机,组织调研和经验交流,积极争取项目支持,提高装备水平,推进实施进程。加强对应急队伍的综合培训力度,加大队伍装备的配备和资金投入。注重实战演练,着重提高卫生应急队伍野外生存、实战及现场处置能力,逐步实现卫生应急队伍车载化、集成化和自我保障化。

4. 完善各类医疗卫生机构应急储备目录,提高卫生应急储备准备能力。联合工信、财政等部门,强化督导检查工作,督促医疗卫生机构落实应急实物储备,同时,组织开展各级各类医疗卫生机构应急储备目录的制订工作,全面落实卫生应急储备和准备措施。

5. 积极争取卫生应急日常工作经费。组织开展各级各类卫生应急日常工作内容以及经费投入研究,争取中央财政对全国性卫生应急监测预警、培训和演练等工作的支持。联合财政等部门加大督导检查和通报工作力度,督促地方落实卫生应急工作日常经费,落实卫生应急队员人身意外伤害保险,落实好卫生应急各项准备任务。

(由卫生部卫生应急办组织供稿)

2 风险评估

预防为主 创新管理 推动应急工作关口再前移

——北京市探索建立公共安全风险管理长效体系

党的十六届六中全会以来，我国把“完善应急管理体制机制，有效应对各种风险”作为“完善社会管理、保持社会安定有序”的重要内容，将应急管理和风险应对工作纳入构建社会主义和谐社会的战略目标统筹考虑。《中华人民共和国突发事件应对法》明确要求“建立重大突发事件风险评估体系”。

风险管理作为一种新兴的管理方式，自20世纪30年代以来，逐步在企业和政府管理中得到广泛运用，特别是2001年“9·11”事件后，得到英国、美国、欧盟、加拿大、日本等国政府的高度重视，悉尼、雅典奥运会也先后开展了风险评估。2007年至2009年，借鉴国际惯例并采纳有关专家建议，北京市圆满完成了北京奥运会、残奥会期间城市公共安全风险评估与控制工作和新中国成立60周年庆祝活动风险评估与控制工作，成功保障了活动顺利举办和城市有序运行。这两次重大活动的实践证明，风险管理作为一种创新的科学管理手段，是深化科学发展观，实现城市安全协调发展的必然要求；是维护公共安全，完善政府社会管理和公共服务职能的重要方面；是落实“预防为主，预防与应急相结合”原则的具体体现；是创新公共安全管理理念，做好突发事件预防与应急准备工作的重要抓手，对于增强应急管理工作的预见性、针对性、科学性和主动性，提升首都城市运行水平和应急保障能力具有重要意义。为此，北京市于2010年起全面启动了公共安全风险管理长效体系建设，并取得了积极成效。

一、北京奥运会、60周年国庆风险管理工作实践

(一)北京奥运会风险评估与控制工作

2007年2月北京市全面启动第29届奥运会与第13届残奥会期间城市公共安全风险评估与控制工作，成立了由常务副市长牵头的风险评估工作小组，由市

应急办具体组织全市55个相关单位、24个科研机构和200余名专家，共同开展工作。此次工作围绕奥运期间北京市实际情况，本着系统性、科学性、专业性、综合性、实用性的原则，以全面保障奥运期间城市公共安全为总体目标，对奥运期间(2008年6月至10月)可能发生的自然灾害、事故灾难、公共卫生和社会安全等四大类突发事件的风险，以及场馆外围保障区、重点商业场所、大型活动场所、重要交通枢纽、主要旅游区等重点区域的风险进行识别、评估并提出控制对策与建议。市应急办编制了《北京市奥运期间突发公共事件风险评估框架指南》和《北京市奥运期间突发公共事件风险评估实施细则》。经过1年多时间，共形成73份评估报告，约270万字，共评估出北京市奥运期间城市公共安全领域存在的32类、250项风险，风险源(点)2 204个。同时，综合考虑各项风险发生的可能性及其对奥运赛事和城市安全的影响，以及风险的承受力和控制力，确定了奥运期间城市公共安全面临的14个方面主要风险。2008年6月、7月，又组织进行了两轮风险动态更新。

根据风险评估结果，北京市落实了1 000余项工程、技术和特殊管理措施。建立了风险管理信息化系统，作为奥运期间城市运行监测指挥系统的重要组成部分，实现跨部门、跨区域、跨灾种的风险信息共享；完善了风险动态监测和更新机制，提高自然灾害短时预报和精细化预测水平；强化对水、电、气、交通、通信、环境等风险的动态监测能力；提高突发公共卫生事件早期识别能力；增强社会安全事件情报信息掌控能力；依托市气象部门建立统一的预警信息发布平台，实现对城市特定区域及特定人群的各类预警信息快速发布功能。截至奥运前，全市共消除风险49项，降低风险93项，确保了奥运期间全市各类风险降至最低水平。

(二)新中国成立60周年庆祝活动风险评估与控制

借鉴奥运经验，北京市于2009年开展了庆祝活动风险和城市公共安全风险两个层次的评估与控制工作。

针对群众游行、阅兵服务保障、联欢晚会、国庆游园等庆祝活动，共评估出104种风险。针对国庆期间城市范围社会面开展了社会安全、公共卫生、城市生命线、事故灾难、自然灾害、经济民生等6大方面、24个综合类、52个专项的风险评估与控制工作，共评估出291种风险。各相关单位制定并落实风险控制工作方案，层层明确责任，采取技术、工程或管理类措施，全力消除或降低风险，确保了庆祝活动万无一失。依托属地区县政府和北京地区武警等有关力量，加强对重点部位的安全保卫和应急处置救援力量的安排，提高防范和处置能力。同时，充分利用企业和社区等社会应急力量，弥补专业处置力量的不足，做好社会面突发事件的早发现和早处置。制定并落实阅兵、群众游行、联欢晚会、游园等庆祝活动甲型H1N1流感防控工作方案，提前做好人员、药品、物资等各种防范和应急准备。

二、探索建立公共安全风险管理长效体系

继承奥运和国庆的成功经验，北京市政府于2010年4月印发了《北京市人民政府关于加强公共安全风险管理工作的意见》(京政发〔2010〕10号)，明确提出建立健全北京市公共安全风险管理长效体系。市应急委先后配套印发了《北京市公共安全风险管理实施指南》(京应急委发〔2010〕8号)和《关于公共安全风险管理重点工作安排(2010—2011年)的通知》(京应急委发〔2010〕11号)，明确了全市公共安全风险管理长效体制、机制、流程、规范和工作要求。各单位风险管理工作意识明显增强，全市40余相关部门和各区县政府将公共安全风险管理工作纳入本部门、本区县常态工作，建立了相应的组织体系，明确了工作目标。

(一)风险管理体系建设目标

北京市公共安全风险管理体系建设立足于建立科学、规范、系统、动态的公共安全风险管理长效机制，健全全市“各级政府分级负责、政府部门依法管理、责任主体认真履责，社会公众积极参与”的公共安全风险管理工作格局，通过完善风险管理工作体制机制，规范标准体系和工作要求，明确配套保障制度，实现风险识别、风险评估、风险监测、风险控制、风险预警、应急准备和应急处置全过程综合管理，增强应急管理工作的预见性、针对性、科学性和主动性，强化全面预防与应急准备，实现对公共安全风险的有效控制和应对，保障人民生命财产安全和首都社会和谐稳定。

(二)风险管理工作范围

北京市公共安全风险管理工作全面覆盖自然灾害、事故灾难、公共卫生和社会安全等4大类突发事件，贯穿城市规划、发展、建设、管理、运行和服务等各个环节。重点针对城市生命线(水、电、气、热、交通、通信)安全、传染病疫情防控、食品安全、社会稳定、能源保障、生活必需品市场秩序、大型社会活动安全，以及政治、宗教、教育、商业、旅游、文化、体育等敏感场所和人员密集场所的各领域风险。

(三)风险管理工作体制

按照“积极稳妥、确保实效,应急推动、常态运转,强化专项、重在基层,依靠科技、规范标准”的原则,北京市搭建了重点依托常态行政管理体系、发挥应急体系统筹协调作用的风险管理工作组织体系。

成立了由常务副市长、市应急委副主任任组长的北京市公共安全风险管理工作协调小组,负责统筹领导相关工作。工作小组办公室设在市应急办,具体负责统筹、规划、指导各单位开展风险管理工作,包括牵头制定风险评估工作标准规范和原则性指导意见;制定相关工作制度(政策、要求等);定期部署风险管理阶段性工作;组织开展重大突发事件(重要时期、重大活动)综合风险应急评估等工作。全市各相关部门依托常态行政管理体系和业务部门,负责建立健全各领域、各行业、各系统的专项风险管理体系;制定专项风险评估标准,规范工作机制和流程;组织开展专项风险评估并落实重大风险控制工作。各区县政府在市相关部门指导下,负责建立健全区域风险管理体系;负责重点区域的综合风险管理工作;负责本行政区域内的风险控制工作。街道(乡镇)、社区(村)、企事业单位等根据市相关部门、区县政府的要求,做好风险排查、登记,并落实风险控制主体责任。

(四)风险管理工作流程

北京市的风险管理工作流程,由计划和准备、风险识别、风险评估、风险控制、风险监测、风险预警和风险沟通等几个环节组成。

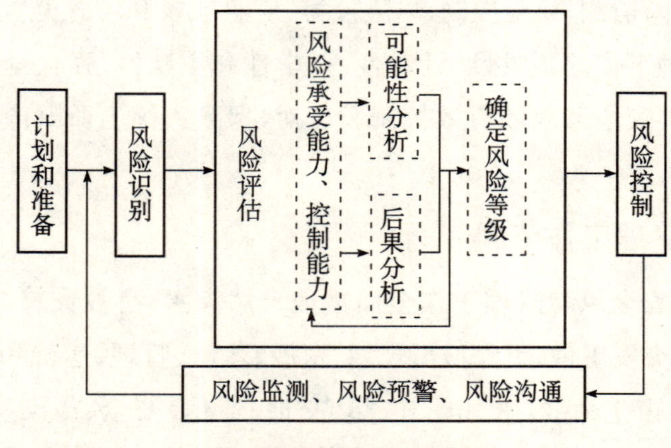

图　风险管理工作流程

三、北京市公共安全风险管理工作的创新做法

全市各相关部门和区县政府按照"全面开展、重点突破、分步推进"的工作节奏和"抓规范、建长效,抓重点、见实效,抓示范、出亮点"的工作思路,开展了大量扎实有效的基础工作。重点突出分级分类管理,建立"横向到边、纵向到底"的公共安全风险管理体系,积极推进"三个体系、四个机制、五个保障、若干示范"的建设工作。

(一)抓重点,强化专项风险管理体系建设

市相关部门根据职责分工,按照"谁主管、谁负责"的原则,牵头建立健全本领域、本行业、本系统的专项风险管理体系。结合全市经济社会发展总体形势和市委、市政府中心工作,重点围绕城市运行和涉及民生的相关领域,市应急委确定了全市共20个重点专项风险管理体系建设任务,包括城市水资源与供水、城市防汛与排水、电力供应、燃气供应、热力供应、地下管线、轨道交通运营、轨道交通建设、道路与桥梁安全、道路交通安全、公共网信息安全与通信保障、政务专网与无线电、生产安全事故、城乡消防安全、食品安全、传染病疫情、动植物疫情、生活必需品市场供应、金融风险、大型群众性活动安全等专项风险管理体系。重点专项风险管理体系建设内容包括工作体制、机制、规范(实施细则)和要求,以及人员、资金和技术、标准、信息化系统等相关配套保障措施。

(二)抓属地,加强区域风险管理体系建设

各区县政府和天安门地区管委会、北京西站地区管委会、北京经济技术开发区管委会等重点地区管委会建立健全区域风险管理体系,组织开展区域内的风险管理工作,强化重点区域的风险管理,配合市相关部门开展风险评估,并落实相关风险控制任务。

(三)抓综合,推进重大突发事件(重大活动、重要时期)风险管理体系建设

针对重大突发事件、重大活动和重要时期,开展安全风险评估并制定风险控制方案。在涉及民生、社会关注度高的政策、规划、工程项目出台或启动时,开展相应的风险评估工作,采取控制措施,将风险控制在源头。2011年3月11日,日

本发生9.0级地震并引发海啸,日本福岛第一核电站出现核泄漏事故,3月16日起我国部分省市和本市部分地区出现抢购食盐等商品现象。围绕这一重大突发事件,市应急办会同有关专家和相关部门开展了东日本大地震及核泄漏事故对本市潜在风险综合评估工作,要求各相关单位按照各自职责有针对性地落实21项风险控制措施。

(四)抓重大,建立市级重大风险评估与控制机制

按照《北京市人民政府办公厅关于开展市级重大风险评估工作的通知》,全市各相关单位紧密结合日常管理责任,重点围绕跨地区、跨部门或风险控制主体责任不清且协调解决存在较大困难的,需协调国家相关部委、其他省(区、市)的,直接涉及市委、市政府重点工作的,涉及人民群众普遍关心的重大民生问题、媒体舆论关注度高并可能引发社会不稳定因素的,严重危及社会公共利益和公共安全或可能引发政治关注或外交事件的,以及列入市政府挂账事故隐患的六类风险,开展市级重大风险评估与控制工作。

(五)抓协调,建立风险统筹协调机制

建立全市综合风险统筹协调机制,市相关部门、各区县政府、各重点地区管委会加强沟通协调,及时解决工作中存在的问题和可能出现的职责不清、职责交叉、管理缺位等现象,确保风险管理工作落到实处、取得实效。

(六)抓共享,建立风险沟通和预警机制

加强风险信息沟通与交流,与专家、社会组织、媒体和公众之间建立面向社会、多方参与的风险信息共享和沟通机制,争取社会各方面对政府风险管理工作的理解与支持。建立风险预警机制,按有关规定及时向社会公布危险源和危险区域,积极引导或依法责令风险涉及的相关单位和人员提前做好风险防范准备并采取安全防范措施。

(七)抓基层,建立风险管理社会参与机制

政府督促企事业单位积极履行风险管理主体责任,要求落实风险隐患排查整改要求,完善风险管理制度与操作流程。积极引导公众树立风险防范意识,充分发挥社区、乡村、企业、学校等基层单位在风险识别与隐患排查、风险监测与控制过程中的重要作用,坚持政府主导和社会参与相结合,全民动员、协调联动开展风

险管理工作。

(八)抓保障,建立配套保障制度

一是加强组织和人员保障。市相关部门、各区县政府、各重点地区管委会应高度重视公共安全风险管理工作,由主要负责人任第一责任人,加强领导、理顺机制、统筹力量、落实责任,要指定工作机构并配备专人具体承担风险管理相关组织协调工作。同时,加强专业培训,推进风险管理专业人才队伍建设。逐步推行在风险管理重点部门成立或明确风险管理专门机构的工作。

二是加强风险管理规范和标准保障。市应急办牵头组织制定公共安全风险管理实施指南和全市综合风险评估标准。市相关部门、各区县政府、各重点地区管委会结合各自的风险管理工作特点和实际情况,研究制定相应的风险管理实施细则、工作规范和专项风险评估标准,推进风险评估地方标准体系建设,逐步探索建立城市公共安全指标体系。

三是加强风险管理资金投入保障。根据各级政府分级负责的公共安全风险管理工作责任,风险评估与控制相关经费按照现行财政管理体制纳入部门预算,由市、区县财政部门分别负担,确保风险管理工作的顺利实施。涉及政府固定资产投资的建设项目,按政府投资项目审批的相关管理规定由市发展和改革委员会安排建设资金。

四是加强风险管理科技支撑保障。依托市应急委专家顾问和各领域有关专家,组建公共安全风险管理专家组,指导北京市公共安全风险管理工作。市相关部门、各区县政府、各重点地区管委会应结合各自工作实际,依靠专家、依托科技,组建相关专项、区域风险管理专家组。市科委要积极整合资源,支持公共安全风险管理相关标准、规范及技术研究和示范等工作。鼓励和培育一批能够为风险管理工作提供有效专业支撑的科研机构;探索建立依托相关科研机构、专家团体和企业的第三方专业化风险评估机制,研究建立相应的资质认定机制。利用物联网等新兴技术,逐步建立公共安全风险管理信息化体系。充分发挥城市运行监测平台作用,做好公共安全风险监测。市相关部门、各区县政府、各重点地区管委会按照“谁评估、谁管理、谁维护”的原则,做好风险数据的维护更新工作,实现信息资源共享。进一步完善市预警信息发布平台,做好风险预警发布工作。

五是建立风险管理年度考核制度。研究建立风险管理考核与奖惩办法,按照过程与结果并重的原则,指导、督促、检查风险管理工作的全过程和风险控制工作的实际成效,推进市相关部门、各区县政府、各重点地区管委会积极履行风险管理职责。

(九)抓示范,实施风险管理试点项目

按照"有实效、有创新、有亮点、可推广"的原则,2010 年全市确定了第一批 15 个风险管理示范(试点)项目,分期开展建设工作。其中,市交通委开展了轨道交通新线开通对既有轨道线网运营影响风险评估和缓解交通拥堵新政风险评估,将可能出现的安全稳定风险降至最低。市公安局探索建立了大型群众性活动第三方风险评估机制,取得良好效果。市质监局完成了产品食品监督和特种设备安全风险管理机制建设,并将成果拓展应用到质检系统其他业务领域。天安门地区管委会开展天安门城楼风险管理体系建设,明确了风险类型、控制点、管理流程。东城区搭建了信息系统,实现风险源常态化管理。

(由北京市政府应急办组织供稿)

以中德灾害风险管理合作项目为契机
努力探索建立全市风险评估工作机制

风险评估是风险管理的重要组成部分，是有效预防和应对各类突发事件发生的重要内容，也是我市“平安重庆”建设的一项基础性工作。近年来，我市以中德灾害风险管理合作项目为契机，强化事前预防，注重基础研究，开展风险分析，努力探索建立一套科学、规范、系统、动态的风险评估体制、机制，不断提升我市应急管理工作水平，最大程度地降低突发事件对我市经济社会发展所造成的冲击和影响。

一、扎实推进中德灾害风险管理合作项目

中德灾害风险管理合作项目是国际灾害风险管理方面的合作与交流项目。我市九龙坡区作为该项目公共风险治理与预案优化子项目的试点单位，正在按照国家行政学院、德国国际合作机构的统一部署，在市级有关部门的大力支持下，分阶段、有步骤、扎实推进试点工作。

一是试点工作推进有序。受领试点工作任务以后，我市常务副市长和分管副市长分别作出重要批示，各级各部门迅速行动，工作高效、有序推进。市、区两级政府及时组建工作机构，落实专职人员，制定工作方案，明确职责任务，开展业务培训，统一工作流程；各部门、镇街及时定人定责，细化工作任务，按照上级的部署安排，逐项推进试点工作。截至 2011 年 10 月，九龙坡区已初步完成项目准备、风险识别、隐患排查、风险分析、风险评估等公共风险分析阶段的工作任务，预案优化、成果运用等第二阶段的工作内容也即将全面展开。

二是基础数据收集详实。准确地掌握全市各类风险隐患的种类、数量和分布状况，是开展风险评估工作的最根本和最基础的要求。为确保基础数据的全面、完整和有效，市、区两级先后 3 次组织农林、水利、国土、气象、安监、交通、公安等 20 多个部门和 18 个街道、乡镇的工作人员对辖区内自然灾害类、事故灾难类的风险点、危险源进行全面排查、识别和登记工作。共排查出九龙坡区自然灾害隐患点 95 处，其中地质灾害隐患点 91 处，渔业船舶隐患 2 处，水库隐患点 2 处；事故灾

难危险源12处,其中危化品企业重大安全隐患1处。

三是风险分析稳步推进。试点工作是一项探索性工作,需要在实践中不断摸索、总结。我们采取先试点、后推广的原则,在前阶段选取了可能引发水库溃坝、地质滑坡、天然气爆炸事故的3个典型危险源,组织水利、国土、安监、气象、环保、交通、公安、民政、行政学院等市、区级部门和有关乡镇、街道的同志开展了6次室内模拟演示,完成了3个危险源、9个场景描述和风险矩阵图的绘制任务。下一步,我们将根据室内推演情况对风险分析方法进行局部调整、完善后,组织市区有关部门、镇街和专家学者对九龙坡区易发、多发、频发的所有危险源进行风险分析和评估工作。

二、本土化调整德国风险分析方法

在试点工作中,我们结合重庆以及九龙坡区灾害类别、防范措施和应急管理工作实际,积极思考、主动创新、大胆探索,特别是在损害评估的标准、场景描述的格式、风险管理的流程上进行了一些调整和规范,做到了标准化、规范化和流程化,方便基层操作。

一是在标准化方面,制定了九龙坡区参数临界值的地方标准。我们打破现有预案分级标准,结合九龙坡区的区情、风险承受能力、风险控制能力、相关法律法规以及历史经验数据、突发事件发生频率等综合因素,对德国风险分析中有关风险损害规模的参数进行了本土化调整,最终确定了人、经济、基础设施、生态环境、社会环境等5个损害领域、18个损害参数的九龙坡区灾害损失等级评估的地方标准。损害参数的临界值水平则充分参考现有法律法规、科研成果,结合九龙坡区人口数量、经济发展水平、基础设施分布、自然环境、重要目标、城乡差别等情况,充分考虑到九龙坡区的脆弱性和应急能力,并通过反复论证、多方征求意见以及案例推演才最终确定。

二是在规范化方面,制作了危险源场景描述及风险分析的标准模板。为方便各镇街、部门开展风险分析特别是进行危险源场景描述工作,我们将各类危险源的基础数据、共性要素进行提炼、整理,制作了涵盖危险的定义、事件的描述(包括基本概况、事件发生时间、地点及影响区域、事件起因、事件的强度与持续时间、事件波及范围、常态管理水平、应急管理水平、被评估方及受影响人群的风险意识)、参考事件、参考文献等4个方面内容的危险源场景描述的通用模板。同时,我们还根据危险源可能引发的最大风险、最小风险、一般风险等3种情形，将危险源场景的个性描述、损害参数、损害后果估计以及发生概率、危险等级等内容用表格进行集中反映，制作形成危险源风险分析的个性模板。通过1个危险源场景描述的通用模板和3张危险源风险分析的表格就集中反映了风险分析的全过程，简单明了。

三是在流程化方面，起草了九龙坡区突发事件风险评估指南。在充分吸收借鉴国内外风险分析、风险评估作法基础上，我们从风险管理流程角度出发，结合九龙坡区实际情况，编制了《重庆市九龙坡区突发事件风险评估指南》，并将此指南作为九龙坡区开展风险识别、登记、分析、评估工作的学习教材和理论依据。同时，我们还结合镇街、村社、相关基层部门的工作特点，制作了内容简单、格式规范、图表结合、操作方便的《九龙坡区突发事件风险分析方法操作手册》、《九龙坡区突发事件风险分析案例》，供九龙坡区各乡镇、部门在实际工作中参考使用。

三、努力探索建立全市风险评估工作机制

我市是全国自然灾害最严重的地区之一，暴雨洪灾、高温干旱、风雹雷电灾害、地质灾害、森林火灾等自然灾害交替发生。加之正处于大开发、大建设、大提速的关键时期，新上项目多，待建项目多，安全基础薄弱，事故隐患多。开展公共风险分析与预案优化试点工作，逐步从风险登记、分析评估、危机分级、处置程序、预案优化上进行规范和完善，有利于风险管理体系的建立，有利于应急管理工作实现分级分类管理，有利于实现“应急管理一张图”的目标，意义重大，影响深远。下一步，我们将按照中德项目的要求，发挥主观能动性，努力探索，逐步建立和完善我市的风险评估工作机制。

一是完善风险登记表。根据危险源的类别、范围、危害程度、行业主管、责任单位等要素特征，进一步规范、完善公共风险登记内容，制作统一的风险登记表，对各类风险隐患进行全面排查摸底、分析评估、统计汇总、建档立卡，准确地掌握全市风险隐患的种类、数量和分布状况，建立全市统一、完备的风险隐患数据库系统。

二是绘制风险矩阵图。借鉴德国的风险分析方法，指导九龙坡区各乡镇、部门运用自行编制的风险分析方法操作手册，对九龙坡区107个风险隐患点进行最大、一般、最小风险值的场景描述、风险分析和评估，得出相应的风险等级，并及时

标绘到风险矩阵图，制作形成九龙坡区风险管理三维地图。在条件成熟的情况下，由市政府应急办整合各方面信息，牵头绘制完成全市风险源、隐患点“一张图”，为各类突发事件的预防控制和应对处置提供基础信息。

三是编制风险处置预案。参照德国预案优化的作法，结合九龙坡区风险分析、评估结果，进一步对应急预案体系进行优化、调整，制作规范化、标准化的预案编制模板及处置流程图，分级标准尽量做到定量描述为主、定性描述为辅，进一步突出预案实化、简化、图解化、流程化的特点，逐步建成结构合理、内容科学、方便实用的应急预案体系。

四是开发风险管理软件。充分整合现有气象、国土、安监、环保、民防、地理信息中心等部门和单位的灾害风险管理软件系统，在借鉴吸收国内外先进经验的基础上，设置相应的风险管理运用模块，逐步建立起适合我市实际的一整套风险识别、风险评估、风险监测、风险控制、风险预警、应急准备和应急处置全过程综合管理流程和相应技术体系的风险管理软件。

（由重庆市政府应急办组织供稿）

3 预案优化

安全生产应急预案管理

近年来,各级安全监管部门和中央企业认真贯彻落实《国务院关于进一步加强企业安全生产工作的通知》(以下简称《通知》)精神和《生产安全事故应急预案管理办法》(以下简称《办法》),应急预案管理工作不断深化。通过组织开展应急预案培训、专项督查和备案审查等工作,应急预案质量不断提高,应急预案体系逐步完善,推动了安全生产应急管理工作的开展,促进了全国安全生产形势好转。

一、全国安全生产应急预案现状

(一)国家安全生产监督管理总局层面

根据我国安全生产应急管理工作需要,共制定印发了10项部门预案,组织修订了《国家生产安全事故应急预案》。为指导和规范企业预案编制管理工作,提高预案编制质量,组织制定了《生产安全事故应急预案管理办法》、《生产经营单位生产安全事故应急预案评审指南》、《生产经营单位安全生产事故应急预案编制导则》。印发了《关于切实做好安全生产事故应急预案管理工作的通知》、《国家安全生产应急救援指挥中心关于切实做好中央企业应急预案工作的通知》等指导性文件;组织编辑了《企业安全生产事故应急预案范本》、《煤矿企业应急预案编制指南》、《小型企业应急预案范本》,摄制了12集应急预案编制网上视频教程。

为深入贯彻落实《通知》和《办法》,指导各级安全监管部门修订应急预案,将部分省市作为应急预案管理重点指导单位,推动地方安全监管部门修订完善应急预案。依法将应急预案作为重点行业企业准入的必要条件,对重点行业企业应急预案实行备案管理。会同国务院有关部门,指导危险化学品、煤矿、非煤矿山、电力、建筑施工等中央企业开展了生产安全事故应急预案体系建设试点,针对重大危险源和重点工作岗位编制应急处置程序或现场处置方案,切实做到重点行业(领域)企业应急预案全覆盖,完善企业应急预案体系。

(二)国务院有关部门层面

国务院有关部门相继发布并补充制定了42个事故灾难类部门应急预案。国务院有关部门采取多种形式大力推动本行业(领域)应急预案编制工作。质量监督检验检疫总局编制了《特种设备专项应急救援预案指南编制要求》,指导有关单位编制了30个重要特种设备的应急预案指南;农业部举办了《渔业船舶水上安全突发事件应急预案》培训班,对全国26个省(区、市)、5个计划单列市和各海区局的渔业船舶水上安全突发事件应急处置机构的主要负责人及工作人员进行了培训;交通部、国有资产监督管理委员会等部门将应急预案编制工作同安全生产工作同时布置、同时检查、同时考核,促进了本行业应急预案编制工作的开展。

(三)地方政府及其有关部门层面

地方各级政府积极推进应急预案体系建设,按照《通知》和《实施意见》,组织制定和完善本级政府各类安全生产应急预案。结合应急管理工作,大力推进应急预案进农村、进社区、进企业、进学校等基层单位。省、市、县级政府及相关部门、乡镇(街道)都按照规定编制了总体应急预案或专项应急预案。北京、天津等15个省市按照《办法》要求,将重点行业企业应急预案实施备案管理。部分省市通过企业基本情况普查,建立了应急预案数据库,指导企业做好应急预案编制工作,做到了重点行业和场所应急预案覆盖率100%。

(四)企业层面

中央企业总部及所属各级单位均按要求编制了不同类型的安全生产应急预案。全国高危行业(煤矿、非煤矿山、危险化学品、烟花爆竹等)企业应急预案覆盖率达到100%。经过形式审查,122家中央企业总部报备的应急预案完全符合有关标准要求。目前,企业应急预案的工作重点主要是完善重大危险源和重点工作岗位现场处置方案。中央企业所属单位结合重大危险源管理,全面开展现场处置方案补充制定工作,完善企业应急预案体系。据初步统计,全国32个省级统计单位上报生产经营单位5 826 920家,其中编制应急预案的生产经营单位5 391 729家,编制预案6 283 116个,预案覆盖率达到92.53%。

我国安全生产应急预案虽然有了较快发展,所有生产经营单位都编制了不同类型应急预案,但仍然存在较大问题:一是基层应急预案体系不完善,质量不高;二是企业应急预案宣传培训演练不到位;三是基层应急预案管理不规范。

二、预案管理典型做法

(一)开展中央企业应急预案试点工作

为加强预案管理工作,在中央企业组织开展了应急预案试点工作。一是按照危险化学品、非煤矿山、煤矿、建筑施工、电力电网行业分类,组织部分中央企业针对重大危险源和重点工作岗位,制修订应急预案或现场处置方案,做到"一事一案"或"一岗一案"。二是指导中央企业试点单位广泛开展应急预案或现场处置方案演练,并针对演练中暴露出的问题和不足,有针对性的对预案进行修订,提高预案针对性、实用性、可操作性。

(二)推动应急预案简明化、图表化、牌板化

为做到应急预案好用、管用,力求实现应急预案简明化、图表化、牌板化,使其在事故预防及事故处置中发挥应有作用。一是努力使各层次应急预案简单明了、一目了然,改变以往预案制定后束之高阁、实用性差的状况。二是使应急预案以表格、框图的形式呈现,文字表述的内容尽量以图表等多种形式灵活表现,改变以往应急预案多为纯文字内容的状况。三是让一线班组长参与应急预案的制修订工作,编制的应急预案在企业重大危险源、重点岗位现场以牌板的形式展示出来,改变以往应急预案在安全管理部门、办公室收藏的状况。

(三)加强对地方应急预案管理的指导

一是印发了《生产安全事故应急演练指南》(AQ/T 9007—2011),对应急演练工作进行了规范,推动了应急演练的规范化和实用化,有效提高了应急预案的质量;二是印发了《国家安全监管总局办公厅关于认真组织开展应急预案演练周活动的通知》,指导和推动各地、各有关企业在"安全生产月"期间广泛开展了应急演练周活动,取得了良好效果;三是为完善安全生产应急预案体系,指导地方安全监管部门做好应急预案修订工作,提高应急预案编写质量,增强部门间应急预案相互衔接,印发了地方安全监管部门应急预案框架指南,供地方安全监管部门参照执行。

三、工作建议

(一)进一步加强工作指导,规范预案审查备案

尽快出台组织修订《生产经营单位生产安全事故应急预案编制导则》,增强指

导应急预案编制工作的科学性、实用性。推动各省级安全监管部门将重点行业(领域)企业应急预案列入安全生产准入条件,督促地方安全监管部门出台预案管理规范性文件,建立应急预案备案审查台账,规范备案工作环节,切实将应急预案备案纳入安全许可必备条件。

(二)进一步扩大预案覆盖面,深化预案体系建设

落实国务院《通知》精神,加大对重大危险源和重点工作岗位应急预案编制的指导力度,实行应急处置程序和现场处置方案牌板化管理。以危化、矿山、建筑、电力等行业中央企业为重点,深入开展企业重大危险源和重点工作岗位应急预案编制工作。根据进展情况适时组织行业内和行业间的交流观摩,指导企业确定重大危险源和重点工作岗位,检查完善应急预案工作方案落实情况。分行业遴选推广一批好的现场处置方案,推动应急预案体系建设工作不断深化。

(三)切实加强预案宣传培训演练,提高实效性

企业应急预案编制过程要全员参与,重大危险源和重点工作岗位工作人员要参与本岗位危险因素识别和隐患排查治理,使应急预案的编制过程成为学习掌握预案的过程。企业预案编制发布后要加强宣传培训,通过交接班、安全例会、宣传展板等多种手段宣传应急预案,实现应急预案牌板化、手册化、意识化。大力宣传《生产安全事故应急演练指南》,督促企业一年组织一次综合性演练,高危行业企业半年开展一次综合性演练,车间班组应急预案演练日常化的工作要求,推广实用性、经济性的桌面演练,广泛开展生产岗位应急预案现场模拟演练,使岗位员工熟练掌握应急处置程序和现场处置要点。

(由国家安全生产应急救援指挥中心组织供稿)

4 监测预警

卫星遥感技术为提高我国灾害监测预警能力提供重要支撑

作为一种重要的技术手段，卫星遥感等空间技术在减灾救灾工作中发挥着越来越重要的作用，尤其是其持续、宽覆盖、动态、重复观测的特点，成为提高灾害监测预警能力和水平不可或缺的技术力量。为实现“以人为本、关注民生”的执政要求提供强有力的空间技术支撑，加强自然灾害监测预警预报能力建设，作为国家自然灾害综合管理部门，民政部近年来亦越来越重视卫星等科学技术在减灾救灾领域的应用工作，建设并逐步完善卫星遥感灾害监测系统，构建自然灾害立体监测体系。

一是大力推进卫星应用系统建设和成果应用。2010年，民政部着力加强减灾救灾科学技术创新和成果转化，大力推进“环境与灾害监测预报小卫星星座”（以下简称“环境减灾卫星”）应用系统建设和应用。自2008年9月6日环境减灾卫星A、B卫星发射以来，民政部一直致力于最大限度发挥卫星效益。作为我国第一个减灾领域的卫星应用系统，本着边研究边实践、边建设边应用的原则，在环境减灾卫星应用系统建设过程中，民政部逐步将建成模块纳入业务系统，成熟一个应用一个。利用已建成系统或模块，结合其他遥感数据，2010年成功应对了78场新发灾害，制作《灾情遥感监测》产品231期。据初步测算，环境减灾A、B星投入使用以来，我国灾害监测时效性提高3～6倍，监测范围扩大6～10倍，应用效益显著。

二是不断完善灾害遥感监测业务系统升级改造。2010年，民政部大力推进灾害遥感监测业务系统升级改造工作，不断改进完善业务系统功能、技术流程。将卫星工程成熟模块嵌入业务运行系统，尽可能在业务实际工作中不试检、断测验和改进，并将其他已完成项目的成果转化、集成到业务运行系统中，实现科研成果应用价值，提高业务系统的先进性、模型的准确性和业务工作的时效性。2010年，通过集成快速制图系统、洪涝、雪灾风险预警改进系统等，大大提高了灾害遥感监测能力,灾害风险评估产品的处理效率和产品精度得到显著提高。产品处理时间缩短,保证了产品能在灾害应急有效时间段内提供服务,产品精度的提高,增加了灾害管理者对产品信任度和使用率,这些均为灾害应急有效服务提供了重要保障。

三是进一步提高灾害遥感评估产品决策支持能力。民政部国家减灾中心大力推进灾害遥感产品的服务能力,建立灾害实物量评估技术方案,逐步完善并稳定和“天—空—地—现场”一体化的灾害立体监测体系。根据青海玉树地震、甘肃舟曲特大山洪泥石流灾害救灾和重建工作需要,开展了灾区乡镇和社区级灾情评估,新增倒损房屋面积、损毁交通长度、受灾农作物面积等灾害实物量评估,先后完成玉树地震和甘肃舟曲特大山洪泥石流灾害范围和实物量评估,提高了灾害评估的效率和精度,为直接经济损失核定和恢复重建方案制定提供了有力支撑。同时,逐步完善并稳定“天—空—地—现场”一体化的灾害立体监测体系,重点加强灾害现场信息采集系统建设,建立灾情现场采集、实时传输与遥感解译修正于一体的灾情监测与评估业务能力。针对玉树7.1级地震和甘肃舟曲特大山洪泥石流等特大灾害,实现实时现场采集信息对灾情遥感评判工作的校核,有效保证了遥感监测结果的准确性。

四是扩展环境减灾卫星数据及遥感监测产品的国内外服务。2010年,民政部国家减灾中心继续推进环境减灾卫星数据及遥感监测产品的国内外服务,环境减灾卫星数据用户服务协议单位由2009年的22家增加到53家,累计向国内60余家用户提供12 000余景环境减灾卫星数据。国家减灾委办公室作为“空间与重大灾害国际宪章”(CHARTER)在中国的授权用户,2010年多次启动该机制,并继续积极为外国政府提供力所能及的技术援助。2010年,针对海地、智利地震,巴基斯坦、委内瑞拉、巴拿马洪涝,墨西哥湾溢油6个重大国际灾害事件紧急安排环境减灾卫星拍摄计划和处理工作,及时提供监测数据与产品服务,并为泰国、巴基斯坦等亚太7个国家制作提供环境减灾卫星全国影像图。针对玉树地震、南方洪涝、云南泥石流等新发灾害启动6次CHARTER机制,仅玉树地震共获取来自7个国家15类卫星资源和航空遥感、无人机等数据1178景,6次灾害利用机制获得的数据共制作产品12期,为救灾工作提供了有力支撑。

(由民政部救灾司组织供稿)

林业生物灾害监测预警工作

林业生物灾害监测预警工作是应林业生物灾害防控的需要而逐渐发展起来的。1980 年 10 月原林业部保护司在江西省弋阳县召开了全国松毛虫测报工作座谈会,会议作出了各级森防部门都要开展森林病虫害预测预报工作的决定。会后,一些省区着手开展了以松毛虫为主的主要病虫害的测报工作。此后,我国的林业生物灾害预测预警工作逐渐向着系统化、制度化和规范化方向发展。经过近 30 多年的不懈努力,我国林业生物灾害监测预警工作在组织机构、队伍能力、基础设施等方面取得了长足进步,在管理制度、技术手段、信息平台等方面也取得了很大进展,监测预警能力和技术水平不断提高。

一、我国林业生物灾害监测预警工作的发展状况

1. 林业生物灾害监测预警体系建设方面。1986 年 10 月,在原林业部正式成立"林业部森林病虫害预测预报中心",负责管理与指导全国预测测报工作。各级林业有害生物防治机构也相继设立了测报部门或指定专人负责监测预报工作。进入 20 世纪 90 年代以来,全国监测预报组织机构逐步建立健全。截至 2011 年底,全国已建成各级测报机构 3 068 个,其中国家预测预报中心 1 个,省级站 34 个,市级站 373 个,县级站 2 660 个。各级测报机构还分别设立了以开展野外灾情调查为主要任务的各级测报(监测)点 24 958 个,其中国家级中心测报点 1 000 个,省级重点测报点 1 593 个,一般监测点 22 365 个。目前,我国基本建成了以国家预测预报中心为龙头,以省(市)测报站为枢纽,以国家级中心测报点为骨干,以县级测报站和各级测报(监测)点为基础的全国林业生物灾害监测预警体系。

2. 林业生物灾害监测预警相关规章制度方面。为推进林业生物灾害监测预报工作发展,国家林业局先后出台《森林病虫害预测预报管理办法》和《病虫情联系报告制度》、《国家级中心测报点管理办法》、《关于印发林业有害生物监测预报工作绩效考核表的通知》等一系列规章制度,出台了《春尺蠖预测预报办法》、《主要森林病虫鼠害发生面积统计规定》、《林业生物灾害发生危害程度分级标准》等多项技术标准和办法,加强了重大林业有害生物种类监测预报方法、规范、标准的

制修订工作,全面推进了全国监测预报管理的规范化进程。1988 年,原林业部印发《病虫情联系报告制度》,对报告时间、内容和注意事项作了规定,之后又多次对联系报告制度进行补充和完善。2006 年国家林业局为落实国务院应急办通知精神,下发了《关于加强林业有害生物监测预报和突发疫情信息管理的通知》,就加强林业有害生物监测预报和突发疫情信息报告、信息发布管理,以及强化日常报表管理和数据真实性核查等工作提出了要求。2010 年国家林业局办公室又根据国务院应急办通知,下发《关于加强林业有害生物疫情信息管理的通知》,启动应急周报、完善月报,强化监督、加强管理。为准确地反映林业生物灾害发生情况,保证调查统计数据的连续性、稳定性和一致性,原林业部于 1991 年 3 月印发了《主要森林病虫鼠害发生面积统计规定》。该《规定》的实施,加速了监测预报工作制度化、规范化、标准化进程。2006 年又制定的《林业生物灾害发生危害程度分级标准》,为科学确定灾害程度,特别是为主管部门决策是否启动防治应急措施提供了科学依据。

3. 林业生物灾害灾情监测方面。在人工地面调查基础上,开展了灯光诱集、性信息素诱集等监测技术的普及和推广。尝试建立林业生物灾害远程地面监控平台,对林业生物灾害实施远程监测及信息采集,开发相关应用系统,努力实现灾害的快速识别和定位,提高林业生物灾害的监测覆盖率与预报准确率。在努力提高地面林业生物灾害监测技术的同时,选择运用航空或航天遥感监测技术,尝试建立空中监测和数据采集平台,包括航空电子勾绘集成系统、航空电子勾绘软件系统、GIS 地面调查、GPS 及其数据处理系统、图像处理系统、TM 影像监测处理系统、内业数据处理系统和基础数据库系统等。空中监测扩大了林业生物灾害的调查范围,将空中监测与地面调查相互结合和补充,有利于提高林业生物灾害预报的准确率。

4. 林业生物灾害发生趋势预测方面。1992 年 3 月,原林业部在江苏徐州召开了"1992 年全国主要森林病虫害发生趋势会商会",这是我国第一次通过会商的形式进行大区域、大范围内主要林业生物灾害发生趋势预测的尝试。会议对 1992 年主要森林病虫害发生趋势做出了预测,并发布了全国主要森林病虫害发生趋势预报。从 1995 年开始,国家预测预报中心于每年的 1 月份和 7 月份,分别发布当年和下半年的全国主要林业有害生物的中、长期趋势预报。趋势会商对全国林业有害生物测报工作起到了积极的推动作用,为全国林业生物灾害的大区域管理提供了依据。同时,各省也开展了本地的趋势预报会商。此外,2006年,国家林业局组织成立了“林业生物灾害监测预报专家咨询组”。咨询组通过广泛吸纳科技专家的意见和建议,并定期召开专家座谈会,对全国林业生物灾害发生趋势进行会商,对可能成灾的林业生物灾害做出预测,对监测预报技术和防治措施存在的问题,及时向国家林业局提出意见和对策建议。专家咨询组的成立,对进一步提高我国林业生物灾害监测预报工作的效率和质量,实现对重大突发性林业生物灾害的及时准确预报,起到了十分重要的作用。

5. 林业生物灾害预报预警信息管理方面。国家预测预报中心根据各地上报的数据,综合气候变化、地理因素和林地状况等要素,对林业有害生物的发生期和发生量定时作出中、长期预报,其预测准确率平均达85%以上。同时还不定期发布各地的森林病虫情动态,并于1999年创办《森林病虫情动态》(现改名《病虫快讯》),集中反映全国林业有害生物发生情况和发展趋势。2007年以来,国家林业局与中国气象局联合在中央电视台黄金时段发布“林业生物灾害预警信息”,为社会公众和广大林农提供服务。各省测报中心及各级测报站发布当地短、中期林业生物灾害趋势预报,每年各地以通报和简报发布病虫信息达数十万份,有力地指导了生产防治,对有效控制灾情发挥了重要作用。

6. 林业生物灾害监测预警对外协作方面。为进一步做好监测预警工作,有效应对林业生物灾害,2007年8月28日,国家林业局与中国气象局在北京举行林业有害生物监测预报合作签字仪式。国家林业局、中国气象局联合下发了《关于做好林业有害生物气象监测预报服务工作的通知》,将充分发挥各自优势,建立有效机制和渠道,实现信息、人才、技术、发布平台等方面的资源共享,共同发布主要林业有害生物年度预测等监测预报预警信息,在气候与林业有害生物发生关系等领域开展合作研究,通过带动各级林业部门和气象部门开展合作,在全国形成较为完善的监测预报体系,大力推广监测预报技术,提高中国林业生物灾害监测预报水平。

二、2011年我国林业生物灾害监测预警工作情况

2011年,为有效应对林业生物灾害危害趋于加重的态势,国家林业局及地方各级林业主管部门积极组织力量,立足行业,面向社会和广大林农,开展了一系列监测预警工作,取得了较为显著的成绩。

1. 规范联系报告制度，启动周报告制度。为落实国务院应急管理办公室应急办和国家林业局办公室通知要求，开发了“林业有害生物信息和管理报告系统”，举办了林业生物灾害应急报告系统软件培训班，对林业有害生物联系报告制度进行了规范，按时上报达到启动省级预案的灾害事件，增加了重大、危险和突发林业生物灾害应急“周报告”制度，统一了报告时间。

2. 会商发生趋势，发布趋势预报。根据各地上报的数据，综合气候变化、地理因素和林地状况等要素，组织专家对全国主要林业有害生物的发生动态做出长期预报，并1月份在昆明召开了“2011年林业有害生物发生趋势会商会”，7月份发布了下半年全国主要林业有害生物中期预报，为进一步做好防控工作提供了重要保障。

3. 开展部门协作，提高服务意识。一是与中国气象局联合发布预测预警信息。今年3月2日和5月19日，国家林业局与中国气象局联合在中央电视台黄金时段《气象信息》发布了《黄淮地区干旱将使草履蚧、春尺蠖等食叶害虫和杨树天牛危害加重》、《长江中下游地区干旱将使松毛虫等食叶害虫和松褐天牛危害加重》预警信息。二是为有关部门提供有害生物发生动态信息。编发4期《虫情快讯》、2期《农林病虫害气象等级预报》，为国家发展和改革委员会、财政部及各省级林业部门提供了参考。三是发布警示通报。针对部分地区出现新的林业有害生物疫情，国家林业局重大生物灾害防治指挥部向全国发布了《新疆首次发现扶桑绵粉蚧》和《我国松材线虫病仍呈跳跃式传播态势》警示通报，要求各地做好监测预警工作。此外，四川、重庆、广西、湖北、江西、辽宁、甘肃、广东等省市根据当地林业有害生物发生态势也发布了林业有害生物预警信息。

4. 应对气候变化，开展技术研究。针对当前气候变化引发林业生物灾害频发的态势，开展了国家林业公益性行业科研专项——“气候变化对林业生物灾害影响及适应对策研究”，取得丰硕成果，研究人员分析了气候变化对全国主要林业生物灾害的影响，建立了气候因子与有害生物发生预测数学模型，评估发布了气候变化背景下我国林业生物灾害损失，开发了林业生物灾害预警系统，并提出了林业有害生物防治工作应对气候变化的对策和措施，完成了专著《气候变化对林业生物灾害影响及适应对策》初稿，部分成果已在生产中推广应用。

三、我国林业生物灾害监测预警工作存在的主要问题

目前,我国林业生物灾害监测预警工作虽取得了长足进步,但仍存在着一些不足和问题,主要有:

1. 监测网络不够健全。从全国监测预报网络来看,国家、省、市三级森防机构人员一般相对稳定,技术力量也较强,结构和数量较为合理。但是一些市、县的森防机构不独立,与其他林业部门合署办公,没有配备专职测报员。基层林业生物灾害监测人员严重不足,队伍不稳定,业务素质有待于进一步提高。林业有害生物防治机构现有人员经常被抽调去进行其他工作,乡镇林业工作站没有能力承担监测任务,林业生物灾害监测预报工作得不到必要的保证。由于基层测报点的人力有限,财力不足,为了完成任务,只能在规定的目标范围内完成工作任务。

2. 监测预报手段相对滞后。随着科技的发展,新技术、新方法不断出现,林业生物灾害监测预报手段也需要不断提高技术含量。近年来,我国加快了对性信息素引诱剂和灯光诱集等监测技术的成型、应用,开展了GIS地面定位调查和航空航天遥感监测等新技术的开发和试点工作,以提高林业生物灾害的监测技术水平。但是,目前这些技术尚处于尝试和探索阶段,距实用和普及应用还有一定的距离,特别是鼠兔害、钻蛀性害虫等有害生物监测,仍然采用传统的人工调查,监测技术相对落后。

3. 监测预报设施设备相对不足。近年来,虽然国家加大了对林业生物灾害监测预报体系基础设施建设投资力度,但大多数县级森防机构基础设施还比较落后,机械化程度低,更缺少必要的交通工具,实施科学监测能力差,不能满足工作开展的实际需要。我国的森林资源大多分布在边远山区,经济相对落后,基础设施不足,交通十分不便,有些地方甚至连照明电都没有,灯光引诱等相对先进的监测措施无法开展,林业生物灾害监测预报工作只能采取传统地面人工调查技术,费工费时,准确率低下。已建成的国家级中心测报点虽然配备了大部分监测设备,但应用几年之后,也存在更新换代的问题。

四、加强林业生物灾害监测预警工作的对策和建议

林业生物灾害作为自然生物灾害,是“不冒烟的森林火灾”。林业生物灾害监

测预警工作，是一项为政府和社会提供疫情信息的公益性工作，是灾害有效防治、适时预防和科学除治基础性的重要工作。加强林业生物灾害监测预警，做好林业生物灾害监测预警工作，是遏制当前我国林业生物灾害高发态势，实现主动控灾的迫切需要。

1. 健全监测预警网络。要根据全国林业有害生物发生分布的现状，建立健全以国家林业生物灾害监测预警中心、国家级中心测报点为骨干，省级测报中心、市、县测报机构以及乡镇基层监测点为补充的国家、省、市、县四级监测预警网络，形成网络完善、布局合理、运行高效的林业生物灾害监测预警体系，全面有效开展监测预警工作，切实提高监测预警水平。

2. 加大资金投入。当前应重点推进监测预警信息化建设进程，实现林业生物灾害信息采集、传输、处理的规范化、数字化、智能化、可视化，力争早日建成以数据采集、数据传输、数据处理、分析决策、预警发布等子系统组成的林业生物灾害监测预警信息综合管理系统。此外，还应进行监测预警设施设备的更新换代，以满足现有工作的需要。

3. 加强人员培训。各级监测预警机构要进一步增强工作的责任感和使命感，加强监测预警岗位的培训，全面提高队伍的整体素质，以适应林业生物灾害监测预警工作发展的需要。在机构改革过程中，应重视保持监测预警人员的稳定，保证稳定的经费来源。

4. 加强技术研究。在全面开展林业生物灾害普查、摸清家底的基础上，要分门别类地掌握主要有害生物种类的发生和危害规律，通过对现有科技成果总结、整理和筛选，组装配套，科学指导监测预警工作的开展。同时要进一步加大科技成果转化力度，应用于生产实践，并在实践中进一步完善，提高监测预警工作科技含量。要加大科研力度，着力解决现有监测预警工作中存在的技术瓶颈。并积极引进国际先进技术。

（由国家林业局组织供稿）

加强气象监测　服务海西建设

2010年，福建省气象部门立足海西建设大局，重点强化气象应急监测预警，气象防灾减灾和应对气候变化工作水平不断提高。2010年启动4次Ⅳ级、4次Ⅲ级和2次Ⅱ级应急响应，及时派出现场工作组赶赴受影响或预计受影响区域，全力做好气象监测预警和应急服务，特别是在2010年6月的连续性暴雨过程、"第五届全国特奥运动会"、"第十四届省运会"等应急气象服务工作中，全省气象部门应急保障反应迅速、措施得当，圆满完成了应急保障各项任务。

一、加强灾害气象监测报告

2010年，省气象部门组织开展了海峡两岸暴雨和台风加密观测，全省加密高空探测次数共计22次；完成制作《决策服务关注重点》28期，灾害性天气过程影响评估产品43期，报送《重要天气预警报告》166期，《重要气象信息专报》119期，《短时强天气报告》365期，《重要专题气象服务》与《专题气象服务》177期，省气象台对外发布各种预警信息353份，发送公益短信586条，接收达到了8 200多万人次。2010年6月13～27日，福建省出现连续14天的暴雨天气过程，全省所有县市过程降水量均大于100毫米，共有59个县(市、区)的737个乡镇超过250毫米(主要分布在内陆地区和中部沿海地区)，其中内陆地区共有25县(市、区)155个乡镇超过500毫米(主要分布在南平和三明两市)，以建宁樱桃岭的857.7毫米最大。三个雨量集中区分别在武夷山至光泽一带、建宁至泰宁一带和顺昌至南平一带，整个降水过程时间长、强度高、面积大，为历史罕见。面对罕见的连续性暴雨天气过程，全省气象部门积极应对，全力以赴为地方政府和广大民众提供科学的气象服务。从13日夜里开始，在雨势较强和各地抢险救灾关键时刻，省气象台和各有关市气象局坚持每1～2小时制作一期临近预报，为各级政府和相关部门抢险救灾提供了科学的决策依据。整个暴雨过程，省气象台制作发送了164期短时临近强降水天气报告，南平市气象局、三明市气象局分别制作发送了137期和95期短时临近预报。据统计，从6月12～27日，省气象台共发布40次暴雨警报、15次地质灾害气象条件预警等级预报、20次雷电预警信号、57次暴雨预警信号，164

期《短时强降水天气报告》、33 期《重要天气预警报告》、8 期《重要天气省领导专报》、6 期《重要气象信息专报》;共制作预警短信 91 条,全省接收预警短信达 4 000 多万人次,为省委、省政府领导科学决策发挥了作用。

二、建立气象应急联防机制

1997 年,省气象局成立了总值班室以来,作为福建省气象局应急管理办公室的日常工作机构,在信息汇总、沟通上下、协调左右、联系内外方面,发挥了枢纽和窗口作用。各级气象部门加强与地方党委、政府及各部门间应急联动,与各级防汛、国土、环保、建设、交通、农业、林业、水利、海洋与渔业、卫生、广电、安监、旅游、海事、通信、电力、铁路、民航等部门建立了协作机制,通过电话、传真、网络和手机短信互相传递信息,实现信息共享,提高应对突发事件合力,使"政府主导、部门联动、社会参与"的气象灾害防御体系更加完善、更加有效。

三、加强气象应急装备建设

2010 年,省气象部门投入 300 多万元加强气象应急装备建设,建成了应急移动通信指挥平台并投入使用,加上已建成的一部移动 X 波段天气雷达、一部移动 L 波段探空雷达和全省各地移动地面观测系统,形成了较完整的气象应急监测和通信系统。经过多年来气象现代化建设,截至目前,全省气象部门已建成新一代天气雷达 5 部、区域自动气象站 1 050 个,新建了 1 个海洋气象探测基地(厦门)和 2 个海洋气象观测站(三沙、平潭)、3 个大型海洋浮标站和一批海岛站、渔排站和船载自动站;建成了省—市—县三级远程视频天气会商系统和气象通信网络系统,建立了重大气象灾害监测预警和其他突发事件气象应急保障的联合会商机制;建立了中尺度数值预报业务系统,模式分辨率提高到 3km,预报时效延长到 72 小时,开展雷达定量降水和短时临近预报预警业务,大大提高了台风、暴雨等灾害性天气的预报准确率和精细化水平,为气象灾害应急监测预警提供了坚实的基础。

四、做好气象信息发布工作

截至 2010 年底,全省各级气象部门初步建立了基于广播、电视、手机短信、

12121气象信息自动答询系统、网站、电子显示屏、农村大喇叭等发布方式的综合气象信息发布网络,气象预警信息覆盖面达90%以上;建立了气象灾害预警信号制作与自动发布系统,手机气象短信用户发展到600多万,省级气象影视节目每日播出时长保持在100分钟以上。同时,省气象部门开展了"厦金"航线海上专项气象预报,开播台湾海峡渔业气象电台广播节目,为广大渔民及时提供海上天气预警和服务信息,应急期间滚动播出天气预警信息,深受海峡两岸和广大渔民的好评。加强了农村地区的气象预警信息员队伍建设,目前全省已建立了近4万名的气象信息员队伍,其中农村信息员超2万名,在气象应急服务农村、农民、农业方面发挥了重要作用。2010年6月13～27日福建省出现连续14天的暴雨天气过程,省气象部门共发布703次预警信号,并制作预警短信2 637条,接收预警短信达249万人次,并通过气象信息员传播预警信息达36 222条,反馈气象情报292条,为拓宽预警信息覆盖面和及时获取灾害信息起到了积极的作用。

五、强化气象监测应急保障

为保障气象监测设备和通讯网络的正常运行,省气象局成立了设备和通讯网络保障小组,可以全天候监控,用最短时间抢修好设备,确保气象信息传输畅通。在2010年6月暴雨期间,省气象局先后派工作组前往长乐雷达站、建阳雷达站现场保障,协助各市县进行自动站抢修。市县气象部门也成立了临时保障小组,确保自动站、新一代天气雷达、通信网络等正常运行。在南平市部分地区因灾停水停电、通讯中断情况下,省气象局启动应急通信方式,保证资料传输,并立即派气象应急小分队和气象应急车前往灾区开展通讯保障工作。同时,各级气象部门还及时为抢险救灾点提供点对点的短时临近预报服务,如为南昌铁路局南平工务段抢修铁路提供每两小时滚动的短时临近预报服务;为尤溪县古滑坡群体联合乡下云村泥石流地质灾害点前线指挥部提供短时临近预报服务;20日,延平区南山镇水库出现重大险情,下游7个行政村8 700多名群众的生命财产安全受到威胁,气象部门迅速加强了南山镇库区天气的监测,每小时对灾害点天气做出短时临近预报,通过短信预警平台,分别向救灾指挥部、防汛办、南山镇抢险救灾人员发送。及时准确的短时临近预报服务为防抗气象灾害赢得了宝贵的时间。

六、加强岗位培训与演练

2010年,省气象部门组织全省气象台站开展主通信(SDH专线)和辅助通信(3G无线)两网切换业务应急演练、雷电灾害事故应急演练等。各地(市)气象部门组织和参与各类演练10多次。同时举办了全省气象部门应急管理培训班,进一步增强了基层气象应急人员的应急意识,提升了监测预警应急水平。此外,还召开灾害性天气预报技术分析和气象应急保障服务总结会,查找薄弱环节并及时整改,总结好的经验和做法,修订完善应急预案及应急气象服务流程,进一步提升全省气象部门应急管理水平,提高气象灾害应急工作的科学性。

(由福建省政府应急办、福建省气象局组织供稿)

5 应急平台建设

陕西省应急平台体系建设实践与体会

一、应急平台体系建设基本情况

应急平台体系建设是应急管理的一项基础性工作，对于建立健全统一指挥、反应灵敏、运转高效的应急机制，预防和应对自然灾害、事故灾难、公共卫生和社会安全事件，减少突发事件造成的损失，具有重要意义。

“十一五”以来，陕西省应急办按照《陕西省人民政府办公厅关于陕西省应急平台体系建设的指导意见》(陕政办〔2009〕29号)的要求，以高效应对突发事件为目标，以工作需求为指引，按照“统一规划、整合资源、突出重点、分步实施”的原则，稳步推进全省应急平台体系建设工作，主要做了以下几方面的工作。

(一)全面规划指导全省应急平台体系建设工作

2007年，在编制《“十一五”期间陕西省突发事件应急体系建设规划》时，将应急平台体系建设项目列入到15个重点建设项目中，从固定平台、移动平台、综合应用系统等多方面全面统筹设计我省应急平台建设项目，通过重点建设项目的实施，确保全省应急平台体系建设任务的完成。

2008年，组织编制了《陕西省应急平台体系建设项目可行性研究报告》，从省级应急平台、市级应急平台、县级应急平台、移动应急平台、综合应用系统研发和部门应急平台互联互通方案等方面对全省应急平台体系建设进行总体规划设计，并在资金上对市级平台建设进行了统筹考虑，初步搭建以省级应急平台为枢纽，以各设区市级应急平台和省级有关部门、直属机构应急平台为节点，以县级应急平台为端点，建设上下贯通、左右衔接、互联互通、信息共享、互有侧重、互为支撑、安全畅通的全省应急平台体系，重点实现综合协调、监测监控、预测预警、信息报告、综合研判、指挥调度、异地会商、辅助决策、现场图像采集等主要功能，满足全省应急管理工作的需要。

同时，近几年来，省应急办分别下发了《陕西省人民政府办公厅关于陕西省应急平台体系建设的指导意见》、《陕西省移动应急平台 IP 地址规划(试行)的通知》、《陕西省应急平台信息资源分类与编码规范》、《陕西省应急平台数据库表结构规范》、《陕西省人民政府办公厅关于组织开展应急专题数据采集工作的通知》、《陕西省人民政府办公厅关于开展市级应急移动平台建设的通知》等一系列文件，规范、指导全省应急平台体系建设工作。

(二)省级应急固定平台建设

截至 2011 年 7 月，省级应急平台建设工作基本完成。建成了图像显示系统、视频会议系统、有线语音调度系统、综合应用系统、集中控制系统、无线集群通信系统。实现了与 10 个设区市、杨凌示范区和省级 40 多个部门的互联互通，在应急值守、处置突发事件中发挥了显著成效。每个工作日上午 9：30，省应急办通过视频会议系统对全省政务值班和应急值守情况进行视频点名，既检查了值守情况和设备运行情况，也加强了省应急办和各市、各部门的联系。2008 年冰雪灾害和“5·12”汶川特大地震等重特大突发事件时，省应急平台在视频会商、综合调度、综合研判方面发挥了重要作用。国务院应急办对我省应急平台建设充分肯定，在 2007 年我省举办的全国各省区市和计划单列市应急办主任研讨班期间，专门组织参观我省应急平台。全国近 30 个省、市、自治区多次来我省参观考察平台建设情况。

(三)全省应急移动平台建设

2008 年以来，通过广泛查阅资料，了解测试设备，汲取成功案例，企业实地调研，组织专家评审、完善技术方案、公开招标等重要程序，分别在 2010 年和 2011 年分两批建设完成了全省应急移动平台体系建设，包括 1 座省级中心基站、3 台省级移动应急指挥车和 10 台设区市级移动应急指挥车组成。省市移动应急平台分别安装有 VSAT 卫星通信系统、短波电台通信系统、无线集群通信系统、3G(EVDO)通信系统、语音调度系统、视频会议系统、单兵图像采集系统等，能够在“全天候情况下”实现突发事件现场与省、市级固定应急平台之间的语音、图像、数据的实时交互与传输，为突发事件的高效指挥提供技术支撑。

(四)应急体系地理信息(GIS)平台建设

从 2008 年开始，在省应急办与省测绘局的共同努力下，依据国务院应急办的统一编码标准，开发建设了陕西省应急体系地理信息平台，主要有辅助决策子系统、三维指挥子系统、运维管理子系统、数据维护子系统、共享交换子系统、移动终端子系统等功能模块。该平台在网络环境下利用地理信息系统、遥感、三维仿真、远程通信等技术，结合我省应急管理工作的业务需求，构建集应急专题数据管理、信息更新、动态分析、决策支持为一体的应急指挥地理信息系统，为有序组织抢险救灾、快速进行灾情评估提供准确、翔实的信息，快速高效应对突发事件提供可视化科学决策平台。作为核心系统的辅助决策子系统具有专题查询、事件处理、案例参考、预案参考、知识参考等模块，能够实现应急专题数据的展示、快速查询与定位；应急事件的处置与评估；应急案例、预案、知识的查询展示等功能。为了确保GIS平台发挥作用，2009年下半年，省应急办会同省测绘局，利用3个多月的时间，前往省级34个部门开展应急专题数据采集工作，共采集专题数据近44万条；2010年，在渭南市开展了市级应急管理专题数据的采集试点工作，试点工作结束后，专题报告省政府领导，娄勤俭常务副省长对此作了重要批示。

(五)应急值守管理系统建设

2009年5月，根据我省应急值守工作流程开发的陕西省应急值守管理系统投入运行，包括值班工作记录、值班要情、文电拟办单、接送航班/火车、陕西值班信息、周工作安排等七个功能模块。应急值守管理系统的使用，实现了应急值守工作的数据化管理，增强了应急值守工作的系统性、准确性、继承性和精细化水平，初步实现了应急管理工作从纸质办公向电子办公的转换，为应急预案电子化和应急辅助决策系统提供了基础支撑。2009年—2011年5月，省应急办组织开发了省、市、县三级应急值守管理系统，2011年上半年在商洛市进行了三级平台的试点工作，2011年11月底将完成了全省值守管理系统的部署工作，将极大地提高我省应急值守工作的效率和管理水平。

(六)应急手机信息平台建设

基于电信3G通信网络开发的陕西省应急手机信息平台共有通讯录、值班要情、周工作安排、图像采集、视频监控、综合信息、GIS领航7个模块，于2009年7月开始为省政府领导提供常态与非常态下专业服务，实现全省正处级以上领导干部电话的查询，值班要情的实时浏览批示，领导周工作安排的查阅，固定、移动监控图像的实时浏览等功能，极大地提高了应急管理工作的效率和突发事件的响应速度,为领导处置突发事件辅助决策提供及时有效服务。

(七)应急语音调度平台建设

充分利用省应急指挥中心一期建成的基础支撑平台,以省应急指挥中心为主,为全省应急管理系统建设包括网络、硬件、软件整体构成的一个基础应急语音调度平台,能够实现来电信息显示、号薄管理、一键呼出、录音回放、指挥调度(包括电话呼叫、广播会议、多方会议、电话转接、强拆强插、监听、拦截、保持取回等内容)和语音短信、分机管理、黑名单等功能,进一步增强了突发事件的指挥效率。

(八)其他应急平台体系建设情况

近几年来,我省各设区市、省级有关部门也在积极推进应急平台建设工作。西安、榆林已初步建成了市级应急指挥平台,宝鸡、铜川、渭南、商洛市级应急指挥平台建设工作已经启动。省公安厅、省卫生厅、省水利厅、省气象局、省地震局也在近几年做了大量的工作,取得了一定的成绩。

二、应急平台体系建设的几点体会

近年来,陕西省应急办在建设应急平台过程中,不断总结经验,创新工作思路,自我完善机制,逐渐形成了规范、系统的工作模式,取得了一些成绩。有以下几点体会:

(一)领导重视

没有不重视工作的领导,更没有不重视应急管理工作的领导。关键是如何让领导重视,如何让领导不得不重视。为此,我们在规划编制、项目实施、科普宣教等重点工作推进时,始终坚持“精心策划、明确思路,深入调研、科学论证,规范流程、制订方案,突出重点、富有成效”的工作思路,让领导觉得我们做事可信、可行,可靠。我省已连续7年召开全省应急管理工作会议,每次省政府主要领导和分管领导都到会讲话。赵正永省长多次亲临省政府应急指挥中心,检查应急管理工作。娄勤俭常务副省长主持召开专题会议,研究推进全省应急平台建设工作。目前,全省各级应急管理办事机构不断加强,人员不断充实;省应急办现设3个处28名工作人员,工作人数位居全国第三。

(二)需求引导

在应急平台体系建设中,硬件建设以应对巨灾为需求,以同时处置两起重特大突发事件为目标，部署了专用机房、三路供电、卫星地面站和网管、专用语音交换系统、3G移动基站等关键设备，实现“人无我有，人有我优、人弱我强”。软件建设方面，从工作流程出发、以规章制度为标准，以需求为引导，以效率为目标，组织研发了值守管理系统、手机信息系统、语音调度系统、地理信息系统等，在应对冰雪灾害、“5·12”汶川特大地震、抗洪抢险等重特大自然灾害和西安“世园会”、“天宫一号”整流罩回收等重大活动中发挥了重要作用。

（三）以我为主

近年来的实践告诉我们，在编制实施规划、推进应急体系建设等方面，必须坚持以各级应急管理机构为主的工作思路。我省在编制实施规划及应急体系建设过程中，均由应急办牵头，提出思路、制订方案、组织实施、督促检查、评估验收。例如，在我省应急平台建设过程中，省应急办专门成立了攻坚小组，连续3个月，坚持每天召开现场会，讨论修改建设方案，不放过任何细节，形成修改意见300多条，会议纪要80多个，确保我们的需求都落到实处，确保平台的先进性、稳定性、实用性。

（四）多方合作

应急管理工作要上台阶、上水平，必须要有开放的思路、开放的平台。近年来，我们注重与高校和科研机构的合作，与企业的合作，与先进国家和台湾地区的合作，开展应急培训、课题研究、技术攻关、工作交流。例如，在平台建设中，按照“政企共建、合作双赢、成果共享”的原则和“驻店式”开发的模式，企业无偿投资建设视频会议系统和语音交换系统；省应急办和企业组成团队，共同研发手机信息系统、值守管理系统和语音调度系统，已在实际工作中发挥重要作用，具有较高的推广价值。

近年来，陕西省应急管理工作取得了一些成绩，但是与国务院和省委、省政府的要求以及陕西人民的期望还有差距，我们将认真学习兄弟省区市的先进经验，开拓创新、勤奋工作，为“让陕西更和谐”作出新的更大的贡献！

（由陕西省政府应急办组织供稿）

整合资源　构筑平台　完善机制
积极探索公共安全和社会管理新模式

加强和创新社会管理，是党中央、国务院从全局和战略的高度作出的一项重大决策部署。应急管理作为社会管理的重要组成部分，也是加强和创新社会管理的一项主要内容。如何加强和创新应急管理工作，不断提高综合预防和应对突发事件的能力，已成为各级党委政府坚持安全发展、实现科学发展必须重视和解决的一个重大课题。近年来，河北省唐山市古冶区强化政府职能转变，积极探索加强公共安全和社会管理服务的新思路、新方法，依托应急指挥平台，将应急处置、科技防范(社会治安)、城乡管理、便民服务(12345 市民热线)和作风效能督查"五网合一"，构建了"智能集成式"应急管理体系，形成了党委领导、政府负责、社会协同、公众参与的社会管理格局，打造了 24 小时不下班的服务型政府，为社会和谐发展奠定了坚实的基础。

一、整合资源，力求应急管理、社会服务集约化

古冶区是依托开滦煤矿建立起来的具有百年采煤历史的老工矿区，总面积 248 平方公里，人口 36.2 万，境内有开滦、唐钢等市属以上企业 22 家，是产业工人的聚集区，也是城市贫困人口聚集区，以前矿难事故、治安案件、刑事案件时有发生，公共安全形势比较严峻，社会管理任务十分繁重。

1999 年以来，古冶区开始陆续建立了政府应急处置办公室、科技防范(社会治安)办公室、城乡管理办公室、12345 市民热线和作风效能建设办公室等机构，但由于归属单位、办公地点不统一，形成了"各吹各的号，各唱各的调"的不协调局面，社会管理效率不高。为切实加强和创新社会管理，2009 年 8 月，古冶区将区政府应急办公室、城乡一体化服务管理信息系统古冶分中心、12345 市民公共服务热线古冶分中心等部门进行整合，成立正科级事业单位，挂牌古冶区人民政府应急办公室、古冶区应急救援(科技防范)指挥中心、古冶区作风效能视频监控督查中心(以下简称中心)，3 个机构 1 套人马，设主任 1 名、副主任 1 名、兼职副主任 2 名，下设 5 个科室，专职工作人员 35 名。通过将以往机构相对独立、工作关系互不隶

属、职能分工各不相同、办公地点不在一地等行政资源进行有效整合，从而构建了“五网合一”的“智能集成式”应急指挥协调和社会管理服务体系。

为切实发挥中心应急管理和社会服务综合效能，一是中心按照统一接报、分级处理的原则，将政府关心、群众关注的公共事业、交通管理、工商税务、劳动保障、食品安全等14大类140小项内容进行分类管理，并将这些内容细化至每个责任单位和责任人，做到每项工作有据可依，事事有所诉、必有应。二是中心通过视频发现、12345热线电话、市热线转派、访客当面诉求、网络筛查、基层巡查员和廉政使者上报反映七个渠道，对各种信息进行收集，并及时交由职能部门对口办理。如果职能部门未按规定时限完成交办事项，纪检监察部门对延误处理事项立案受理，进行分析核查、定性问责、依规处理。三是中心定期对坐席工作人员、城市巡查员、农村信息员、廉政使者以及各应急专业救援队进行系统培训，定期组织开展应急演练活动，锻炼提高各级指挥员、应急管理队伍以及应急救援人员的实际工作能力，丰富实战经验，不断提高应对和处置突发事件及参与社会管理服务的专业化水平。

二、构筑平台，力求应急管理、社会服务科技化

应急指挥平台是各级政府指挥处置突发事件的主控室，古冶区下大力量开展了应急指挥平台系统建设。2009年以来，先后投入2 500万元，建成并逐步完善了集突发事件指挥处置、社会治安科技防范、城乡管理和便民服务以及作风效能督查于一体的综合信息管理和服务平台——古冶区应急救援指挥平台。应急平台将视频实时监控、GPS全球定位、3G无线网络、视频单兵设备、手机彩信等现代智能科技手段，充分运用到预防和处置突发事件以及社会管理服务的各个层面、各个区域，进一步提升了社会管理工作的科学化水平，增强了突发事件应对处置和应急救援能力，提高了城市公共安全管理水平和行政机关的工作效能。

为充分发挥应急指挥平台的指挥调度功能，一是在56家责任单位铺设专线与区应急救援指挥平台联网，实现互联互通，构建互动网络，使全区各相关职能部门和驻区各大企业在加强社会管理服务和应对处置突发事件过程中做到资源共享、信息互通、统一指挥、协调联动。二是面向社会各界筛选不同层面、不同技能的具有强烈责任感和事业心的人员，组建了由74名城市巡查员、122名农村信息员以及1 800名廉政使者组成的信息反馈队伍，及时报送各类突发事件和社会安

全信息。三是加强应急救援力量建设,在城建、卫生、房管、广电、自来水、供电、燃气、热力以及通信等部门分别组建了26支专业应急救援队伍,配备48辆安装GPS定位系统的应急抢险车,每支分队至少由15名精干队员组成,统一队伍标识、服装和车辆标志,由区应急救援中心统一指挥、统一调度。

古冶区应急指挥平台的建立,为迅速处置各类突发事件提供了保障,实现了"有急能应,有应能赢",成功处置燃气泄漏、光缆挖断、库房失火等各类应急突发事件195件,保护了人民群众的生命和财产安全,有效降低了突发事件的损失和影响。

三、完善机制,力求应急管理、社会服务特色化

古冶区紧密立足本地实际,不断完善工作机制,积极推进应急管理与各项社会服务相结合的"板块式"特色化社会管理模式。

(一)应急管理与治安防范相结合

古冶区将应急管理工作同社会治安科技防范体系建设有机的结合起来,投资1 500万元,建立了覆盖全区重点路段、主要路口、人员密集场所的视频监控系统,视频资料自动存储15天,满足全区社会治安管理、应急管理和公共管理的需要。在固定视频监控设备不能覆盖的区域,应急处置人员通过移动视频监控单兵器材,利用3G无线网络和互联网,将现场视频信号实时传输至指挥中心,以实现视频监控全覆盖。实行"视频监控划片包点7×24小时不间断监控法",将摄像头按城区划分成南范(吕家坨)、林西、古冶、赵各庄、卑家店、北范、唐家庄等7片,每片专人监控。通过指挥中心监控系统,处理诸如走失、斗殴、盗窃、抢劫等民事、刑事案件192起,极大地震慑了犯罪分子,形成了良好的治安氛围,全区刑事案件发案率同比下降12.7%。该区充分利用视频监控稳妥处置群体性事件,如发现群众聚集现象,立即指挥相关部门的工作人员第一时间赶赴现场、了解情况、稳妥处置群众生产、生活中的难点问题,把矛盾化解在初期、消除在萌芽。仅2010年,就处理群众集体上访事件36起。全区信访总量同比下降29%,赴市以上集体访和非正常上访同比下降40%和30%。

(二)应急管理与公共服务相结合

通过整合唐山市12345市民公共服务热线古冶分中心,架起群众向政府反映

民声和民意的桥梁，24小时接听群众热线电话，协调解决百姓生产、生活中的困难和问题，为群众提供便利的政务和咨询服务。目前，市民有了困难、发现身边的问题，便会拨打“12345热线”表达诉求。共受理群众来电24 515件，立案22 536件，解决22 508件，正在办理28件，其中解决涉及开滦、唐钢等驻区省、市属大厂企的案件5 683件。群众反映的各类问题类别达到268项，做到了“群众无小事，件件有回音”，涉及群众的衣、食、住、行难题，按照时限，市政府考核案件办结率达100%，提升了政府形象，赢得了人民群众的拥护。

（三）应急管理与城乡管理相结合

古冶区专门成立了城市巡查员和农村信息员队伍，队员191名；在各单位设立廉政使者工作站，廉政使者1 600名，参与城乡管理；同时通过视频监控系统，指挥中心将发现的各类城市管理问题，进行录像、拍照，并按照市政设施、违章车辆、交通事故、市容市貌、井盖损毁等68种城市管理问题，进行分类汇总，及时通报公安、交通、交警、住建、综合执法等部门，为执法部门处理事件提供依据。现已受理包括巡查员、信息员、廉政使者上报的市政设施损坏等案件3 330件，已完成3 298件。处罚闯红灯、醉酒驾驶、无牌无证、超速行驶、违章停车等违法车辆5 328辆次，起到了很强的警示教育作用。

（四）应急管理与舆论引导相结合

古冶区充分发挥视频监控全天候功能，挖掘其警示、激励和教育作用。结合道路交通安全专项治理、新林道创建文明示范商业街活动和提升城区道路整体环境攻坚行动等，将视频监控中影响交通秩序、破坏环境卫生和不遵守社会公德等不文明行为记录。在区电视台《曝光台》栏目和城区繁华地段设立的“曝光栏”，通过视频回放、拍照展示等形式予以曝光，加大处罚，给予训诫；通过视频监控与现场锁定相结合的方式，组织开展“爱护公共环境、寻找文明市民”实践活动，在城区主干道、商业街、公交车场和公园广场等公共场所，寻找并发现主动捡拾脚下垃圾、爱护公物、助人为乐等行为的市民，通过电视台《文明·新风》栏目和古冶区文明网等大力宣传，引导和规范广大市民从自身做起、从小事做起，养成文明行为习惯，提升市民综合素质。

（五）应急管理与学研训演相结合

古冶区政府应急办针对区域特点，专门设立了“科技战略综合科”，成立专项课题研究组，申报科研课题，围绕应急管理、社会治安科技防范、城乡管理、公共服务、作风效能等项工作与河北行政学院、国家地震局下属的防灾科技学院等高校联合对接，建立“应急管理教学科研基地”，每年接纳高校师生来中心实习、调研，在应急管理科研理论探索、实践等方面，形成一体化格局。同时，充分发挥应急指挥综合信息平台作用，积极开展“七定”活动，即“定期组织区内科级以上干部应急管理知识培训、定期开展应急知识宣传、定期更新应急组织机构、定期更新应急预案库、定期更新专家库、定期检查应急避难场所、定期勘查应急物资储备”。根据区情不断建立健全社会管理处理机制，研究制定区域防灾减灾规划，提高保障公共安全和抵御风险能力，提升居民应急避难和自救互救能力，强力推进社会管理的创新，打造“智能集成板”式县区级应急管理新机制，确保社会更加和谐稳定。

（由河北省政府应急办组织供稿）

6 应急救援队伍建设

国家矿山应急救援队建设

根据《国务院关于进一步加强企业安全生产工作的通知》(国发〔2010〕23 号)精神，遵照国务院、国家安全生产监督管理总局领导同志的重要指示和要求，着眼适应加快转变经济发展方式的新形势和构建“反应迅速、机动灵活、处置高效”的应急救援体系新任务，全面提高我国矿山应急救援能力，近年来国家安全生产应急救援指挥中心组织开展了国家矿山应急救援队(以下简称国家队)建设工作。依托优势企业建设一批国家级矿山应急救援队伍，在我国安全生产应急管理领域、尤其是矿山安全生产应急管理领域尚属首次。为使国家队建设定位准确、目标合理、基础稳固，我们坚持站在全国安全生产大局上谋划建设、统筹资源，全面加强推进国家队建设的各项研究工作，有力、有序、有效地指导了国家队建设实践。

一、统筹规划，稳步推进国家队建设

(一)编制国家队建设总体规划

在广泛调研的基础上，编制上报了《国家和区域矿山应急救援队建设项目建议书》，对全国矿山分布情况、矿山事故灾难特点、煤矿企业发展基础、矿山救援队伍建设状况和国家队建设目标原则、投资估算、运行管理等进行了深入研究，建议在华北、东北、华东、中南、西南、西北六大区域，依托相关优势企业建设开滦、大同、鹤岗、淮南、平顶山、芙蓉、靖远七支国家队，承担全国范围内重特大、特别复杂矿山事故救援任务，国家发展和改革委员会于 2011 年 1 月批复同意该建议书。在此基础上，编制了《国家矿山应急救援队建设项目初步设计(代可行性研究报告)》，对国家队建设进行了深度设计，于 2011 年 3 月上报国家发展和改革委员会，接受了中国国际工程咨询公司、国家投资项目评审中心的评估评审，落实建设资金约 8 亿元。

(二)制定国家队建设总体方案

国家队建设是一项全新的实践活动,没有现成的经验可循。为确保国家队建设从一开始就有较高的起点和较强的规范性,加快形成应急救援实战能力,依据国家发展和改革委员会关于国家和区域矿山应急救援队建设项目建议书的批复,对国家队建设进行全面筹划和设计,研究制定了《国家矿山应急救援队建设总体方案》,进一步明确了国家队建设的指导思想、目标原则、功能定位、重点任务、工程进度、标准要求、保障措施。2011 年 3 月总体方案经国家安全生产监督管理总局局长办公会研究通过并以国务院安委办的名义下发实施。

(三)加强国家队建设试点工作

国家队建设是一项复杂的系统工程。着眼探索特点规律、确立建设标准、提高建设质量,按照国家队建设总体方案部署,组织开滦队、平顶山队和大同队展开建设试点工作,围绕形成"一套建设标准、一套制度规范、一套教育训练教材、一套应急行动预案、一套示范演练科目、一套基础设施"和具有自身特色的"六加一"试点成果,制定下发了《国家矿山应急救援开滦队"六加一"试点成果落实方案》,以体系化、标准化、系统化的要求对"六加一"试点成果进行了具体而详实的明确,既为国家队试点工作提供了基本遵循,也为其他矿山应急救援队伍建设提供了参考借鉴。

二、加强创新,用新理论指导国家队建设新实践

(一)建设指导上的创新

确立了国内领先、国际一流建设目标。坚持"统筹规划、分步实施、政企结合、条块结合",既强调"硬件"建设、又注重"软件"建设,全面协调地推进国家队基础设施、技术装备、制度机制、专业素质、作风纪律和综合保障建设;同时,学习借鉴世界主要采矿国家的先进经验,有重点地引进世界先进救援技术和装备,提高国家队建设的起点和层次,为全国矿山救援队伍建设探索路子、树立样板、确立标准。

(二)任务定位上的创新

确立了分区负责、整体联动的使命职责。按照华北、东北、华东、中南、西南、

西北六大区域明确了七个国家队的服务范围，提出了国家队主要承担全国范围内重特大、特别复杂矿山事故及相关灾害、事故灾难的应急救援任务，同时又明确了储备应急救援高层次人才、技术、装备及培训演练等任务，还强调了国家队在增强全民防灾意识、提高应对灾害能力方面担负的社会责任。

(三)队伍功能上的创新

确立了专兼结合、平战一体的建队理念。着眼国家队任务拓展和装备发展，在进一步加强现有矿山救护队伍建设的同时，通过与相关专业队伍签订救援协议的方式完善国家队抢险排水、救援钻探、医疗院前急救和救援技术指导功能，实现了由单一的矿山救护队向综合性矿山救援队伍的重大转变，必将大大提高国家队执行重特大、特别复杂矿山事故救援任务的实战能力。

(四)救援能力上的创新

确立了快速救援、高效救援的要素指标。从国家队完成救援任务的实际需要出发，充分考虑国家队先进救援装备的配备及先进救援技术的运用情况，提出了国家队应具备的快速反应能力、应急机动能力、专业救援能力和综合保障能力，并对这“四种能力”的构成要素及衡量指标进行了定性定量明确，以作为国家队平时进行救援准备、战时衡量救援实效的具体参照。

(五)体制机制上的创新

确立了政企结合、统一规范的管理方式。进一步完善了国家队组织体系建设、基础设施建设、技术装备建设和信息系统建设标准，对人员、装备编制和内部机构设置提出了指导性要求，对国家队内务制度、应急行动预案和日常训练科目、实战演练科目进行了规范。坚持以任务为牵引，明确了国家队与规划服务区域内各级安全监管监察部门之间、与相关矿山事故救援力量和专家队伍之间应建立的各类工作制度。

(六)装备编配上的创新

确立了重点发展、配套储备的建设思路。在完善常规救援装备的同时，重点为国家队配备规程规定外的运输吊装、侦测搜寻、灭火与有害气体排放、排水、钻掘支护、模拟演练、通信指挥等7类专用救援设备，并根据服务范围内事故特点实行差别化配置。加强重要救援装备器材的储备管理，对钻探、排水等装备器材的重要部件实行备份制度，做到既能保证装备日常维护保养和专业训练需要，又能保证装备可随时成套调用执行救援任务需要。

(七)建设标准上的创新

确立了立足当前、着眼长远的建设体系。以矿山救护规程、矿山救护队质量标准化考核规范为基本依据，着眼满足国家队职能任务拓展、救援技术装备发展和救援事故灾难需求，对国家队一些重要的和关键的建设标准进行了适当的强化，从机构编配、基础设施、技术装备、通信信息、培训演练以及综合管理等方面提出具体的参照依据。

(八)建设模式上的创新

确立了多方参与、重点投入的建设机制。坚持把国家队建设作为安全生产的基础工程纳入国家安全生产发展规划、地区发展规划和依托企业发展战略，系统筹划设计，成体系配套化建设。探索了在国家队建设上实行国家对大型救援装备给予重点投入、地方政府在资源保障和政策制度上给予必要支持、依托企业实施常态化建设管理的新路子，形成了建设合力，提高了建设效益。

三、注重实效，加强了对国家队建设的指导

(一)确立了国家队建设布局

国家队建设项目建议书和初步设计(代可行性研究报告)紧密结合我国矿山事故灾害救援特点，确定在华北、东北、华东、中南、西南、西北六大区域各建设1个实力最强、现代化水平最高的国家队，作为规划服务区域内应对矿山事故灾难的中坚力量；着眼应对日益严重的深井水害事故，明确由开滦集团承担全国范围内深井排水救援和矿山救援指挥员实训演练任务，形成了在全国范围内有效救援重特大、特别复杂矿山事故的力量布局。

(二)强化了国家队建设重点

国家队建设总体方案立足于矿山救援队伍的全面建设和长远发展，系统筹划部署了国家队建设的重点，明确提出了充实救援力量、完善指挥系统、加强装备建设、配套基础设施、规范规章制度、修订应急预案、强化培训演练、培养思想作风、抓好综合保障等九项建设任务。积极推进开滦、平顶山、大同队试点工作，围绕形

成"六加一"试点成果组织各项建设，形成了重心突出、重点重抓的建设局面。

(三)区分了国家队建设责任

进一步落实了国家队依托企业在国家队建设中的主体责任，充分发挥依托企业在组织机构、人才队伍、常规装备、规章制度、救援能力和基础设施等建设中的主导作用，建立了国家队建设、管理、保障和运行的长效机制。按照事权划分的原则，进一步明确了中央与地方、政府与企业在国家队建设和运行中的相关职责，对国家队建设的投资渠道和保障条件进行了界定，实现了责任清晰、措施到位的要求。

(四)指导了国家队建设实践

国家队建设初步设计、总体方案和"六加一"试点成果落实方案出台后，为各地区、各部门组织国家队建设提供了基本依据，比较好地引导和规范了各项建设工作。按照有关建设方案的要求，国家队所在地各级人民政府及相关部门加强了组织领导，河北、山西、四川省主要领导明确指示要全力支持国家队建设，黑龙江、四川、山西等省安委会组织专家对国家队建设实施方案进行评审论证，各地区还在土地、经费和市政配套建设等方面给予了积极保障，确保国家队建设的顺利实施。各国家队依托企业认真按照总体部署，加强组织领导，加大建设投入，全面展开了各项建设工作。

(由国家安全生产应急救援指挥中心组织供稿)

我国地震救援队伍的发展与创新

2011年是我国地震救援队伍体系发展历程中不平凡的一年。中国国际救援队赴新西兰、日本等国家实施紧急救援任务，这是中国国际救援队首次赴经济发达国家执行国际救援任务，国家地震灾害紧急救援队成立十周年，能力建设大幅提高，武警部队抗灾救灾力量正式组建完成，地方各级地震救援队伍和志愿者队伍蓬勃发展，我国地震救援队伍法制化和标准化建设得到巩固和发展。以国家地震救援队为中坚、以地方各级地震救援队为骨干、志愿者队伍为补充的三位一体的地震紧急救援队伍体系初步完善。依托国家地震紧急救援训练基地，开展以地震救援为主的培训工作全面展开，地震救援训练教官队伍逐渐形成。

一、国家地震灾害紧急救援队圆满完成赴日本、新西兰地震救援任务

3月11日，日本东北部近海发生9.0级特大地震，并引发海啸和核泄漏，造成巨大灾难，引起国际社会高度关注。灾难发生后，肩负祖国和人民的重托，中国国际救援队一行15人迅速出动，紧急奔赴日本受灾最严重的岩手县大船渡市实施紧急救援，成为抵达现场最早、搜救行动持续时间最长的国际救援队之一。面对灾区十分艰苦的救援任务，救援队不顾强余震和海啸危险，不顾核辐射的威胁，不分国界地开展人道救援。

2月22日，新西兰南岛坎特伯雷市发生6.2级地震，新西兰第二大城市基督城遭受重创。中国国际救援队迅速派出一支由10名队员组成的救援队赶赴基督城。救援队不顾长途飞行的疲惫，努力搜救被埋人员，顶烈日、爬废墟，在最短时间内搜索出8具遇难者遗体，清理和排查了5处严重倒塌废墟。

在两次救援行动中，中国国际救援队以精湛的专业技能、良好的职业素养和顽强的拼博精神，出色地完成了救援任务，给受灾国和世界人民留下了深刻印象，得到了联合国及国际社会的高度评价。救援队的行动，体现了中国人民对受灾国人民的友好情谊，展示了我国在国际人道主义事务领域所发挥的重要作用，彰显了我国作为一个负责任大国的良好形象。

二、国家地震灾害紧急救援队成立十周年，能力建设得到显著提升

为全面总结回顾经验，发扬救援队十年来的成绩，进一步推动全国地震应急救援能力建设。国家地震灾害紧急救援队成立10周年座谈会在国务院小礼堂举行。国务院总理温家宝同志专门作出重要批示，指出国家地震灾害紧急救援队成立十年来，肩负崇高使命，在历次抢险救灾中，坚持生命至上，科学施救，不畏艰险，勇挑重担，做出了突出贡献，赢得了国内外高度赞誉。实践证明，这是一支技术精湛、作风顽强的队伍，是一支党和人民信得过的队伍。希望你们再接再厉，在今后的抢险救灾行动中做出更大的贡献。国务院副总理回良玉同志亲切接见救援队并发表重要讲话，希望救援队以十年取得的显著成绩为新的起点，牢记神圣使命，继续发扬特别能吃苦、特别能战斗的精神，坚持一专多能提高救援实战水平，在国内外紧急救援行动中再立新功，在加强我国抢险救灾和应急救援能力建设中发挥示范带动作用。

十年来，救援队始终坚持正确的政治方向，瞄准国际一流水平，贴近实战刻苦训练，迅速成长为国家应急救援体系的一支尖兵，实现了由一支新生力量向国际重型救援队伍的跨越式转变。十年来，国家救援队共执行了四川汶川、青海玉树等7次国内紧急救援任务，实施了阿尔及利亚、印尼、海地等9次国际人道主义紧急救援任务。2009年，中国国际救援队通过联合国国际救援队分级测评，获得联合国国际重型救援队资格认证。救援队取得的成绩得到了党和人民的充分肯定，得到了国际社会、受灾国政府和国民的高度评价和普遍赞誉。

党中央、国务院和中央军委明确指示，要进一步加强国家救援队能力建设。按照中央的部署，地震部门会同总参谋部等研究编制了国家救援队扩编方案，得到中央领导批准。队伍在原有222人的基础上扩编为480人，中央财政拨付专项资金1.1亿元强化队伍装备建设。2011年是救援队扩编后形成新的战斗力的关键一年，救援队坚持“中国特色、世界一流”的发展道路，抓住难得机遇，加快发展步伐。以10年取得的成绩为新的起点，谦虚谨慎、戒骄戒躁，不断强化政治意识、大局意识和使命意识。认真总结十年来的宝贵救援经验，坚持科学施救、一专多能，强化各种复杂条件下的训练。截止2011年底，救援队新增各类救援装备已到位，队伍基本具备了同时在3处复杂城市条件下异地开展救援的能力，也可以同

时在6处一般城市或9处乡镇地区实施救援行动。

三、武警部队抗灾救灾力量组建完成

2010年青海玉树地震后,遵照温家宝总理、回良玉副总理、孟建柱国务委员等国务院领导同志关于"加强武警部队抗震救灾应急救援力量建设"的重要指示精神,中国地震局和武警总部会同国家发展和改革委员会、财政部、民政部、水利部等部门共同研究提出了《加强武警部队抗灾救灾应急救援力量建设方案》,得到了国务院的批准,决定依托武警部队工化分队在全国组建33支、分布在各省(区、市)的抢险救援专业力量,中央财政拨付5.7亿元用于救援装备配置。

为进一步推进和加强武警部队抗灾救灾力量建设,6月30日,武警部队、中国地震局抗灾救灾力量建设会议在兰州召开,会议就武警部队工化中队形成抢险救援能力进行了部署。武警部队抗灾救灾力量的组建,标志着国家应急救援体系又新增了一支重要有生力量。为规范和指导武警部队应急救援力量建设,确保有效遂行抢险救援任务,武警部队和中国地震局联合印发了《关于武警部队抗灾救灾力量建设与使用的若干意见》。

会后,各地武警总队和地震部门认真贯彻落实会议精神,截止2011年底,已有大部分省区市举行了武警部队应急救援队挂牌仪式。此外,为尽快使武警部队抗灾救灾力量形成战斗力,从2010年11月至2011年9月,中国地震局利用国家地震紧急救援训练基地为武警部队的33支应急救援队骨干队员举办了4期地震救援培训班,培训学员300多人次。

四、地方各级地震救援队伍和志愿者队伍进一步发展壮大

2011年,在国家地震救援队的示范带动下,许多省区市也强化了地震救援队伍建设。一些省区市在原有队伍的基础上扩大队伍规模,云南由过去几百人,扩建为由解放军、武警和消防组成的约1 200人的地震专业救援总队,宁夏把原来70人的专业救援队伍扩充成300人。山西、江苏、安徽等省新组建了本地区第二支省级地震救援队。目前,目前所有省区市均已组建了省级地震救援队,总数达38支,力量约8 000人。此外,还有很多省区市整合当地应急救援力量,组建了包括地震专业救援队灾难的综合性应急救援队伍,地震救援队伍呈现多元化的趋势。

中日地震应急救援能力强化合作项目是中国地震局和日本国际协力机构合作开展的，旨在对省级地震救援队骨干进行系统培训，提高应急救援能力。项目开展以来，已对广东、山东、陕西和内蒙等省区以及大连市地震救援队进行示范培训，提高了省级地震救援能力建设。

市县地震救援队和社区志愿者队伍蓬勃发展。海南 18 个市县全部成立了地震灾害紧急救援队伍，广东省已建成 21 支 9 000 余人的地震应急志愿者队伍，据不完全统计，截至目前，市县地震救援队和社区志愿者队伍总规模达数十万人。

五、地震救援队伍法制化、标准化建设得到巩固和发展

2009 年修订的《中华人民共和国防震减灾法》对地震救援队伍建设提出了明确要求，使地震救援队伍建设做到了有法可依，极大地推动了各级地震救援队伍的建设和发展。今年，正在修订的《地震应急救援管理条例》将增加地震救援队伍的管理、培训、规范等方面的内容，要求地震救援队伍建设向专业化、规范化和标准化方向发展。

2011 年，经国家标准委员会批准，正在制定《地震救援队救援行动 第一部分 基本要求》、《地震灾害紧急救援队伍建设规范》、《地震灾害紧急救援队伍技术装备配置要求》和《地震搜索与救援的方法和程序》等国家标准，这些国家标准的制定和实施将为我国建设专业的、规范的、系统的地震救援队伍的提供科学和技术依据，必将推动我国地震救援队建设的科学发展。

六、地震救援培训工作全面展开，地震救援训练教官队伍逐渐形成

国家地震紧急救援训练基地作为全国第一座专业化的地震灾害紧急救援训练基地已经运行近四年。训练基地建有国际先进水准的教学综合楼、地震废墟和虚拟仿真馆等救援训练设施，是一座集地震救援训练、应急管理培训和防震减灾科普教育为一体的综合训练基地。训练基地以“地震救援的训练基地、应急管理的演练基地、服务社会的教育基地、面向国际的交流基地”作为基地发展的总定位，主要面向地震应急救援专业技术队伍、政府管理人员、社会公众、国家外交做好服务工作，按照“学以致用，贴合实际，突出与应急救援的结合”的培训思路，努

力把救援基地建设成为“国家应急管理与地震救援演练训练的一流基地，亚太地区具有重要影响力的应急救援国际交流基地”。

根据年度计划，截至11月底，共举办包括国家和省市地震救援队伍骨干培训班12期，培训学员620人次；举办短期培训班7期，培训学员174人次；接待110个参观单位，达5 327人次。

通过实践和运行，训练基地正在培养和形成一批以地震救援训练和培训为主要工作的专职救援教官。这些教官骨干大多是参加过国际和国内地震救援行动的国家地震救援队队员，具有实际救援经验，通过赴瑞士、德国、荷兰、新加坡和日本等国家进行专门训练和培训，掌握发达国家救援训练和培训的方法和理念，结合几年的教学实践，初步形成了具有理论水平和专业技术的地震救援训练教官队伍。编写《国家地震紧急救援训练基地培训和考核大纲》，初步形成一套符合我国地震救援实际情况的地震救援训练和培训体系。

目前，我国8个国家陆地搜寻与救护基地正在进行后期建设。四川、云南、青海、安徽等省有意筹建地震救援训练基地，内蒙古建议在呼和浩特市建立内蒙古自治区搜救基地或中国北方陆地搜救基地。地震救援训练教官队伍的建设和培养迫在眉睫。

（由中国地震局组织供稿）

担当突发事件应急处置的“急先锋”
——天津市应急救援队伍建设情况简介

应急救援队伍建设是应急管理工作最为关键的环节，对于及时有效地应对突发事件，最大限度地保障人民群众生命财产安全和经济社会又好又快发展，促进社会和谐稳定具有重要意义。近年来，我市的应急救援队伍建设，在市委、市政府的领导下，按照国务院的部署和文件要求，着眼全市安全稳定形势和面临的风险隐患，主动作为、多措并举、扎实推进，全市综合应急救援能力有了显著提高，市应急救援队伍在各类突发事件的应急处置中发挥了重要作用，特别是在今年“10·7滨保高速重特大交通事故”的应急救援中，市综合应急救援队第一时间接警、第一时间到达、第一时间施救，为事故的科学应对和快速处置做出了突出贡献。我们的主要做法有以下几点：

一、强化危机意识、责任意识，凝聚共识抓筹划

一是充分认清形势。天津位于“九河下稍”，每年的防汛任务非常重；地处华北平原地震带上，唐山大地震后已有30多年相对稳定，这种相对的稳定给我们防震减灾造成更大的压力；作为我国东部地区特大型城市，我市的高大建筑、重大桥梁、地铁轻轨日益增多，水电气工程、大型公众聚集场所密布全城，特别是随着滨海新区开发开放，石油化工基地、装备制造业基地，现代物流、商贸、旅游中心不断壮大，在加快推进经济社会发展的同时，面临的防灾减灾任务和安全生产形势更加严峻复杂，面对如此复杂的安全形势，市委、市政府审时度势、居安思危，要求各级要从战略全局高度，从天津经济社会发展的高度，进一步提高认识，加强应急管理工作，增强抓好应急救援队伍建设的责任感和紧迫感。二是强化政府主抓。应急救援队伍建设是政府的事情，必须由政府抓实、抓强。为此，市政府专门出台《天津市应急救援队伍建设实施方案》，明确在市委、市政府的统一领导下，由市人民政府常务副市长为市应急救援队伍建设领导小组组长，市政府应急办及市公安、卫生、安监、建设以及地震等相关部门组成联合小组，多次深入基层调研、广泛听取各职能部门意见，细致分析天津地区突发事件隐患及发生的可能，合理确定

应急救援队伍建设的方向和思路。在此基础上,市政府制定下发了《天津市应急救援队伍建设暂行规定》,对全市应急救援队伍建设的基本原则、目标任务、响应机制、管理使用、保障措施等事项进行了明确和要求,有效保证了应急救援队伍建设的科学性和规范性。三是纳入总体规划。今年是"十二五"规划的开局之年,年初,市政府把应急体系建设纳入了天津市"十二五"建设规划。在编制"天津市应急体系建设'十二五'规划"时,我们把应急救援队伍建设作为重点项目来规划编制,按照队伍的种类性质、职能任务,制定建设的标准和达到的目标,提出了经过努力,市及区、县综合应急救援队伍形成建制,重点领域专业应急救援队伍全面加强,乡镇、街道企业等基层应急救援队伍普遍建立,社会力量参与的应急救援队伍规范有序,全市应急救援能力能够满足我市突发事件预防与应对工作实际需要。

二、强化整合资源、突出重点,科学规范抓布局

一是优化资源整合。针对救援队伍分散、组织指挥不畅、装备配备不强、救援能力不高,难以形成合成战斗力的实际,我们找准症结,研究对策,充分利用现有资源,挖掘潜力,提高效率,把分散在各部门、各单位的救援队伍实现有机整合,明确全市应急救援队伍在市委、市政府的统一领导下,由市政府依据天津地区突发事件可能发生的种类和程度,分类整合现有救援队伍类型,能合并的要合并,需新建的要新建,力量不均衡的要重新配置,避免了重复编、多头建、分散管,从而把全市的应急救援力量统一纳入应急救援调度和指挥体系,提高了突发事件快速应对、高效处置的救援能力。二是科学合理布局。确立了市应急救援队伍由综合应急救援队、专业应急救援队、驻津部队、预备役部队和民兵应急救援队、志愿者应急救援队组成,规定市综合应急救援总队由抢险救援队、安全监管组、工程抢修组、医疗救护组、治安交通组、电力保障组、通信保障组、气象保障组、专家组"一队八组"组成,队伍编成不少于 2 500 人。市组建 16 支 4 万人的专业救援队,分别包括防汛抢险、气象灾害、地震灾害、森林防火、危化品事故、环境监测、工程抢险、治安交管、清雪融雪、医疗救护和食品安全、动植物疫情、电力抢修、通信保障、特种设备、物资运输、海上搜救等应急救援队伍。各区县按照市级应急队伍建设模式,结合本辖区突发事件实际,组建本地区应急救援队伍,从而形成了从市、区(县)、镇(街)三级应急救援队伍体系。三是明确职责任务。在编实配强应急力量体系的基础上,结合天津地区突发事件应对实际,明确市综合应急救援总队是救援行

动的拳头力量，承担发生在本市范围内突发事件的“第一响应”，要求具备“三个第一时间”的能力；市专业应急救援队是救援行动的基本力量，主要承担本部门、本行业突发事件应急处置以及跨灾种突发事件应急救援任务；驻津部队、预备役部队和民兵应急救援队是救援行动的突击力量，主要承担本市抗灾救灾、应对重特大突发事件的应急救援任务；志愿者应急救援队是救援行动的辅助力量，主要承担日常应急救护、防灾避险知识和自救护救技能的宣传普及和培训工作，遇灾时积极采取自救互救及辅助救援行动。

三、强化统一管理、分级负责，多措并举抓管理

一是建立统一的指挥体系。建立以市突发事件应急委员会为主体的应急指挥系统，由市人民政府常务副市长为市应急救援队伍的总指挥，负责全市应急救援队伍的建设管理和组织指挥。市应急指挥中心按照市领导的命令，具体负责全市应急救援队伍的组织协调和调度使用。各专业救援队指挥长分别由牵头组建部门的主要领导担任，负责队伍的日常建设、训练和管理，遂行任务时，接受市应急指挥中心的统一调动。同时，我们还要求市综合应急救援队“一队八组”，要落实24小时值班制度，遇有情况立即向市应急指挥中心报告，并按照统一命令，第一时间赶赴现场，按应急预案实施应急救援行动。二是完善应急联动制度。市政府应急办与市综合救援总队及各专业救援队建立了互联互通的应急指挥平台及应急专线，按照统一指挥、分业指挥、逐级指挥、授权指挥的不同形式，实施多手段、多途径、多路由的调度指挥，形成了“扁、平、快”的通联机制。定期组织由“一队八组”领导参加的应急救援联席会议，共同分析灾害事故发生发展规律，通报应急救援各项工作开展情况，组织风险评估和隐患排查，制定加强和改进的工作措施，保证了应急救援队伍建设健康有序发展，实现了应急救援信息互通、资源共享、程序对接、联防联动的工作合力。三是加强保障措施落实。在应急救援和处置突发事件的过程中，应急保障处于重要地位，保障跟不上，只能干着急。为此，我们按照国务院和市政府的文件规定，将综合应急救援队伍的工作和建设经费纳入同级财政年度预算，其他应急救援队所需经费按照政府补助、组建单位自筹、社会捐赠相结合的方式予以保障。根据应急救援队伍的规模和承担的救援任务，结合各自实际，科学合理配备一定数量，技术含量高、救援效果好的高精尖救援装备和必要的安全防护工具。同时建立应急物资监管、生产、储备、调动和紧急配送体

系,切实增强应急物资储备保障能力。

四、强化“第一响应”培训、实战演练,着眼素质抓能力

一是启动“第一响应”培训。“第一响应”培训是基于国家行政学院与德国技术合作公司组织的“中德两国政府灾害风险管理项目”的子项目。鉴于我市面临的突发事件特点、规律,以及应急救援队伍建设的需要,引进国外先进的应急管理理念和应急救援技术,对于提升我市的应急管理水平,提高突发事件应急处置效率,具有重大的推动作用。为此,我们积极协调、多方沟通,由市政府牵头组织,达成了中德两国灾害风险管理项目天津子项目“第一响应”培训协议,重点引进德国先进的应急管理理念和应急救援技术,对地震等灾害事件发生 12 小时内抵达现场的应急救援人员,提供标准化、规范化培训,以提高应对重大自然灾害及重大事故灾难的应急救援技术水平。二是实施“第一响应”培训。按照中德“第一响应”培训协议,培训共分四期进行,其中,第一期在德国技术救援署(THW)培训学校进行,其余三期在天津组织,共培训救援队员 600 余名。天津与德方各出资 30 万欧元,专门用于保障此次培训任务完成。今年 4 月 10 日至 5 月 19 日,由市政府应急办牵头组织市综合应急救援队 16 名队员赴德,在联邦技术救援署(THW)所属两所培训学院,进行了为期 40 天的“第一响应”培训。期间,重点接受了应急救援基础理论,以及化学、水险、道桥、爆破、定位、油污、救援行动、领导及指挥等 10 项 20 余个科目的学习,并完成了结业综合演练。通过严格、规范、系统的战术训练和指挥作业,全体学员一致感到德方的应急救援理念比较先进、理论比较实用、技术比较标准、操法比较规范,对我们应急理念的调整、应急知识的更新、救援技能的提升具有重大作用。9 月份,我们在国内组织了第二期培训,由德方教官及第一批参训学员任教,分别就道路救援、水险救援、地震救援、化工救援等 10 余个科目进行专业培训。11 月份,组织第三期培训,明年初将完成协议的第四期培训任务。三是加强“第一响应”演练。加强应急演练是提高应急救援队伍现场处置能力的关键。各专业应急救援队伍发挥专业特长,紧紧围绕应急救援的组织出动、处置方法、行动规则等内容,科学编写训练大纲,制定训练科目,以在岗训练为主,基地训练、模拟训练为辅,训练水平不断提高。市公安、消防、医疗、建设、地震、气象、电力等部门,按照应急预案要求,均分别组织重大突发事件应急救援演练。市综合应急救援队在严格组织训练和认真组织培训的基础上,今年 9 月 21 日,组织了跨

四区一县机动、动用千人百车参演、两天一夜连续实施的综合应急救援演练，完成了包括重大道路交通事故、建筑倒塌、野外宿营、山体滑坡、水险救人等五大类16个救援科目。此次演练是一次“多警种、多部门、多科目”实兵、实装、实战的综合救援演练，也是市综合应急救援队成立以后的首次救援展示，极大地提高了队伍快速集结、灾情预判、应急处置、协同作战能力。

加强应急救援队伍建设是我们当前和今后一个时期的重点工作，下一步，我们将按照国务院有关要求和文件精神，认真学习借鉴其他国家与地区的有益经验做法，充分发挥赴德国培训队伍的骨干带头和示范引路作用，进一步健全机制、强化措施、加强保障，重点抓好应急救援队伍培训、基地建设、装备保障以及训练演练等各项工作落实，努力提升全市应急救援队伍能力素质，推动我市应急救援体系建设再上新台阶。

（由天津市政府应急办组织供稿）

专业化打造　综合性承担
充分发挥公安消防部队应急救援主力军作用

加强综合性应急救援工作,是完善政府应急管理体系的重要内容,也是新形势下有效应对各类突发事件的迫切需要。《突发事件应对法》第二十六条规定:县级以上人民政府应当整合资源,建立或者确定综合性应急救援队伍。国务院办公厅《关于加强基层应急队伍建设的意见》(国办发〔2009〕59 号)进一步提出:各县级人民政府要以公安消防队伍及其他优势专业应急救援队伍为依托,建立或确定"一专多能"的县级综合性应急救援队伍,在相关突发事件发生后,立即开展救援处置工作。2009 年底以来,江西省以公安消防队伍为依托,按照"统筹规划、整合资源、因地制宜、注重实效、分级组建、整体推进"的原则,深入开展了综合性应急救援队伍建设探索和实践。

一、综合性应急救援队伍建设情况概述

截至目前,全省省、市、县三级综合性应急救援队伍全部组建到位,添置抢险救援车辆 159 辆、器材装备 8.2 万件(套)。以综合应急救援训练基地、指挥平台和物资装备储备库为重点的支撑保障体系建设快速推进,相关工作机制在探索中逐步建立健全和不断完善。在 2010 年"5・23"沪昆铁路列车脱轨事故救援、"6・21"抚州唱凯溃堤抗洪抢险、"11・5"昌樟高速公路特大交通事故抢险救援中,综合应急救援运行机制和实战能力得到检验。

(一)依托公安消防队伍组建综合性应急救援队伍的可行性

公安消防部队是专职从事防火、灭火与应急救援的现役力量,以交通便利、人口密集、经济繁荣的城市为驻地,力量网络覆盖全国,救援装备比较齐全,24 小时值班备勤,指挥调度顺畅,遇警反应迅速,在长期的抢险救援中积累了丰富的实战经验。从江西的情况看,全省在 70 年代初便县县建立了公安消防队,是全国少数几个每个县(市)建有公安消防队的省份之一。近年来,根据灭火救援形势任务发展,又相继组建了以承担化学危险品等特种灾害事故为主的 8 个消防特勤中队,以承担水上灭火救援任务为主的 2 个水上消防中队,以及承担地震灾害事故的地

震紧急救援队和搜救犬队等专业抢险救援队伍。全省有消防站142个，执勤车辆686辆，配备各类灭火救援装备30余万件(套)，警力达到5 000余人，是社会日常应急救援的主要力量、重大灾害事故救援的骨干力量。依托公安消防部队组建综合性应急救援队伍，基础扎实、条件独厚、优势明显。

(二)综合性应急救援队伍的组织架构和职能定位

综合性应急救援队伍组织架构和职能定位按照“全面融入全省应急体系框架，做到有序兼容、无缝对接；立足应对全省突发事件处置和救援需要，突出针对性和实效性”的要求进行。组织架构：综合性应急救援队伍归同级政府应急委员会统一领导，日常工作由政府应急办组织协调。省、市、县分别称总队、支队、大队，主要领导分别由公安消防总队、支队、大队主官担任，第一政委省、市两级由同级政府应急办主任兼任，县级由政府分管应急工作的负责同志兼任。在保持原有管理体制不变的前提下，各级人民政府将矿山、医疗、水利、气象、环境、通信、市政工程抢险等专业应急救援队伍纳入综合性应急救援统一调度、作战、训练体系。职能定位：综合性应急救援队伍除承担消防工作以外，同时承担包括地震等自然灾害，建筑施工事故、道路交通事故、空难等生产安全事故，恐怖袭击、群众遇险等社会安全事件的抢险救援任务，同时协助有关专业队伍做好水旱灾害、气象灾害、地质灾害、森林火灾、生物灾害、矿山事故、水上事故、环境污染、核与辐射事故和突发公共卫生事件等突发事件的抢险救援工作。

二、综合性应急救援队伍建设实施情况

(一)立足实际，出台管用的政策和文件

我们在赴外省市学习考察和省内专题调研、广泛征求意见的基础上，以省政府办公厅文件印发了《关于依托公安消防队伍组建综合性应急救援队伍的通知》(赣府厅发〔2010〕58号)，明确了综合性应急救援队伍组成、职责任务、组织指挥、物资装备、经费保障等问题。制定出台了《江西省综合性应急救援队伍建设(2011—2013)三年规划》(赣府厅字〔2011〕76号)，对综合性应急救援队伍建设各项任务进行了细化和量化。综合性应急救援队伍建设相关内容同时写入了新修订的《江西省消防条例》。省政府应急办和省公安消防总队研究制定了《县级综合性应急救援队伍建设工作指导意见》、《应急救援指挥平台建设导则》、《应急救援

预案编制导则》等配套性政策规定,加强工作指导。这些政策和文件内容实、指标硬、针对性强,为全省综合性应急救援工作奠定了基础、提供了保证。

(二)抓住根本,打造过硬的救援队伍

针对公安消防部队承担综合性应急救援任务后职能拓展、任务增加带来的警力不足问题,我们积极探索创新警力增长模式,采取轮值轮训(政府将部队转业待安置士官择优安排到消防队岗前锻炼,专职从事两年左右灭火救援工作,给予一定的生活补贴,工作表现与安置挂钩)、定向调派(从市容监察、森林灭火等全额拨款事业单位择优调派人员到消防队专职从事灭火救援工作。因健康、年龄等不适合从事灭火救援工作时回原单位上班,单位按"缺一补一"原则补充新的人员。队员原工资福利不变,并享受一定的高危补助)、征招合同制队员(政府委托公共职业介绍机构招聘,以劳务派遣形式到消防队工作,依法办理社会保障、缴纳住房公积金)等多种形式扩充队伍。在积极壮大队伍的同时,狠抓队伍抢险救援能力训练,着力强化排险抑爆、破拆堵漏、孤岛救助、水域救援、高层建筑和化工火灾扑救、道路交通事故处置等训练,经常性开展拉动演练和联合演习,提高队伍快速反应、协同作战和应急处置能力,打造现代化公安消防铁军。全省共发展地方职业制队伍 800 余人,今后两年还将扩充 2 500 余人。

(三)强化支撑,构建全域化保障网络

一是强化物资装备支撑。近两年,市、县两级财政共安排专项经费 2.7 亿元,购置抢险救援车辆 159 辆、抢险救援器材 8.2 万件(套)。应急物资装备储备体系建设同步加快推进,其中占地 130 亩的省级常用应急物资装备储备基地建设项目正抓紧实施,计划 2013 年建成,各设区市常用应急物资装备储备基地以消防战勤保障大队为依托进行建设,预计 2012 年全部建成。以此为基础,借助全省县县相通的3 000公里高速公路网,分别形成以南昌为中心的全省 3 小时、以各设区市为中心的 1.5 小时应急救援物资装备快速运输网络。二是强化基础设施支撑。作为综合应急救援重点配套设施,省财政先期投入8 000 万元专项经费,启动了省综合应急救援指挥中心和训练基地建设。目前,两项工程正在加快建设,其中占地 220 亩的省综合应急救援训练基地以省消防培训基地为基础,由省政府与南昌市共同投资建设,目前已完成山岳、水域救援等多项模拟训练设施和配套的教学设施建设,明年上半年将全面完工。三是强化智力支撑。我们从相关部门、行业和单位吸收具有理论水平和实践经验的专家学者、工程技术和应急管理人员,成立

了专家库或专家组，为综合应急救援决策提供智力支持。

（四）着眼长效，建立常态化运行机制

一是建立政府应急委统一领导、综合应急救援指挥部指挥、公安消防部队现场施救、专业救援队伍协同作战的综合应急救援指挥机制。具体做法是在省、市、县三级分别成立由政府分管应急工作的领导任总指挥，应急办主任、公安机关领导和应急救援队主官任副总指挥，财政、发改、交通、安监等部门负责人为成员的综合应急救援指挥部，作为政府的专项应急指挥部之一纳入政府应急管理组织指挥体系。二是建立基地保障与部门调拨和社会化供应相结合的综合应急救援物资装备保障机制。我们将综合性应急救援物资装备分为专用和共用两大类。消防部队专用类物资装备通过保障基地解决，共用类物资装备（如森林灭火、抗洪救灾等装备）由各专项应急指挥部统一配备，并签订相关保管、调度、使用协议，重型工程机械和其他非常用应急物资装备，采取政府租赁、与应急设施制造企业和物资储备单位签订保障协议等方式解决。该机制既保障了供给，又节约了投资。全省由相关专项指挥部调拨抗洪装备 1 300 余艘（件）、森林灭火设备 2 000 余件（套），依托社会落实大型工程机械设备 1 100 余辆（套），其他装备 1.1 万件（套）。

三、综合性应急救援工作运行情况

（一）应急响应启动科学及时

我们根据《突发事件应对法》和《江西省突发公共事件总体应急预案》的有关要求，并结合公安消防部队应急救援实践，将灾害事故分为一般事故和等级事故两大类。一般事故按照属地管辖原则，由各综合性应急救援队伍按日常程序处置。需要调集供水、供电、供气、医疗救护等相关专业力量协助处置时，由县级人民政府应急办实施或综合应急救援指挥部授权综合应急救援队现场指挥员实施；等级事故按照下列规定分级响应，启动相应的应急救援预案：Ⅰ级（特别重大）和Ⅱ级（严重）响应，由省综合性应急救援总队响应；Ⅲ级（较大）响应，由设区市综合性应急救援支队响应；Ⅳ级（一般）响应，由县（市、区）综合性应急救援大队响应。综合应急救援指挥部根据现场处置需要调集相关部门和专业力量协同处置。省、市、县人民政府综合应急救援指挥部依托公安消防队“119”指挥中心（室），建立综合应急救援指挥平台，承担综合应急救援值守、信息研判、灾情受理、力量调度等任务。

(二)应急处置流程顺畅高效

灾害事故发生后,综合应急救援大队接受报警或者指令出动,按照一般灾害事故力量编程实施处置。当灾害事故的规模、危险程度、处置难度、事态发展等超出综合应急救援大队处置能力时,立即向同级人民政府综合应急救援指挥部报告,启动Ⅳ级(一般)响应,调集相关部门和专业力量协同处置。灾害事故超出本县(市、区)处置能力时,按照相关规定向上一级人民政府请求提供支持;上一级人民政府根据灾害事故危险和紧急程度、事态发展,决定是否提高响应级别。县级及以上人民政府应急委根据灾害事故危险和紧急程度、事态发展,可以直接决定应急救援响应等级,启动相关预案;各综合应急救援指挥部根据灾情研判,可以直接向同级人民政府应急委建议启动应急救援响应等级。2010 年以来,省应急救援总队接受省综合应急救援指挥部的指令,先后三次启动Ⅱ级(严重)响应,第一时间调集全省消防部队投入战斗,从灾害事故现场营救出一大批遇险人员,尤其在"6.21"抚州唱凯溃堤抗洪抢险中,48 小时抢救出 20 100 名被困群众,取得了丰硕的救援成果。

随着经济社会的快速发展和城市的加速推进,各类突发事件不断增多。当前和今后一个时期,仍将是各类灾害事故的多发期和增长期。切实打破"以条为主"的"独揽型"部门救灾抗灾做法,实现"以块为主"的"共治型"综合应急救援转变,是有效应对突发事件、提高灾害事故处置效率的关键性环节。我们通过整合资源,充分发挥公安消防部队的优势,以之为依托,以较少的投入、在较短的时间完成了省、市、县三级综合性应急救援队伍组建,取得了良好的经济、社会效益。下一步,我们将继续坚持"专业化打造、综合性承担"的思路,着力强化以队伍、装备和机制为核心的能力建设,进一步将综合性应急救援队伍打造成日常灾害事故应急处置的常备和主力队伍、重特大灾害事故抢险救援的骨干和突击力量,为全省"科学发展、进位赶超、绿色崛起"提供牢固支撑和坚强保障。

(由江西省政府应急办组织供稿)

7 基层社区应急能力建设

"上海浦东和虹桥国际机场地区"市级基层应急管理单元建设的探索与实践

一、上海浦东和虹桥机场简况

上海有两个民用运输机场——浦东国际机场和虹桥国际机场，统一于上海机场(集团)有限公司的管理之下。上海机场(集团)有限公司是直属上海市政府领导的国有企业，正致力于建设最具吸引力的亚太核心航空枢纽，打造卓越的世界级机场运营机构，成为最具价值的机场企业集团。

浦东机场总占地面积40平方公里，自2008年浦东国际机场二期工程投入使用后，现拥有3条跑道，其中两条为独立运行跑道，一条为近距离跑道，223个停机位，其中近机位70个、货机位56个。高峰小时可以达到90～95架次的水平，高峰日起降可达1 500架次。设计年旅客吞吐量为6 000万人、货邮吞吐量为420万吨。

虹桥国际机场占地面积8.66平方公里，自2010年西区扩建工程投入使用后，虹桥机场已经拥有2条跑道、2座候机楼和东西两个区域的货运站，155个左右的停机位，可保障日起降750架次。设计年旅客吞吐量为4 000万人次、货邮吞吐量为100万吨。

目前，已有99个国内城市和46个国家和地区的120个城市与上海通航，有25家国内航空公司和61家国际和地区航空公司开通了上海的航班。

二、"上海浦东和虹桥国际机场地区"应急工作的特点

民航是一个高风险行业，因此，国际民航组织和中国民用航空局在安全管理和应急保障方面都有较为完善的规章和标准体系。机场现有的应急救援组织体系就是按照国际民航组织和中国民用航空局《民用航空运输机场应急救援规则》(民航局90号令)等规章的要求来构建的。其特点主要有三：

（一）浦东、虹桥两个机场有比较完整的应急组织体系

按照民航规章的规定和实际需求，虹桥和浦东两个机场都设有应急领导小组（市政府职能部门、机场管理机构、民航华东管理局、空管局、各航空公司等单位组成），都设立了机场应急救援指挥中心，作为机场应急指挥的权威机构，在应急处置中，还会启动现场应急指挥部（主要由总指挥、公安、消防、医疗指挥官组成）。中国民航按照国际民航组织的要求，制定了消防、医疗设备、人员配备的行业标准，浦东、虹桥机场分别按照行业标准中的“10 类机场”、“9 类机场”配备了消防、医疗的装备和队伍（两个机场还分别配备了一套残损航空器搬移的专用设备），进行了多年的针对性训练，并且有一定的实战经验，这是我们的主要应急力量。另外，两场的空管、公安、基地航空公司、驻场部队等各相关单位也在必要时参与机场应急。在长期的应急合作中，机场与相关驻场单位形成了默契的配合关系，有了一套完整的预案，形成了一套处置机制，从而保证了机场对突发事件有基本的处置能力。

（二）机场的应急反应有其紧迫性和相对特殊的要求

作为行业特点，长期以来，机场的应急反应主要以航空器事故（紧急事件）、建筑火灾等为目标，由于航空器事故的应急救援必须强调反应的时效性和处置的针对性，根据《国际民用航空公约》附件十四的规定，每个机场消防人员和车辆、装备的配备和预案编制、日常训练等，都是按照“3 分钟消防”的要求（即 3 分钟之内到达现场且控制 90％火势、同时灭火剂喷射率达到该类机场标准的 50％）进行的，这种要求决定了机场的应急救援必须自成体系，且能满足起降的最大型航空器消防和救生等的需要。民航局 90 号令规定，发生在机场的紧急事件的处置工作，由机场应急救援领导小组负责组织和协调。国际民航组织和中国民用航空局的有关规定强调了机场对突发公共事件，应当建立与其特点相适应的第一反应的能力。

三、“上海浦东和虹桥国际机场地区”市级基层应急管理单元的创建实践

机场在应急方面虽然有其相对独立体系和能力，但若全面地考察，机场的应急能力是不完整的、仅限于先期处置范围（对航空器事故、冰雪天气等类事件的应对有先期能力，其他一些事件必须依靠本市其他应急力量支援），因此，机场的应

急管理工作必须融入全市应急体系。比如机场应急中的交通管制和疏导、伤员的输送和救治、残损航空器搬移等工作，都离不开市应急力量支援。

上海市级基层应急单元的建设，是上海市落实基层应急管理的一个重要途径，也是大胆的创新尝试。我们理解，开展基层应急管理单元建设，是上海贯彻全国应急管理工作会议精神，落实应急管理工作“进社区、进企业、进农村、进学校”的重要举措。基层应急管理单元建设通过落实组织体系、应急预案、应急保障、工作机制和指挥信息平台五个应急管理要素建设，明确“事件和部件”，实现覆盖管理区间（整个基层单元区域范围）、覆盖管理环节（包括“测、报、防、抗、救、援”六环节）、覆盖管理时限（全天候和全时段）、覆盖管理对象（基层单元可能应对的各类突发公共事件）。

以机场应急管理单元为例，上海浦东和虹桥两个机场单以占地面积论，达到了近50平方公里，相当于近2个黄浦区面积，土地主要由企业占有和使用，而且机场作为一个国际口岸、高危行业、敏感地带，时时刻刻在国际关注之下，应急工作显得非常重要。区域内的行政主体，包括本市党政机构（如机场公安分局中、交通和港口管理局）、国家民用航空局分支机构、国家口岸管理部门（海关、边检、检验检疫局）、武警部队，航空企事业单位（机场、航空公司、空管部门等），还包括外国航空公司，在机场范围内出入的飞机、人员、货物的属性也很复杂。可见，这一区域的行政主体显然是多元的，由于机场的传统，机场的日常运行并不掌握在行政单位的框架下，上述行政管理主体要同时承担机场的日常应急管理和突发情况下的应急处置，要么在职责上不甚适合，要么缺乏必要的管理和介入日常运行的专业力量，导致了这一区域的行政应急管理主体不甚明确。为全面加强机场区域的突发事件应急管理能力，切实提高应急组织之间的配合和协调水平，2005年，两场地区选定为首批市级应急管理单元试点单位。“上海浦东和虹桥国际机场地区市级基层应急管理单元”在形式上的突出特点有四：

一是该区域内的应急工作，由上海市政府直接管理，而非由其地理上所在区县政府直接管理，突破了属地管理的一般意义。

二是由市应急委指定一个主体（明确上海机场集团），通过授权，负责协调管理这一区域的应急工作。

三是对单元的应急管理体制和机制，通过单元总体应急预案予以明确，单元总体应急预案属于市级预案层级，经市政府审定后生效实施。

四是单元与市应急系统之间在应急处置机制上通过各级预案建立分层、分工和衔接关键。

根据市政府审定发布的《上海浦东和虹桥国际机场地区突发公共事件总体应急预案》,2006 年 12 月 13 日,上海浦东和虹桥国际机场应急管理委员会正式成立。在该次大会上,机场应急委 16 家成员单位签定了加入机场应急委的备忘录,并明确了本单位负责应急管理的分管领导、应急管理职能部门和应急值守通讯联系、应急程序等。

四、"上海浦东和虹桥国际机场地区"市级基层应急管理单元的应急运作框架

(一)构筑了机场地区的应急工作平台

为落实市应急委建设"浦东和虹桥国际机场地区"市级基层应急单元的要求,机场集团牵头组建了由两个机场 16 家驻场单位(包括民航地区管理局和空管局、国家口岸管理部门、公安和武警、机场管理机构、基地航空公司等)参加的机场应急委。在机场应急委下,还设立了机场应急办。机场应急委和应急办作为机场地区的应急工作平台,作用主要体现在三方面:首先,应急委成员单位日常应急管理的协商和合作平台。其次,为事发单位服务的平台。比如,2008 年春节期间,上海遭遇大雪时,机场的航班到达出发正常秩序被打乱,为协调浦东机场航班的应急运行,浦东机场运行指挥中心与东航、上航两大基地航空公司运控中心,在灾情最严重的几天里,一直同点办公,以保证进出港航班的应急安排,确保灾中的应急运行秩序。第三,成员单位还通过这一平台互通日常应急管理、应急演练等信息。

(二)建立和完善了上海机场的突发公共事件应急预案体系

机场地区的突发公共事件应急预案体系由三级构成。第一级是《上海浦东和虹桥国际机场地区突发公共事件总体应急预案》(以下简称《总体预案》)是根据《上海市突发公共事件总体应急预案》,为两场地区应对各类突发公共事件制定的整体计划、规范程序和行动指南,是指导机场应急委成员单位及驻两场地区其他相关单位编制突发公共事件应急预案、处置规程的主要依据之一。

第二级是《上海浦东国际机场突发公共事件应急预案》、《上海虹桥国际机场突发公共事件应急预案》(以下简称两场应急预案)是浦东、虹桥国际机场地区应对两场地区突发公共事件制定的计划和程序,明确各类突发公共事件的处置职责、流程、要点等。两场应急预案包括自然灾害、事故灾难、公共卫生、社会安全等

4个类别预案，在每个类别中，根据突发公共事件实际发生频率和应急保障的重要性的不同，分别制定若干种具体突发公共事件的专项应急规程，共23个。

第三级是机场地区各应急联动单位处置规程（以下简称处置规程）是两场地区各应急联动单位依据总体预案、两场应急预案明确本单位应急管理职责，制定相关各类突发公共事件应急处置流程、人员设备组织、技术保障方案等的操作方案。处置规程由各联动单位制定。

（三）与上海市应急联动中心相对应，构筑了适合上海机场特色的应急运作框架

机场应急联动中心是由机场公安分局指挥中心、浦东和虹桥国际机场应急指挥中心“三位一体”构成，其中，机场公安指挥中心，归口联系市应急联动中心，是两场地区与市应急联动中心应急处置信息交互平台；浦东（或虹桥）应急指挥中心为浦东（或虹桥）机场突发公共事件应急处置的组织指挥中心，负责组织协调应急现场的即时和先期处置。这个管理模式符合机场的实际情况，兼顾了符合中国民用航空局应急管理规章的要求。

五、“上海浦东和虹桥国际机场地区”市级基层应急管理单元建设的几点体会和思考

（一）上海市级基层应急单元建设是一种应急管理上的创新，是将政府应急管理职责落实到基层的一种必要的措施

上海的市级基层应急单元建设，体现了上海市对单元区域应急管理现状的把握和足够的重视，将原有的“多头”或者“无头”的应急管理状况，转变为有了统一管理和整合途径可能性的一种方式，从而为改善相关区域的应急管理找到了方向。更为重要的是，政府对市级基层应急管理单元建设树立了长期思路，并在工作上予以重视和长期支持，这是单元建设持续开展和完善的必要前提。

（二）应急管理单元建设，也是基层应急管理的需要

一是应急响应始于一线。在类似于单元这样的基层区域中，应该保持第一应急反应能力，以保证其对小的紧急事件或者事件苗头自行处置和控制，以及对大型的紧急事件作出先期反应，这是应急的规律，同时也是应急反应的重要原则。我们认为，应急单元建设，促进了基层应急平台的建立和完善，能够提高一线的反

应能力,是适合应急规律的。

二是在一个特定区域内的各个单位,在日常运作上本来就互相依存,同时,在应急反应中,也必须互相支撑(比如在机场区域,机场、航空公司、空管局、海关、边检等在日常运行中,其工作流程本身就是互相衔接、协调一致的,在紧急事件发生时,更是如此),这就需要一个协商和合作的平台,上海市级基层应急管理单元的建设,实际上就是提供了这样一种可能性。而且,随着国家对应急管理工作的日益重视,基层各单位应急管理工作也渐渐得到重视和加强,区域内不同单位在应急上互相协作的需求和机会也将越来越突出,基层应急单元建设的条件更趋成熟。

(三)单元建设有必要向更为正式和规范的方向发展

市级基层应急管理单元建设实际上是履行的是类似于大型社区的应急管理职能,本质上属于公共管理范畴,也就是说,单元应急管理,履行的是类似于政府应急管理的职能。单元本身不是一个单位,而单元建设的牵头单位,从目前状况来看,非政府机构也占一定数量。因此,对牵头单位的保障和支持,使其有足够的管理和协调力度,也是十分重要的一环。我们认为,要使单元建设长期化、规范化,有几个重要的方面仍需改善:

一是对市级单元在本市应急管理中的地位和作用正式确立。进一步在立法上予以认可。不仅要对单元的牵头管理单位在法律法规上予以更为明确的授权,同时也应从法规上明确单元内其他单位在应急上的权利和义务。

二是从政府角度,将单元建设纳入上海市的整体应急建设规划,出台一些稳定的政策和措施,促进基层应急单元的发展和健全。市政府应当对应急管理单元作出更加全面的制度性安排,完善机构职责,提出明确的目标任务,更好的满足应急管理工作的需要。

三是机场应急单元的建设才刚刚起步,还有很多需要改进和完善的地方,大量的工作有待开展和探索,需要在今后的工作中,能够得到有关部门的大力扶持和指导。

(由上海市政府应急办、上海机场〔集团〕有限公司组织供稿)

减灾介入全覆盖　减灾参与全方位

——山东省济南市槐荫区青年公园社区

山东省济南市槐荫区青年公园社区是我国第一个由世界卫生组织社区安全推广协进中心命名的“安全社区”。该社区位于济南市槐荫区东南部，是槐荫区8个街道办事处之一，下设4个居委会，社区共有6787户居民，常住人口19 091人。共有机关事业单位、大型企业单位、学校等驻地等单位36家，个体私营业主260家。近年来，青年公园社区依据《国家综合减灾“十一五”规划》的要求，结合辖区地域特点，把“安全社区，和谐家园”作为工作理念，逐步形成了“政府引导、整体规划、资源整合、多元参与、社区干预、特色带动、动态定位、长效运作”的工作模式，许多措施都体现出当地的特色，值得其他地区学习借鉴，主要做法有以下几点：

一是牢固树立“安全社区”理念。青年公园社区引进先进的国际安全社区核心理念，即“有效控制和预防意外伤害，保障所有人都享有健康和安全的权利”，从而确立了“提前介入，预防为主；不断干预，持续改进”的总体思路和“积小安为大安”的思想，以“让社区居民身在社区的每一刻被安全气息感染、得到不间断安全干预”作为工作目标。青年公园社区坚持国际先进理念与中国国情相结合，极力将“安全社区”的理念渗入到社区发展的规划当中，将安全社区建设与群众的愿望和诉求密切结合，制定了长期的、持续的、能覆盖不同的性别、年龄的人员和各种环境及状况的伤害预防计划和项目，并通过积极的工作，使这些项目和计划得到逐一落实，有效保障了居民的健康和安全。

二是加强社区减灾组织机构建设。青年公园社区成立了安全社区推进委员会，该委员会由街道办事处牵头，社区居委会、卫生服务中心、山东大学公共卫生学院、公安派出所、交警中队、驻社区企业、社区学校、志愿者组织等机构的代表组成。推进委员会下设安全教育推广、社会稳定、消防安全、居家安全、卫生健康安全、安全生产、环境安全、道路安全、监视报告、考核评价十个小组，分别负责制定相关创建计划，明确阶段目标，各司其职。同时各小组密切配合，有效地推进了安全社区各项项目、各项工作的开展。目前，社区内已经形成了系统化、规范化的安全社区工作组织机构网络，为社区安全促进项目各项工作的开展提供了有力的组织保障。

三是加强防灾减灾基础设施和队伍建设。青年公园社区现有四所幼儿园、两所小学、一所中学、一所职业中专,灾害发生时,这些幼儿园与学校可作为临时的应急避难场所。社区另有一处社区矛盾纠纷调处中心、社区消防服务中心,一处社区卫生服务中心,并在各小区建立了卫生服务站。社区率先开展了“消防进社区”项目,本着“高标准建设,高起点实施”原则,建立了各类社区防火档案,并且依托社区治安亭等单位配备了统一规格、符合社区灭火和救助实际的消防器材箱 50 个,消防电话 14 部等。社区内有公安派出所一处,所内公安干警 18 人,从社区居民和辖区单位中挑选社区联防队员 4 人,从济南市保安公司聘请社区保安员 98 人,从失业人员中选拔治安巡逻队员 70 人,共同做好该社区治安工作。

四是开展丰富多彩的减灾宣传教育活动。青年公园社区针对不同性别、年龄的人员和各种环境及状况,开展了高频率、全覆盖、多形式的安全推广活动。以社区学校、市民夜校、科普学校等阵地为依托,充分发挥安全教育讲师团等群众性宣传队伍的作用。从居民的日常起居着眼开展工作,在大街小巷,社区消防宣传墙、防范意外伤害知识宣传栏处处可见,图文并茂、通俗易懂,使安全理念逐渐变成了居民的自觉行动。结合地处老城区和社区居民构成的特点,在社区内全面推行“三色”服务——面向下岗失业人员开展绿色保障服务、面向离退休人员开展红色保障服务、面向外来务工人员开展蓝色亲情服务。

五是建立了完善的社区消防减灾制度。青年公园社区建立和完善了由社区居委会、区消防大队、公安派出所、住单位等部门人员广泛参与的社区消防委员会,下设社区消防工作办公室,并同步进行建章立制,明确工作职责。社区把区域划分为 2～3 个片,实行“条条管理,块块保证”,每片确定一个牵头单位明确责任。社区与槐荫区公安消防大队和青年公园派出所联合实行了社区消防民警联络员制度和派出所民警消防咨询服务制度,并在社区消防工作室进行警务公开,加强警民联手的力度。通过有益的尝试,青年公园社区走出了以社区为依托、全民参与的社会化社区消防之路,构筑起防火屏障,控制住了火灾的发生。

六是注重加强脆弱性群体保护。青年公园素有“三多一少”的特点,即:流动人口多,老年人口多,残疾人多,闲置资源少。针对新形势下出现的新情况、新问题,针对工作中存在的薄弱环节,青年公园街道进行了细致的分析和研究,针对不同的人群制定了不同的措施,这样就增强了社区的凝聚力和服务对象的归属感。

社区高度重视社区老年人的安全状况，专门成立了老龄人口工作委员会，委员会由街道办事处机关干部、社区居民委员会干部和社区志愿者组成。他们经常深入基层，调查研究，及时反映老年人的呼声，为老年人解决实际困难。为减少社区残疾人出行不便，降低意外伤害发生几率，社区进行了设施改造，有效地保证了残疾人出行安全。

青年公园社区坚持“以人为本”理念，积极推进“全国综合减灾示范社区”创建活动，初步形成了“人人懂安全，人人促安全”的局面，成效显著。

（由民政部救灾司组织供稿）

8 应急科技支撑

突发事件应急管理科技支撑能力建设

一、科技支撑能力在突发事件应急管理中的核心地位与关键作用

突发事件应急管理是经济和社会发展中的重大问题和突出问题，是我国全面建设和谐社会必须解决的重大战略问题。突发事件应急管理是国家安全的重要组成部分，是一项充分体现"以人为本"、人民利益高于一切的公益性事业，是构建和谐社会、发展民生科技的重要内容。提升突发事件应急管理能力是科技支撑能力建设的核心问题之一，国家的重大需求是建设突发事件应急管理科技支撑能力的第一推动力。

科技支撑能力建设在突发事件应急管理中处于核心地位，发挥着关键作用。现代科技已经成为突发事件应急管理的重要基础和保障。我国突发事件应急管理的科技支撑体系是实现国家安全和社会稳定的基石，突发事件应急管理科技支撑能力建设，是促进社会稳定与经济发展、保障人民安居乐业、维护国家管理正常运行的重要工作。

概括来说，突发事件应急管理科技支撑能力建设工作主要围绕造成群死群伤、巨大财产和经济损失的自然灾害、事故灾难、公共卫生、社会安全四大方面突发事件，依靠科技进步，提高预防、预警、处置、恢复等各环节的能力和水平，最大限度地保障国家安全、社会稳定和人民生命财产安全。

世界各国普遍重视突发事件应急管理科研基地和基础条件建设、应急管理相关的大型软件系统研发、突发事件应急管理过程中的应急平台关键技术研发、公共安全和应急管理标准化活动等。(1)美国突发事件应急管理的科技创新能力框架涉及三方面的内容：科学技术理事会、国土安全研究中心、课题和项目组织机构。美国国家科学技术委员会协调各部委的科技工作，是负责制订科技政策的内

阁级的委员会，该委员会的环境与自然资源部负责灾害预防及减灾的工作，其主要对象有飓风和热带风暴、洪水、干旱、龙卷风、地震、火山喷射、滑坡、疾病爆发、重要设施威胁、石油及危化品泄漏、森林和建筑火灾等，总结出了防灾减灾中的六大科技挑战和九个关键环节。(2)日本非常重视将先进的科技手段应用于应急管理领域。建立了应急联络卫星移动电话系统、防灾情报卫星发报系统和灾害信息搜集、传输情报共享系统以及气象立体观测系统和地震监测系统。(3)英国建立集成应急平台 IEM。IEM 有指挥、控制、协调、协作、通讯等5个核心模块，能够增强多个应急机构之间的协调与协作能力，以应对大规模突发事件。(4)德国建立“危机预防信息系统”，致力于巨灾管理的信息支持，评估灾难现状情势和面临的问题。(5)意大利非常重视各种突发性重大灾害事件的应对工作，尤其重视应对突发灾害事件的科技手段。国家研究委员会、国家新技术能源和环境委员会、国家地球物理与火山研究院等非常注重各种灾害的监测预测工作。

二、科技部高度重视突发事件应急管理科技支撑能力建设工作

科技部一直高度重视突发事件应急管理科技支撑能力建设工作，高度重视应急产业的科技进步工作。特别是以公共安全科技和信息技术为支撑，对突发事件应急管理的基础理论、关键技术研究和应用给予大力支持。围绕自然灾害、事故灾难、公共卫生和社会安全领域，建立了公共安全应急技术保障能力，加强了公共安全应急风险评价、监测监控、预测预警、动态决策、综合协调等能力，提升了国家应对突发事件能力。

我国突发事件应急管理科技支撑能力建设的总体目标是实现公共安全从被动应付型向主动保障型、从传统经验型向现代高科技型的战略转变，全面提升抗御和应对突发公共事件的能力。改革开放以来，在科技部的高度重视和大力支持下，公共安全科技取得长足发展。《国家中长期科学和技术发展规划纲要(2006—2020年)》首次将“公共安全”作为重点领域进行规划和部署，对突发事件应急管理科技支撑能力进行了框架设计与总体研究，为我国公共安全科技发展指出了战略方向。在“十五”、“十一五”科技计划中，科技部持续支持了公共安全领域相关技术装备的研发。

“十一五”期间，国家科技计划加大了对公共安全和应急管理领域科技研究的

支持力度。在“十一五”科技支撑计划中设立“国家应急平台体系建设关键技术研究”重大项目，重点支持应急平台能力关键技术研究；并围绕生产安全、食品安全、社会安全、防灾减灾等重点领域组织实施了一批科研项目。安全生产领域在煤矿瓦斯治理、非煤矿山尾矿库监测、危险化学品监控与安全储运、烟花爆竹安全生产与燃放等方面，食品安全领域在检测、监测、溯源、标准技术等方面，社会安全领域在治安防控、法定证件、城市火灾防治、遏制毒品、刑事侦查、警用装备等方面，防灾减灾领域在地震、地质灾害等重大灾害的监测预报、风险评估、应急救援等方面突破了一系列关键技术，研发的技术装备成果在相关职能部门和企业、国家重大活动安全保障与突发事件应对中得到了应用，促进了领域科技水平的整体提升。

“十一五”期间国家科技计划支持的公共安全和应急管理领域项目和技术，取得了良好的社会效益和经济效益。开发的食品安全流动检测车已直接销售200多台，分布在质检、工商、农业系统，并带动了移动检测车市场的发展；支持的应急平台系统及装备开发，已在全国多个省市推广应用，移动应急指挥平台已在市县级采购数百台套；煤矿瓦斯抽采钻机性能超过国外同类产品，避难救生舱已在适合矿井应用；非煤矿山尾矿库监测系统已被国家安全生产监督管理总局列为重点推广项目；刑事技术所用的DNA检测试剂替代进口，打破国外垄断，大幅降低了成本，一批非致命警用装备正由公安部试验列装。

总体来说，科技部高度重视先进适用技术装备在突发事件应急管理方面的应用，积极建立突发事件应急管理科技支撑能力，大力培养应急管理科技人才和开发应急管理技术及装备，已初步建成以遥感、通信、导航卫星为主体的空间基础设施，可为气象、地质、水文等多种灾害提供监测预报支持、通信和定位保障。在汶川、玉树大地震中，国家科技计划支持研制的卫星应急通信车、电视直播车、舱式饮事车、野外救护车、机载高分辨成像雷达、呼吸机、机载通讯电台以及移动气象应急车、移动天气雷达、自动气象站等一批先进观测设备从北京等地千里驰援，迅速运抵灾区，为开展抗震救灾精细化预报服务提供了“千里眼”、“顺风耳”。此外，系列无人机产品、近空间飞行器、专用特种车辆及重型装备摩托艇与无人船、微小型卫星及固体小运载火箭等，均已经作为国家突发事件应急救援保障装备。

具体来看，科技部大力支持公共安全与应急管理科技研发，在基础性系统建设和关键技术研发方面投入显著增长。公共安全和应急管理所涉及的各个领域的科技得到快速良性发展，研究成果取得了很大进展，并以很快的速度接近发达国家水平，某些重点突破的研究成果和技术达到国际领先水平。公共安全和应急管理科技具备了一定的规模和实力，并发挥了重要的作用，为我国经济和社会发展做出了重要贡献。(1)气象、地震、水文、海洋环境、地质灾害、森林防火、煤矿瓦斯等灾害检测预警系统建设得到加强，检测网络日趋完善；覆盖省市县乡四级的全国传染病与突发公共卫生事件网络直报系统进一步健全，政府组织协调、部门分工负责的突发事件预警信息发布能力初步形成，灾后恢复重建能力明显增强。(2)自然灾害监测与预警能力初步建成。在灾害监测与预警方面，初步建成了主要自然灾害(地震、台风、洪水、干旱、风沙、滑坡与泥石流、海啸等)监测能力，相继建立了气象卫星、海洋卫星、资源卫星等观测系统，在卫星遥感的处理、信息提取、影像图制作技术和软件开发方面有了较大发展。(3)重大事故应急管理科学研究及应用取得了长足进步。在城市重大事故应急救援预案编制、城市重大事故应急辅助决策支持系统以及城市重大事故应急能力评估、应急平台能力建设的综合性、全局性、共性和关键性技术等方面取得了初步的研究成果。(4)应急科技研究逐步扩展并取得初步成果。针对监测监控和预测预警技术、辅助决策和模拟仿真技术、重大和特别重大突发公共事件应急处置与救援技术、应急技术标准化、应急管理与应急法制等方面开展科技研究。以北京、黄石、昆山、石化企业、平安校园等为试点，在国家级、省市级、地方级和企业的应急平台与应急预案方面开展探索，应急平台核心技术和数字化应急预案技术取得初步成果。

三、“十一五”期间国家科技支撑计划公共安全领域项目代表性成果

(一)构建国家应急平台能力，为我国应急管理能力建设奠定基础

依托“国家应急平台能力建设关键技术研究与应用示范”项目，围绕国家应急管理能力建设以及国务院领导同志应急指挥和日常值守应急需求，针对自然灾害、事故灾难、公共卫生、社会安全等四大类突发事件的监测监控、预测预警、风险评估、决策指挥，研究构建国家应急平台能力的总体架构、方案设计、技术标准、模型算法、系统软件、技术装备及其综合集成。目标是建设以国务院应急平台为中心，以省级和部门应急平台为节点，上下贯通、左右衔接、互联互通、信息共享、互有侧重、互为支撑、安全畅通的国家应急平台能力；提出应急平台能力系统架构和

设计方案;研发事件链与预案链技术;研发应急平台核心系统。“十一五”国家应急平台能力建设首次开创了我国国家公共安全与防灾减灾政府管理系统,通过科技攻关,从国家到地方的应急管理指挥能力基本形成。

通过项目实施,完成了国家应急平台能力总体方案的顶层设计和应急通信系统、应急应用系统、移动应急平台等研发任务;在国家应急平台能力设计构建、次生衍生事件综合预测预警方法、国家应急平台能力数据库系统与应急应用软件、多级多方协同会商与态势推演等关键技术上取得了重大创新与突破,在事件链、预案链综合预测预警,应用软件和多方协同等方面具有特色;实现了突发事件的监测监控、预测预警、信息报告、综合研判、辅助决策、指挥调度等主要功能,满足了各地区、各部门和国家应急管理工作需要;实现了决策支持内容和方式的技术跨越,是自动化、智能化应急管理的一次重大技术突破。

项目成果已应用于国家应急日常管理与突发事件处置,并全面开展国务院应急平台和各省市、部门应急平台建设,在低温雨雪冰冻灾害、南方洪灾、汶川地震、玉树地震、四川攀枝花—会理地震、北京奥运安保、甲型 H1N1 流感、山西临汾尾矿坝溃坝等重大事件应对中发挥了重要作用,为国务院领导同志以及国务院应急办领导进行应急指挥与快速决策提供了技术服务,已成为国务院应急办日常值守应急工作的重要手段,多次得到了国务院领导的重要批示和肯定;综合应用系统在国家电网“奥运保电”、北京市应急办奥运安全、广东省政府抗洪救灾等应急管理工作中进行了成功应用,取得了良好效果,得到了相关部门的高度评价;核心软件系统已由国务院应急办配发全国 31 个省(区、市)推广应用,标准规范已由国务院应急办发文指导国家应急平台能力建设。项目的广泛应用,在防范事件风险、缩短决策时间、综合协调应急资源、优化调度救援力量、增强应对科学性等方面发挥了重要作用。

(二)瓦斯治理等技术装备取得长足进展,煤矿安全形势显著好转

依托国家科技支撑计划相关项目,以瓦斯治理为重点,解决了煤矿安全生产中灾害防控、监管监察、应急救援等方面的一批技术难题。其中,基于工业以太网+现场总线的新一代煤矿安全监控系统实现了煤矿井下多系统融合和瓦斯灾害的实时预警,预警准确性可提高到 80%;防爆大透视距离无线电波透视系统和矿井多波地震仪实现了对断距 3 米以上断层的精细探查;煤矿井下突出松软煤层顺层钻进钻机和井下中硬煤层水平长钻孔定向钻机的钻孔深度分别达到 168 米和

1 046米，创造了国内外设备在国内地质条件下的最好纪录，为我国煤矿瓦斯抽采利用量的持续增长提供了重要的技术支撑；煤矿灾害基础参数测定能力的完善，使瓦斯含量、压力、渗透性等测试效率、准确性和精度大幅度提高，提高了灾害防治措施的有效性和针对性；首次提出了煤矿安全生产监控系统、风机等5大类在用设备的检测检验方法，为井下在用设备事故隐患的排查和监察提供了有效的手段；创新了电（磁）、弹性波、核磁共振等物探方法在矿井地质的应用，显著提高采空区（老空区）展布规律和物性特征的探测深度和精度。

依托科研项目的实施过程，在淮南矿区、松藻矿区、峰峰矿务局、抚顺老虎台煤矿、淮北矿业集团、平顶山煤业集团、天地王坡煤矿、冀中能源公司、晋城煤业集团等代表不同灾害类型的矿区和单位，建立了15项煤矿瓦斯灾害治理和事故防控科技示范工程。这些示范工程为矿区的安全生产发挥了重要支撑作用，成为全国类似条件煤矿借鉴和学习的典范。

在煤矿安全科技进步和成果应用的推动下，煤矿安全生产形势显著好转，在煤炭产量大幅增长的同时，煤矿事故起数和死亡人数大幅下降。截至2009年，与“十五”末期2005年相比，全国煤炭产量30.5亿吨，增长了44.5%；煤矿死亡事故1 616起、死亡2 631人，分别减少51.1%和55.7%，其中瓦斯事故157起，死亡755人，分别减少62.1%和65.2%。

(三)特种设备安全关键技术取得突破，事故率稳中有降

依托“生命线工程和特种设备安全保障关键技术与工程示范”项目，针对特种设备事故预防领域中的共性、关键性突出问题，围绕生命线工程、大型高参数高危险性成套装置和电站锅炉长周期运行以及典型机电类特种设备的安全风险寿命评价和检测监测以及特种设备安全动态监管等关键技术，取得重大突破。

项目成果在全国220公里埋地管道、110多台大型储罐、200多套石化成套装置、20多台电站锅炉、70多套大型游乐设施、170多台大型起重机械、30多台电梯、40多条索道、10多台场（厂）内机动车辆等特种设备的检测和安全、风险、寿命评价，以及江苏省、深圳市、淄博市、南京市技术监督局的安全监察业绩评价中进行了示范应用，效果良好。

在我国特种设备数量和危险性猛增的背景下，项目成果的推广应用为特种设备事故率稳中有降发挥了重要的技术支撑和保障作用，并取得了重大的经济、社会效益。截至目前，据企业效益证明统计：(1)埋地钢质管道外腐蚀检测评价等技

术应用于1.3万公里埋地钢制管道，为查明安全隐患、进行科学维修提供了可靠依据，减少改造费4.3亿元；(2)石化装置长周期运行安全监察等技术应用于中石油、中石化成套装置，直接经济效益6.4亿元，间接经济效益14亿元以上；(3)电站锅炉复杂服役环境失效行为的预防预警系统等技术应用于20多台电站锅炉，经济效益1.65亿元；(4)大型起重机械安全检测监测与评价等技术应用于178台大型起重机械，减少停产与改造费5.3亿元。

(四)“反弹琵琶”突破食品安全关键技术，应急能力大幅提升

“十一五”期间，密切围绕食品安全事件频发的新形势和新需求，继续以“反弹琵琶”的方式，开展检测、溯源、标准、典型示范等方面的研究。通过食品安全关键技术研究专项的实施，我国食品安全检测技术开发、食品检测装备研制、食品安全风险评估、食品安全应急和国际贸易技术壁垒应对等方面的能力建设取得了重要进展。

食品安全检测与危害识别技术基本与国际接轨。成立了二噁英和多氯联苯国际标准物质的定值实验室，显著提升了我国食品安全科技领域的国际地位；建立了与国际接轨的重要食源性细菌的分子分型溯源技术平台；研制出170余种食品安全检测试剂盒和50余种相关检测设备，实现了主要违禁药物残留免疫快速检测技术产品的国产化。

随着食品安全关键技术突破和重大成果转化的推进，已逐步形成了国际认可度高、高效快捷的食品安全检验检测能力，应对食品安全突发事件的能力大幅提升。如一批农兽药残留检测技术已经成功应用于2008年北京奥运会和青岛奥帆赛的食品安全保障，杜绝了食源性兴奋剂事件的发生；能够对25种毒物进行现场快速检测的快速检测箱，已经成功应用于汶川地震灾区、北京奥运会、青岛奥帆赛、神州7号飞船发射基地和亚丁湾海军护航舰队的食品安全保障；快速、准确的禽流感病诊断方法解决了禽肉中微量禽流感病毒快速检测技术难题，为应对禽流感突发事件、促进我国禽肉出口发挥了重要作用；食物中毒查询数据库和毒理学质谱库成功应用于北京山吧可乐定中毒等多起食物中毒事件侦破和违法添加筛查；苏丹红和三聚氰胺事件中，参加食品安全关键技术研究专项的相关实验室迅速应对，很快拿出与国际接轨的检测方法，为保障消费者身体健康、维护社会稳定和保护国际国内贸易提供了科技支撑。

(五)成功研发法医 DNA 专用检测平台,打破国外技术和经济壁垒

在"十五"国家科技支撑计划项目课题"法医 DNA 检验试剂国产化"研究成果的基础上,"十一五"期间进一步支持公安部组织实施了"法医 DNA 专用检测平台关键技术研究"项目。项目针对法医 DNA 检测技术进行了专项研究,现已研发出了法医 DNA 专用检测用软、硬件平台,并形成样机,关键技术指标达到或优于国外同类仪器水平;研究开发了法医 DNA 数据预处理与片段分析关键技术和软件,覆盖了国外同类软件的全部功能,实现了对国内外试剂的支持,并满足我国公安机关 DNA 数据库的对接需求;试制成功了适合国内需求的 DNA 专用检测平台系列消耗品及标准物质。最终实现了国产法医 DNA 检测试剂与检测仪器的全面配套。

通过项目实施,全面突破了我国法医 DNA 专用检测领域的关键技术,使我国具备了用于法医 DNA 检测的主要设备和耗材的生产制造能力,打破了国外的技术和经济壁垒,将改变我国开展法医 DNA 专用检测工作必须全部使用高价的进口检测试剂和检测设备的局面,具有重大的经济、社会效益。

项目成果与目前已有的国产化检测试剂配套,将加快推进我国法医 DNA 检测技术的应用和发展,更好的满足我国公安系统的业务需求,直接服务于公安一线,降低办案成本,提高办案效率,为 DNA 检测技术在我国的普及应用和 DNA 数据库的建设奠定坚实的基础;将显著增强我国在打击和防范刑事犯罪方面的快速反应能力、犯罪证据认定能力以及物质条件保障的自给能力,并将为保障人民群众的生命财产安全、为维护社会安定做出重大贡献;不仅填补了国内法医 DNA 检测设备和检测耗材的空白,同时标志着我国生命科学仪器的研究和开发能力进入一个崭新的阶段,将有效促进我国 DNA 及生命科学相关产品和产业的发展。

四、"十二五"期间突发事件应急管理科技支撑能力建设工作展望

近十年来,在国家重视和全社会共同努力下,突发事件应急管理科技支撑能力建设工作取得了显著的进展。进入"十二五"以来,随着社会经济的快速发展和国际国内形势的变化,公共安全也面临新的挑战,呈现多元、频发、复杂化等特点,对快速应急、综合处置、服务民生提出了更高要求。要继续加强自主创新,通过科技支撑与引领,深化公共安全与应急管理的关键技术与装备研发。

"十二五"期间,将以解决公共安全领域的关键科技问题为突破口,逐步建立完整的公共安全科学研究能力,实现突发事件预防、预测、预警与应急等关键技术及其集成的持续创新,形成公共安全核心技术与装备的自主研发与工程技术能力,初步具备对多灾种耦合的重大事故、灾害的防控能力;形成完善的公共安全科技支撑平台和学科能力,建立公共安全技术标准能力,形成与社会经济发展相适应的公共安全科技运行机制。将重点面向当前公共安全领域的关键问题,拟以应急装备为切入点,围绕民众、受灾人员和救援人员的安全防护与救助安置,现场监测预警、处置救援、应急指挥等关键技术开展研究,研发系列化成套化技术装备,实现应急关键环节衔接,切实提升"民众"应急能力和"应急救援"保障水平。力争到 2015 年初步建成国家公共安全科技创新能力,使我国公共安全科技支撑能力达到国际水平,有力提升突发事件的预防、抗御和应对能力,为我国经济社会的可持续发展提供有力保障。

"十二五"期间,将大力推进突发事件应急管理科技支撑能力建设,合理布局"十二五"公共安全领域的科研项目,其中应急技术装备、产品的开发是重点内容。科技部也拟将实施应急专备重点科技专项,整合各种资源加强应急技术的创新和产业培育。已率先启动了部分项目支持开发,重点支持了移动两栖救生舱,消防用单兵防护、通信、侦查装备,冰凌灾害破冰船,飞艇及无人机监测平台,食品安全高端检测试剂及仪器等项目研究和装备研发。

加强公共安全科技自主创新,是实现科学高效的公共安全与应急管理的重要保障。基于强大的公共安全科技创新能力,支撑构建适合我国国情、较为完善、与经济发展相适应的公共安全环境,为全面建设社会主义和谐社会提供有力保障。通过技术进步全面提升我国应对突发事件的能力,任务艰巨又紧迫。我们将继续加强与相关部门通力合作,加强公共安全与应急管理科技工作,为持续提升我国应急能力、保障公共安全、维护民生权益提供有力支撑。

(由科技部社会发展司组织供稿)

加强无人驾驶飞机技术应用
创新应急救灾科技支撑手段

近年来，民政部注重加强减灾救灾业务支撑平台建设，利用高分辨率卫星和航空遥感数据，建立重特大自然灾害应急监测业务体系，不断提升应急保障和科技支撑能力。通过应用航空遥感和无人机技术，开展灾害范围快速监测、房屋倒损面积、交通线路损毁长度、耕地损毁面积等实物量监测工作，为顺利开展综合评估工作提供了重要的支撑和客观依据。无人驾驶飞机体积小巧，起飞场地限制条件少，具有快速响应、机动灵活的特点，能够搭载多种载荷，可以较好地满足灾害应急监测任务的要求。

2009 年，国家减灾委办公室、民政部救灾司与国内 7 家具备无人机运营资质的企业和机构合作建立了服务范围覆盖全国的“重大自然灾害应急监测无人飞机合作机制”，合作机制明确了 7 家无人机运营机构作为国家重大自然灾害应急无人机监测站，民政部国家减灾中心作为无人机监测站的管理部门。在发生重大自然灾害的情况下，国家减灾中心根据灾情启动无人机合作机制，无人机监测站根据国家减灾中心发出的任务需求组织无人机队赶赴灾区执行遥感作业任务，并将获取到的无人机遥感数据进行相应的预处理得到完整的灾区影像，最后将影像传送给国家减灾中心。无人机监测站在日常情况下负责对无人机系统进行维护和保养，国家减灾中心组织无人机监测站定期开展应急演练。无人机合作机制建成之后，极大地提高了国家灾害应急管理的科技支撑能力。国家减灾中心先后启动无人机合作机制开展了多次灾害应急监测工作，参与了 2010 年 6 月江西抚州唱凯堤决口、8 月四川绵竹清平乡洪涝灾害救灾工作。

2010 年 6 月 21 日 18 时 30 分左右，江西省抚州市临川区抚河干流右岸唱凯堤溃决，威胁到下游临川区湖南、罗湖、唱凯、罗针和云山等 5 个乡镇 14.5 万人口、京福高速公路和 316 国道以及 12 万亩粮田的安全。决堤部位起初宽 60 米，22 日 7 时 30 分扩至 400 米，内外落差 23 厘米。决堤造成 4 个乡镇、41 个村受灾，被淹区平均水深 1 至 2 米，其中罗针镇、唱凯镇受灾最严重，整个被淹区人口 10 万人。抚河是江西省第二大河流，唱凯堤位于抚河中下游右岸，全长 81.8 公里，大堤分抚河河段和东乡河河段，其中抚河河段47.5公里，东乡河河段34.3公里。灾情发生后，国家减灾中心紧急启动无人机合作机制，调派北京国遥万维公司派遣无人机机组迅速赶赴溃堤现场。无人机机组于6月25日到达现场，26日至28日持续组织开展了无人机遥感监测作业，利用快眼(QuickEye)2型无人飞机获取了0.2米空间分辨率遥感影像数据200余景，并传送回民政部国家减灾中心。民政部国家减灾中心迅速组织人员对无人机数据进行了处理，利用Pixel Grid软件对无人机影像进行了空三解算、拼接、匀色等预处理，得到了较大范围的无人机影像拼接图，并参考前方工作人员反映的灾情，重点针对唱凯堤溃坝区域受到严重影响的唱凯镇、罗针镇、云山镇、罗湖镇等洪涝淹没重灾区域开展了灾情解译。利用6月27日获取的无人机影像，通过ArcMap软件，对唱凯堤决堤长度及封堵长度进行了量测，利用26日、27日和28日获取的影像对唱凯镇、罗针镇、云山镇、罗湖镇洪涝淹没范围进行了标注，专题产品迅速发往现场，为救灾指挥和灾害救助工作提供了决策依据。

2010年8月，四川绵竹清平乡特大洪涝灾害后，国家减灾中心利用天下图公司提供的0.2米无人机数据，对灾区的滑坡点分布及面积、冲毁桥梁、淹没道路和淹没面积情况进行了监测和评估。

经过几次大灾的历练，无人机合作机制的参与单位之间得到了很好的磨合，民政部国家减灾中心不断总结经验，加强机制建设，提升服务能力，增强应急科技支撑能力。目前无人机合作机制单位已经扩展到8家，包括高性能无人机平台、高精度pos系统、高效数据链传输系统、无人机多源数据载荷以及高效数据处理系统的无人机应急监测系统正在筹划建设之中，这将进一步提高灾害遥感应急监测的科技支撑能力。

（由民政部救灾司组织供稿）

地质灾害应急科技支撑

一、地质灾害基本情况

中国是地质灾害最为严重的国家之一，滑坡、崩塌和泥石流是其主要灾种。“十一五”期间，全国共发生地质灾害196 258起，其中，滑坡146 437起，崩塌36 846起，泥石流5 489起，其他类地质灾害（地面塌陷、地裂缝、地面沉降）7 468起，共造成4 494人死亡，1 117人失踪，2 589人受伤，直接经济损失达182.2亿元。灾害中95.3%为自然因素引发，4.7%为人为因素诱发。与上一个五年计划期间相比，地质灾害发生数量增加98.8%，因灾造成的死亡失踪人数增加29.8%，造成的直接经济损失减少14.1%（“十五”期间共发生灾害98 722起，造成3 750人死亡，582人失踪，直接经济损失212.1亿元）。

地质灾害具有突发性，点多面广和隐蔽性等特点，发生时间和发生地点都很难准确的预测，在“以防为主”阶段，应急防治是重要的防灾减灾举措。实时监测、及时预警、有效处置构成了地质环境监测、保障地质安全的工作链。1998年以来，我国共转移了几百万人成功避险，应急减灾防灾效益显著。重大地质灾害历史经验教训提醒我们，加强重大地质灾害应急防治工作，提升地质灾害应急科学技术支撑能力尤为重要。

二、地质灾害应急处置基本问题

（一）地质灾害应对工作特点

正确认识突发性地质灾害应对工作特点，是有针对性地开展应急体系建设的基础。只有明确了地质灾害过程规律及其作用力，才能在应急处置中因地制宜采取反制措施。以2009年四川省丹巴县城滑坡抢险处置为例，“滑坡险情的出现是由于开挖破坏了维持斜坡稳定的坡脚支撑，降低了斜坡段的抗滑阻力，因此，利用斜坡尚未整体高速下滑的宝贵时机，快速堆载……”。为此，需要从地质灾害发生过程的角度，分析地质灾害应对特点。由于“我国地质灾害专业监测工作刚刚起步”，长期以来对地质灾害过程仍限于经验性认识。无论是滑坡、崩塌、泥石流或地面塌陷,都很难清晰地刻划其专业过程。但可以粗略地分为孕育、发展和阻滞 3 个一般性过程。地质灾害孕育受多种因素影响。我国地质环境脆弱,滑坡、崩塌、泥石流、地面塌陷等突发性地质灾害的易发区面积约占国土面积的 65%,发灾面广,应对面宽。地质灾害进入发展阶段,往往表现出强烈的危害性。由于目前尚缺乏成熟的地质灾害应急预警技术方法,借助于降水、工程扰动或地震等外在显性因素预测地质灾害所属的"红、橙、黄、蓝"等级,往往会导致过度地预警。譬如,在做出某降水过程可能引发泥石流的预测后,确定避险撤离时机一直是困扰决策者的难题,地质灾害准确预警困难。在发展阶段后期,灾害地质体变形运动将受到阻滞进入新的稳定状态。由于地质条件的隐蔽性、引发因素的多样性和灾害过程环境复杂性,准确地度量不同因素的贡献及相互关系非常困难,即地质灾害形成条件、成灾机理和危害作用等判定困难。综上所述,这里将地质灾害应对工作特点归纳为"一宽、两难":应对面宽、应急预警难、成因判定难。

(二)地质灾害应急处置内容与程序

在处置内容上,有不同的划分标准。按照灾害管理周期的划分,地质灾害应急处置包括灾情报告、先期处置、应急响应和快速恢复等在内的全部紧急防治与救灾行动。以处置对象为标准,可分为信息处置、承(受)灾体处置、灾害地质体处置和防治责任处置等 4 项基本内容。其中,信息处置包括了灾情险情信息速报、应急信息的发布和应急信息沟通等全过程;对承(受)灾体的处置,重点是减小遭遇概率、降低其易损性或对其实施搜救援助;对灾害地质体的处置,重点是通过监测预警、应急治理降低其危险性等;责任处置是以地质灾害成因分析为基础,按照《地质灾害防治条例》而做出的地质灾害防治责任监督。

地质灾害应急处置的一般性程序包括应急预警、先期处置、应急响应、抢险救灾、勘测评估、成因认定和快速恢复等 7 个环节。为更加利于对地质灾害应急体系建设的指导,结合重大地质灾害应急抢险、救灾实践,这里将其概化为应急预警响应、抢险救灾处置和恢复重建评估等 3 步:

1. 应急预警响应

采用群专结合的监测手段,及时发现地质灾害隐患、时时掌握灾情动态,采取有效措施,发布不同等级的应急预警信息,启动相应等级的应急响应。地质灾害应急预警难度较大,具有高精度和高时效性要求,不仅取决于已有地质灾害监测网的密度精度，而且受预警信号的传播手段影响。该阶段既是地质灾害应急处置的首要环节，也是亟待建设强化的内容。

2. 抢险救灾处置

主要任务包括：紧急撤离受威胁群众，快速搜救受灾群众，进行灾民安置，实施应急治理，维护社会稳定。在确保安全的前提下，将生命财产损失降到最低。应急调查监测是科学处置的基础，包括：灾害地质体、承（受）灾体和区内隐患调查排查；灾害成因分析判断；灾情现状评估，险情趋势预测；重点部位、重要影响因素应急监测，防止二次灾害或次生灾害等等。

在应急抢险救灾中，中国人民解放军和中国人民武装警察部队等国家专业救援力量发挥着骨干和突击队作用。同时，由于地质灾害应对面广、影响因素多、专业性强等特点，应急抢险工作离不开地质灾害应急防治专业队伍的技术支撑和社会化应急网络的必要辅助。在专业技术方面，尽管国内外业已积累了丰富的地质调查监测经验及技术方法，效率也在不断地提高。但仍难以适应紧急状态下对相关数据的高时效性需求。

3. 恢复重建评估

对于地震、洪水等自然灾害事件而言，恢复重建主体工程被看作是应急阶段后的任务，往往纳入常态体系（譬如，2008年“5·12”汶川地震灾后重建、2010年“4·14”青海玉树地震灾后重建）。考虑到地质灾害应对规模小的特点，本文认为将恢复重建评估作为应急阶段任务更符合实际。根据对地质灾害形成条件、引发因素的调查，分析成因，进行责任认定，落实防治责任。同时，总结经验和教训，促进地质灾害防治。依据灾后重建规划，部署灾后地质灾害防治工作，恢复生产生活。应急处置结束后，搜集应急资料，建档入库。

三、地质灾害应急科技支撑体系建设

（一）总体思路和原则

本着“立足实际、按需建设；整合资源、开放建设；强化服务、实用高效；平战结合、战训结合”的原则，以国家地质灾害应急防治需求为导向，以专业支撑、专家咨询为基础，以规范管理为保障，依托全国地质环境监测体系、采取自身建设和开放发展两条途径、提升突发地质灾害应急响应的技术支撑能力和突发公共事件地质环境应急监测保障能力，做好面向国家应急管理的地质灾害应急响应技术支撑服务、面向省级应急机构的地质灾害应急技术指导服务和面向社会公众的地质灾害应急避险自救宣传教育服务。

(二)主要建设内容

1. 专业化应急队伍建设

以全国地质环境监测体系为基础，立足现有条件，着眼近期需求，统筹优化资源，平战结合，分级分区建设一专多能、反应灵敏、协调运转的地质灾害应急处置队伍，建实建强国家地质灾害应急中心，逐步建成6个国家级分中心，促进和带动各省(区、市)建立省级地质灾害应急工作队伍。

在国家地质灾害应急队伍建设方面，充分发挥中国地质环境监测院在地质环境监测与地质灾害防治工作中的技术支撑作用，履行“国土资源部地质灾害应急技术指导中心”职责。积极探索应急组织机构建设和工作模式，逐步建成西南、西北、中部、东南、东北和三峡库区六个国家级地质灾害应急分中心。立足地质环境监测队伍的现有条件，着眼近期需求，统筹优化资源，平战结合，已建成20多个省级地质灾害应急处置队伍，建立省级应急专家组。依托地质灾害群测群防体系，全面提高基层突发地质灾害的应急处置能力。鼓励重点县(市)建设规模适度的应急队伍。

2. 应急支撑平台建设

按照《国土资源部突发地质灾害应急响应工作方案》，制定数字化应急预案。运用计算机、网络、通信、GIS、GPS等高新技术手段，构建一个各级应急指挥机构、应急中心和相关部门互联互通的基础平台，形成满足国家应急响应协调指挥和应急管理需要的综合性应用技术系统，包括应急值守管理子系统、应急预案管理子系统、应急资源调度子系统、灾情险情分析子系统、应急决策专家支持子系统、应急培训与演练管理子系统、应急队伍评估子系统和专用数据库管理子系统等。配置完善的应急装备，建立应急培训与演练基地，编制应急响应技术标准规范，形成可支撑应急预案快速、高效运行的基础系统。

3. 社会化应急网络建设

依托群测群防体系和社会应急资源，建立应急资源共享平台，广泛发动社会各界群众参与，推进地质灾害应急防灾减灾进社区，全面提高基层地质灾害应急能力，一旦突发地质灾害灾情险情，具备临灾反应、先期处置、就近支援和协作响应等应急能力。

4. 应急信息远程会商监控平台建设

以国家级地质环境监测网络为基础，以信息技术为手段，利用专项和公共信息，建设满足地质灾害应急需求的信息平台。通过有线网络、卫星通信网络，架构国土资源部、应急中心、灾害现场的远程通信与信息传输，推进"平灾兼容"的全国地质灾害应急信息平台建设，为应急指挥、信息传输和远程会商等提供通信与信息保障。依托全国地质灾害隐患点监测网络和重点地区监测网络，基于调查、监测和治理工作成果，实现灾情速报与动态跟踪；通过有线、无线网络，架构灾害现场与后方应急中心的远程视频监控系统，为全国地质灾害时时跟踪与处置等提供视频值守平台。

四、地质灾害应急支撑关键科学技术

由于地质灾害系统的复杂性，应急处置涉及诸多科学技术问题。从地质灾害应急处置的基础性需求和关键环节技术支撑的角度出发，现将地质灾害应急处置关键科学技术问题总结如下：

(一)对地质灾害过程机理的认识

为，准确认识地质灾害过程机理是地质灾害应急处置科学决策的依据，是提高地质灾害应急处置的实务性的关键。只有明确了地质灾害过程规律及其作用力，才能在应急处置中采取反制措施。对地质灾害过程机理的认识，包括形成机理、演化机理和危害机理等三个方面，以滑坡灾害为例：形成机理揭示了滑坡灾害地质体形成过程的内在地质作用和外在影响因素，反映了下滑力与抗滑力的相互作用，是滑坡险情处置的方向标，也是滑坡灾害责任认定的关键依据。演化机理揭示了滑坡体在脱离滑床后的运动过程中，受滑坡物质、滑动能量和滑动路径的影响所发生的物理特性演化。滑坡演化直接影响到滑动距离、破坏强度和堆积特征，这是针对滑动过程紧急采取处置措施的科学依据。滑坡危害机理揭示了承(受)灾体遭受滑坡威胁或迫害的内在逻辑与规律，这对避险防范和人员搜救具有明确的指导意义，尤其是风险区划。

(二)地质灾害应急调查监测技术

地质灾害应急处置通常不具备前期勘测基础,且处置环境复杂、处置对象处于易变状态,为此,需要通过应急调查监测,为处置决策提供数据支持。尽管国内外已经积累了丰富的地质调查监测经验技术方法,效率也在不断提高,但仍难以适应紧急状态下对相关数据的时效性需求。相比平常状态下的地质灾害调查监测,应急调查监测对地质原型数据的获取还注重风险管理科学的指导。具体而言,地质灾害应急调查监测技术包括灾害地质体快速识别技术、灾情快速评估技术、多参数简易监测技术和短临预报技术等。

(三)地质灾害应急治理技术

在存在严重地质灾害威胁、且无法采取避险防范措施的前提下,需要采取应急治理工程。地质灾害治理工程原理清晰,也有大量较为成熟的经验技术方法。由于应急治理的时效性要求,一般地质灾害治理的工作程序、工程部署、工序和材料等无法适应应急治理工程特点。具体而言,地质灾害应急治理技术包括快速施工技术、施工地质监测优化技术和应急治理后效评估技术等等。

(四)预警与响应的一体化技术

随着我国社会主义市场经济体制的确立和完善、政府职能的转变和利益的多元化,"一体化"的应急机制功能逐渐弱化。为此,需要加强技术层面的一体化,以消除应急机制的转变所带来的应急响应松散效应。其中,预警与响应启动之间的一体化便是关键科学技术问题之一。

(五)地质灾害应急处置推演技术

在紧急情形下,不恰当的应急处置方案一旦付诸实施,挽回时间不足、补救空间狭窄,减灾效果有限。为此,应急处置方案需要在付诸行动前,采用直观方式模拟方案实施后可能出现的处置效果,辅助决策。受各种主客观条件限制,紧急状态下决策者所能掌握的信息是相对薄弱的,目前地质灾害应急处置推演仍依赖于专家个体的经验数据。解决地质灾害应急推演技术问题,不仅有助于应急处置方案的动态优化,而且,也可以形成直观的信息,以增强与社会公众沟通的有效程度。

(六)地质灾害应急过程评价技术

有序是应急的原则性要求,能否对应急过程有效监控是应急管理的关键,应急管理需要地质灾害应急过程科学评价技术方法。譬如，在2010年甘肃舟曲“8·8”特大山洪泥石流灾害应急处置中，在应急响应启动后，人员搜救、排险除危、成因调查、隐患监测和灾民安置由各自的责任应急单元分头处置。应急指挥部密切跟踪各应急单元的行动，对各单元应急信息进行动态综合评估，掌握应急过程进展，顺利做出应急响应是否结束、恢复重建工作何时启动等决策。

（由国土资源部组织供稿）

9 应急信息报告

对做好当前应急信息管理工作的几点创新和实践

应急信息管理工作历来是党委、政府及时掌握了解突发事件并科学决策的重要基础，是事关人民群众生命财产安全、社会稳定、经济社会发展大局的大事，对于及时妥善处置突发事件具有十分重要的意义，在构建和谐社会中发挥着积极而独特的作用。近年来重庆市政府应急办结合本地区实际及经济社会形势发展需要，对应急信息管理工作进行了有效实践和探索，并取得了较好实效。

一、我市应急信息管理工作现状及分析

重庆直辖走过了14年历程，当前，重庆正在全力打造内陆开放高地，推进“宜居重庆”、“畅通重庆”、“森林重庆”、“平安重庆”和“健康重庆”建设，经济社会进入了良性发展的“快车道”。与此同时，重庆也具有自己的特殊市情，二元结构突出，集大城市、大农村、大库区、大山区和少数民族地区于一体，公共安全形势十分严峻，经济社会快速发展所带来的社会矛盾也日益突出。如何应对和解决好所面临的公共安全形势和社会矛盾，是保持当前经济社会又好、又快发展的重要保障。为此，重庆市政府应急办紧紧围绕市委、市政府的中心工作，把应急信息工作作为应急管理工作的一项关键内容来抓，在应急信息的收集、报送、分析、管理上狠下功夫，工作上有力度、有制度、有措施、有亮点、有效果，经过几年努力一个至下而上的应急信息管理体系已基本形成，我们的主要做法是：

(一)统一思想，应急信息管理工作得到高度重视

2008年重庆市政府应急办成立以来，应急信息管理工作得到了党委、政府的高度重视，应急信息报送的质量、数量、程序得到进一步提高、规范和加强。为及时、科学、有效处置突发事件提供了可靠信息基础和决策依据，充分发挥了参谋助手作用。早在2008年，重庆市政府办公厅根据《中共重庆市委办公厅重庆市人民

政府办公厅关于切实加强紧急重大情况报告工作的通知》(渝办发〔2006〕178号)就加强紧急信息报送工作专门作了强调和要求，印发了《重庆市人民政府办公厅关于进一步规范紧急重大信息报送工作的通知》(渝办法〔2008〕370号)，要求各区县(自治县)政府、市级各部门从讲政治的高度，以对党和人民高度负责的精神，强化应急信息管理工作。同时《重庆市人民政府十二五期间应急体系发展建设规划》(渝府发〔2011〕47号)对应急信息管理工作也作了短、中、长期规划，对应急信息管理体系建设提出了明确的发展目标和要求。市政府领导定期听取应急值守工作汇报，研究解决应急信息报送工作中存在的重要问题，把对应急信息报送工作作为应急管理工作的重要部分纳入了对区县(自治县)政府、市级各部门的年度考核，极大的推动了应急信息管理工作的开展，以确保思想上统一，认识上提高。经过几年的努力，各区县(自治县)和市级各部门在突发事件发生后，信息报送的责任意识和紧迫感明显增强，大量翔实的应急信息数据为领导层的科学决策提供可靠的依据。

同时，随着重庆市经济社会的快速发展，应急信息的数量也逐年增加，通过对比分析，我们认为信息数量的增加不代表突发事件的增加，而是工作重视程度和信息管理体系不断完善的结果。

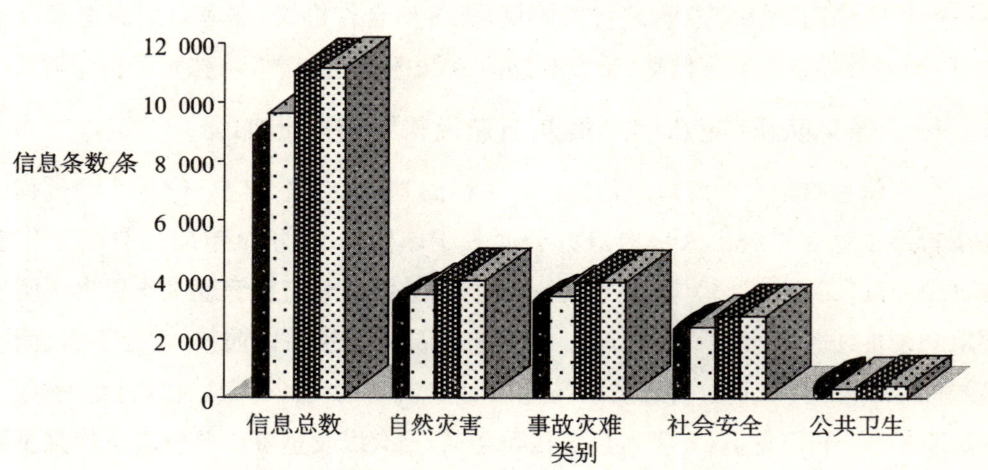

近4年来，重庆市政府应急办处理应急信息情况对比

(二)健全网络，应急信息报送渠道得到基本完善

信息报送网络的健全是做好应急信息报送工作的组织保障，牢固树立应急信

息无小事的理念,做到"早发现、早预警、早处置",杜绝了漏报、瞒报、迟报现象发生,确保了应急信息收集渠道畅通。一是广辟源头,建立多层次、多渠道的信息搜集网络。通过区县(自治县)政府、市级各部门政务值班信息、公开电话、应急信息员队伍、互联网信息巡查等方式建立了多层次全方位的信息收集渠道。针对领导关心的重点问题、社会关注的热点问题和苗头倾向性问题信息的收集,确保全方位掌握社会动态。二是注重科技,建立了应急信息平台。我们依托电子政务信息网将全市40个区县(自治县)政府、100多个部门和中央市属重点企业全部纳入信息网络,使应急信息管理工作做到了全覆盖。为加强应急信息发布和信息报送工作,下发了《关于成立重庆市突发事件预警信息发布平台建设工作机构的通知》和《关于报送突发事件预警信息发布平台有关情况的通知》。逐步完成了平台的基础数据库、基础数据管理模块、流程化的日常信息及应急信息发布模块、短信发送模块、LED屏发送模块、电话群呼模块、自动传真发送模块等系统功能建设,整个平台的软件框架已经基本搭建完成并通过测试。同时我们加强了社会公共安全视频信息管理系统建设,基本完成了平安重庆·应急联动防控体系数字化工程建设和全市社区、公共场所、城镇街道、交通要道视频图像建设和整合任务,确保及时掌握紧急信息,不延误处置时机。三是加强横向联系,拓宽信息报送渠道。主动与党委信息系统、驻渝部队、毗邻省市加强联系,建立了应急信息互通合作机制,签订了《渝南黔北应急管理合作协议》等8份合作协议,在应急信息上实现了共享,对涉及的重大紧急信息、重大敏感信息,加强了相互沟通,拓宽了信息源头。

(三)强化队伍,应急信息员队伍建设得到进一步加强

应急信息收集是做好应急信息管理工作的基础,在整个应急信息管理过程中处于首要位置,《重庆市人民政府办公厅关于印发2011年全市应急管理工作要点》(渝办法〔2011〕17号)文件中对进一步加强基层应急信息管理工作提出了明确要求和硬性任务,做到了"三个有"。一是有人员。按照关口前移、重心下沉、面向基层的工作思路,以基层信息员队伍建设为重点,在乡镇(街道)、村(社区)落实1~2名专(兼)职信息员,充实整合了村委会、居委会以及企事业单位应急信息员队伍,建设"多位一体"的基层应急信息员队伍。加强了对地质灾害、气象、农业有害生物信息员队伍建设。同时将信息员名单汇集成册,建立应急管理信息员队伍数据库,印制了《应急信息员通讯录》,并定期更新,基本做到了横向到边、纵向到底、定向到人,全覆盖。二是有措施。根据基层应急信息员队伍建设相关要求,各区

县(自治县)政府根据本地自然地理状况、灾害特点以及经济社会发展水平等情况,采取以点带面、点面结合、分类指导的方式,积极推进应急信息员队伍建设。结合实际建立了应急信息员的管理、使用、考核、培训等制度,建立信息报告工作台帐,作为年终考核依据。为提高信息报告质量,全市每年至少安排1次,各区县(自治县)至少安排1~2次业务培训,邀请国家、市级应急管理专家为其授课,以提高信息员捕捉信息的敏锐性,掌握快速、规范、准确收集、核实、上报信息的方法和技巧,为采集高质量、高时效的应急信息奠定了坚实基础。三是有保障。为确保应急信息的通畅,为应急信息员配备了必要的通讯、计算机等办公设备,各类预警信息均能在第一时间发布到乡镇(街道)、村(社区)一级。为提高应急信息员的工作积极性,各区县(自治县)政府根据本地区的实际对应急信息员每月发放200~500元/人不等的通讯和误工补贴,为其开展工作创造有利条件。

(四)完善制度,应急信息管理工作得到进一步规范

近年来,为进一步加强应急信息管理工作,市、区县(自治县)两级制定了相应的值班工作制度、零报告制度、分级报告制度、信息定期分析会商制度、突发事件信息初报、续报、终报等制度,以不断规范应急信息管理工作。一是规范了责任主体。明确规定了突发事件发生地的政府为应急信息的责任主体,防止了推委扯皮,处置责任不明,避免因为多个单位说法不一而影响突发事件的有效处置。二是规范了信息类别。我们按照自然灾害、事故灾难、公共卫生事件、社会安全事件四大类的责任分工以直报和专报的形式予以报送。三是规范了报送要求。在加强信息研判的同时,进一步改进和完善了"边处置、边报告和边核实"等操作程序,从突发事件的报送时间、报送要素到应急信息网络生成格式均作了明确要求和统一规定。

(五)注重实效,应急信息研判运用取得良好效果

通过近几年来建机构、建制度,抓队伍、抓措施,重庆市应急信息管理工作得到了长足发展,并取得了良好效果。"5·12"汶川大地震发生后,一些非正规渠道信息在网络上开始流传,重庆市政府及时在公众信息网发布《四川汶川7·8级地震 重庆有震感》的辟谣公告,成为国内政府网站发布的第一条辟谣公告,高效快捷的应急信息反应能力和信息公开务实的作风赢得了各方面的普遍赞誉。2011年10月22日,重庆市巫山县望霞危岩滑坡体变形加剧,出现险情,严重威胁长江航

运安全,应急信息员在第一时间报告情况后,应急信息责任主体及时向市政府报告了情况,启动应急预案,对望霞水域实施交通管制,疏散游客 500 余人,确保了长江航运和人民群众生命财产安全。

二、当前应急信息管理实践中存在的问题

由于突发性事件具有多样性、复杂性、难以预测性等特点,加上报送应急信息受到许多主客观因素的制约,在应急信息管理中也存在以下五个方面的问题。

(一)认识不到位

一是有“家丑不外扬”的传统观念,主观上存在报忧难的问题,怕“给自己脸上抹黑”,影响政绩和形象。二是部分基层信息人员存在“报了闯祸”的忧虑。再加上突发性事件具有多变性、难以预测性,对事件性质、发展方向把握较难,存在部分信息人员抱有“多一事不如少一事”的态度,这直接影响到报送应急信息的积极性。

(二)网络不健全

从目前情况看,区县(自治县)政府和市级各部门都有专门的应急信息机构和人员,网络健全,联系方便,信息渠道较为顺畅。但在乡镇(街道)、村(社区)应急信息网络还不健全,领导责任不明确,存在“走过场”的情况。一旦有事情,往往找不到人。

(三)队伍不稳定

基层应急信息员队伍没有专门编制,大部分只是临时挑选一些人兼职搞信息,加上待遇较差,很多人不愿意从事信息工作,今年是张三搞,明年是李四做,流动性比较大,导致信息员队伍不稳定,影响了信息工作的健康发展。

(四)信息不互通

目前,由于政府应急资源的部门化和利益化,加大了应急资源和信息共享机制建设的难度。因此,应急信息机制建设是十分复杂的系统工程,区县(自治县)政府、部门和部门之间由于信息不共享导致信息数据报送不统一,致使收到信息后要反复核实多次,以至延误了处置时机。

(五)渠道不畅通

应急信息的生命力在于其时效性,但在实际操作中应急信息上报的渠道存在不够畅通情况,延误了上报时机。工作人员把信息写好后,首先分管主任审核,然后是区县(自治县)分管领导审批,重大事件还要主要领导把关。而领导往往工作很忙,一时找不到人,七请示八汇报,延误了上报时机。

三、对进一步做好应急信息管理工作的几点思考

(一)加强对应急信息管理工作的科技支撑

建立一个运行高效、功能完善的应急信息管理系统,发挥信息技术在应急管理工作中的科技支撑作用,对于增强政府应急管理工作能力,提高政府应对突发事件的水平,科学合理的调度应急资源具有十分重要的意义。一要明确应急信息管理系统的建设目标和功能需求。要对应急信息系统的功能目标进行定位,应急信息系统的建设目标要配合应急管理的全过程,实现大面积、跨专业、跨部门的信息处理与调度,使应急管理全过程更加科学化、可视化。二要统一应急信息系统建设标准。整合应急信息资源,确保互联互通。三要进一步完善"应急信息一张图"信息体系的研究应用。利用地理信息资源,以重庆市地理空间信息公共服务平台为支撑,构建应急地理信息共享机制,建立信息数据采集处理、共享交换系统,为应急管理和处置提供基础数据。

(二)加强应急信息公开体系建设

应急信息公开体系的建设不能仅以信息技术为出发点,系统建设不是单纯的技术问题,而是和应急管理工作的整体规划密切相关。一要根据《重庆市预警信息发布管理办法》完善相应的配套管理规定,并以此指导区县(自治县)政府和市级有关部门做好预警信息发布。二要加强预警信息发布平台建设,指导督促完成预警信息发布平台建设,提高信息发布通达效果,确保信息发布规范、高效。

(三)加强应急信息通信保障能力建设

要按照"平战结合、统一规划、分步实施"的工作原则,重点抓好三个方面的建设。一是要抓好公用信息网络建设。提高公用信息网络抗毁能力,对重要信息骨干节点线路、重要接入点建设双路有备份,提高抗御自然灾害的能力。二要抓好

应急信息保障系统建设。使重庆市通信指挥调度平台与市政府应急平台互联互通,进一步完善洪涝灾害、气象灾害、卫生应急、社会安全事件应急通信保障系统,提高现场应急通信能力。三要抓好农村地区应急通信网络建设。党的"十七届六中全会"要求建立统一联动、安全可靠的国家应急广播体系,为此要大力实施广播、电视和村村通工程,发挥卫星通信和广播电视在偏远农村的覆盖优势。

(四)加强应急信息安全风险防范

当前信息安全形势非常严峻,国务院应急办对省级应急平台项目建设有明确安全要求,要在应急信息管理中划分好机密域、秘密域和安全域,为提高应急信息安全风险防范就必须做到:一要开展应急信息安全风险评估。主要分析应急信息的重要程度,评估面临的主要威胁、存在的脆弱性,已有安全措施和残余风险的影响。二要将应急信息安全纳入国家保密建设项目。特别是应急信息基础数据库,应急信息平台建设项目完成后,要进行保密建设项目验收。

(五)完善制度,加强对应急信息管理工作的考核

应急信息是突发的、多变的,工作上要想做到万无一失,仅靠领导重视和信息员的研究判断水平是远远不够的,还必须要建立起完善的制度加以规范管理。一是建立责任追究制。要求紧急信息报送必须由应急信息责任主体的"一把手"总负责,分管领导具体抓,并且一级对一级负责,这样层层抓落实,才能确保重大紧急信息报得出、报得准。二是建立应急信息报送情况通报制度。每个月要对各区县(自治县)政府、各部门报送应急信息的情况进行通报,对及时报送重大紧急信息的区县(自治县)政府、部门通报表彰,对迟报、谎报、漏报、瞒报重大紧急信息的提出批评。三是建立考核一票否决制。对迟报、谎报、漏报、瞒报重大紧急信息又不及时整改的,则以书面形式予以通报批评,并取消其年底评先选优资格。

(由重庆市政府应急办组织供稿)

夯实基础　创新机制
努力提高信息报告工作效率和水平

信息报告是应急管理运行机制的重要环节，对于提高应急管理工作水平至关重要。近年来，在国务院应急办的指导下，江苏各地、各部门应急管理机构紧紧围绕省委、省政府总体工作部署，认真履行职责，坚持把加强突发事件信息报告作为应急管理工作的重中之重来抓，不断完善体制机制，夯实基础，注重创新，信息报告工作效率和水平明显提升，为有力有序有效处置各类突发事件，保障人民群众生命财产和公共安全，促进经济社会又好又快发展发挥了重要作用。

一、加强值守应急，建立健全信息报告网络

值守应急是信息报告的基础性工作，省委书记罗志军、省长李学勇多次对值守应急工作作出重要指示。各地、各部门围绕构建完整、统一、高效的应急管理信息系统，切实加强值守应急工作。一是建立健全值守应急机构。下发《关于加强应急管理办事机构建设的通知》，对进一步完善应急管理组织体系提出明确要求。目前，全省 13 个市、105 个县(市、区)全部设立应急办(值班室)，配备专职值班员 300 余人，省有关部门和单位均明确了值守应急工作机构，充实值班人员力量，形成了“横向到边、纵向到底”的值守应急工作网络体系。二是加强值班制度建设。制定实施《江苏省政府系统值班工作规范》，明确政府系统值班室工作职责，建立 24 小时在岗值班和领导带班制度，规范值班工作流程，确保信息畅通、政令畅通，确保政府机关高效运转、指挥有力。建立值班视频点名制度，采取周点名、重要敏感时期点名和节假日抽查点名三种形式督促各地、各部门加强值班工作。三是完善突发事件信息报告制度。先后制定下发《突发事件信息处理办法》、《省政府办公厅关于进一步加强政务信息工作的意见》等一系列文件，对突发事件信息报告责任主体、报告内容、报告方式、时限要求、信息格式等作出明确规定。建立突发事件信息报告情况通报制度，每月初通报各地、各部门上月突发事件信息报告情况，要求各地、各部门对照通报内容逐项自查自纠，对迟报、谎报、瞒报、漏报突发事件信息的予以批评，责令整改。

二、拓宽信息渠道，强化信息来源有效保障

认真抓好突发事件信息收集工作，不断拓宽信息渠道，拓展信息载体，使信息来源有可靠保障。一是强化政府系统基础渠道。充分发挥政府系统信息主渠道作用，尽可能把真实信息完整地收集起来。建立完善气象、地震、卫生、防疫、水文、地质灾害、森林防火、环境污染、农林病虫害、煤矿瓦斯和海洋环境等监测体系。围绕征地拆迁、企业改制、福利待遇、环境污染等敏感领域，及时下发突发事件信息报告要点，提出明确要求。二是拓展社会面信息渠道。把突发事件信息员队伍建设作为基层应急队伍建设的重要组成部分，组织乡镇(街道)、村(居)委会干部、志愿者等建立突发事件信息员队伍，及时报告突发事件信息。目前，民政部门在全省拥有2万多人的专兼职灾害信息员队伍，气象部门组建了以乡村气象信息员为主体的1.5万人基层气象灾害信息员队伍。此外，设立突发事件信息报告公开电话，鼓励公众报告突发事件信息。2010年南京"7·28"丙烯管道泄漏爆燃事故，就是群众第一时间以电话形式报告省政府总值班室的，为事件的及时处置赢得了先机。三是充分利用媒体信息资源。高度重视各种新闻媒体作用，指定专人密切关注网络、电视、报纸、微博客等信息平台，主动挖掘、及时发现突发事件信息线索，第一时间向有关方面下发突发事件信息核查通知，牢牢掌握信息工作主动权。

三、创新完善工作机制，提高信息报告效率

各地、各部门牢固树立"一盘棋"思想，既各司其职、各负其责，又通力协作、密切配合，形成了突发事件信息交流互通，重大问题、紧急事项及时通报，协同做好突发事件信息报告工作的良好格局。一是建立突发事件信息研判机制。按季度、年度开展突发事件应对工作总结评估和趋势分析工作，组织省有关部门和单位对各类突发事件发生的主要特点和趋势进行会商分析，对典型性、倾向性、敏感性、苗头性情况及时发出预警，认真总结好的经验和做法，针对存在的突出问题和薄弱环节，提出对策建议，为领导科学决策提供参考。二是建立突发事件信息共享机制。加强省各有关部门和单位信息沟通、共享，对涉及多个部门的突发事件，建立完善信息交换合作机制，及时互通突发事件信息，实现信息共享；明确同一突发

事件信息以相关主管部门提供的信息为主要依据，及时报告突发事件监测预警、应急处置及事后恢复等情况，确保信息报告及时、准确、客观、全面。加强军地应急联动机制建设，实现应急信息资源共享。三是建立紧急重要突发事件信息报告联动机制。为有效解决群体性事件等涉及社会稳定的敏感信息报告不及时问题，去年，省应急办会同省委办公厅、省公安厅等部门建立起紧急重要突发事件信息报告联动机制，加强对重要突发事件信息尤其是社会稳定领域敏感信息的通报工作，确保省委、省政府领导第一时间掌握突发事件信息及苗头性、预警性信息，为省领导快速科学指挥决策，把突发事件控制在萌芽状态、处置在初始阶段提供了有力保障。四是建立跨区域突发事件信息合作机制。2010年，我省和上海、浙江、安徽、山东、河南等省市建立起跨区域应急管理工作交流协作机制，分别召开了苏皖鲁豫和沪苏浙应急管理合作联席会议，签署合作协议，搭建交流平台，跨区域突发事件信息沟通与合作机制得到进一步强化。

四、狠抓信息质量，突出关键要求

我省将信息报告质量作为衡量值守应急工作的重要标准，各地、各部门围绕信息报告工作“快”、“准”、“全”三个关键要求，采取有力措施，取得了较好成效。一是在信息报告“快”字上下功夫。优化信息报告工作流程，编制简明、易懂的突发事件信息报告原则和流程图，遇有较大以上突发事件及敏感事件，及时按要求报告。对于情况不够清楚、要素不全的重特大突发事件信息，边报告、边核实，接到地方和部门以电话报告的信息，及时将有关情况以《电话记录》形式报告有关领导同志，同时指定专人跟踪核实。二是在信息报告“准”字上下功夫。强化把关意识，做好纵横向核实，核清核准突发事件关键要素，如发生的时间、地点、规模，事件起因和性质、基本过程、已造成的后果、事件发展趋势、处置情况等，确保信息真实可靠、准确无误。三是在信息报告“全”字上下功夫。密切跟踪了解突发事件进展情况，多渠道搜集信息，必要时与现场指挥部有关负责人或事发地政府主要负责人直接联系，掌握事件最新动态，密切关注后续发展趋势及领导同志批示指示落实情况，及时续报事件信息，事件处置结束后进行终报，做到有始有终。此外，根据需要建立信息专报和综合报告制度，直至事件处置结束。

五、加大技术装备投入,提升信息报告科技化水平

先进的技术装备是突发事件信息及时有效运转的重要保障。近年来,我省财政投入2 800万专项资金用于省应急平台硬件建设。目前,省应急平台指挥系统基本建成,在与各省辖市政府,省公安、水利、交通、气象、民防、地震、林业、海事、高速公路联网指挥中心等部门应急平台视频会议系统和图像监控系统互联互通的基础上,还实现与省军区指挥系统互联互通,实现信息汇总、事态跟踪、图像监控和视频会商等功能。整合部门移动应急平台资源,与省应急平台实现互联互通,遇有重特大突发事件,统一调度移动应急平台赶赴现场采集、报送现场图像。同时,省突发公共卫生事件应急平台、安全生产事故应急平台、重大气象灾害预警信息平台、公安机关应急通信保障系统、公路路网调度指挥系统、海事应急平台等均已建成,为及时收集、报告突发事件信息,有效预防和指挥处置各类突发事件提供了可靠保障。我们还将进一步加大建设力度,积极整合现有资源,充分利用现代网络计算机技术,加快建立完善标准统一、功能完善、畅通高效的信息报告网络体系。目前,正在开展省应急平台综合应用系统开发工作,依托省电子政务内网,进一步拓展完善省应急平台功能,实现全省应急资源信息整合、信息共享与网络化快捷传输。突发事件信息报告应用系统已纳入省应急平台综合应用系统开发,该应用系统建成后,将实现信息接报处理网络化、快速检索、统计分析等功能,最大限度整合信息渠道,最大限度挖掘信息价值,信息报告、分析研判等工作将更加高效、规范。

六、强化队伍建设,提高值班员综合业务素质

我省高度重视对值班员的培训和教育工作,牢固树立政务值班无小事理念,努力增强工作人员责任意识、大局意识,以对党、对国家、对人民高度负责的态度,认真做好突发事件信息报告工作。加强值班人员配备,优化值班力量,选派政治过硬、业务精湛、纪律严明、有较强综合分析能力和协调处置能力的人员从事值班工作。加强值班业务培训,各地、各部门采取以会代训、举办培训班、赴外地交流学习、出国培训等多种形式,不断提高值班员业务素质。建立每周学习例会制度,学习信息报告相关业务,回顾总结上周突发事件信息报告工作,研究解决工作中

暴露的问题。南通、无锡等市专门组织人员赴广东省应急办学习值守应急工作经验，并委托暨南大学应急管理学院举办了为期一周的应急管理培训班。此外，强调在协助处置突发事件中提升值班员综合能力。

随着经济社会发展，尤其是在当前经济加速转型、体制深入转轨的时代背景下，各种传统和非传统的安全风险、显性和隐性的社会矛盾交织并存，“十二五”时期我省应急管理工作面临的形势更加严峻，肩负的任务更加繁重。突发事件信息报告工作是应急管理的基础工作，也是关键环节。我们将全面贯彻落实国务院应急办和省委、省政府关于加强突发事件信息报告工作的部署和要求，进一步加强组织领导，采取有力措施，强化值守应急力量，加强监测预警和分析研判，建立健全信息报告制度，完善工作机制，提高工作效率，努力推动值守应急和突发事件信息报告工作再上新台阶。

（由江苏省政府应急办组织供稿）

把握关键环节　提升信息报送质量

——甘肃省突发公共事件信息报送工作的几点体会

信息是决策的基础和依据。及时、准确的报送信息，可以为迅速有效地应对处置突发公共事件提供信息保障，为决策提供详实的材料，为应对和处置工作赢得宝贵时间，最大限度地降低突发公共事件造成的损失。为此，我省在加强应急管理工作中，坚持把信息报送作为首要任务，牢牢把握十个环节，及时、快速、准确处理各类突发事件信息，为各级领导科学决策，为政府有效应对和处置各类突发公共事件提供了有力保障。

一是把握敏锐性，做到查漏补缺。政治敏锐性是突发公共事件信息处置工作的第一要求。首先，政治敏锐性体现在对工作重要性的认识上。突发公共事件信息处置工作事关党委、政府工作大局，事关人民群众的切身利益，事关社会的稳定甚至国家安全，其重要性不言而喻。我们绝不能抱任何侥幸心理，为了局部利益而对个别突发公共事件信息漏报、谎报甚至瞒报，为正确处置突发公共事件埋下隐患。近年来，我省始终坚持通过认真学习党中央、国务院对突发公共事件信息处置工作的有关政策规定，提高对突发公共事件信息处置工作重要性的认识，从讲政治、讲大局的高度，以对党、对国家、对人民高度负责的态度，认真做好突发公共事件信息处置工作。其次，政治敏锐性体现在分析和判断能力上。我们要求所有应急值守人员收到突发公共事件信息后，必须认真对照突发公共事件信息的上报范围和标准，对信息进行初步分析和研判，把好信息处置的第一关。再次，政治敏锐性体现在把握信息的性质和焦点上。判定该信息是否属于较大及以上级别的信息或紧急信息；是否属于敏感信息或是否发生在敏感时间、敏感地区；是否属于有较大影响的信息；是否有可能演变、发展成为紧急、重大信息等等，然后找出问题的重点和原因，分出轻重缓急，再迅速整合材料，上报信息，帮助政府决策，抑制事态发展，把损失和影响降到最低限度。

二是把握时效性，做到迅速高效。时效性是突发公共事件信息处置工作的生命，也是信息编报的首要原则。争取时间就能减少损失，争取时间就能赢得主动。《中华人民共和国突发事件应对法》第三章第三十九条第二款规定："有关单位和人员报送、报告突发事件信息，应当做到及时、客观、真实……”。《国家突发公共事件总体应急预案》第三章第二节第一款明确规定：“特别重大或者重大突发公共事件发生后，省级人民政府、国务院有关部门要按照《分级标准》立即如实向国务院报告，最迟不得超过4小时……同时通报有关地区和部门……应急处置过程中，要及时续报有关情况。”第一时间上报突发公共事件信息，是突发公共事件处置工作对信息时效性的基本要求。《甘肃省突发公共事件总体应急预案》也明确要求：Ⅲ级以上突发事件信息，必须实行24小时“即接即报”制度，最迟不得超过3小时。对个别情况特殊，来不及书面上报的，必须在第一时间通过电话先行预报基本情况，说明具体原因，随后再报文字材料。应急处置过程中要及时续报有关情况……作为突发公共事件信息报送的责任主体，要充分认识信息报送时限的重要性，整合现有的信息汇集途径，畅通信息报告传输渠道，建立高效统一、反应迅速、安全可靠的信息平台。在信息汇集方面，我省对突发公共事件信息报送采取“纵横结合，信息共享”的原则，要求各级地方政府在突发公共事件发生第一时间上报信息的同时，省级公安、安监、地震、气象等部门也要及时向省政府报告有关信息，以便核实、补充。我省还与兰州军区、甘肃省军区、武警甘肃总队、消防总队等驻甘部队建立了信息共享机制，在各类突发公共事件信息收集、处置方面，取得了良好的效果。在信息报送方面，我省要求各级应急值守人员必须做到“十个及时”，即及时领会信息主题、及时判明信息性质和类别级别、及时编写信息、及时确定秘密等级、及时明确主管者、及时明确报送对象、及时明确报送方式、及时送出审签、及时传递信息、及时反馈办理情况。在发生较大及以上级别突发公共事件时，为切实保证信息报送的时效性，在不违背报送程序的前提下，各级信息报送单位可采取一些必要的措施，简化请示审批环节，完善处置流程，争取时间，提高效率，及时、迅速地上报信息。

三是把握真实性，做到客观准确。情况核实是突发公共事件信息处置工作的重要环节。突发公共事件来势凶猛，瞬息万变，情势常在千钧一发之际。及时掌控与了解突发公共事件的真实信息，是正确进行预测、预警、处置和救援的基本前提，是政府做出重大决策的客观依据，直接影响突发公共事件应对和处置工作的成效。我省要求每个负有报送、报告信息责任的单位和人员都必须掌握真实、客观、准确的突发公共事件信息，做到“三个到位”、“六个清楚”。“三个到位”即核实到位——要通过直接或者间接的方式、方法询问了解核实信息的真实可靠性，确保信息准确无误；分析到位——要对采集到的所有信息去粗取精、去伪存真，科学判定并梳理成为有价值的可供领导决策参考的有用信息；表述到位——要对核实、分析得来的信息认真思索，用言简意赅的语言表述准确，使阅读者一目了然、及时判定并决策。“六个清楚”即对事件发生的时间、地点要清楚；信息来源要清楚；起因和性质要清楚；基本过程和已造成的后果及影响范围要清楚；发展趋势和已采取的措施要清楚；下一步工作建议要清楚。接到事件信息报告后，工作人员要立即对信息进行核实，核实内容包括事件发生时间、地点、人员情况，事件起因和性质、基本过程、已造成的后果、影响范围、事件发展趋势、目前处置情况，拟采取的措施及下一步工作建议等。对信息中不确定的因素，要立即与上报单位或者事发地相关部门联系，进一步了解核实。通过初步的调查核实，既可以对突发公共事件的信息有更全面地了解，确保信息准确可靠，真实客观，又可以切实维护突发公共事件信息处置工作的严肃性。

四是把握针对性，做到轻重缓急。首先要认真学习领会突发公共事件的科学含义，准确把握报来的突发公共事件是否是突然发生，是否造成或者可能造成重大人员伤亡、财产损失、生态破坏和严重的社会危害，是否危及公共安全等，从本质上把握突发公共事件信息的第一关。其次，要认真学习领会并严格把握突发公共事件信息研判的标准。目前，我国突发公共事件信息研判依据的标准主要有《国家突发公共事件总体应急预案》、《特别重大、重大突发公共事件分级标准》（试行）以及地方制定的相关标准。结合工作实际，我省制定出台了《甘肃省突发公共事件分级标准》，这一标准将突发公共事件分为自然灾害、事故灾难、公共卫生事件、社会安全事件四大类，每个大类又分为若干小类。如自然灾害分为水旱、气象、地震、地质、生物灾害和森林、草原火灾 7 小类，事故灾难分为安全生产、民航航空、交通、电网停电、通讯网络安全、特种设备、公共场所安全、环境污染和生态破坏、核与辐射事故 9 小类，公共卫生事件分为卫生事件、食品安全事故和动物疫情 3 小类，社会安全事件分为群体性事件、金融突发事件、涉外突发事件、粮食安全事件、恐怖袭击事件、刑事案件、考试安全事件 7 小类，并针对每一类突发公共事件制定相应的省级专项预案，《预案》对各类突发公共事件的标准都有明确规定。只有掌握了各类别信息的具体研判标准，才能使信息报送工作既得心应手、准确及时，又不牵扯决策者过多的工作精力，更不会影响重大、特别重大突发公共事件的及时科学处置。

为提高值守人员对信息的研判能力，省政府应急办督促全省政府系统值班人员加强对《突发事件应对法》和国家、省上各级各类应急预案的学习，提高信息研判和编报能力。开展对各市州、各部门及各县区值班室负责人和从业人员的培训工作，协调省委党校、甘肃行政学院，将应急管理列入各级领导干部专题研讨班和全省公务员培训、轮训课程中，不断提高应对和处置各种突发公共事件的能力和水平。协调省委组织部，将应急管理列入全省新任乡镇党委书记任前培训课程，不断提高基层党委、政府在突发事件发生后第一时间的处置能力，特别是信息报送能力。

省政府总值班室每半年召开一次由各市州、各部门、有关单位值班室负责人参加的突发公共事件隐患评估与防范对策会商会，各市州、各部门、有关单位也建立了定期会商制度，明确突发公共事件信息报送重点，提高突发公共事件信息报送的针对性。

五是把握灵活性，做到快速便捷。信息报送的方式和途径多种多样，编报信息的责任人一定要根据实际情况正确把握。一般来讲，信息报送的方式有当面口头报告、电话报告、书面报告等。我省除书面信息、电话报告等传统报告方式外，针对个别不涉密、非重大突发公共事件信息的报送，专门建立了“甘肃省政务短信平台”。至于具体采取哪种方式和途径，要根据实际情况而定，不可千篇一律，更不能死板教条。我省规定：对于较大及以上突发公共事件，且尚未掌握详实资料的情况下，无法即时报送书面材料，但事件又对时效性要求颇高时，要先通过电话或手机短信等形式报告，当了解真实情况后，编写书面信息及时报告。对于涉密信息，必须采取当面口头报告，或书面并通过机要渠道报告等形式，以防止泄密事件发生。

在2010年“3·7”玉门雪灾、“7·18”金塔县岌岌台子煤矿透水事故、“7·24”华亭县东华镇前岭村山体崩塌事故及2011年“10·29”兰渝铁路施工现场翻车事故等重特大突发公共事件中，省政府总值班室始终在第一时间向国务院总值班室和省委、省政府领导报告信息，为领导决策提供了第一手资料。特别是2010年“8·8”舟曲特大山洪泥石流灾害，我省政府应急办同志克服灾区通讯、电力中断等各种困难，通过不断与现场工作人员联系，了解灾情并编辑信息，迅速上报省政府和国务院总值班室，为领导决策和及时有效处理工作提供了有力依据。同时，我省应急办坚持每天早六点、晚六点了解天气情况，及时发布重要天气预告预警信息。

六是把握连续性，做到善始善终。对于较大及以上级别突发公共事件，我省要求各级各部门随时跟踪进展情况，掌握最新动态，及时报告，以便决策者果断采取有效措施进行处置，尽量降低危害、减小影响。同时，要连续关注较大及以上突发公共事件动态，适时对外发布真实准确的信息，以期达到正视听、稳民心的目的。我省一般采取初次报告、阶段报告、总结报告等形式报告相关信息，对于危害严重或影响较大的突发公共事件要连续编报事件最新动态。初次报告尽可能报告事件发生的时间、地点、单位，事件的危害程度、死亡人数，事件报告单位及报告时间，报告单位联系人员及联系方式，事件发生原因的初步判断，事件采取的措施及事件控制情况等。阶段报告既要报告新发生的情况，也要对初次报告的情况进行补充和修正。总结报告要报告终结性的鉴定结论，对事件的处理工作进行总结，分析原因和影响因素，提出今后对类似事件的预防和处置建议。

七是把握规范性，做到统一有序。规范上报是突发公共事件信息报告的基本要求。首先，信息格式要规范。对于书面信息，我省规定必须做到“五个统一”，即文头格式统一、标题格式统一、正文格式统一、报送对象统一、落款格式统一。文头要套用固定格式。正文要注意层次分明、简明扼要、条理清楚、内容完整。报送对象要按照突发公共事件应急响应及分级标准准确确定，明确分管的主要领导，按照固定格式报送相关部门和领导。落款格式要注明审核人、编写人和印发时间，以便落实责任。其次，信息要素要齐全。在报送各类突发公共事件信息时，要求尽量写全事件发生的时间、地点、起因、经过、结果以及所造成的影响等，特别是人员伤亡（失踪）情况。第三，信息口径要统一。在向上级政府或者主管部门报告突发公共事件信息之前，各相关部门必须核实情况、统一口径后，再按各自职能分别上报。同时，要求信息报送口径应与专业部门一致；多个部门报送同一事件信息，表述应基本相同。

八是把握全局性，做到联合处置。应急管理工作涉及多个领域不同层次的协同配合，突发公共事件信息报送工作更是如此。因此，必须坚定“大应急”的理念，树立一盘棋的思想，关口前移，信息共享，充分发挥突发公共事件信息报送工作的重要作用。首先，要加强跨部门的合作。我省要求突发公共事件的主管部门，及时将本部门收到的信息通报其他相关部门，以便各部门在突发公共事件应对工作的各个环节中协作配合。其次，要加强跨地区的信息交流与情报合作。应急管理部门要在县区之间、市州之间以及省市之间信息共享和情报合作中充分发挥桥梁、纽带和联络员作用，为及时了解、交流和控制各类突发公共事件提供有力保障。为了加强我省各市州政府应急管理人员之间的交流，我省采取“以工代训”的模式，对各市州政府应急办业务骨干或分管领导分批次进行为期两个月的培训，通过培训，进一步加强了省市及市州间的交流。2011年1月11日16时35分，陇海铁路线陕甘交界处甘肃境内一铁路桥下，一辆装载16吨的液化气槽罐车发生侧翻事故。事发后，我省在向省委、省政府领导报告的同时，及时将有关情况通报省直有关部门和陕西省，经过两省的协调沟通，迅速对事故展开了联合处置，从而在最短时间内确保了陇海线的畅通。

九是把握责任性，做到奖罚分明。《中华人民共和国突发事件应对法》第七条、第三十九条、第四十条、第四十三条、第四十六条、第五十三条、第五十九条、第六十二条等，都对突发公共事件应对工作各个环节中有关信息的通报、报送和发布做出了具体规定，《甘肃省突发公共事件总体预案》也有明确规定。省政府办公厅还印发了《甘肃省人民政府办公厅关于进一步做好突发公共事件信息报告工作的通知》，就报告原则、报告内容、报告方式和报告时限等做了进一步明确要求。我省严格按照有关规定，建立健全责任体系，严格落实突发公共事件信息报告责任制，按照“谁主管、谁负责，谁签字、谁负责”的原则，层层分解工作责任，把责任落实到岗、具体到人，切实将突发公共事件信息报送责任落到实处。同时，严格落实责任追究制度，加大对迟报、瞒报信息单位和责任人的处罚力度，除给予通报批评外，还要求其查找原因，提出整改措施，并责令限期改正。为了加强信息报告工作汇总分析，有效防止突发公共事件信息迟报、瞒报、谎报，省政府应急办每月编发《突发公共事件信息报告情况通报》，有效督促各市州政府、省政府有关部门、有关单位加强和改进突发公共事件信息报送工作，提高信息质量。采取平时督查与年底考核相结合的办法，加大对信息报送工作的考核力度，并将信息报送情况纳入各市州、各部门年度目标责任制考核，与评优树模挂钩，以此激发各责任主体做好信息报送工作的积极性和主动性，促进信息报送工作良性发展。

十是把握系统性，做到有案可查。资料整理归档是做好应急管理工作的最后一道程序，也是应对处置每件事故的收尾工作，做好这项工作，才能使整个事件（事故）的应对处置显得完整系统，有案可查。但在具体工作中，这项工作却是最容易被忽视的。我省要求各级、各部门在突发公共事件处置完毕后，必须指定专人负责收集、整理有关信息材料，尤其是对上级政府、部门及领导的批示、指示等信息资料必须做到分类合理、归档及时，以备后续跟踪及今后工作中查阅借鉴等。2011年前三季度，我省共整理《甘肃省值班信息》存档资料七册，包含《甘肃省值班信息》559期、领导批示134条。同时，全部录入专用移动硬盘并刻录光盘作为电子档案备查。

（由甘肃省政府应急办组织供稿）

10 应急信息公开

国家突发公共事件预警信息发布系统建设情况

一、系统概述

(一)任务由来

2005年以来,国务院印发了《关于全面加强应急管理工作的意见》、《国家突发公共事件总体应急预案》、《"十一五"期间国家突发公共事件应急体系建设规划》等文件,强调建设预警信息发布管理平台,实现各级政府预警信息采集,实现预警信息在国家、省、地发布管理平台传输流程,建立起国家权威、上下畅通、有效的突发公共事件预警信息发布渠道。

国家突发公共事件预警信息发布系统建设是国家突发公共事件应急体系建设的重要组成部分,是《"十一五"期间国家突发公共事件应急体系建设规划》提出的重点建设项目之一,也是国务院应急平台唯一的突发公共事件预警信息发布系统。

该系统依托中国气象局现有业务系统开展建设工作,根据"依托现有,兼顾发展、统一标准,制定规范、软硬并重,注重应用、安全可靠,运行稳定、统一设计、分步实施"的总体设计原则,在各级气象部门已有的气象灾害预警发布手段的基础上予以扩充和改造,使其适应突发公共事件的预警信息发布,并最终建成国家级预警信息发布管理平台、省级发布管理平台、地市级发布管理平台以及县级发布管理终端四级体系。

2010年9月,国家发展和改革委员会审批通过《国家突发公共事件预警信息发布系统建设项目可行性研究报告》,2011年8月国家发展和改革委员会核定国家突发公共事件预警信息发布系统初步设计概算,系统进入项目建设实施阶段。

(二)预期目标

国家突发公共事件预警信息发布系统的建成,将提升政府服务职能、推动预警信息共享、提高预警信息发布能力。系统建成后可以接收来自25个部委和国务院应急指挥平台的预警信息及来自各厅局的包括自然灾害、事故灾难、公共卫生事件、社会安全事件四大类预警信息,建立快速发布机制,努力实现突发公共事件预警信息公众覆盖率达到82%以上,公众在系统发出灾害预警信息后10分钟之内接收到预警信息。

二、总体架构

系统从总体架构上分为国家级、省级、地市级、县级四级发布管理平台。本系统作为国家应急平台体系的一部分,不仅要接收来自各级政府的应急预警信息,各级平台之间还存在着预警信息的纵向交换。这些信息最终通过本系统所具备的多种预警信息发布手段发送给公众。

国家级预警信息发布管理平台位于本系统四级预警信息发布体系结构中的最上层,它的信息来源为国务院应急指挥平台和国家各部委。省级预警信息发布管理平台位于本系统四级预警信息发布体系结构中的第二层,它的信息来源为上级预警信息发布管理平台、省政府和省内各厅局。地市级预警信息发布管理平台位于本系统四级预警信息发布体系结构中的第三层,它的信息来源主要是上级预警信息发布管理平台、地市级政府和各委、局。县级预警信息发布管理终端作为本系统四级预警信息发布体系结构中的最底层,是国家突发公共事件预警信息的最基层信息受理单位,它的信息来源是上级预警信息发布管理平台、县级政府和县级各委、局。

四级管理平台互联互通,纵向通过中国气象局局域网进行链接,各级政府应急办、有关单位则通过政务外网、互联网与平台进行横向链接,平台利用互联网、卫星网络通过网站子系统、广播电台插播子系统、电视插播子系统、电话传真子系统、手机短信息子系统、农村大喇叭广播子系统、电子显示屏子系统以及其他方式实现预警信息发布工作,通过信息反馈评估分系统实现预警信息采集、预警信息接收情况和效果反馈的管理。

三、系统管理

国家突发公共事件预警信息发布系统由国务院应急办负责总体管理,省、地、县发布平台由当地政府应急办管理，平台的日常运行维护由各级气象部门业务机构负责。整个预警信息发布管理平台依托电子政务网络信息安全保障体系，确保信息安全。

国家突发公共事件预警信息发布系统的预警信息发布工作采取“谁发布、谁负责”原则，各单位对本单位所发布的预警信息负责。根据管理办法，不同级别不同区域的发布单位仅能发布本区域范围内一定级别的与本单位相关的预警信息，不能越级、跨区域、跨行业发布。由信息发布方对预警信息实行最后审核，通过审核后，平台自动进行发布，各级预警信息发布监控中心仅负责对平台设备运行维护进行监控，不审核需要发布的预警信息。

四、主要建设内容

国家级突发公共事件预警信息发布系统建设内容包括建立预警信息发布管理平台和终端，建成预警信息发布手段分系统、基础支撑分系统、开发突发预警信息应用软件分系统、数据管理和共享分系统、信息反馈评估分系统、信息安全体系、信息安全体系。

1. 建立预警信息发布管理平台和终端。建设国家、省、地三级预警信息发布管理平台，建设县级级预警信息发布管理终端。

2. 建立预警信息发布手段分系统。对气象部门省、地市、县原有的各种发布手段进行有效整合，充分发挥各种手段的优势；建立权威的国家级预警网站发布子系统和国家级预警短信发布子系统；扩大预警信息覆盖范围；提高预警信息发布时效。

3. 依托已有基础设施，建设基础支撑分系统。主要依托气象部门和社会已有基础设施，建设包括网络子系统、计算机及存储子系统、机房及配套设施子系统的基础支撑分系统。利用国家电子政务外网，通过改、扩建中国气象局已有的宽带网和卫星网，实现各级政府以及政府各部门预警信息的有效、及时发布。

4. 开发突发预警信息应用软件分系统。开发包括应用门户子系统、接收处理子系统、应用(用户)管理子系统、安全管理子系统、信息监控子系统、网络监控子系统、信息分发子系统、检索统计子系统等组成应用软件分系统，实现安全及用户管理、信息接收及处理、信息分发、信息监控、信息检索统计等五项功能。

5. 建立数据管理和共享分系统。建立数据管理和共享分系统，为各级预警信息发布提供包括数据汇集、存储、管理、备份和共享在内的功能。

6. 建设信息反馈评估分系统。建设信息反馈评估分系统,形成从预警信息采集、发布到效果反馈的闭合系统,提升预警信息发布系统的整体水平。

7. 主要利用气象部门的资源,建立信息安全体系。通过对网络、主机、应用、数据传输等方面的安全设计,实现预警信息传输、发布全过程的安全可靠性。

8. 制定标准规范。制定系统建设和管理中需要遵照执行的国家和行业标准,以及系统建设完成正式运行后,为保障预警信息及时、准确发布所需要的法律法规和有关规范。

五、进展情况

目前,中国气象局正开展国家突发公共事件预警信息发布系统建设,包括建立预警信息发布管理平台和终端,建成预警信息发布手段分系统、基础支撑分系统、开发突发预警信息应用软件分系统、数据管理和共享分系统、信息反馈评估分系统、信息安全体系、信息安全体系。此系统连接国家应急平台和 25 个相关部委、31 个省(区、市)及所有的地市和县。已完成项目工作方案、投资计划安排等,招投标工作正有条不紊的进行。

中国气象局已经建立了相对比较完善的气象灾害监测预警服务业务系统,建成了连通全国 2 300 多个县、具有较高水平的卫星通信和地面公共通信相结合的气象通信网络系统。初步建成了气象、国防、军事、海洋、水利、地震、航空航天等部门联通的资料共享交换网络系统,建成了包括广播、电视、电话、手机短信、网络等在内的灾害性天气预警信息发布平台和信息发布渠道。各级气象部门也已初步具备了各种突发公共事件的发布手段,包括手机短信、电视、广播、电话传真、网站、电子显示屏、农村大喇叭等。

此外,31 个国家突发事件预警信息发布系统省级分中心的建设项目也分别由各省(区、市)气象局向当地省政府和发展和改革委员会报批。省级分中心主要重点在针对本省实际情况对预警信息发布手段进行有力扩充,同时建设县级预警信息发布平台。目前,北京、山西、湖北、安徽、宁夏等省级分中心一期建设项目已完成,并进入试运行阶段。重庆、陕西、广东、吉林、上海等省级分中心建设项目已争取到当地政府的经费支持,预计 2 年内将能建设完成。

部分省级分中心建成投入使用后,在当地应急管理工作中起到了不可忽视的重要作用。北京市突发事件预警信息发布系统在2008年奥运会残奥会开闭幕式、首都国庆六十周年庆祝活动等活动中发挥了重要作用;安徽省突发事件预警信息发布系统在2009年安徽肥东县地震、2011年日本福岛核泄漏等事件中向公众及时发布相关提醒信息,起到了安定民心、保证社会稳定的作用。

（由中国气象局组织供稿）

11 军地应急联动

军地携手抗大旱　千方百计保民生
——云南省抗旱救灾中军地力量的协调和运用

去年10月至今年6月,我省发生了百年一遇的特大干旱。这次旱情出现时间早、持续时间长、波及面广、危害程度深,历史罕见。旱情最重时,全省河道平均来水量较常年整体偏少42%,736条中小河流断流;平均降水量偏少48%,打破我省有气象记录以来的历史最少;全省125个气象监测站有120站出现重旱以上等级,有111站达到特旱。特大旱情导致全省50%的人口受灾,近千万人饮水出现困难,最多时有800多万人需要粮食救济;农业生产受到重创,上千万亩小春作物绝收,水电企业发电量急剧下降,森林火情、火灾频繁发生。据统计,全省因灾直接和间接损失超过1 500亿元。

面对特大旱灾,在党中央、国务院的正确领导下,云南省委、省政府团结带领各族干部群众紧紧围绕"抗大旱、保民生、抓春耕、促发展"的思路,打了一场声势浩大的攻坚战。驻滇解放军、公安武警、民兵预备役充分发挥抢险救灾主力军、急难险重突击队的作用,发扬不怕疲劳、连续作战的精神,谱写了一曲军地携手抗大旱的壮歌。

一、完善体制,搭建军地联动的指挥平台

为确保军地抗旱救灾指挥协调工作的统一、顺畅和高效,军地双方及时搭建了联动统一的指挥协调平台,形成了"地方统一领导、省军区牵头协调、各部队通力合作"的抗旱救灾指挥协调体制。

一是及时成立云南省抗旱救灾工作协调领导小组。2010年4月5日,云南省政府办公厅印发《关于成立云南省抗旱救灾工作协调领导小组的通知》,成立了以分管副省长任组长,省政府秘书长、省军区副司令员任副组长,省级有关部门主要领导为成员的云南省抗旱救灾工作协调领导小组。领导小组办公室设在省政府

办公厅应急办，主任由分管省政府办公厅应急管理工作的省政府副秘书长兼任，成员从省政府办公厅、水利厅、民政厅、气象局、新闻办抽调，集中办公。主要负责落实省委、省政府和部队领导关于抗旱救灾工作的决策、指示；负责部队在抗旱救灾工作中需要地方配合协调的有关事项；负责省外赴滇抗旱救灾力量需要云南方面协调服务的各项工作；负责协调省直各职能部门需要省人民政府决定的有关事项。

二是积极成立驻滇部队支援地方抗旱救灾协调领导小组。4月13日，云南省军区牵头组织驻滇解放军、武警独立师以上干部召开驻滇部队支援地方抗旱救灾协调会，成立由省军区司令和政委任组长，省军区副司令任常务副组长，驻滇解放军、公安武警部队各1名分管领导任成员的驻滇部队支援地方抗旱救灾协调领导小组，全面负责驻滇部队抗旱救灾的整体协调和组织实施。领导小组办公室设在省军区司令部，主任由省军区副参谋长担任，各成员单位分管抗旱救灾的处(科)长参加办公室工作。主要负责与省抗旱救灾工作协调领导小组办公室建立联系制度，适时掌握灾情动态，尤其是掌握救灾需求；负责收集、整理和汇总驻滇部队对抗旱救灾的意见建议，适时报送省抗旱救灾工作协调领导小组；负责督促各部队落实协调领导小组的决策、指示；做好外区部队赴我省救灾的协调与相关保障工作。

二、健全机制，确保军地抗旱救灾工作有序开展

军地抗旱救灾工作协调领导小组成立后，军地领导小组办公室密切加强联系，迅速建立“地方政府提需求、军区系统搞协调、任务部队抓落实”的工作机制。

一是军地领导小组办公室加强日常工作密切联系。按照抗旱救灾急事急办、特事特办的要求，军地领导小组办公室第一时间通报灾情动态，第一时间互通救灾需求，第一时间交流抗旱措施等信息，尽量减少协调的中间环节，快速高效地办理驻滇部队支援地方抗旱救灾各项工作。同时，为建立抢险救灾军地联动相关长效机制，云南省民政厅还与成都军区空军昆明指挥所签订了《军地联合抢险救灾使用直升机工作机制》。

二是军地双方着力推进州(市)、县(市区)人民政府与当地驻军抗旱救灾协调联系工作。为确保驻地部队支援地方抗旱救灾工作协调通畅，利于部队灵活采取就近用兵、成建制用兵和形成拳头用兵方式，最大限度地发挥部队在抗旱救灾中

的突击作用，云南省人民政府和云南省军区分别要求各州（市）、县（市区）人民政府和各军分区、武装部要建立抗旱救灾联络员制度，密切配合，共同做好抗旱救灾各项工作。

三是军地双方全力做好省外支援部队的协调保障工作。根据中央军委的命令，北京军区给水工程团280余人携带钻机6部，于4月2日来滇支援抗旱打井。云南省人民政府、省军区多次召开协调会，云南省人民政府办公厅、云南省军区司令部共同印发了《关于进一步明确北京军区给水工程分队在滇抗旱打井任务的通知》和《关于进一步做好北京军区给水工程分队抗旱打井协调保障工作的通知》等文件，确保了该团到滇后迅速展开工作，有效解决了灾区70多万人民群众吃水用水难题，安全、顺利、超额完成打井任务。

同时，军地双方还积极配合完成成都军区空军做好支援我省飞机增雨作业保障工作，及时印发了《云南省人民政府办公厅关于做好成都军区空军支援我省抗旱飞机增雨作业有关保障工作的通知》，要求相关州（市）人民政府组织好当地气象局等单位全力做好飞机增雨作业各项保障工作。

三、团结一心，抗旱救灾工作成效明显

在党中央、国务院的正确领导下，在全国人民的关心、支持下，驻滇部队先后出动现役官兵18 499人次、民兵预备役221 137人次与全省各族人民群众一道参与抢险救灾，赢得了抗旱救灾工作的胜利，把灾害损失降到了最低程度。

一是有效保障了人畜饮水安全。军地双方始终把解决人畜饮水问题放在抗旱救灾工作的首位，采取车拉、人背、马驮、打井找水、架设管道等一切措施，有效解决了950多万人、2 200多万头牲畜饮水困难，确保了大旱之年全省灾区群众的饮水安全。

二是妥善解决了受灾群众的生活困难。军地双方组织力量逐乡、逐村、逐户检查灾情，摸清底数，及时发放救灾物资和资金，有效保障了823万受灾群众的基本生活，救助困难群众956万人，确保了不漏一户、不掉一人。

三是农业在大灾之年仍然实现增长。按照“小春损失大春补”的工作思路，驻滇部队投入大量人力物力，保春耕、促生产，积极支持地方想方设法抢节令、调结构，扩大大春作物生产，千方百计把干旱造成的损失弥补回来。通过努力，上半年全省农业总产值完成610.6亿元，同比增长0.8%；农民人均现金收入2 020元，同

比实际增长9.1%。

四是军地双方密切配合，严防森林火情、火灾隐患。特大干旱以来，全省共出动巡山护林员8.3万名，专业和半专业扑火队2万余支62万人，消除火灾隐患7 000多处，扑灭森林火灾578起，堵截消灭入境山火8起，做到了以最严的措施防火、以最快的速度灭火、以最小的损失护林，最大程度地降低了森林火灾次数和损失。

（由云南省政府应急办组织供稿）

12 应急评估

应急评估为我国灾害救助工作提供决策支持

灾害应急评估是对灾害风险、灾害危害、灾害损失进行估计和核定，为自然灾害应急准备、救灾部署、人员转移、恢复重建等工作提供重要的参考依据，对减轻人员伤亡和减少灾害造成的损失具有重要意义。在全球气候变化背景下，近年来，极端天气事件频发，重特大灾害事件时有发生，灾害应急评估工作越来越受到重视，灾害评估在灾害应急救助、政府应急决策、灾后恢复重建规划等方面发挥着越来越重要的作用。

党和政府历来高度重视灾害应急和灾害评估工作，《国家中长期科学和技术发展规划纲要(2006—2020 年)》明确指出："重点研究开发重大自然灾害综合风险分析评估技术"。《国家应急体系"十一五"建设规划》、《"中国民用综合对地观测系统"未来 10 年发展规划》等相关规划中对提高重大自然灾害风险监测、预警、应急评估等减灾救灾工作的科技水平也都提出了明确要求。

2010 年，民政部国家减灾中心不断总结灾害评估经验，在实际工作中不断拓展评估内容、完善评估方法、细化评估流程，灾害评估的科学性、时效性和客观性不断提高。形成由预警评估、应急评估、现场评估和综合评估等构成的评估业务体系，完善了评估工作的组织协调会商机制，综合运用遥感监测和统计模型等手段，为灾害预警、损失核定和灾后恢复重建提供了决策支持依据。

一是及时组织开展灾前预警评估。灾前预警评估是在灾害发生前，根据灾害性天气预报信息，利用灾害评估模型和多源数据，对可能发生灾害的范围和损失做出评估和预警。民政部国家减灾中心密切关注灾害发展变化形势，充分利用灾害发生前的关键时间，以灾害性天气预报预警信息为参考，结合减灾卫星监测、评估模型和历史数据等资料，对台风、重大降雨过程和干旱天气等及时开展灾害预警评估，制作预警评估专报产品，为灾害威胁区域和有关部门做好防灾备灾工作提供有力支持。各有关地区和部门根据预警评估结果，尽早了解可能受影响区域灾害风险，及时组织救援力量，调拨救灾物资，开放应急避难场所，转移安置危险区群众。灾前预警评估为科学部署应急救灾力量、做好救灾应急准备、有效规避灾害侵袭、最大限度地降低灾害损失提供了有力的决策支持。

二是迅速开展灾中应急评估。灾中应急评估是根据灾害发生的各种动态信息,掌握灾害发展变化趋势,对灾害损失作出及时评估,为应急救灾决策提供支持。重大灾害发生后,民政部国家减灾中心通过国家自然灾害信息管理系统、环境减灾A、B星、无人飞机和灾害现场调查等手段,利用遥感数据、统计数据和灾害历史案例数据,建立相关数学模型,持续开展重大灾害的应急评估工作,对5级以上地震灾害和四级响应以上的重大灾害过程动态开展灾害应急评估。2010年全年针对自然灾害共开展应急评估50次,其中洪涝23次,旱灾12次,雪灾8次,地震6次,风雹1次,科学分析判断灾区实时灾情和发展趋势,掌握救灾工作需求,为救灾决策提供了参考依据。针对江西抚州洪涝灾害正式启动无人机合作机制下的应急响应,完成了灾区唱凯堤决口高分辨率数据采集任务,扩大了灾害评估数据源,进一步提高了灾害应急评估的准确性和科技水平。

三是着力抓好重特大灾害评估工作。重特大自然损失严重、影响大,涉及群众生活、工农业生产、资源环境等多个方面。重特大自然灾害评估是对灾害损失进行全面评估,核定灾害范围、受损实物量和经济损失,为灾后恢复重建工作提供依据。2010年,青海玉树地震和甘肃舟曲特大山洪泥石流灾害发生后,按照国务院有关会议精神和领导要求,民政部国家减灾中心和国家减灾委专家委共同开展灾害损失综合评估工作,制定评估方案,完善评估流程,开展现场调查,协调受灾省份和相关部门,圆满完成了玉树地震和甘肃舟曲特大山洪泥石流两场重特大自然灾害的国家评估报告,从而进一步提升了灾害评估工作的能力和水平,为青海玉树地震灾害和甘肃舟曲山洪泥石流灾害损失认定和灾后恢复重建提供了决策支持依据。

此外,近年来重特大自然灾害频繁发生,不仅造成重大人员伤亡和财产损失,还对灾区经济社会发展和群众心理造成较大影响,灾害社会影响和心理影响评估工作受到越来越多的关注,民政部组织专业人员进行理论研究和实践探索,初步提出了灾害社会影响评估的范围和内容,建立了评估指标体系和方法,逐步开展了灾后群众心理影响评估和心理援助工作,为全面认识灾害危害,评估灾害经济社会影响奠定了基础。

(由民政部救灾司组织供稿)

13 应急教育

广东省应急管理宣教培训工作实践与探索

加强应急管理宣教培训工作，是提升各级领导干部应急管理能力，提高公众应急避险、自救互救能力的有效手段，是全面提升应急管理水平的重要基础性工作。广东省委、省政府一直高度重视应急管理宣教培训工作。中共中央政治局委员、省委书记汪洋，时任省委副书记、省长、省应急委主任黄华华多次强调，要加强应急管理宣教培训工作，全面提高干部队伍的应急管理能力和公众防灾减灾意识、自救互救能力。全省各地、各有关单位以应急管理实务为基础，以应急管理相关法律法规和应急预案为核心，以提高科学预防和有效应对突发事件能力为重点，深入开展应急管理宣教培训活动，不断健全相关制度，优化配置各类资源，逐渐形成了以实际需要为导向，政府主导和社会参与相结合，注重实效、形式多样的应急管理宣教培训工作格局，有力推动了全省应急管理工作不断迈上新台阶。国务院办公厅主管的国内唯一权威应急管理杂志——《中国应急管理》2009 年第 5 期刊发专题文章《广东省应急管理宣教培训工作实践与探索》。截至目前，先后有北京、天津、上海等 26 个省(区、市)政府应急管理学习考察团到广东省交流学习应急管理宣教培训工作经验。

一、狠抓制度建设，提升应急管理宣教培训规范化水平

2008 年 4 月 28 日，广东省政府办公厅出台《关于进一步加强应急管理宣教培训工作的意见》(粤府办〔2008〕24 号)，提出了近 5 年全省应急管理宣教培训工作的指导思想、工作目标和工作任务，明确要求全省应急管理宣教培训工作要以学习突发事件应对法为突破口，普及应急管理法律法规；以总体预案为核心，做好应急预案解读工作；以应急知识普及为重点，提高公众预防、避险、自救、互救和减灾能力；以典型案例为抓手，增强公众的公共安全意识；以学生为主要对象，开展公共安全教育；以定期培训为主要手段，提高领导干部和从业人员的应急处置水平。

2010年6月2日,《广东省突发事件应对条例》(以下简称《条例》)经省人大常委会审议通过,并于7月1日正式颁布实施。《条例》规定:县级以上人民政府设立的突发事件应急委员会以及专项应急组织机构应当加强对应急救援队伍的培训;县级以上人民政府及其有关部门应当开展面向社会的公共安全知识宣传、普及、教育活动,增强全民的公共安全和社会责任意识,提高全社会防灾减灾意识和预防、避险、自救、互救等能力,发挥公民、法人和其他组织应对突发事件的作用;乡级人民政府、街道办事处和其他机关、企业事业单位应当组织社会公众和本单位人员开展应急演练和应急知识普及活动。2011年7月,广东省政府办公厅印发了《关于加强学校、托幼机构应急避险教育工作的意见》(粤府办〔2011〕46号,以下简称《意见》),对全省范围的大学生、技校学生、中小学生、幼儿应急避险教育提出了明确要求,并指出要以贯彻实施《意见》为契机,拓宽应急避险教育渠道,创新应急避险教育模式,力争实现"教育一个学生,带动一个家庭,辐射整个社会"的目的。全省各地、各有关单位按照省政府的部署要求,制订了本地区、本系统的相关制度。

二、创新方式方法,全面提升应急管理宣教水平

近几年来,广东省不断创新应急管理宣教方式方法,全面提升公众应急避险教育水平。

——开通全国首个应急管理网站。2007年12月18日,广东省开通了全国第一个应急管理专门网站——广东省人民政府应急管理办公室网站(中、英文版),全面推介广东省应急管理工作,宣传应急知识,为公众提供应急服务,成为广东省应急管理工作的"网上名片",引起国内外新闻媒体高度关注,中央电视台、人民日报等新闻媒体广泛宣传。2009年以来,省政府应急办网站先后荣获第三届中国数字出版博览会优秀作品奖、广东省首届网络文化精品技术创新奖、2010年度中国政府网站领先奖。

——开通全国首个省级应急气象频道。借鉴国外做法,省政府应急办、省气象局、省广播电视网络股份有限公司共同推动建设了全国首个应急气象频道——广东省应急气象频道,并于2011年7月6日正式开播,常态播放气象信息、应急知识,传授应急技能。非常态下,滚动播出突发事件动态信息。

——开通全国首个省政府应急办微博。省政府应急办在主流网站(新浪网、搜狐网和腾讯网)开设全国首个经认证的政府应急办官方微博——广东省政府应

急办官方微博,借助现代信息网络,以最快速度、最直接的方式进行应急避险教育。一旦发生突发事件,通过微博发布预警信息。

——率先征集应急管理标志、宣传口号和歌曲。2007 年,广东省在全国率先公开征集应急管理标志和宣传口号,引起社会各界对应急管理工作的广泛关注。2010 年 6 月 25 日~7 月 25 日,广东省在全国率先公开征集《广东省应急管理之歌》。全省各地、各有关单位在社区、农村、学校、企业及公共场所广泛张贴应急管理标志和宣传口号,传唱应急管理之歌,有效扩大了应急管理工作的影响力。

——建设应急避险模拟体验馆。借鉴国内外先进经验,推动建设广东(珠海)应急模拟体验馆,模拟主要灾种,让公众有"身临其境"的感受。目前,选址、方案设计等前期工作已基本完成,各项相关工作有序推进。

——组建全国首支应急知识宣讲团。从 2010 年开始,广东省每年组织 100 名应急管理、法律、卫生等相关专业在校二年级以上大学生组成应急知识宣讲团,深入全省 121 个县(市、区)的社区、农村、学校、企业、家庭开展"百人百场"应急知识宣讲活动。宣讲活动受众范围大,影响范围广,受到了广泛的欢迎和好评,取得了实实在在的效果,得到国务院办公厅的充分肯定和兄弟省(区、市)的高度评价,人民网等主流网站、省内主流媒体纷纷作了报道。

——组建全国首个省应急知识宣传文艺团。为更贴近公众开展应急知识宣传,增加互动性,广东省用两年时间组建了全国首个省应急知识文艺团,不定期到全省各地巡回演出。

此外,广东省还编写了《你准备好了吗——广东省应急知识宣传手册》,组织了多次全国性、全省性应急知识竞赛。

三、"引进来"和"走出去"相结合,全面加强应急管理领导干部培训

——引进来。近几年来,广东省注重集聚国内外名师,全方位进行领导干部应急管理培训。2007 年,省、各地级以上市人事部门依托各级行政学院,对全省公务员进行了为期 5 天的应急管理专项培训,提高了公务员应急管理意识。广东省委组织部会同广东省政府办公厅(广东省政府应急办)依托全国 211 大学——暨南大学建设全国第一所招收应急管理本科专业的应急管理学院,对全省应急管理干部进行培训,开创了我国应急管理教育培训工作的先河。自 2007 年开始,广东

省以各地级以上市分管应急管理工作的副市长、副秘书长、应急办主任，各县(市、区)分管应急管理工作的副县(市、区)长、应急办主任，省应急委成员单位分管领导为培训重点对象，每年围绕一个主题组织一次为期5天的封闭式培训。与此同时，注重专项培训。每年举办全省政府系统突发事件信息员(值班员)培训班、应急平台数据库建设培训班、应急志愿者培训班。目前，正在推进建设应急救援综合培训基地和应急平台培训基地。特别是2010年10月，为进一步做好亚运应急保障工作，广州市委、市政府举办了亚运会、亚残运会应急处变能力领导干部高级培训班，邀请了时任国务院应急办主任陆俊华、公安部宣传局局长武和平、国务院应急管理专家组组长闪淳昌等进行授课培训；2011年6月～7月，为进一步做好深圳大运会应急保障工作，深圳市委、市政府举办了“大运应急管理综合业务系列”培训班。

——走出去。充分借鉴发达国家相关经验，是缩短应急管理工作探索期的有效手段。根据2007年11月省政府应急办与加拿大卑诗省应急办签署的应急管理合作谅解备忘录，2010年7月24日～8月14日，广东省委组织部、省府办公厅(广东省政府应急办)在加拿大大不列颠哥伦比亚大学尚德商学院联合成功举办了广东省第一期应急管理领导干部应急管理工作培训班，取得良好效果。根据2010年9月省政府应急办与新加坡南洋理工大学签订的《合作培训备忘录》，2011年10月16日～30日，广东省再次选派应急管理领导干部到新加坡南洋理工大学进行为期21天的封闭式系统培训，借鉴新加坡应急管理先进经验，进一步提高全省应急管理干部素质。与此同时，注重建立健全应急管理培训体系，组织编写培训大纲、培训教材等。

近一段时间，除继续抓好应急管理培训外，重点是认真贯彻省有关领导同志批示精神，抓好公众应急避险和应急救助教育：

——尽快出台《关于进一步加强应急管理宣教培训工作的意见(2011年—2015年)》，全面部署近5年全省应急管理宣教培训工作。

——认真总结前两届全省“百人百场”应急知识宣讲活动，打造应急避险和应急救助教育团队。指导全省各地借鉴省应急知识宣讲团、文艺团建设经验，打造当地应急知识宣传队伍，按照“五进”要求，不遗余力宣传普及公众应急避险和应急救助知识。与此同时，认真组织各层次应急演练，确保“学得好、用得上”。

——利用全国首个应急气象电视专用频道——广东省应急气象频道、全国首个应急管理网站——省政府应急办网站、全国首个应急管理官方微博——省政府应急办微博,开设、完善公众应急避险和应急救助专栏,专题宣传应急避险和应急救助知识,提高公众预防、避险、自救、互救等能力。

——筹办两期应急避险和应急救助培训师资班,为各地开展应急救助培训和演练提供"源动力"。

——督促省教育厅、人力资源社会保障厅等有关单位派出督查组,重点督查省府办公厅《意见》贯彻落实情况,力争实现"教育一个学生,带动一个家庭,辐射整个社会"的目的。

——举办全省应急避险和应急救助知识竞赛,共同营造"齐学互助"的良好社会氛围。

——举办省有关单位及中直驻粤有关单位、各地级以上市应急避险和应急救助技能比赛,以赛检训,提高公众的应急能力。

近几年来的应急管理实践证明,提高社会公众应对突发事件的能力需要长期坚持不懈的努力,深入开展应急管理宣传教育要打持久战。广东省将继续认真总结应急管理宣传教育经验,着力探索应急管理宣教培训工作规律,不断创新应急管理宣教培训方式,逐步丰富应急管理培训内容,努力扩大应急管理宣教培训覆盖面,全力提升应急管理宣教培训水平。

(由广东省政府应急办组织供稿)

创新载体　拓展领域
不断推进应急管理宣传教育工作

宣传教育是应急管理工作的一项重要基础性工作。近年来，辽宁省着眼为辽宁老工业基地全面振兴创造良好社会环境，把应急管理宣传教育工作摆上重要位置，认真落实党中央、国务院关于加强应急管理工作的决策部署，明确思路、制定规划、创新载体、丰富内容、拓展领域，面向全社会广泛宣传应急管理法律法规和科普知识，社会公众参与应急管理工作意识明显提高，防范风险意识和自救互救能力明显增强，各级党政干部应对和处置突发事件的能力水平明显提升。

一、明确思路，统筹规划应急管理宣传教育工作

（一）领导重视，把深入开展应急管理宣传教育工作作为加强应急管理工作、依法应对突发事件的重要工作来抓

辽宁省委、省政府高度重视应急管理宣传教育工作，多次召开会议和下发文件，明确要将应急管理宣传教育工作纳入各级党委、政府宣传工作规划和干部教育培训总体安排，以《中华人民共和国突发事件应对法》和《辽宁省突发事件应对条例》为核心，做好应急管理法律法规和各类应急预案的宣传解读工作；以应急知识普及为重点，提高公众的预防、避险、自救、互救和减灾等能力；以典型案例为素材，增强公众的公共安全意识和法制意识，使应急知识进乡镇、进社区、进企业、进学校。省政府主要领导和分管领导多次作出重要指示，要求省政府应急办把应急管理宣传教育工作做为应急管理的一项重要基础工作抓紧抓好，并对应急管理宣传教育专项经费给予了优先安排。

（二）统筹规划，认真制定应急管理宣传教育工作实施方案

为落实好省委、省政府的有关要求，省政府应急办结合实际，编制下发了《应急管理培训和科普宣教工作实施方案》，明确了应急管理培训和科普宣教工作的主要任务，要求各地区、各部门广泛开展应急管理法律法规宣传报道，营造全社会关心公共安全的舆论氛围；开展多种形式的专题宣传活动，树立公共安全意识和

社会责任意识;加强应急知识的科学普及,提高公众预防、自救和互救能力;根据不同对象特点,有针对性地开展公共安全教育;组织开展形式多样的科普宣教活动。同时,将各级应急管理干部、政府新闻发言人、基层党政干部和企业负责人及应急救援队伍作为培训主要对象,确定了培训的主要内容,制定了宣传工作的保障措施,并将应急管理宣传教育工作纳入辽宁省突发事件应急体系建设"十一五"规划,进行了统筹安排。

(三)强化考核,确保应急管理宣传教育工作取得实效

省政府应急办每年初在制定对全省各地区、各部门应急管理工作绩效考评方案时,都将应急管理宣传教育工作作为一项重要内容,明确考核重点,量化考核指标。年终在对各地区、各部门实地考核时,现场查看相关资料,抽查宣传教育内容,结合宣传教育效果进行评分,并根据考核情况,对各地区、各部门应急管理工作综合情况进行排名,纳入省政府绩效考核评价体系中,确保应急管理宣传教育工作组织落实、经费落实。

二、创新载体,构建应急管理宣传教育平台

(一)扎实开展应急管理宣传周活动

省政府应急办认真贯彻落实省委、省政府关于大力加强应急管理知识社会宣传工作,提高公众防灾减灾意识和逃生避险能力的指示精神,深入研究应急管理工作面临的新形势和社会发展的新要求,积极创新应急管理宣传工作载体。从2007年开始,结合不同时期应急管理工作重点,采取政府主导、部门参加、媒体配合、省市联动、社会参与的形式,连续五年在全省范围内开展应急管理宣传周活动。全省14个市、100个县(市、区),以及直接涉及公共安全的30余个省(中)直有关部门和单位,利用各种新闻媒体和广场集中宣传、专家讲座等形式,广泛宣传和普及应急管理常识。五年来,全省通过设立的1 600余处(个)各类宣传场所(点),累计发放《公众应急知识手册》520余万册,张贴各种挂图(图片)20余万套(张),展示各类展板7万余块,散发各类传单1 300余万张,悬挂各类标语条幅60余万条。同时,在新闻媒体上刊载各类应急管理方面的文章1 200余篇,解读各级各类应急预案5 500多个,举办各类专家讲座6 100余场次,宣传受众1 200余万人(次),在全社会引起较好反响,各级党政干部依法应对突发事件意识明显增强,

社会公众防灾避险能力明显提高，应急管理工作触角不断延伸。省政府主要领导、分管领导均作出批示，充分肯定宣传周活动的显著效果。

(二)充分发挥新闻媒体宣传教育主渠道作用

新闻媒体作为宣传工作的主渠道，在应急管理宣传教育中发挥着不可替代的作用。为提高各级党政干部和社会公众对应急管理工作的认识，各级政府和各部门主要领导或分管领导纷纷在主流媒体发表应急管理署名文章。各级公安、消防、教育、卫生、环保、安监、气象、地震等部门结合各自的职能，在各级新闻媒体开辟专栏、专刊、专版，全方位宣传报道应急管理工作情况，刊登防灾避险科普常识，选派专家走进直播间接受记者访谈，解读应急管理法律法规，讲解防灾减灾知识，接受群众咨询。

(三)依托政府门户网站创新应急管理宣传教育手段

网络作为新兴媒体，具有信息传播快、受众广泛的特点。省政府应急办依托省政府门户网站，在互联网省政府门户网站和党政内网省政府办公厅网站上分别建立了应急管理专栏，设置了预测预警、应急预案、政策法规、典型案例、科普宣教、工作动态等栏目。内网重点面向各市政府和政府各部门，外网面向社会公众，及时发布天气、海浪、水质、大气污染、病虫害、路况等预警信息，宣传应急管理法律法规，公布各类应急预案，分析突发事件典型案例，普及应急管理科普知识，刊载应急管理理论文章，反映各市、各部门应急管理工作动态，专栏上线以来，共发布各类信息、文章1 100余条(篇)，网页浏览量400余万次，充分发挥了网络媒体的宣传和辐射作用。同时，各级政府和各相关部门应急管理机构也都结合本地和本部门工作实际，在互联网上建立应急管理网页，广泛宣传应急管理法律法规和科普知识，使社会公众多渠道了解应急管理工作，掌握逃生避险常识。

(四)将学校作为应急管理宣传教育的重要阵地

按照省委、省政府的要求，全省各级党校和行政学院都将应急管理作为主要内容纳入到各级领导干部和公务员培训计划，有的还定期分专题举办应急管理知识讲座。各地区、各部门负责同志带头学习应急管理法律法规，全面了解和重点掌握本地区、本部门在应对突发事件中的职责任务，牢固树立法制意识和安全意识，依法应对各类突发事件；各级公务员按照要求认真学习应急管理法规政策，努力把握突发事件应对规律，做到依法规范、依法管理、依法处置。全省各级教育部门在各类学校中积极开展了防灾减灾教育,大力推进公共安全课程进入大、中、小学及幼儿园课堂,利用多媒体对学生开展应急知识普及教育。沈阳、本溪等市还投资数百万元建设了中小学生安全教育基地。

(五)贴近群众开展应急管理宣传教育工作

为使应急管理宣传教育工作扎扎实实取得成效,各市、各部门紧密结合实际,创新宣传手段,努力使应急宣传贴近群众、贴近生活。鞍山、铁岭等市积极组织应急管理知识有奖答题活动,吸引群众广泛参与;大连、葫芦岛等市积极开通覆盖本行政区域的应急短信平台,为公众提供应急管理信息服务;营口、朝阳等市组织大型秧歌队和广场文艺表演,以群众喜闻乐见的方式营造活动气氛;公安、民政等部门利用便民服务热线就应急管理工作面向群众答疑解难;交通、卫生等部门编写安全自救知识手册和光盘,免费发放给群众和公共服务单位,提高职工和群众的自救互救能力。

三、注重结合,拓展应急管理宣传教育领域

(一)与专题教育相结合

各地区、各部门主动依托各级各类爱国主义教育基地、防震减灾科普教育基地、消防科普教育基地、人防宣传教育基地、职业教育基地、企业培训基地等专业教育基地,大力推进应急管理宣传教育基地建设。结合专题教育项目,增加应急管理宣传教育内容,面向社会公众、在校学生、企业职工、党政领导干部和国家工作人员等不同受众和群体有针对性地开展法律法规、应急管理科普知识教育和逃生避险、自救互救技能教育培训。

(二)与普法活动相结合

按照省委、省政府《关于建立健全突发事件体制机制的意见》要求,各级普法主管部门加大应急管理普法力度,将应对法和应对条例列入到普法内容,通过专题讲座、报告会、知识竞赛、法律知识考试、问卷调查等多种形式,大力开展应急管理法律法规的宣传培训工作,动员更多的社会力量,按照法律赋予的权力和义务,参与应急管理工作,有力的提高了全社会依法预防和应对突发事件的意识和能力。

(三)与风险隐患排查整治相结合

各地区、各部门结合应急管理宣传教育工作,适时开展风险隐患排查整治等专项行动。大连、抚顺等市组织公安、消防、卫生、交通等部门重点对非煤矿山、烟花爆竹储运、高危企业、道路交通、建筑施工、食品安全、人员密集场所安全、消防隐患等进行专项排查整治;教育、城建等部门组织对学校和供水、供电、燃气等企业进行隐患排查,加强内部安全管理措施;药监、质监、安监、煤监等部门加大对监管对象风险隐患的整治力度,由部门领导带队,抽调专业人员开展监督检查,对查出问题的企业(场所)停产整顿,并进行经济处罚。通过开展排查整治活动,增强了警示作用,巩固了应急管理宣传教育工作成果。

(四)与应急预案演练相结合

各地区、各部门借助应急管理宣传教育活动,积极开展应急演练工作。锦州、阜新等市组织消防、城建、农业、卫生、林业、动监部门专兼职救援队伍,针对煤矿事故救援、公共基础设施抢修、危险化学品泄漏、甲型 H1N1 流感、森林消防、动物防疫等情况进行实战演练;教育、卫生、交通、海洋渔业、电力等部门组织指导所属系统和单位有针对性地开展紧急疏散演练、甲型流感疫情处置和重大急诊急救应急演练、道路运输系统应急演练、海上船只应急救援演练、城市大面积停电应急演练,并对演练队伍集结时间、现场处置、应急物资装备情况进行检查评估。在应急演练中,各地区、各部门广泛邀请社会各界群众参加观摩,针对实战设置演练科目,在使社会公众受到直观教育的同时,极大地锻炼和提高了应急响应能力。

四、把握层次,增强应急管理宣传教育的针对性

(一)坚持对应急管理干部进行业务培训

为适应应急管理工作需要,省政府应急办坚持每年举办应急管理干部培训班,突出应急管理基本业务知识和技能,采取专题讲座和座谈讨论相结合的形式,集中培训全省应急管理干部 1 000 余人次,重点解决应急管理工作应知应会问题,收到了较好的效果。2010 年 5 月 13 日至 14 日,省政府应急办在辽阳市举办了全省第三期应急管理干部培训班,全省 14 个市和 100 多个县(市、区)的应急办干部 180 余人参加了培训。办领导和业务骨干分别就贯彻《突发事件应对法》、《辽宁省突发事件应对条例》,加强应急值守和应急保障工作作了专题讲座,使广大应急管

理干部进一步统一了认识，拓宽了视野，理清了思路，提高了应对和处置突发事件的能力和水平。

(二)利用多种形式对基层干部进行专题培训

各地区、各部门按照上级要求，结合实际，制定切实可行的学习和培训计划，通过开展自学、专题讲座、报告会、座谈会、知识竞赛、法律知识考试等多种形式，强化对应急管理工作人员的专题培训，特别是对县区、街道、乡镇等基层组织和企事业单位负责同志的培训，使应急管理法律法规的相关规定和要求在基层得到了全面、有效落实。据不完全统计，近年来，各市、各部门组织应急管理专题讲座、报告会、座谈会等 3 000 余次，印发应急管理知识读本 100 余万册，收到了很好的效果。

(三)开展专职人员和专业应急救援队伍培训

消防、城建、安监、煤监等部门定期举办安全生产应急管理培训班，重点就消防安全、安全生产应急管理、事故应急救援体系与应急救援预案编制、危险源辨识与应急能力评估、应急响应与应急处置及后果评估、应急演练与培训等内容对大型企业应急管理人员和专业救援队员进行培训，增强了应急管理人员风险防范意识，提高安全生产管理和重大事故应急处置救援能力。同时，各地区、各部门定期组织医疗卫生、消防、防汛抗旱、动物疫情、公用事业保障、矿山救护、抗震救灾、海上搜救等专业应急救援队伍开展联合培训和协同演练，提高了专业救援队伍有效处置突发事件的合力。

(四)开展应急管理志愿者培训

各地区、各部门高度重视应急救援志愿者队伍的建设和培训工作，定期对志愿者队伍进行整理、培训和拉练，明确职责任务，增强救援技能，不断提高志愿者参与应急救援的综合素质，使应急救援力量得到有效补充。同时，发动应急管理志愿者，深入城乡社区(村屯)、企事业单位和学校开展工作，使其真正成为应急管理信息员、社会管理治安员、科普知识宣传员、应急救援辅助员。

(五)围绕突发事件开展有针对性宣传教育

在处置各种重特大突发事件中，及时做好应急管理宣传教育工作，对消除社会恐慌心理，减轻灾害损失将起到十分重要的作用。各地区、各部门在应对汶川地震、防汛抗洪、甲型H1N1流感、禽流感、炭疽疫情等突发事件中，及时编制逃生避险、地质灾害、疫情防控等知识小册子560余万份发放到群众手中，并通过报刊、广播、电视、网络等多种媒体播报处置情况，开展科普知识宣传，使人民群众及时了解情况，解除心中疑问，有针对性地采取防控措施，进行转移疏散，避免了生命财产损失。

（由辽宁省政府应急办组织供稿）

14 应急管理区域合作

泛珠三角区域内地9省(区)应急管理区域合作实践与探索

泛珠三角内地9省(区)(福建、江西、湖南、广东、广西、海南、四川、贵州、云南省(区))为贯彻中央关于区域协调发展的战略部署,从2008年开始谋划开展应急管理区域合作。在国务院应急办的大力支持和指导下,合作各方以促进合作、增进友谊、优势互补、共同提高为目的,相互尊重,平等互利,共同推进区域应急管理合作,提升突发事件处置能力,促进区域内应急管理工作水平的整体提升,实现应急管理资源的有效利用和合理共享,建立健全相互尊重、协调共赢机制,推动泛珠三角区域经济社会和谐发展。

一、共同建立全国首个省际应急管理联动机制

2009年4月15日,在广东省政府应急办的积极倡议和推动下,泛珠三角区域内地9省(区)应急管理合作会议筹备会在广州市召开,会议讨论通过《泛珠三角区域内地9省(区)应急管理合作协议》,泛珠三角区域内地9省(区)应急管理合作联席会议(以下简称联席会议)成员、联席会议秘书处成员名单,议定共同推进建立泛珠三角区域内地9省(区)应急联动机制。2009年9月2日~4日,联席会议第一次会议在广西南宁市召开,合作各方签署了《泛珠三角区域内地9省(区)应急管理合作协议》,正式建立全国首个省级区域性应急管理联动机制。

——主要合作领域和内容。各方重点在应急管理工作交流、理论研究、科技攻关、人才交流、平台建设等方面开展合作与交流。

理论研究与科技开发。加强应急管理基础理论研究,逐步建立区域合作与发展的应急管理理论体系。加强公共安全体系相关标准研究,重点突破应急资源分类及配置、应急能力评估、应急救援绩效评估等标准规范。加快科技开发,以共性、关键性公共安全技术开发为重点和突破口,加强公共安全体系技术创新,不断

提高监测、预警和预防、应急处置等技术装备水平，提高区域公共安全科技水平。

工作交流与专家交流。建立工作交流机制，多形式、多渠道开展工作交流，相互学习、借鉴应急管理工作经验。探索建立区域内应急管理专家合作机制，通过学术交流、理论研究、项目合作等形式，探讨解决区域内应急管理共性问题。建立专家信息交流机制，为应急管理工作提供决策咨询和建议。

应急平台互联互通。各省（区）省级应急平台在与国务院应急平台互联互通的基础上，对系统进行完善，实现相互间的互联互通，建立专家数据库、救援队伍数据库、物资储备数据库，互通信息，互相支持，提高资源利用率，实现资源共享。

共同应对区域突发事件。在国务院应急办的统一领导下，根据区域内共性突发事件风险，共同研究对策，提高应对突发事件水平；开展跨地区、跨部门的应急联合演练，促进各方协调配合和职责落实；做好应急预案制订的协调和相互借鉴工作，大力推进区域应急救援和预防能力建设。

——合作机制。为保证有效开展应急管理合作，推动合作事项的落实，建立合作协调机制。

建立泛珠三角区域内地9省（区）应急管理合作联席会议制度。根据合作需要，原则上每年围绕一个主题举行1次会议，研究决定区域内应急管理合作重大事项。必要时，可以召开临时会议。联席会议成员由泛珠三角区域内地9省（区）政府应急管理办事机构主要负责同志组成，联席会议原则上由泛珠三角区域内地9省（区）轮流主办，在主办方所在省（区）召开。

联席会议常设秘书处，负责联席会议的日常工作。秘书处成员为联席会议成员单位具体负责部门（处室）的负责人，秘书处秘书长由广东省人民政府应急管理办公室主要负责同志担任，秘书处办公室设在广东省人民政府应急管理办公室。秘书处负责向当次联席会议提交区域应急管理合作情况报告和建议。

建立专题工作小组。各方根据合作需要成立若干专题工作小组，开展具体的专项合作。专题工作小组由各方参与该合作项目的相关业务单位的负责人组成。专题工作小组定期向联席会议报告专题工作情况。

建立应急管理工作交流制度。不定期举办应急管理工作交流座谈会，互通有无，取长补短。

二、共同务实推进应急管理区域合作项目

每年在联席会议主办方提出的合作项目基础上，联席会议秘书处广泛征求合作各方意见，印发《泛珠三角区域内地9省(区)应急管理年度合作项目》。如2009年9月—2010年9月的年度合作项目，主要明确在应急管理培训、应急管理联动机制、应急预案和演练、学习交流等方面共同实施一批合作项目。期间，广东省在暨南大学应急管理学院举办了一期为期5天的泛珠三角区域内地省(区)应急管理工作研讨班，区域内相邻市(州)分管副市(州)长共50人免费参加为期5天的封闭培训，加强了沟通，交流了经验，提升了区域应急联动能力；2011年3月9日～11日，广东省政府应急办组织召开广东省应急产业研讨会，邀请联席会议各方会同有关专家对《泛珠三角区域内地9省(区)应急产业园建设方案(讨论稿)》进行了评审；2011年4月26日～27日，由联席会议秘书处主办，广东省政府应急办和广西壮族自治区政府应急办承办的泛珠三角区域内地9省(区)毗邻市(州、地区)应急联动合作协议集中签约仪式等活动在广东省肇庆市、广西壮族自治区梧州市成功举行，9省(区)应急管理合作向纵深发展，标志着泛珠三角区域内地9省(区)应急管理合作实现基层化；江西、湖南、广东、广西等省(区)政府应急办分别牵头起草的《泛珠三角区域内地跨省(区)特别重大、重大矿山事故救援应急预案》、《泛珠三角区域内地跨省(区)特别重大、重大道路交通突发事件应急预案》、《泛珠三角区域内地跨省区特别重大、重大突发环境事件应急预案》、《泛珠三角区域内地跨省(区)特别重大、重大突发森林火灾应急预案》等4个应急预案2011年4月印发合作各方组织实施，共同提高泛珠三角区域预防和处置突发事件的能力和水平。预案中主要明确发生跨区域特别重大、重大矿山事故、道路交通突发事件、突发环境事件、突发森林火灾等突发事件，区域内相关省(区)如何加强应急管理合作，履行职责，充分发挥合作区域应急救援力量和应急救援物资作用，及时有效地实施应急救援，共同提高合作区域应对特别重大、重大突发事件能力，最大限度减少人员伤亡和财产损失，维护人民群众生命财产安全和社会和谐稳定；泛珠三角区域内地9省(区)应急管理合作联席会议秘书处2011年9月印发福建省政府应急办牵头起草的《泛珠三角区域内地9省(区)突发事件信息通报制度》(以下简称《信息通报制度》)，正式建立区域内突发事件信息通报机制。《信息通报制度》规定，在区域内某一省(区)突发危及或影响区域内毗邻省(区)的重大以上的洪灾、

森林火灾、农作物(森林)病虫害、冰雪灾害及道路交通阻塞、水环境污染、疫病疫情等重大以上突发事件,以及在某一省(区)发生涉及区域内相关省(区)的重大以上的民用航空器飞行事故,铁路、道路交通事故,海上船舶安全事故、群体性事件等重大以上突发事件,事发地省(区)政府应急办在上报国务院总值班室的同时,要向有关省(区)政府应急办通报。区域内毗邻市、县(区)应急办参照此制度执行。在相互通报信息同时,要向本省(区)政府应急办报告。

三、共同提高应对突发事件能力和水平

近几年来,合作各方以应急预案为基础,以应急管理专家为抓手,以应急救援队伍、物资和装备为支撑,整合资源,共同提高了应对突发事件的能力和水平。

2010 年年初,广西壮族自治区遭受特大旱灾,广东省应急管理专家赶赴广西南宁市参加干旱趋势分析研讨会,对广西抗旱工作提出了建议。2010 年 7 月 13 日,1 名来自上海市的驴友在云南省大理白族自治州苍山探险时失踪,当地政府在 10 多天内派出近 3 000 人次上山搜救未果,广东省深圳市山地应急志愿服务队派出 8 名应急志愿者前往苍山协助救援,最后找到遇难者遗体。2010 年 10 月 12 日,广州辐照技术研究开发中心发生卡源事故,四川省对广东省予以大力支持,派出有关专家、调派机器人支援,为处置工作发挥了重要作用。2011 年 5 月 9 日,广西桂林市全州县咸水乡洛江村广坑槽采石场突发泥石流自然灾害,造成 1 人死亡,21 人失踪,1 人受伤。失踪人员中,18 人为广东省梅州市五华县人。灾情发生后,广西壮族自治区及时将灾害有关情况通报广东省,广东省立即派出工作组赶赴事故现场,共同研究失踪人员施救等工作。在 2011 年广东省潮州市潮安县“6·6”聚集事件、广州增城市“6·11”聚众滋事事件处置过程中,广东省政府应急办紧急协调四川省驻广州办事处、四川省应急办迅速派出工作组,为事件的妥善处理发挥了重要作用。2011 年 8 月 13 日,网络反映云南省曲靖市 5 000 多吨铬渣倒入水库,污染水排入珠江源头南盘江。接报后,广东省政府应急办立即启动泛珠三角内地 9 省(区)应急管理联动机制,商请云南省政府应急办迅速核查并通报有关情况,为澄清事件真相发挥了举足轻重的作用。

四、共同推进应急管理区域合作上政府层面

经过各方的共同努力,泛珠三角区域内地 9 省(区)应急管理合作取得了显著

成绩,为区域内经济社会发展发挥了重要作用。合作各方行政首长充分肯定合作机制发挥的重要作用,指出要在应急管理区域合作的内涵和外延上再下工夫,再接再厉,取得更大成绩。在 2011 年泛珠三角区域合作行政首长联席会议上,应急管理合作列为泛珠三角区域合作 6 项重点工作的第 2 项,应急管理区域合作从部门层面已上升为政府层面,这为泛珠三角区域内地 9 省(区)应急管理合作提供了更大的平台。

近阶段,泛珠三角区域内地 9 省(区)的应急管理工作重点是共同推动建设泛珠三角区域内地 9 省(区)应急物资物流中心、应急产业园及应急救援区域中心。

泛珠三角区域内地 9 省(区)开展应急管理区域合作取得了喜人的成绩,为全国应急管理区域合作探索了路子,积累了经验。国务院应急管理专家组组长、国家减灾委专家委员会副主任、国务院参事闪淳昌高度评价泛珠三角区域内地 9 省(区)应急管理区域合作机制,多次指出 9 省(区)区域合作制度健全,机制高效,合作务实,成绩显著,特别是联合制订区域内应对和处置突发事件的应急预案,对全国加强应急管理区域合作必将发挥示范和带动作用。

国家自然科学基金委主办、暨南大学承办的重大研究计划“非常规突发事件应急管理研究”2010 年度交流会专门邀请广东省介绍有关区域合作经验,与会专家、学者认为泛珠三角区域内地 9 省(区)应急管理区域合作模式是中国特色应急管理体系付之实践的成功典范,值得全国推广借鉴;国家行政学院国家部(委、办)厅(局)级领导干部应急管理能力建设专题研讨班,同样邀请广东省介绍应急管理区域合作的构建经验和做法,一致认为泛珠三角区域内地 9 省(区)应急管理合作为我国加强和创新应急管理提供了有益的探索;2010 年 10 月,商务部经济技术交流中心、联合国开发计划署驻华办事处选定广东省参加联合国开发计划署“早期恢复和风险管理”项目,其中,包括泛珠三角区域内地 9 省(区)应急管理合作在内的加强应急管理区域合作等 3 个项目列入合作范围;2011 年 5 月 26 日～27 日,德国内政部、德国国际合作机构有关负责人组成的德国应急管理考察团到广东省考察中德灾害风险管理项目重要子项目——广东省地方政府公共风险治理与预案优化试点项目合作进展情况,指出广东省在推动泛珠三角区域内地 9 省(区)应急管理合作等应急管理区域合作和国际交流方面积累的经验值得学习和推广;应德国政府邀请,2011 年 9 月 28 日,广东省政府应急办主要负责同志在第七届欧洲公民保护与灾害风险管理大会上介绍应急管理“广东模式”,德国减灾委主席德尚先生称赞，广东省推动成立的泛珠三角区域内地9省(区)应急管理联动机制，对目前欧盟建立莱茵河流域各国应急合作联动机制具有示范、借鉴作用；2011年11月2日，加拿大政府应急管理考察团专门到广东省考察交流泛珠三角区域内地9省(区)应急管理合作经验，并邀请到加拿大作专题介绍；2011年11月5日，由中国科学院科技政策与管理科学研究所、北京城市系统工程研究中心、华南农业大学主办的第七届全国“应急管理——理论与实践”研讨会在华南农业大学召开，省政府应急办主要负责同志在会上所作的《广东省应急管理区域合作实践与探索》专题报告得到与会专家学者的高度评价，认为广东省在推动泛珠三角区域内地9省(区)应急管理合作方面的创新经验值得国内外学习和借鉴。国务院办公厅主管的国内唯一权威应急管理杂志——《中国应急管理》2011年第6期约稿刊登《泛珠三角区域内地9省(区)应急管理区域合作实践与探索》，专题介绍泛珠三角区域内地9省(区)应急管理合作方面的经验。

实践充分证明，泛珠三角区域内地9省(区)应急管理合作联动机制，符合社会主义制度的本质要求，符合加强社会建设的现实需要，符合应急管理的现代理念。

(由广东省政府应急办组织供稿)

第五部分 >>>

2010年应急管理典型案例介绍与分析

1 青海玉树地震应急救助

一、灾害损失

2010年4月14日7时49分，青海省玉树州玉树县发生里氏7.1级强烈地震，为当地有历史记录以来最强烈的地震，给人民生命财产和经济社会发展造成了重大损失。此次地震最高烈度9度，震源深度14公里，余震3 000多次。灾区总面积约3.58万平方公里，其中重灾区面积约4 000平方公里、极重灾区约1 000平方公里，有24.68万人受灾、2 698人遇难、270人失踪，直接经济损失228亿元。受灾最重的结古镇，平房全部倒塌，楼房倒塌过半，机关、学校、医院等公共设施和供电、供水、通信等基础设施大面积损毁。通往结古镇的主要通道214国道多处断裂沉陷、桥涵坍塌，一些地方山体滑坡崩塌，生态环境遭受严重破坏。

二、应对措施

玉树地震抗震救灾难度之大、条件之艰苦、环境之恶劣，在灾难救援史上也极为罕见。一是玉树位于高原高寒地带，平均海拔在4 000米以上，高寒缺氧，救灾队伍高原病多发；二是灾区地处边远，交通不便，救灾人员物资运送极为困难；三是受灾区域集中、地带狭窄，受灾群众安置困难；四是灾区属经济欠发达的少数民族地区，受灾群众自救能力极弱。五是灾区紧急转移被困群众22.5万人，急需食品、饮用水、衣被、临时住所以及医疗救治，灾区生活救助工作面临前所未有的挑战。在党中央、国务院的坚强领导下，在国务院抗震救灾总指挥部的直接指挥下，各受灾地区、各有关部门紧急动员，迅速开展受灾群众生活救助工作。

（一）快速反应，建立应急救助指挥体系

针对玉树地震灾情，国务院第一时间成立了抗震救灾总指挥部，下设8个工作组，其中民政部牵头群众生活组工作，发展和改革委员会、教育部、国家民委、财政部、住房和城乡建设部、农业部、商务部、宗教局、红十字总会等部门参加，负责制定实施受灾群众救助工作方案以及相应的资金物资保障措施，搞好灾区生活必

需品供应，指导有关地区做好因灾倒房群众的紧急安置，保障灾区群众基本生活，保障灾区市场供应，接受捐赠、援助事务。按照《国家自然灾害救助应急预案》，国家减灾委、民政部于4月14日8时30分紧急启动国家四级救灾应急响应，并经回良玉副总理批准于当日12时将响应等级提升为一级，先后派出20余批次工作组和专家组赴灾区开展灾害评估和前方联络工作。按照中央统一部署，民政部于4月14日晚即会同有关部门，建立群众生活组联系网络，确定工作制度，明确责任分工。各成员单位紧紧围绕灾区群众生活保障，认真履职尽责，主动做好工作，迅速形成整体合力，保证了抗震救灾各项工作有力、有序、有效开展。

(二)全力以赴，解决受灾群众突出困难

将棉帐篷、棉衣被、方便食品的调运作为工作的重中之重。民政部在灾后第一时间即从7个中央救灾物资储备库向灾区启运2万顶棉帐篷、5万件棉大衣、5万床棉被、500套简易厕所，随后又视情调运2万顶棉帐篷和4 500顶36平方米大帐篷；当日即组织江苏、浙江、福建、山东、广东5省紧急向灾区空运150吨即食食品；协商铁道、民航部门全力保证交通运输，协商总参谋部向灾区空运救灾物资，以最快的速度保障灾区群众生活物资急需；针对灾区出现雨雪天气过程，迅速协调陕西、甘肃、宁夏3地民政厅帮助解决4 000台火炉。教育部积极为灾区募集教材和教学设备，组织高校志愿者参与抗震救灾，向灾区高三学生发放生活补助33.6万元，帮助灾区复学复课。国家民委安排6所委属院校派出多批志愿者参与地震伤员医疗救治的翻译、专业护理和心理危机干预等工作。财政部紧急下拨5亿元抗震救灾综合财力补助资金。住房和城乡建设部迅速积极协调解决应急供水，调运生活垃圾处理设备并帮助灾区制定垃圾处理方案。商务部及时向民政、发改及青海省通报9种救灾应急物资的货源情况，迅速组织周边地区生产供应商补充方便食品货源，并开设临时性商业网点开展临时售货服务。宗教局组织中国宗教界为灾区捐款捐物9 451万元。红十字会总会紧急调拨1 000顶棉帐篷、5 000床棉被、5 000件棉衣，派出多支供水应急队和大众卫生应急队。截至6月30日，共将84 508顶帐篷、256 979床棉被、149 858件棉大衣、2 746吨大米、1 897吨面粉、342吨食用油、5 000吨青稞、1 670吨方便食品和矿泉水、10万份野战食品、13 000台取暖煤炉、48 484平方米活动板房、21 847张折叠床、932套简易厕所等救灾物资运抵玉树地震灾区。

(三)迅速行动,制定实施临时救助政策

根据国务院决定,民政部、财政部、国家粮食局迅速制定出台多项灾后救助政策,妥善解决受灾群众灾后生活。一是按照每人150元的标准帮助22.11万名转移安置群众解决生活困难,共发放救灾资金3 279万元;二是在震后3个月内,对因灾“三无”人员每人每天发放10元钱和1斤粮,共向22.19万人发放临时生活救助资金2.02亿元,对受灾“三孤”人员每人每月补助600元;三是对因灾遇难人员家庭按每位遇难者5 000元的标准发放抚慰金。后来考虑到灾区特殊情况,又将抚慰金标准提高到8 000元,将“三孤”人员补助提高到每月1 000元。中央财政在5亿元抗震救灾综合财力补助中安排了所需资金2.67亿元,国家粮食局及时下达9 669.87吨中央储备粮油计划。根据国务院有关会议决定,在3个月临时生活救助政策到期后,对玉树地震青海、四川两省受灾地区困难群众继续给予后续生活救助。后续生活救助政策到期后,对于生活困难仍需救助的灾区群众,区别不同情况纳入城乡最低生活保障、农村五保供养和冬春受灾群众临时生活困难救助制度,保障其基本生活。2010年10月9日,青海省决定再次将受灾困难群众后续生活救助时间延长三个月,所需资金由青海省统筹安排。

(四)积极稳妥,组织开展救灾捐赠工作

地震发生后,社会各界爱心涌动,踊跃捐赠。民政、外交、商务、红会等部门积极搭建平台、铺设畅通渠道,切实规范捐赠程序,加强指导协调。一是规范救灾捐赠接收程序。经国务院批准,民政部在震后迅速下发通知,选定15个具有接收救灾捐赠职能的社会组织组织开展救灾捐赠,各省视情决定开展救灾捐赠活动,各级民政部门及其下设的捐赠接收机构、各级红十字会、各地慈善会为捐赠接收主体。二是加强捐赠款物的汇缴统计。此次救灾捐赠采取“以缴代统”方式。各地所募捐款,每3日集中汇缴到民政部—中央财政汇缴专户;全国性基金会每日12时前向民政部报送捐款接收使用最新情况,并定期向社会公布捐赠款物接收和使用情况;民政部定期将全国接收使用情况报总指挥部,并定期汇总向社会公告。三是加强捐赠款物监管。民政部下发三个通知,并代拟有关通知以总指挥部名义下发,两次召集15家社会组织和公募基金会主要负责人会议,明确接收、管理、统计、使用、反馈各环节工作要求,并积极配合纪检监察、审计等部门,重点防止和查处各种违规问题,确保各项救灾款物使用安全、合规、有效。截至2011年4月30

日统计,全国共接收青海玉树地震抗震救灾捐赠资金102.43亿元,其中民政部本级接收27.99亿元。

(五)各尽其职,做好受灾群众过渡安置

在应急救援和全力保障受灾群众生活急需的基础上,群众生活组根据救灾工作进展和受灾群众需求,认真谋划,努力安排安排好受灾群众过渡性安置。一是出台政策性指导意见。按照总指挥部部署,民政部、住房和城乡建设部、商务部就受灾群众过渡性安置中的临时住所解决,生活必需品供应,救助政策实施,安置点规划、管理和配套设施建设等问题提出指导意见,民政部、教育部、财政部、住房和城乡建设部、商务部、卫生部经过多次研究论证,就过渡性安置中灾区使用活动板房的原则、总体使用规模及筹措管理工作提出意见。二是全力保障灾区市场供给。商务部、农业部及时采取启动生活必需品市场跟踪监测制度,建立全国和周边市场与灾区供应产销衔接机制,有力保障灾区市场供给不断档、不脱销、不滞销。先后向灾区有序投放中央储备冻牛羊肉600吨,协调四川、陕西、甘肃、宁夏等大型农产品批发市场建立保障灾区蔬菜调动通道,协调中石油等公司向灾区输送油品4 033吨。三是抓紧恢复商业秩序。商务部及时采取有效措施,指导灾区在群众安置点、临时帐篷区、学校、社区等人口密集的地方开辟经营场所,开展集市贸易;引导企业采取流动售货车、售货服务摊点等多种方式灵活经营,帮助集贸市场向灾区群众提供商品和生活服务;调动“万村千乡市场工程”和“双百市场工程”承办企业积极性,为集贸市场配送急需商品;配合工商、物价等部门加强市场经营秩序的监管,创造良好经营环境,维护灾区市场秩序稳定。截至6月30日,玉树灾区已恢复商业网点1 151个、集贸市场5个。四是提前谋划灾民过冬安排。考虑灾区有效施工期短、高原高寒等特殊性,根据重建有关规划和实施进度,民政部在实地调研基础上,组织设计了防寒性能更好的20平方米棉帐篷,视灾区需求随时调拨,协商财政部就过冬火炉和冬季取暖等问题提出解决意见并通过综合财力补助解决所需资金。

(六)尊重习俗,因地制宜开展灾后救助

在开展受灾群众救灾安置工作的同时,尊重少数民族传统习俗,确保各项工作符合民族宗教政策。一是分类实施殡葬服务。地震发生后,民政部与青海省民政厅及时明确了遇难人员遗体处理原则、处理方式、防疫要求及骨灰处理办法等,

充分尊重各民族丧葬意愿，对藏族遇难者，按照藏族的丧葬习俗，在灾区通过寺院僧侣诵经祈祷、集中露天火化方式进行处理；对信仰伊斯兰教的少数民族遇难者，实行土葬；对其他遇难者，根据其家属意愿，安排在西宁、互助神安、共和等8个殡仪馆火化。当地宗教工作部门同志千方百计做好遇难者家属和当地宗教、民族人士的相关解释和说明工作，配合做好火葬、分装、运送遗体等各环节工作，有力保障善后工作有序开展。二是开展符合灾区实际的生活救助。民政部在组织非灾区民政部门向地震灾区筹集调运应急生活物资时，要求各地与灾区加强联系沟通，提供青稞、糌粑、酥油等符合当地生活习惯的生活必需品；针对灾区震后出现的雨雪天气，民政部和商务部及时向灾区组织调运7000台火炉，商务部联系河北、山西、内蒙古、宁夏等地落实货源1万台；国家粮食局在实施临时生活救助政策下达国家储备粮计划时，充分考虑灾区群众饮食习惯，合理搭配大米和面粉比例；农业部组织协调向灾区捐赠100台藏炉、配备烟筒300节，帮助受灾群众御寒和做饭。三是妥善开展心理疏导和慰藉工作。及时动员组织社会力量和专业机构，做好灾区"三孤"、"三无"等人员的心理疏导和精神抚慰，帮助他们稳定思想、理顺情绪，树立战胜困难、健康生活的信心和勇气。

三、基本经验

此次抗震救灾，面对的是高原高寒的严酷自然条件，面对的是边远地区严重交通制约，面对的是生态保护的严格要求，工作难度很大，但由于行动迅速、组织周密、措施有力，在较短时间内取得了重大胜利。主要经验是：

(一)必须坚持党的领导，政府主导，社会动员

抗震救灾中，胡锦涛总书记第一时间作出重要指示并提前回国指导抗震救灾工作，温家宝总理立即在国务院常务会议上作出部署安排，国务院依法成立抗震救灾总指挥部统一协调指挥，灾区党政领导深入一线，靠前指挥，极大地增加和鼓舞了灾区人民抗灾救灾的信心和勇气。社会各界迅速行动，人民群众广泛参与，形成了齐心协力抗击灾害的磅礴力量。实践证明，坚持党的领导，政府主导，社会动员，是做好抗震救灾工作的根本保障和重要力量。

(二)必须坚持以人为本，切实保障灾民生活

抗震救灾中，各有关部门坚持以人为本，视人民利益高于一切，把解决灾民所

需,为灾民解困排难,作为救灾工作的根本出发点和落脚点,贯穿于紧急转移、临时安置、生活救助、恢复重建的各个环节。实践证明,坚持以人为本,及时掌握、解决受灾群众的所急、所需、所盼,是抗震救灾工作的本质要求。

(三)必须健全应急机制,着力提高救援保障能力

抗震救灾中,各有关部门第一时间启动救灾应急预案,第一时间下派工作组,中央救灾储备物资迅速启运到位,中央救灾资金及时安排拨付,生活必需品及时供应补充,受灾群众的衣食住行得到妥善解决,灾害损失减少到最低程度。实践证明,健全完善和有效运用应急机制,是抗震救灾快速、有序、有效的重大措施。

(四)必须坚持尊重科学,勇于创新制度机制

抗震救灾中,减灾委专家委组织专家深入灾区一线,查看灾情,攻克难题,排除风险,论证恢复重建规划和恢复重建政策,充分运用现代科技手段实施灾害救援,进行灾害监测,开展灾害评估,充分发挥专家决策咨询和技术支持作用。启动国际空间减灾合作机制,获得大量国外卫星影像,结合国产卫星数据,对灾区实时监测。实践证明,坚持尊重科学,勇于制度创新,是战胜重大自然灾害的强有力支撑。

(五)必须坚持部门联动,着力形成整体合力

抗震救灾中,各有关部门相互配合,密切协作,形成强大合力。从工作队伍到救灾款物、从遗体处理到运送伤员、从应急救助到过渡安置以及恢复重建等各个方面,向灾区提供了全方位的有力支持。实践证明,坚持协调配合,部门联动,形成整体合力,是战胜重大自然灾害的重要组织基础。

(由民政部救灾司组织供稿)

2 青海玉树地震医疗救援

中国位于世界两大地震带—环太平洋地震带与欧亚地震带的交汇部位，地震活动频度高、强度大、震源浅，分布广，是一个震灾严重的国家。1900 年以来，中国死于地震的人数达 55 万之多，占全球地震死亡人数的 53%。20 世纪以来，中国因地震造成死亡的人数，占国内所有自然灾害包括洪水、山火、泥石流、滑坡等总人数的 54%，超过1/2。2010 年“4.14”青海玉树地震是中国继 2008 年“5·12”汶川特大地震后又一次重大的自然灾害，造成了巨大的人员伤亡和财产损失。在党中央、国务院的坚强领导下，国家卫生部及青海省各级党委、政府和各有关部门组织科学、高效的医学救援工作，奋战一线的救援队克服震区高原环境，高寒缺氧等不利条件，组织了有效伤病员现场急救与医疗后送，取得了玉树抗震救灾的最后胜利。

一、灾害基本情况

(一)地震灾情特点

2010 年 4 月 14 日 7 时 49 分，青海省玉树藏族自治州玉树县(北纬 33.1 度，东经 96.7 度)发生 7.1 级地震，震源深度 33 公里。本次地震属于强烈的浅源性地震，此后余震不断，地震造成大量人员伤亡和房屋倒塌，地震震中位于中国青海省玉树藏族自治州的玉树县境内，距州府所在地结古镇仅 30 公里。截止 2010 年 5 月 30 日，经青海省民政厅、公安厅和玉树州政府按相关程序规定核准，青海玉树地震最终确认 2 698 人遇难，其中已确认身份 2 687 人，无名尸体 11 具，失踪 270 人。已确认身份遇难者中，男性 1 290 人，女性 1 397 人，青海玉树籍 2 537 人，省内非玉树籍 54 人，外省籍 96 人(含香港籍贯 1 人)，遇难学生 199 人，受伤 12 135 人，其中重伤 1 434 人。

(二)灾区损失情况

玉树地震发生时不少居民仍在梦中，很多人被埋，当地武警官兵迅速前去组织抢险。但因交通中断，缺少帐篷、医疗器械、药物和医护人员，救援十分困难。

有专家称此次玉树地震释放的能量和1995年的阪神大地震相近,县城全部停电,由于大部分建筑都是土木结构,85%以上依山而建的土木房倒塌,重灾区玉树州州府所在地玉树县结古镇附近的西航村(音)有99%的民屋倒塌。另外,玉树州红十字会称当地70%学校房屋垮塌。

震后初评估,玉树藏族自治州医疗卫生机构受损199个,占全州医疗卫生机构总数的57.7%;卫生系统人员受伤76名,死亡10名,分别占全州卫生系统人员7%和0.9%;受损房屋面积121 108平方米,其中:倒塌16 900平方米,受损7 310平方米,危房102 898平方米;受损设备9288台件。面对抢救生命、治伤者病痛、保生者安康的当务之急,玉树当地医疗救援能力不够、空间不够、人员不够、条件不够,灾后医疗卫生救援工作面临极大挑战。

(三)医疗救援基本情况

1. 伤病员发生基本情况

地震发生后,大量伤亡瞬间发生。随着灾区医学救援的迅速展开,伤亡人数的增长具有时序性的规律。地震造成的伤亡增长的总体趋势一致,增长曲线有明显拐点,拐点前持续增长,拐点后趋于平缓。玉树地震中伤员与死亡的增长曲线于震后1周出现明显拐点,受伤人数与重伤员人数于震后第5天已达到顶峰。地震伤中,骨折的发生率最高,多为四肢及骨盆骨折。在复合伤、多发伤中,均合并有上肢、下肢、脊柱和骨盆骨折,下肢伤发生率高于上肢。

由于玉树灾区位于3 800～4 400米高海拔地区,参与抗震救灾的救援人员到达后,急性高原病频发,有些救援队急性高原病发生严重,甚至出现肺水肿、脑水肿,严重威胁救援队员的生命安全,导致救援工作及时无法展开。部分高原病严重的队员被后送至后方医院接受治疗。

2. 灾区伤病员救治情况

接到上级转运伤病员的命令后,青海省红十字医院等8支医疗队在24小时内组建巴塘机场救治检伤站,建立起以巴塘机场空运中转站为中心的集中后送网络。救援人员将候机大厅划分为危重症、重症、轻症三个伤病员收治区域,接收由赛马场、体育场、格萨尔广场等伤员集中收治站统一后送的伤病员以及地震现场搜救出的伤病员、自行前往的伤病员进行检伤分类,并进行及时救治。同时对所有伤病员进行24小时病情监护,确保伤病员生命体征平稳,降低后送途中的危险性。在赛马场、体育场等伤员集中收治站，玉树当地医学救援人员与外援医疗队共同进行伤病员的救治，在收治站，医疗救援人员对伤员进行急救复苏、止血、包扎、固定、清创缝合等治疗，迅速稳定伤病员生命体征，甚至在艰苦的条件下开展截肢手术，积极抢救生命。

3. 住院伤病员救治情况

所调查 3 126 名地震伤病员中，地震伤 2 493 例，疾病患者 633 例。地震伤患者中，骨折的发生率最高，其中单部位骨折为 1 181 例，多部位骨折 182 例。在复合伤、多发伤中，均合并有上肢、下肢、脊柱和骨盆骨折，累计骨折发生率 53.9%。其他发生率依次为开放性伤、闭合性伤、挫裂伤等外伤，复合伤。41 人发生挤压伤，其中 19 人发生挤压综合征，挤压综合征发生率 0.7%，其中 7 人发展为严重的肾脏功能衰竭。受伤部位多集中于四肢(38.05%)，且下肢伤多于上肢伤，其次为胸部和脊柱伤。

疾病患者为 633 例，呼吸系统疾病高发，其中肺炎发生率较高，且多数为儿童。救援队员高原病发生率较高，甚至出现肺水肿、脑水肿，严重威胁救援队员的生命安全。超过 40%的伤病员为发生急性高原病接受紧急治疗，其中 80%以上为救援人员。

4. 卫生防疫与心理救援

为确保“大灾过后无大疫”的目标，玉树卫生防病工作策略与汶川地震相同，采取卫生防疫“全覆盖”策略，由青海省和外省援助的卫生防疫及卫生监督专业人员组成的卫生防疫队伍迅速组建，形成军队、武警、部门与当地政府协调联动机制，投入地震灾区卫生防疫工作。将灾区划分为 19 个卫生防疫责任片区，实行分片包干，责任到人。卫生防疫工作与医疗救援同期展开，震后 1 周内实现卫生防疫全覆盖。与 2005—2009 年同期资料相比，玉树灾区传染病发病率保持平稳，无明显上升，未发现重大传染病疫情和突发公共卫生事件。各灾区无甲类传染病疫情报告；与去年同期相比，灾区法定传染病报告总数下降了 33.6%，无重大传染病疫情、重大动物疫情及重大突发公共卫生事件报告。

玉树地震发生后，国家卫生部紧急组织有关专家前往灾区进行心理救援需求评估，灾后第二天就选派了首批两名专家前往灾区，随后又陆续派出了一些专家，对不同人群进行心理救援的需求评估。各伤员接收省(区)对救治伤员的同时启动早期心理干预治疗，以提高伤员整体排除、治疗心理创伤。同时，派出心理、康复专家组赴各省(区)开展培训、指导工作,接受伤员的医院已将心理干预和康复治疗纳入伤员整体救治工作中,为伤员制定了个性化的心理干预和康复治疗与训练方案,专家组对当地医务人员开展了心理干预、康复治疗的有关培训。

二、灾害应对工作

(一)灾区现场救援展开

玉树震后,大量伤病员自发集中于较为空旷安全的空地、广场。青海省卫生厅领导第一时间前往灾区指导救灾工作,地震当天本地卫生部门在地震发生后迅速组织300余名医务人员,在紧急搭建的帐篷里或是露天开展伤员救治工作。作为灾后医学救援的第一反应人,在紧急救治方面发挥了不可代替的作用,救援人员因势利导,将其中较大的玉树州赛马场、州体育场、格萨尔广场作为伤病员集中收治站,沿结古镇民主路、扎曲路、扎西科路等主要道路展开伤病员的搜救,在震后24小时内就形成了以伤病员集中收治站为中心的灾区救治网络。在进行救治工作的同时,救援人员还将重症伤病员统一集中等待后送。

国家卫生部在地震当天即抽组5支外省医疗救援队,共164人(四川甘孜州救援队2批71人、西藏昌都救援队21人、甘肃省救援队35人、四川省救援队37人)。同时组织了18支396人的专家组和60支1 320人的医疗救援队伍随时待命。震后30分钟,军队即从武警总医院、兰州军区第4医院和武警青海总队医院、二炮536医院抽组医疗队,分别从北京、西宁火速出发,以空中、陆路开赴灾区。震后24小时,军队抽组2个方舱医院和20支医疗防疫队,并组织7支医疗救援队待命。震后72小时,国家卫生部从北京、四川、湖北等13省份以及军队共抽组20支医疗卫生队伍。军队和武警系统从兰州军区兰州总医院、第1医院、第10医院等10个医疗卫生机构抽组12支医疗队和2个专家组700余人。青海省省内支援力量抽组最为迅速,震后2天达高峰。军队医疗力量抽组在震后4天达峰值,外省支援医疗力量抽组在震后8天(4月22日)达峰值,4月23日后即未抽组战略支援力量。

(二)组织伤病员医疗后送

面对当地严峻的自然条件和医疗设施严重损毁的状况,抗震救灾总指挥部卫生防疫组果断决策,实施重症伤员转运治疗。接到上级转运伤病员的命令后,青海省红十字医院等8支医疗队在24小时内组建巴塘机场救治检伤站,建立起以巴塘机场空运中转站为中心的集中后送网络。救援人员将候机大厅划分为危重症、重症、轻症三个伤病员收治区域，接收由赛马场、体育场、格萨尔广场等伤员集中收治站统一后送的伤病员以及地震现场搜救出的伤病员、自行前往的伤病员进行检伤分类，并进行及时救治。

地震当日 20 时，卫生部与交通运输部、铁道部、民用航空局、空军紧急会商，协调安排伤员转运事宜。会议决定立即启动由玉树向西宁转运伤员的工作。地震当日 19 时，灾区第一批 50 名重症伤员已通过救护车，由医护人员护送，从玉树县出发，经公路连夜运送至海南州医院、青海省人民医院和青海医学院附属医院。同时，开始协商民航总局和空军启动从玉树向西宁空运伤员的工作。

按照温家宝总理“在地震发生后 3 天内将重症伤员全部转出”的指示精神，根据国务院抗震救灾总指挥部的决策部署，伤病员后送工作由医政司、前方综合协调组、青海省卫生厅负责组织指挥。为了提高转送效率，协调青海省卫生厅和民航部门，在使用专机转送伤员的同时，充分发挥铁路和公路交通运力大的优势，向青海省内其他城市以及青海省周边省份转送伤员，大大提高了转送工作效率。

玉树地震医学救援共计向青海、四川、甘肃、陕西、西藏接收地震伤员的定点收治医院后送伤员 3 110 名。截至 5 月 9 日，通过包机、公路运输，共计向四川、甘肃、陕西、西藏等 4 个省份 8 个城市的 29 家医院，安全转送伤员 969 人。由玉树县向青海省内 3 个城市的 28 家医院，安全转送伤员 2 125 人。

（三）玉树地震住院伤病员救治

玉树震后 72 小时为地震伤员入院快速增长期，第三天达到高峰，第四天伤员入院人数有所下降，地震病员入院人数 72 小时后有所增加，每日入院人数后 10 天内基本稳定，10 天后有所下降。经调查，玉树地震住院伤病员一月内共 2 086 名康复出院，出院率达 66.7%。截至 8 月 9 日 15 时，3 084 名治愈出院，死亡 7 人，仅有 17 名在医院接受治疗，出院率超过 99%。伤病员住院日集中在 0～30 天，5～10 日出院为出院高峰，伤病员平均住院日为 20.44 天。

地震病员、无骨折伤员、骨折伤员手术率分别为 7.23%，23.36%，32.8%。对于其中的 817 名骨折伤员，共 268 名实行了手术，其中 143 例为切开复位内固定术，其他实施了 48 例石膏、支架外固定术。非骨折伤员主要为清创缝合（39 例），其余如植皮术、切开减压、脑室引流、残端修补、VSD 引流术等。而地震病员中主要手术类型为阑尾切除术、剖宫术等。

为有效促进伤病员恢复肢体功能，重塑良好的社会适应性，国家卫生部制定康复治疗早期介入，积极开展心理疏导的治疗原则，康复、心理治疗与专科治疗同步，缩短伤病员住院时间。

257 名(8.7%)伤病员在后方医院接受初步治疗后转入其他医院接受进一步专科治疗。转入上级、专科医院占转院原因的 1/3(33.8%)，提示最初将高危患者不适当地转入救治能力不足的后方医院。除自行转院伤病员外，另有 82 名和 84 名伤病员按国家卫生部统一协调，分别转至西安、兰州接受进一步治疗。

三、结论与建议

(一)结论

2010 年 4 月 14 日青海玉树地震是中国继 2008 年“5·12”汶川特大地震后又一次重大的自然灾害，造成了巨大的人员伤亡和财产损失。玉树地震发生于青藏高原东北部，属于高海拔、高寒缺氧地区，平均海拔超过 4 000 米，这给抗震救灾工作带来巨大的困难。灾区本地卫生力量水平局限但行动最快，在救援早期发挥重要作用。国家从全国范围内派遣医疗队紧急抵达灾区组织医学救援，救援队中医疗、防疫、心理、高原病防治力量要素齐全，技术水平较高。玉树地震伤亡快速增长期较短，呈现“两期三段”特征。地震伤员整体伤情特点符合以往地震伤基本特征，以四肢伤为主。震后 72 小时内，伤病员救治遵循早期救治原则，灾区“两级四站”救治体系基本形成。解放军方舱医院迅速抵达灾区，并代替州县医院实施早期专科治疗，扩大了救治范围，发挥了重要作用。伤病员医疗后送地震当日启动，军地协同的空运后送方式使大多数重伤员及时被送往后方医院接受专科治疗，提高了伤病员后送效率与治疗效果。玉树巴塘机场空运中转站的建立成为空运后送的重要环节，保证了伤病员“送治结合”与安全后送。各级收治医院 72 小时内出现地震伤病员入院高峰，采取医、防与康复连续的救治策略，有效降低了地震伤病员院内死亡率与伤残率。针对救援人员中急性高原病发生率较高的特殊情况，玉树抗震救灾指挥部迅速采取了紧急预防与现场救治相结合的策略，并取得显著的效果。在党中央、国务院的坚强领导下，全国人民万众一心、众志成城，救援人员不畏艰难、奋不顾身，有效的降低了伤病员的死亡率与致残率，科学、高效的完成了抗震救灾的光荣使命。

(二)几点建议

1. 建立健全重大突发事件卫生应急组织指挥体系，依托综合实力强的综合医院，建立区域医疗救援基地，加强建设国家级卫生应急专业救援队伍，承担全国范围内特大、重大突发事件的卫生应急救援和国际医疗救援任务；推进灾害救援行动军民融合，完善军队和地方卫生力量协同机制。

2. 促进“送治结合”，提高伤病员救治效率；加强专用卫生运力及其投送能力建设，提高专用卫生直升机数量，包括现有飞机加载医疗单元；效仿国外先进培训模式，培养标准化的空运后送医疗队，以适应高空环境下重症监护需求；应借鉴国外经验，结合我国实际，探索并建立地震灾害军地联合后送伤病员的协同机制；建立伤员后送空运中转站等新型机构规范化标准，明确机构职能、人员配置标准、救治范围等，有效提高救治效率，保证伤员安全后送。

3. 建立快速检伤分类流程标准，尽早展开专科治疗，避免延误伤情。采取医疗、预防与康复相结合的救治策略，康复治疗与救治同期展开，提高地震伤病员救治效果与康复质量。加强方舱医院机动能力建设，提高方舱医院灾害应急期的机动救治能力。

(由卫生部卫生应急办组织供稿)

3 甘肃舟曲特大山洪泥石流灾害应急处置

一、灾害基本情况

2010年8月7日午夜至8日凌晨，甘肃省甘南藏族自治州舟曲县城东北部山区突降特大暴雨，持续40多分钟，降雨量达97毫米，暴雨引发三眼峪、罗家峪等4条沟系特大山洪泥石流地质灾害。灾情最重的三眼峪泥石流长约5 000米，平均宽度300米，淤泥平均厚度5米，总体积750万立方米，流经区域被夷为平地。泥石流进入舟曲县城并冲入白龙江，致使河床抬高、河水被阻，在瓦厂桥以上形成堰塞湖。随着水位的迅速提高，城区沿江地带和低凹处被洪水淹没，白龙江城区段两岸大部分楼房和居民住宅长时间、严重受淹，给灾区群众生命财产造成巨大损失，对群众生产生活造成重大困难。

经评估核定，甘肃舟曲特大山洪泥石流灾害共导致15个村、2个社区68 381人受灾，因灾死亡失踪1 765人，紧急转移安置21 959人；农作物受灾并绝收101公顷；倒塌房屋46 819间，损坏房屋26 295间；灾区交通、供水、供电、通信等基础设施严重损毁；直接经济损失336 796.7万元。

二、灾害应对工作

灾害发生后，党中央、国务院高度重视，全面部署舟曲特大山洪泥石流灾害抢险救援工作，迅速调集各种力量驰援舟曲。灾区党委、政府和中央有关部门迅速行动，全力以赴抢险救灾。8月8日晚，甘肃省委、省政府召开紧急会议，随即成立舟曲特大山洪泥石流灾害抢险救灾指挥部，统一指挥协调全省抢险救灾工作。指挥部下设12个工作组，分别负责抢救清淤、水利、基础设施建设、生活安置、卫生防疫、规划、灾后重建、新闻宣传、监察、治安、群众工作、综合协调等方面的工作。甘肃省人民政府灾后紧急启动防汛抗洪一级响应和自然灾害救助一级响应，同时，根据气象部门关于抢险救灾期间舟曲灾区和省内其他地区仍有大到暴雨的预报，专门制定了《应对近期强降雨天气抢险救援应急预案》。国务院各有关部门及时启动相关应急预案，研究制定支持灾区抗灾救灾的各项工作措施。国土资源部灾后紧急启动地质灾害应急一级响应，国家防总于8日14时启动防汛Ⅱ级应急响应，派出工作组和专家组赶赴灾区。国家减灾委、民政部于8日8时30分启动国家三级救灾应急响应，并于当日16时将响应等级提升至二级，派出工作组赶赴灾区协助指导救灾工作。灾区各级政府、各有关部门启动应急预案后，主要应对措施体现在以下几个方面：

（一）全力搜救被困人员、救治伤病员

灾区各级政府把抢救受灾群众生命作为抢险救灾工作的第一要务，调集各方力量全力搜救被困群众，及时救助伤病员。甘肃省灾后组织6支党员突击队抢救遇险人员，组织疏散群众。国家地震救援队等专业应急救援力量及时赶赴灾区参加救援。人民解放军、武警官兵、公安民警和民兵预备役人员共1万多人参加抢险救援，投入6架直升机、20艘冲锋舟和一大批车辆运送伤员、医疗队员和救援物资。甘肃省和部队共派出医疗防疫队65支1 037人参与伤员救治和疫情防治工作。截至9月11日，累计转移疏散群众16 870余人，成功解救被困群众1 243人，救助伤员2 387人，其中门诊救治2 315人，重症住院72人，转往兰州、天水等地重症伤病员59人。

（二）迅速筹集调运各类救灾物资

灾害发生之初，灾区各类救灾物资十分紧缺。民政部将帐篷、衣被、方便食品的调运作为救灾工作的重中之重，以最快速度保障灾区群众生活物资急需。一是启动救灾物资紧急运输联动机制，铁道部优先安排运力，从民政部西安中央救灾物资储备库迅速向灾区调运救灾物资，首批物资于9日上午运抵灾区。交通运输部紧急协调运力1 675辆，其中客运运力618辆、货运运力1 057辆，并协调周边省份运力1 400辆、2.8万吨位作为运力储备。二是与商务部、工信部等部门加强合作，为灾区积极联系落实应急物资货源，协调有关省份向灾区提供紧急物资援助，广东省通过包机将25吨即食食品于9日运抵兰州。三是及时指导甘肃省民政部门，全力向灾区调运各级救灾储备物资，动员灾区周边县市就近运送方便食品及民族特色食品，满足灾区藏族群众的饮食需求。四是加快救灾物资转运和分发。协调指导当地民政部门在县城附近沿公路乡镇设立4个救灾物资转运点，在城内设立3个救灾物资集中发放点，由小型车辆优先转运救灾生活物资。灾后第6天，7 848顶帐篷、2.4万床棉被、2万件棉大衣、8 000张折叠床、6 000条睡袋、500台

电视、240台发电机,以及大量食品和生活用品运抵舟曲。水利部紧急协调空军出动运输机29架次,调用火车抢险专列2列,动用公路大型运输车200多辆,为舟曲等地抢险救灾提供重要物资保障。

(三)及时出台受灾群众救助政策

民政部、财政部等部门指导地方政府及时研究制定了多项灾后救助政策:一是应急期救助。对应急安置的受灾群众每人按150元发放生活补助。二是过渡期救助。每人每天按10元钱、1斤粮发放临时生活救助,时限为3个月;"三孤"人员过渡期为3个月,每人每月按800元发放临时生活救助,过渡期满后,按正常"三孤"人员标准发放补助。三是遇难人员抚慰和安葬费。每一位因灾遇难人员,对其家属按8 000元发放抚慰金及丧葬费。四是倒损民房重建补助。农村受灾居民住房倒塌或严重损坏需重建的,每户平均补助2万元,需要维修的,每户补助4 000元;城市受灾居民住房倒塌或严重损坏需重建的,中央每户平均补助2.5万元。所需资金在中央财政5亿元救灾综合财力补助中安排。此外,灾区政府结合救灾工作实际,制定出台救灾资金和物资管理办法、无主现金及贵重物品接收管理意见、遇难人员遗体处理意见等一系列重要救灾政策,确保救灾工作有章可循。

(四)妥善安置受灾群众

舟曲灾区地处高山峡谷地带,加上县城受泥石流严重侵袭,当地可利用场地十分有限,受灾群众安置难度大。当地政府采取多种方式,全力做好受灾群众转移安置和生活救助工作。灾害发生当日,灾区政府就迅速在县城设立3个临时安置点,集中安置受灾群众3 198人,通过投亲靠友及其他方式分散安置15 400多人。在抢险救灾的后期,又采取了两种过渡安置措施:一是设置集中安置点进行集中安置。在离县城4.5公里的城关镇沙川坝,搭建过冬棉帐篷1 000顶,对受灾群众进行二次安置。截至9月11日,共有134户445名受灾群众入住沙川坝集中安置点。二是采取自主选择、分散安置的方式进行安置。针对当地难找适宜安置点的问题,当地政府通过鼓励受灾群众投亲靠友等分散方式安置22 222人,对分散安置人员除每人每天发放10元补助外,每人每月增发补助金200元,从而有效缓解了集中安置压力大的问题。两种方式共安置受灾群众22 667人,发放应急安置资金380.79万元。按每名遇难者5 000元抚恤金、3 000丧葬费的标准,采取边认定、边发放的方式,共向1 362名遇难者亲属发放抚慰金1 089.6万元。

(五)抓紧抢修损毁基础设施

灾害发生当天,甘肃省相关部门和企业根据省指挥部的统一安排,派出专家和专业队伍赶赴灾区,与人民解放军、武警部队一道不分昼夜抢修基础设施。交通运输部积极指导灾区交通公路部门,调集公路应急抢通队伍和作业机械。8 月 8 日 9 时 30 分,省道 210 线岷县至代古寺公路抢通;10 时 15 分,省道 313 线两河口至舟曲公路抢通;12 时 40 分,省道 313 线迭部至舟曲公路抢通;至此,从 3 个方向进入舟曲灾区的道路全部被打通。截至 8 月 19 日,损毁的县道、乡道、村道被全部打通。为解决灾区饮水问题,省指挥部采取应急性措施,统一征用管理城区的 13 眼水井,从罗家峪方向接通临时供水管道,在县城沿水管线设立了 20 多个临时供水点,保障了灾区群众和救灾人员应急用水。为使灾区电力设施尽快恢复,甘肃省电力公司累计派出 6 批 411 人的抢修队伍和 43 台抢修车辆,携带 6 台发电车、26 台发电机等设备赶赴灾区参与抢修救灾。8 月 8 日 16 时,中断的 1 条 10 千伏线路、1 条 6 千伏线路主线恢复供电。截至 8 月 13 日晚,舟曲县城用户、农村用户和安置点所有供电用户全部供电。各通信运营企业也迅速行动,派出抢修队伍 1 310 人次、应急通信车 54 台次参与抢险救灾。截至 8 月 9 日 20 时,舟曲移动通信网络和农村固定电话恢复正常。

(六)全力排除堰塞湖险情、清淤

水利部主要负责人率工作组在甘肃舟曲连续奋战 24 天,现场指挥堰塞湖应急处置和河道疏通工作。甘肃省指挥部始终把排除堰塞湖险情摆在抢险救灾工作的重要位置,坚持“爆、挖、冲”相结合、水上作业与水下作业相结合,连续不断地对堰塞湖实施爆破,并调集大型器材和设备,加大淤泥开挖力度,尽最大努力疏通河道、增加泄洪能力。经过艰苦努力,堰塞湖险情被解除。此次灾害形成约 200 多万平方米的淤泥,导致大量建筑物倒塌,清理淤泥和废墟任务非常艰巨。灾区组织开展了大规模清理淤泥和废墟工作。截至 9 月 11 日,累计清淤 88.2 万立方米,开挖、加固三眼峪、罗家峪排洪沟 2.4 公里,清理南北滨河路淤泥 470 米,清理倒塌房屋 861 间,拆除危楼 126 栋,清理商铺淤泥 74 间,南街、北街的淤泥全部清除。

(七)认真开展卫生防疫工作

灾区各级医疗救援队伍全部归口到抢险指挥部卫生防疫组管理,建立了军地协同一体化防疫工作联络机制,制定出台《舟曲泥石流灾区传染病疫情监测方案》、《过渡性安置区(点)生活垃圾处理技术方案》等6个方案,规范并指导整个灾区开展卫生防疫工作。组织专人对遇难者遗体进行消毒处理,对淤泥和动物尸体喷洒消毒药液,在居民点、受灾群众安置点、救援人员驻地等重点保障区安排专人定时消毒、杀虫、灭鼠。积极开展卫生监测和传染病防控工作,加强对医疗废弃物处置的监督检查。通过以上措施,实现了灾区大灾之后无大疫的目标。

(八)尽快恢复生产生活秩序

灾区政府想方设法将城区3 000余名高中生全部转移到兰州、定西两市就读,两所损毁小学的3 600多名学生集中到舟曲一中上学。8月25日,灾区初中和小学实现了按期开学,迁往兰州、定西的高中生也于9月1日开学。随着水位的下降,出台优惠扶持政策,为私人企业和个体工商户共发放补助金72.3万元,鼓励私营企业和个体工商户恢复营业。截至9月11日,恢复开业商铺达620家,占总商户的50%。切实加强市场监管,防止哄抬物价,强化对食品质量的监测,保证食品安全。同时,抓紧恢复医院、学校、银行、客运及公安派出所等公共服务设施。

三、结论

甘肃舟曲特大山洪泥石流灾害是新中国成立以来最为严重的山洪泥石流灾害。在党中央、国务院的坚强领导下,灾区各级政府与中央有关部门迅速启动应急预案,密切配合,通力合作,及时、全面落实各项抗灾救灾措施;人民解放军、武警官兵、民兵预备役人员、公安干警和消防官兵冲锋在前,不怕疲劳、日夜奋战在最危险的地方,最大限度地减轻灾害带来的损失和影响,为成功应对突发山洪、地质灾害积累了宝贵经验。总体而言,此次灾害应对工作组织得力,处置及时,高效有序,科学得当。

(由民政部救灾司组织供稿)

4 甘肃舟曲特大山洪泥石流医疗救援

一、灾害基本情况

(一)受灾情况

2010年8月7日22时许,甘肃省甘南藏族自治州舟曲县突降强降雨,县城北面的罗家峪、三眼峪泥石流下泄,由北向南冲向县城,造成沿河房屋被冲毁,泥石流阻断白龙江、形成堰塞湖。舟曲县"8·8"特大泥石流灾害造成受灾4 496户、20 227人;水毁农田1 417亩,水毁房屋307户、5 508间;灾害共造成1 478人遇难,287人失踪。

(二)救援投入情况

泥石流灾害发生后,从中央到地方,各种救援力量迅速动员,开展了大量工作:截止2010年9月12日,军地卫生部门累计向灾区派出医疗、防疫、卫生监督、心理干预人员1 037人,招募培训969名志愿者开展健康教育师资培训;设置7个医疗点用于接诊灾区群众;设立集中消毒点21处,使用消杀药品291 269.53公斤、除臭剂496.95公斤、泡腾片261 012片,在22个主要集中供水点发放饮水消毒片3 466瓶;调运大蒜106.5吨用于防治传染病,黄花菜2吨用于预防心理抑郁,花椒200公斤用于预防腹泻,设置了11个中药汤剂免费发放点;8月17日起开始在灾区开展麻腮风和甲肝疫苗接种工作;搭建板房传染病检测实验室,开展病原检测工作,8月18日,搭建了PCR检测平台;甘肃省卫生厅紧急采购救灾医用物资311 590件(台、个等),金额合计905.41万元,接受省红十字会捐赠救灾医用物资3 391件(台、箱),金额合计929.15万元,卫生部累计调拨价值285万元的救治药品、卫生防疫药械及个人防护用品。

(三)救援成效

截止到2010年9月12日,累计住院收治伤员126人,其中转兰州、天水进行治疗88人。灾区7个医疗点累计接诊灾区群众8 026人。累计开展消杀覆盖面积共810.58万平方米;消毒垃圾点17 627个、厕所17 924个、帐篷11 635顶、灭蝇 14 219 处;消毒遇难者遗体1 344 具;消毒水源 606 个点次;取水点快速检测抽样 531 份;累计检测食品和饮用水 362 份;监督检查医疗卫生单位 159 家、供水点 474 点次;监督生活垃圾点 4 288 处、甲肝疫苗接种点 7 个、餐饮单位 40 家,关闭不合格餐饮单位 3 家。整个舟曲紧急医学救援过程中未报告饮水源受污染、传染病疫情和突发食物中毒事件。共发放防病宣传材料 1.9 万张,张贴宣传画 1.8 万张,标语 662 条;对 12 000 名群众进行了健康教育,举办防病知识讲座 163 场,共 5 311 人参加。编写了《心理健康知识告知居民书》;心理救治受灾群众 340 人,其中药物干预 70 人,住院治疗 2 人;发放心理救援宣传单(册)5 370 多份,张贴心理干预宣传材料 1 000 份;开设了心理救援热线电话,通过热线咨询 987 人次;设立心理救援站,开展心理健康讲座 210 场(次),受益群众 3 012 余人(次)。

二、救灾具体工作

(一)指挥决策

8 月 7 日晚发生泥石流灾害后几个小时后,舟曲县卫生局动员当地力量成立了实施医学救援工作的"领导小组";消息报送到甘南州卫生局后,甘南州卫生局又成立了能够调用州一级救援力量的"领导小组"。到 8 月 8 日下午,以甘肃省卫生厅厅长刘维忠为组长的"医疗救援工作领导小组"成立,下设传染病管理、饮水安全、食品药品安全、环境消杀、宣传报道、健康教育、心理干预、医疗卫生秩序恢复、综合协调 9 个组,并将甘南州卫生局和舟曲县卫生局的干部整合到工作组中。8 月 8 日还成立了由卫生部部长陈竺、卫生部应急办主任梁万年、甘肃省卫生厅厅长刘维忠、解放军第一医院院长李晓云为副组长的"医疗卫生工作组",负责医疗卫生救援的高层协调和指挥。至此,领导和指挥舟曲泥石流灾害医学救援工作的组织基本定型,前线指挥与后方协调的工作模式逐渐形成。

(二)医疗救治

泥石流灾害发生后,舟曲县卫生局立即向上级报告灾情,启动卫生救援预案开展自救工作,在舟曲县医院组成急救中心收治大量伤员,在县一中设立医疗救治点。截至 9 日凌晨 2 时,发现轻伤员 88 人,重伤员 31 人。限于灾害发生后周边环境恶劣和当地医疗条件不能满足现场救治伤员的需要,由卫生部陈竺部长指挥,经过卫生部专家组和省级专家共同对伤员伤情进行评估后,决定将所有重症住院伤员转运治疗。8 月 9 日在兰州军区的支持下,卫生部、省卫生厅、州、县卫生局一起组织调派救护车 18 辆，首批 32 名重症住院伤员通过空运和陆运的方式分别转运兰州和天水救治，此后两日 56 名伤员陆续转出。

在舟曲当地，地方卫生部门针对灾区群众设立了 7 个医疗点，实行免费就医政策，灾区群众可在各医疗卫生机构或临时医疗点免费就医、领取药物。8 月 20 日起，舟曲县城开始恢复正常医疗救治秩序。

（三）卫生防疫

由于泥石流灾害造成的伤员数量有限，通过转移重伤员和诊治轻伤员的方式基本完成了医疗救治工作，灾后医学救援工作的重心迅速从医疗救治转移至卫生防疫。医学援救工作总指挥部下设的九个小组中，综合组、传染病管理组、环境消杀组的工作职责直接和卫生防疫工作相关。传染病管理组又根据传染病管理工作的主要内容内部划分出疫情网络直报组、医疗点症状监测组、疫苗冷链管理组、流调组、检测检验组、督导组、信息报道组、后勤保障组几个专门工作小组，各组明确了工作职责和小组负责人。环境消杀组确定了划分片区的消杀作业模式，同时明确划分了片区和各片区小组负责人。

卫生防疫的内容涉及传染病疫情监测、病媒生物监测、消毒、生活垃圾处理、临时厕所设置及无害化处理、退水清淤区域消杀、遇难人员后期尸体处理、灾民安置点卫生防疫、灭鼠等方面，卫生防疫系统的几项基本能力在灾后一周时间内得到恢复，8 月 27 日卫生防疫工作转入常态，舟曲灾区无传染病疫情等突发公共卫生事件发生。

（四）卫生监督

医学援救工作总指挥部下设的综合组、传染病管理组、食品药品安全组、环境消杀组、饮水安全组的工作职责直接和卫生监督工作相关。卫生监督工作在灾后 24 小时内迅速开展，监督队伍主要由舟曲本地力量和外援力量两部分组成，卫生监督工作主要包括环境消杀监督、传染病防控监督、居民饮用水监督、食品药品监督等方面。

（五）健康教育和心理干预

健康教育工作分为三个阶段：第一阶段 8 月 10 号至 20 日处于应急状态，采取固定地点的健康宣传，在物资发放点处设立健康教育工作点，以宣传单、折页、横幅等方式为主。第二阶段 8 月 20 日至 9 月 22 日，灾区现场秩序逐步恢复，采取多种方式的健康教育。除了固定场所的健康教育外,还采取了入户宣传、学校和医疗机构内开展健康讲座等方式。第三阶段,9月22日后,健康教育工作恢复常态。

心理干预工作:首先,卫生部和省卫生厅的心理干预专家迅速进行现场评估和初步筛查,确立了灾区心理干预的方案;第二,不同地区的7支心理救援队伍进入灾区,分片分责的开展心理干预工作;第三,对医疗点工作人员进行心理援助培训,将心理干预移交给当地。

(六)中医药应用

针对洪涝灾害后易患皮肤病特点,制定了治疗皮肤病外用和内服的处方,用黄柏和苍术水煎外用擦洗后,涂滑石粉的办法可以防治皮肤糜烂等病。疾病防治中,结合灾区实际充分运用大蒜、花椒、黄花菜的治疗作用,有效防止了灾后传染病疫情的发生、传播,降低心理疾患的发生。组织省内外名中医根据灾区疫情编制了防腹泻、防感冒和防皮肤病的中药处方,在全城区安置8口大锅煎制中药,设置了11个中药汤剂发放点,免费向城区群众和救援人员发放。

三、救灾经验、启示和建议

(一)本次医学救援工作的经验

1. 快速空运伤员

舟曲泥石流的医疗救治工作,采取第一时间空运方式转运重伤员,天气不良条件发生后,又一次迅速决策将两批伤员运送目的地对调,赢取了宝贵的救治时间,使得医学救援因为决策正确而顺利进行。

2. 消杀灭划片分区,责任到人

前方指挥部下属的环境消杀组根据现实需要紧急制定了环境消杀"分片包干、责任到人"的包保责任制,他们绘制了一张将县城划分成21个片区的分片消杀地图,在图上标注了每一个片区的负责小组和组长的姓名与联系方式,同时还将水淹区与非水淹区用不同颜色标注,提醒消杀人员对此两类区域要根据工作方案的规定,适用不同的消杀频次和浓度。

3. 卫生监督不留盲点

卫生监督工作制定了各种工作制度,并配合消杀灭工作的分片责任制,严格对各片区实行卫生监督。绘制了县城卫生监督点地图,使监督职责一目了然。灾

后卫生监督工作覆盖了环境消杀、传染病监测上报、饮用水、学校卫生监督等方面，并能根据形势发展及时调整监督范围，使得救援行动的卫生监督工作不留盲点。

4. 心理干预启动早

灾后第二天，甘肃省医疗系统心理干预组即已成立。灾后第四天已有国家和省级心理专家21人在灾区开展心理疏导和心理干预工作。在灾区救援行动过程中，心理干预人员通过发放资料、开展讲座和培训师资等方式为灾区群众提供了优质心理卫生服务，灾后没有发现心理疾患病例。

5. 外援力量迅速融入、服从指挥

外援力量到达当地后能够迅速与当地救援力量整合融合，协同开展工作，而且专业人员和指挥人员各司其职，外来专家就本人专业经验提供决策辅助意见，服从当地指挥系统指挥人员调遣、安排，有力地保证了救灾行动的统一指挥、有序行动。

(二)本次医学救援工作的启示

1. 推动卫生应急能力薄弱基层地区的“一案三制”建设

舟曲县地处甘肃省南部的崇山峻岭包围之中，是一个以农业为主体的经济欠发达县。受经济水平所限，县卫生局人员尚未设立有独立编制的卫生应急机构，没有专门负责卫生应急工作的人员；相关预案、工作方案的“平时储备”不足；这些均是基层卫生应急工作现存的典型问题。基层地区卫生应急能力建设是卫生应急工作的重点和难点，在今后相当长的一段时间内，我国卫生应急能力建设工作应充分重视基层，努力提高基层应急水平。

2. 因地制宜应用中医药于急救和防疫的经验具有推广价值

甘肃地处西部，地形复杂，气候多样，具有得天独厚的中药材生长条件，资源优势十分突出。此次舟曲救援充分利用中医药资源，使其发挥了重要功用。此外，中医药一改过去对其持有的“起效慢，作用缓，主要在于滋补和调理”的惯常印象，表现出对于紧急救治、防疫方面的强大功能，值得进一步研究、探索和利用。

3. 推动了自然灾害分类应对的能力建设

近年来地震、洪水、旱灾、泥石流、台风等各种自然灾害在我国相继发生，在历次卫生应急行动中我国卫生应急能力得到了提高,积累了丰富的实践经验。然而,卫生应急工作"任重而道远",在"初具规模"的基础上我们还要不断提高卫生应急能力,并且不断将能力建设"细化"至各种不同类型的突发公共事件中去。

(三)对未来医学救援工作的建议

1. 灾后快速评估机制建设

本次救援初期仍出现了"到达现场救援人员多,人力浪费和秩序混乱"的现象,究其原因是没有一个针对灾害的统一的快速卫生评估机制,无法统筹安排各种社会救援力量。快速卫生评估首先需要组建一个权威、规范的专业评估队伍,队伍中应包含医疗救治、防疫、监督、健康教育、心理等各方面的专业人员。其在灾后第一时间到达现场,对受灾情况、救援需要的人力、物力、财力等情况做出判定。然后根据快速卫生评估的结果,由指挥部根据需要统一调配各地医疗卫生资源,做到统筹安排,合理配置,有效避免人物财的浪费,提高救援效率。

2. 应急装备规范化建设

舟曲医学救援行动中,来自全国、省内外的各支救援队伍服装标识各异,携带的装备具体情况也参差不齐。建议加快制定各类应急情况的统一装备规范,一方面使得卫生救援人员能迅速按照规范中所列装备清单做好准备第一时间出发,一方面统一着装也能提高现场救援效率。

3. 界定灾区范围

灾难发生后对灾区范围的界定非常重要。本次医学救援行动中出现了非灾区居民为领取食品、饮用水和药物而到灾区就诊点免费就医的情况。此现象会严重影响灾区的传染病监测工作,造成数据不真实,无法有效评估灾后疫情。建议相关部门在今后的救援工作中,重视灾区界定问题,完善身份识别制度。

4. 消杀灭工作科学标准制定

消杀工作的技术标准欠缺是防疫工作中值得思考的重要问题之一,针对不同情况的消杀灭频次、浓度、使用药品,消杀灭工作的持续时间等都需要制定科学规范的技术标准,既防止消杀不到位,也防止消杀过度。

5. 指挥授权机制建设

本次救援行动的高效有序是和高级别行政官员在现场的指挥协调紧密相关

的。救援早期卫生部部长在灾区前线亲自指挥，能够迅速决策将伤员转外就医，同时又能迅速协调军队直升机运送伤员。然而希冀救援行动中任何情况下高级官员均在一线指挥协调显然是不现实的。建议在今后的法律法规和预案修订中，注重指挥授权机制的完善，使之形成法律规定或制度。

6. 建立军地协作长效机制

舟曲紧急医学救援中，军地部门间表现出了高度合作的态度并实现了军地高效协作。然而，现有的做法仅停留在操作层面，尚未上升到机制制度层面，因而易受到人为因素影响，建议今后应注重建立军地协作的长效机制，在法律法规、预案、政策制度中明确规定军地协作的方式、方法等。

（由卫生部卫生应急办组织供稿）

5 山西王家岭煤矿"3·28"特别重大透水事故救援

2010年3月28日13时12分,华晋焦煤有限责任公司(以下简称华晋焦煤公司)王家岭矿在基建施工中发生透水事故,当班井下共有作业人员261人,其中108人安全升井、153人被困井下。事故发生后,经各方共同努力,115名被困矿工成功获救。

一、矿井基本情况

王家岭矿区地处山西省运城市河津市、临汾市乡宁县境内,为基建矿井,设计生产能力600万吨/年。该矿由中国中煤能源集团有限公司(以下简称中煤能源集团)和山西焦煤集团有限责任公司(以下简称山西焦煤集团)各出资50%共同组建的华晋焦煤公司开发建设,下设王家岭矿区建设指挥部负责建设工作。矿井由中煤西安设计工程有限责任公司设计,中煤第一建设公司(以下简称中煤一建公司)第六十三工程处负责施工,北京康迪建设监理咨询有限公司监理。

发生事故的王家岭煤矿碟子沟项目工程是王家岭矿井工程的其中一段,透水地点在20101工作面回风巷。发生事故时该巷道已掘至797.8米,正在进行掘进、支护等作业,当班作业人员20人。

二、事故发生经过及水情分析

(一)事故发生经过

2010年3月28日10时30分,在20101回风巷掘进工作面作业的工人发现迎头后方7~8米处的巷道右帮有水渗出并报告当班技术员吴卓,吴卓和碟子沟项目部生产副经理曹奎兴经实地查看后,发现底板向上约20~30厘米的煤壁上,有明显的出水点,曹奎兴即命令暂停掘进,加强排水,对已掘巷道两帮补打锚杆。约11时25分,吴卓又和碟子沟项目部技术副经理张军伟到现场实地查看,发现水流没有明显变化,水质较清无异味,也要求停止掘进、加强支护并观察水情,随后升井并在约11时55分向碟子沟项目部经理姜世杰汇报了情况。12时10分,姜世杰向西安研究院电法与瑞利波勘探项目现场技术负责人王益咨询情况,但均没有做出正确判断，也未采取立即撤人等果断措施。13时15分，当班瓦斯检验员李敏付在20101回风巷与总回风巷的联络巷下口处休息时，突然听见风筒接口处有异常响声，并看到有约20厘米高的水从20101回风巷向外流出，且巷道中煤尘飞扬，于是他转身向外跑，并沿途喊："27队出水了，快跑"。13时40分，李敏付跑到进风斜井井底的电话处向地面调度室进行了汇报，调度室当即向姜世杰进行了汇报，姜世杰立即打电话通知各队升井，此时20101回风巷掘进工作面电话已打不通。13时45分，碟子沟项目部紧急召集有关人员开会，通报井下情况，并安排人员分头查看水情。约14时10分，张军伟跑到井下总回风巷，发现20101回风巷与总回风巷的联络巷上口已全部淹没，水面已上涨到该口巷顶2米以上，涌出的水向北流去，流速很快。约14时30分，张军伟又来到辅助运输大巷与20101工作面回风巷连接处，发现辅助运输大巷内的水由北向南上涨很快，于是紧急向地面调度室及有关领导进行了汇报。14时5分，姜世杰向中煤一建公司第六十三处进行了汇报。14时15分，又向王家岭矿区建设指挥部进行了汇报，王家岭矿区建设指挥部即向山西煤矿安监局临汾监察分局和华晋焦煤公司进行了汇报；15时，华晋焦煤公司分别向山西焦煤集团、中煤能源集团报告了事故情况。随后，山西焦煤集团、中煤能源集团分别向山西省有关部门、国家有关部门报告了事故情况。事故发生时井下共有作业人员261名，事故发生后有108人升井，153人被困井下。

（二）水情分析

透水事故发生后，碟子沟进风斜井底部+583.168米标高以下巷道全部被淹，被淹巷道约4 933米。其中20101工作面回风巷797.8米（透水巷道），带式输送巷467米，辅助运输巷320米，全部被淹没，20102回风巷400米全部被淹，20102带式运输巷800米被淹344米，20104回风巷297米联巷被淹74米。中央回风大巷714米被淹284米，中央带式输送机大巷1 570米被淹750米，中央辅助运输大巷1 558米被淹1 200米。中央回风大巷由最低点往里一直呈上坡，当水淹没最低点，继续往上涌时，形成气塞，里端未被完全淹没。经调查测算，透水时的最大强度为4.25万立方米/小时。井下被淹巷道积水达13.4万立方米。随着排水工作的进行，废弃小煤窑+583.168米标高以下到透水点+553.951米标高（垂高29.2米）的积水仍向王家岭矿补给，抢险救援过程中总排水量达31.5万立方米。

三、应急处置过程

(一)应急响应和应急力量集结过程

1. 企业先期处置情况。中煤一建公司在3月28日14时20分接到第六十三工程处碟子沟项目部的透水事故报告后,立即启动应急预案,在核实事故情况并向上级报告事故信息的同时,成立抢险救援指挥部,设立各专业工作组,编制抢险救援方案,并立即就近调集同在王家岭矿施工的第三十一处西家沟项目部和机电安装处项目部200名职工驰援,30分钟后三十一处救援队伍赶到碟子沟项目部。与此同时,第六十三工程处碟子沟项目部迅速开展被困人员的营救工作,开启了井下所有通风和压风系统并安排专人看护,保证系统运转正常。华晋焦煤公司接到王家岭矿区建设指挥部事故报告后,董事长、总经理带领公司相关负责人于当晚到达现场,并先后从柳林、临汾、太原等地紧急调800余名人员参加抢险救援。中煤能源集团接到事故报告后,立即启动应急预案并向安全生产监督管理总局、国有资产监督管理委员会进行了报告。中煤能源集团总经理王安、党委书记纪喜来组织召开紧急会议,决定由王安率有关部门主要负责人立即赶赴现场,实施现场救援组织工作,紧急调度相关单位的救援队伍迅速赶往事故现场,参加抢险救援。同时,下发中煤能源集团调度指令,要求所有整合技改煤矿、在建煤矿和各施工项目部,一律停产整顿。山西焦煤集团接到事故报告后,立即启动应急预案,董事长、总经理带领公司相关负责人于当晚到达现场,并及时从集团公司所属的西山、汾西和霍州公司紧急调动救援人员和物资设备等投入事故的抢险救援。

2. 各级政府和有关部门应急响应情况。事故发生后,党中央、国务院领导高度重视,胡锦涛总书记、温家宝总理和张德江副总理等中央领导同志作出重要指示,要求采取有力措施,调动一切力量和设备,加大排水力度,千方百计抢救井下人员,严防发生次生事故。受胡锦涛总书记、温家宝总理委派,张德江副总理率领有关部门负责人于3月28日深夜赶到事故现场,在查看事故现场、了解事故救援情况后,主持召开会议,作出明确指示:要求把抢救井下被困人员工作放在第一位,抢时间,争速度,调动各种资源,制定周密救援方案,实施科学救援,系统地做出了“排水救人、通风救人、科学救人”的决策部署,为抢险救援工作指明了方向。接到事故报告后,安全生产监督管理总局局长骆琳,副局长、煤矿安全监察局局长赵铁锤即与时任山西省副省长陈川平、中煤能源集团和山西煤矿安监局主要负责人通话，要求立即成立抢险指挥部，制定科学严密的抢救措施，在确保抢救人员安全的前提下，全力抢救被困人员，随后立即带领工作组于当日22时20分赶到事故现场，指导协助山西省全力开展抢险救援工作。山西省委、省政府于3月28日晚连夜召开紧急会议，部署抢险工作。时任山西省委书记张宝顺、山西省省长王君于当日21时30分带领有关部门和企业负责人赶到事故现场，组织开展抢险救援。

3. 集结应急救援力量。事故发生后，山西省各级政府和国务院有关部门以及相关单位立即行动起来，按照中央领导同志的批示精神，迅速调集相关应急救援力量投入抢险救援。山西省安全监管、煤炭、水利、勘探等单位及山西焦煤集团西山、汾西、霍州公司积极响应、紧急行动，由主要领导带领成建制施工、救援、医疗队伍迅速赶赴事故现场投入抢险救援。先后从临汾、运城等地调集汾西矿业公司矿山救护队、西山煤电公司矿山救护队等11支近400人的专业应急救援队伍赶赴现场参与抢险救援。同时，由医护人员、救护车组成的医疗队，当地驻军、武警官兵、公安干警组成的维护矿区秩序稳定和后勤保障队伍迅速向王家岭矿集结。据统计，参加此次抢险救援和善后、维稳的人员达5 500人，仅现场就有3 600人，分别承担铺设管道、安装水泵、井下救人、医疗救治、后勤保障等不同任务。同时，安全生产监督管理总局从郑州排水站、新密市矿山救援指挥中心、西安科技大学、沈阳自动化研究所、中国矿业大学等专业机构，迅速调集了技术专家和专业救援装备投入救援。抢险救援过程中，山西省政府、安全生产监督管理总局、中煤能源集团、山西焦煤集团协同配合，及时从山西省内外调运了111台水泵、118台开关、15台轨道平板车、13套皮划艇、10台局部通风机、8套瓦斯监控仪、7台干式变压器、5台回柱绞车、4台钻机、2台发电机，调集安装各种排水管路27 853米、电缆25 813米以及各种管接头、法兰、垫片等12 000余件。山西省军区及时送来军用帐篷和炊事车具，电力、通讯、气象部门把应急设备迅速架设到了现场。

(二)决策和指挥过程

1. 领导重视、科学决策。抢险救援过程中，党中央、国务院领导高度重视，胡锦涛总书记、温家宝总理等中央领导同志多次作出重要批示，张德江副总理在事发当夜就赶到事故现场指导抢险救援工作，并时刻关注抢险救援进展，在关键时刻直接听取了现场指挥部的汇报，明确每个阶段的工作重点和目标要求，及时作出重要指示和工作部署，为抢险救援工作指明了方向。3月28日23时40分，张德江副总理率领国家有关部门负责人抵达事故现场，在查看了事故现场、了解事故救援情况后，主持召开会议，系统的作出了“排水救人、通风救人、科学救人”的决策部署。3月29日上午，张德江副总理再次来到抢险救援指挥部，就进一步加大抢险救援工作力度，继续加快井下排水、组织平硐打钻排水、摸清水情并组织专家评估、加强科学组织、切实保障救援安全、做好善后和后勤保障等做出明确部署。在4月1日的视频会议上，张德江副总理强调抢险救援的核心和首要任务是排水救人。要抱定一个信念，就是井下153名被困矿工都还活着，绝不放弃、不抛弃，要尽最大努力将他们解救出来，要在有效的时间内，尽最大努力做好救援工作。围绕救援工作，他要求：一是加大排水力度，加大通风力度，加大打钻力度；二是精心组织，将各种方法、措施并用，合理调配以提高效率；三是要注意救援人员安全；四是做好井下救人的各项准备工作。并要求山西省委、省政府耐心细致地做好被困人员家属安抚工作，坚持实事求是，及时准确发布救援信息，认真做好维护社会稳定各项工作。温家宝总理4月3日再次作出重要批示，要求坚定信心，周密组织，千方百计，争分夺秒，全力以赴救人，下决心把一切可能被救出的井下幸存人员全部都救出来。在4月5日凌晨召开的视频会议上，张德江副总理对取得的成绩给予充分肯定，创造了救援奇迹，对抢险救援的全体人员致以亲切的慰问，要求全体救援人员继续贯彻落实胡锦涛总书记、温家宝总理的重要指示精神，不放弃、不抛弃，争分夺秒、全力以赴把所有被困矿工救出来。同时，对已经获救的9名矿工要精心救治，要为每个获救矿工组织救治小组，制定专门救治方案，全力以赴救治，使他们早日康复，并要求卫生部立即派出专家。在党中央、国务院的直接指导下，通过各方努力，到4月5日14时10分，又成功救出106名被困矿工。在4月8日的视频会议上，张德江副总理强调要认真贯彻落实胡锦涛总书记、温家宝总理关于此次事故的一系列重要指示精神，再接再厉，继续做好救援、救治等各项工作，对做好当前和下一步工作提出了六条要求：一要毫不松懈地继续做好井下被困人员的搜救工作，目标就是要把被困人员全部找到；二要继续做好获救人员的救治工作，目标就是使获救人员全部康复；三要积极稳妥地做好善后工作，目标就是取得社会各方面的理解，保证社会稳定；四要及时搜集总结救援工作中的英雄模范集体和个人的先进事迹；五要适时成立国务院事故调查组，开展事故调查；六要全面总结事故的深刻教训和成功救援经验，形成正反两方面的典型案例。在整个抢险救援过程中，安全生产监督管理总局局长骆琳同志、副局长、煤矿安全监察局局长赵铁锤同志和山西省委、省政府主要负责同志始终坚持在一线指挥抢险救援工作。

2. 细化方案、科学施救。抢险救援指挥部按照张德江副总理作出的“排水救人、通风救人、科学救人”决策部署，在严密分析、科学论证的基础上，进一步细化抢险救援工作方案，制定了详细的安全技术措施，确保做到安全、快速施救。一是科学制定排水方案，确定了由主副斜井向地面排水，在井下安装多台水泵向南大巷倒排水，在主平硐打泄水孔排放水的多种方案，加大了排水能力，加快了排水进度；二是科学制定通风方案，利用原有压风管路坚持向井下强压供风，尽最大可能为井下被困人员提供生存条件；三是在地面向被困矿工所在巷道打钻孔，建立与井下被困人员的联系通道，坚定被困人员生存信念，并通过钻孔向被困井下的矿工提供营养液、矿泉水等物质；四是从山西省内五大煤炭企业集团成建制调集排水、机电、安装等专业队伍，并由集团公司董事长、总经理带队深入井下，负责排水设备安装、运行和维护，保障设备不间断运行，确保排水进度和效果；五是制定井下气体监测、水情观测、顶板监护等安全保障措施并成立井下现场指挥部，对相关情况及时决策，确保救援人员安全；六是精心组织、合理调配应急救援力量，确保各应急救援队伍发挥最大效能，加快抢险救援进度。这些救援措施的实施，大大加快了排水的进度，为115名被困矿工的成功获救提供了坚强保障。

3. 严密组织、狠抓落实。为确保抢险救援的快速、高效，山西省委省政府、安全生产监督管理总局、煤矿安全监察局主要负责同志现场坐镇指挥，为救援工作提供了组织保障。安全生产监督管理总局局长骆琳同志自始至终坐镇现场督促、指导抢险救援，每天在王家岭矿组织召开指挥部会议研究部署，随着抢险救援工作的进展，及时与抢险救援指挥部研究确定具体救援实施方案和措施，确保抢险救援工作高度有效运转。时任山西省委书记张宝顺同志两次亲临现场，山西省省长王君同志一直在事故现场协调组织抢险救援。同时，成立了由时任山西省副省长陈川平担任总指挥，煤矿安监局副局长兼总工程师王树鹤、中煤集团总经理王安、山西焦煤集团总经理金智新等为副总指挥的王家岭矿“3·28”透水事故抢险救援现场指挥部，下设抢险救援组、救护协调组、技术组、打钻组、专家组、医疗组、保卫组、新闻组、善后组和后勤保障组，并随着救援工作进展，针对井下环境复杂、救援队伍多、排水难度大等情况，及时设立井下救援指挥部。井下指挥部负责向地面指挥部报告井下施工和救援进展情况，直接组织协调井下排水救援等工作，并负责井下通风、顶板、瓦斯、有害气体等监测情况。安全生产监督管理总局、山西省委、省政府主要领导在现场指导督促，救援工作组织有力，加快了抢险救援过程中的重大问题研究决策过程，提高了抢险救援工作的针对性和时效性，确保了抢险救援的安全、快速、高效。

(三)救援和救治过程

1. 争分夺秒，全力抢救被困矿工。事故发生后，各相关单位通力合作，挣分夺秒，全力救人，井下救援共分了三个阶段。

一是排水施救阶段(3月28日至4月5日)：3月28日19时30分，中煤一建公司安装的排水系统开始向南大巷倒排水，这是本次抢险中形成的第一个井下排水系统，排水能力为每小时46立方米。29日上午，第一趟管路开始向地面排水。截止3月30日18时，井下共有6台水泵运行，排水能力为每小时645立方米，累计排水量1.5万立方米，井下水位第一次出现下降，幅度为15厘米。4月2日14时12分，经过山西省煤炭地质局抢险救援人员连续奋战16小时，从地面打通251.8米的2号钻孔，由井下传来敲击声，钻头上发现了缠绕的铁丝。救援人员立即向井下输送了360袋营养液，同时也稍带了两封信。4月3日12时15分起，救援人员通过地面2号钻孔向井下输送防爆电话。4月3日13时，抢险救援指挥部安排山西汾西救护大队7名救护队员和河南新密救护队6名潜水队员，由国家安全生产应急救援指挥中心人员带队下井，执行水下勘察任务。4月4日15时，救护协调组决定采用皮划艇措施，及时进入灾区侦查救护。4月4日22时10分，回风大巷水位下降到顶板以下，正在执行监护排水任务的潞安集团矿山救护大队，发现水面前方有灯光在晃动，立即向地面救护协调组做了汇报。随即，汾西矿业公司救护大队、阳煤集团救护大队、临汾市救护大队先后到达现场展开救援。4月5日0时38分，9名被困在主要回风大巷179小时的矿工被安全营救升井。4月5日1时16分，骆琳在救援现场宣读了张德江副总理从北京发来的电报。4月5日10时，西山煤电公司救护大队在一条辅助运输大巷与皮带运输大巷的联络巷道内搜寻到被困的106名矿工。至4月5日14时10分，第二批受困人员106人被救出井。至此，王家岭矿“3·28”透水事故被困的153名矿工有115名被成功救出，尚有38名被困井下。截至4月5日18时，井下运行的排水水泵为15台，排水量为每小时2 042立方米，排水量达到17.4万立方米。辅助运输大巷的水已基本排完，正全力集中抽排回风大巷、20101工作面回风顺槽和运输顺槽的积水。

二是排水搜救阶段(4月5日15时至4月15日)：这一阶段，每班300多人的矿山救护人员和排水人员在井下展开大规模排水清淤和搜救工作，共发现遇难矿工37名，排水量达到14.1万立方米，清理淤泥3 600立方米。在此救援过程中，救援困难极大，影响救援进程的主要因素有排水、通风和支护。在排水方面，随着积水巷道的下山坡度增加、断面减小，不仅安装排水设备困难，而且要不间断移动排水设备和管线，开启大功率水泵排水受到限制；在通风方面，随着水位的不断下降，暴露出的巷道多，必须加强通风和瓦斯等气体的监测，同时在救援过程中要加强顶板支护。为确保安全救护，骆琳同志带领安全生产监督管理总局工作组和抢险救援指挥部及专家技术组相关人员多次轮流深入井下现场指导抢险救援工作。

三是翻搜清淤阶段(4月16日至4月30日)：按照张德江副总理“水排干、泥挖尽、人找到”的工作要求，针对存在的不安全因素和清於量大的实际情况，制定了恢复井下通风、供电、运输、排水系统，彻底清淤，全面搜救最后1名被困人员的工作方案。这一阶段，倒运淤煤107 750袋、清煤泥2 190立方米，清理巷道内堆积管道2 000米、杂物500吨，打点柱40根，彻底恢复了辅运皮带、主皮带、措施巷皮带和20101工作面回风巷。经过全体人员的共同努力，于4月25日11时15分找到最后1名被困矿工遗体，于4月30日清淤工作全部完成，至此王家岭矿“3·28”特别重大透水事故井下抢险救援工作结束。

2. 精心护理，为获救矿工的康复出院提供了坚强保障。按照张德江副总理“一人一个医疗组、一人一套治疗方案”的要求，抢险救援指挥部迅速制定了井下救治方案、坑口救治方案、转运救治方案和医院救治方案，准备了153辆救护车和153张床位，要求做到“一人一车一医一护”，每个方案相互衔接，保证每个获救人员得到及时救治。4月5日1时24分，首批获救的9名被困矿工，依次被医疗救护车送到山西河津铝厂医院，接受全面检查和治疗。4月5日上午，遵照张德江副总理的重要指示，卫生部立即协调北京协和医院、国家矿山医疗救护中心和平顶山市急救中心，组建了由急救、重症救治、营养治疗、消化科、皮肤科、外科等方面11名专家组成的专家组，由尹力副部长带队赶赴山西定点收治获救矿工的山西铝业集团医院、河津市人民医院看望慰问病人，了解病人伤病情和救治情况，指导救治工作，并筛选出适合转送的60名较重病例，转诊到太原最好医院救治。4月6日12时铁道部派出专列，60名病情较重伤员在卫生部副部长尹力和山西省副省长张建欣组织指挥及48名专家和医护人员精心照料下，分别转入山西省人民医院、山西医科大学第一医院、第二医院接受治疗。截至5月13日，经过全体医疗救护人员心理疏导、中药调理、康复训练等个性化治疗的精心医治和精心护理,115名获救矿工全部康复出院。

3. 多方动员,为抢险救援顺利进行提供了有利条件。事故发生后,电力、通信、公安、武警、交警、中国人民解放军、民兵预备役指战员以及临汾、运城的社会各界都动员起来,全力保障王家岭矿事故的抢险救援工作。省军区民兵预备役350名指战人员,赶到事故现场,维护秩序,参与救援,并且为陆续到达的救援人员搭起帐篷;电力部门立即启动重要用户保供电应急预案,并派出由1 100余人、110多辆抢险车和3辆发电车组成的抢险队伍,到事故现场落实事故抢险保电方案,加强对主供线路、重点变电站的全面特巡和重点区域沿线蹲守;中国移动、中国联通、中国电信出动206人次,调度车辆100余趟,为现场指挥部开通了8部移动式固定电话,加开了视频、宽带等业务,为王家岭矿难架起了生命的信息通道;乡宁县政府组织有关企业、学校,昼夜不停,加班加点,提供后勤保障。

4. 做好善后工作,确保了事故后矿区的稳定。根据张德江副总理的要求,山西省委省政府、安全生产监督管理总局和抢险救援指挥部在加紧组织排水救人的同时,同步推进善后处理和维护稳定工作,并抽调山西省政法委书记杜玉林到事故现场,负责善后处理和维护社会稳定工作。同时,组织中煤能源集团、山西焦煤集团、当地政府和有关部门的600多名同志,4人一组,一对一地做好153名被困矿工家属接待和安抚工作。对矿区945名职工和家属采取放假、结清工资、安排异地务工等办法,及时分流疏散,抽调1 200余名公安民警、武警官兵执勤备勤,维护了矿区秩序和社会的稳定。对38名遇难人员遗体通过DNA进行辨认、清理,抓紧开展补偿、抚恤等工作。到4月30日,38名遇难人员遗体全部处理完毕,对遇难矿工家属的补偿、抚恤工作全部到位。

四、事故原因及主要教训

(一)事故原因

1. 出现透水征兆后未按规定及时采取撤人等措施。该矿在发现20101回风巷掘进工作面后方巷道煤壁出水等透水征兆后未及时采取停止作业、立即撤出井下作业人员等果断措施,继续掘进作业导通了小煤窑老空区积水,积水迅速溃入20101工作面回风巷及井下巷道,造成巷道被淹和人员伤亡。

2. 地质勘探程度不够,水文地质条件不清。未按照设计要求完成201盘区三维地震勘探，未查明老窑采空区位置和范围、积水情况。建设、施工和井下物探单位未严格执行《煤矿防治水规定》(国家安全监管总局令第28号)，对物探成果没有认真进行审查，对探测出的异常现象没有按照设计要求预留20米进行钻探验证。

3. 技术和现场管理薄弱。第六十三工程处没有按照规定编制王家岭煤矿三期工程施工组织设计并报中煤一建公司审批，安全技术措施未经监理单位审查，就违规施工三期工程。碟子沟项目部编制的20101回风巷施工作业规程在未经第六十三工程处批准情况下，就违规施工。王家岭矿区建设指挥部在初步设计首采工作面位置变更后，没有及时修改并报批安全设施设计，对向施工、监理单位下发的水文预测预报通知单，审批制度不完善，签批不规范。

(二)事故教训

1. 水文地质勘查工作不落实，给安全生产工作埋下隐患。该矿水文地质勘查工作不落实，绘制的《小煤矿调查分布图》并没有完全反映矿井周边真实情况，施工过程中曾经两次揭露小煤窑老空巷道和采空区，其中进风斜井底主水仓揭穿的老空巷道从2010年1月以来一直涌水，这次透水事故后涌水消失证明与此次透水事故水源有联系，由于未彻底查明原因，给施工埋下重大安全隐患。

2. 违反施工程序赶工期、赶进度施工，安全保障措施落实不到位。该矿违反施工组织程序，在一、二期工程没有全面完成的情况下，如矿井主、副平硐尚未与碟子沟项目工程贯通、三条主要大巷没有完工、主要排水系统没有建成，就施工三期工程，并要求比计划提前1个月投产。当班安排15个掘进面同时作业，比施工组织设计规定多3个掘进头，为节省时间，重物探轻钻探，重生产轻安全，对《王家岭煤矿矿井初步设计》和《安全专篇》提出的每个掘进工作面均配备探水钻机的要求不落实，20101回风巷掘进工作面长期帮锚支护滞后，不能及时维护顶板，对发现的隐患不及时处理，安全保障措施落实不到位。

3. 违规违章组织施工，酿成严重后果。该矿在未获取矿井初步设计、安全专篇、施工组织设计、水文补勘和试验区三维勘探成果等资料，地震三维勘探工程尚未完成，老空巷道位置及积水未查明情况下，编制了相关巷道施工作业规程并开始组织施工。在地质条件复杂，开采范围、首采工作面位置、供电系统调整等发生一系列变化的情况下，初步设计变更滞后，安全专篇未变更、未报批，在此期间，负责现场施工的碟子沟项目部未采取停工措施。在发现巷道煤壁出水等透水征兆后,未引起足够重视,未采取停止作业、立即撤人等果断有效措施。

4. 现场管理不严格,导致隐患排查不到位。该矿在井巷施工过程中对小窑老空巷道和采空区没有引起高度重视,组织安排隐患排查治理工作重点不突出;对多头多面作业施工、2号煤层老空水源不明等隐患虽进行了上报,但未采取坚决有效的措施,重大问题长期得不到彻底解决;第六十三工程处对项目部每周上报的隐患和问题未及时研究并提出处理意见,未跟踪落实到位;中煤一建公司对重点项目部部署安全生产防范工作重点不够突出,组织对碟子沟项目安全检查针对性不强,导致重大隐患得不到应有的重视,隐患得不到及时排除。

5. 安全培训不到位,导致职工安全防范意识淡薄。该矿违反《安全生产法》及《煤矿安全规程》中有关职工培训的要求,安全培训工作不落实,对新招收的职工有的未进行培训就安排上岗作业,井下部分特殊工种无证上岗。2010年春节后新招的工人未完全签订劳动合同,有的仅在队组由各队技术员培训36小时,就安排下井上岗作业。这次事故遇难的38人中有18人未培训;受伤的115人中有41人未培训。领导干部带班制度不落实,干部违章指挥,安全意识淡薄,没有落实"安全第一、预防为主、综合治理"的方针。

6. 建设项目安全管理不规范,导致安全漏洞多。该矿未认真贯彻落实安全生产监督管理总局等四部门《关于进一步加强煤矿建设项目安全工作的通知》(安监总煤监〔2009〕146号)要求,建设、施工、设计、监理等单位的安全管理都存在责任制不落实,管理不规范等问题。如项目部未按规定与施工队签订安全管理协议;建设单位倒排工期、对井下物探结果,不按规定组织认真审查;施工单位安全技术措施未经监理单位审查情况下,就违规施工三期工程;监理单位对防治水措施审查把关不严,对《王家岭煤矿矿井初步设计》和《安全专篇》提出的每个掘进工作面均配备探水钻机要求监理不力;设计单位在安全专篇未变更、未报批情况下,就提前交付201盘区施工图,为建设单位、施工单位违规施工提供了条件。物探单位现场人员在电法超前探测发现巷道前方有三处异常,没有按规定将探测成果表报技术专家审查,有关单位没有进行认真分析研究,也未按照规定建议对异常区进行钻探验证。

五、应急处置经验体会

(一)领导的高度重视是成功救援的重要保障

事故发生后,党中央、国务院领导高度重视,胡锦涛总书记、温家宝总理等中央领导同志多次作出重要批示，张德江副总理在事发当夜就赶到事故现场指导抢险救援工作，确定了科学的救援方案并全过程进行了指导，先后多次召开会议，就事故抢险救援工作及时作出全面、正确、科学的安排部署。山西省委、省政府、安全生产监督管理总局及时启动应急预案，张宝顺、王君、骆琳、赵铁锤等始终坚持在现场坐镇指挥救援工作，及时科学决策具体救援实施方案，为成功救援提供了重要保障。

(二)科学合理的抢险救援方案是成功救援的前提

事故发生后，按照张德江副总理确定的“排水救人、通风救人、科学救人”的总体要求，抢险指挥部对救援方案进行了细化：一是科学制定排水方案，尽最大努力从各方调集排水设备，以最快的速度安装，以最大能力排水；二是果断开启7台压风机，并在被困人员可能生存的巷道打通两个地面垂直钻孔，为被困人员生存创造有利条件；三是对每一个救援方案都要经过科学论证、周密分析，在各个方案的实施过程中，都要制定安全技术措施并贯彻落实到每一个作业人员。

(三)科学有效的组织指挥体系是成功救援的关键

事故发生后，各级政府及时启动煤矿事故应急救援预案，对抢险救援过程中的重大问题，山西省委省政府和安全生产监督管理总局、煤矿安全监察局及时研究决策，做到了组织严密、协调有方，环环相扣、有力有序。以时任山西省副省长陈川平为组长的现场抢险救援指挥部下设的现场救援、救护协调、供电通讯、施工打钻、排水倒水、强力通风、专家分析、探查搜救、医疗保卫、后勤保障、新闻报导等11个工作小组，责任明确、分头落实，各项抢险救援工作有力、有序高速运转，为成功救援提供了坚强有力的组织保障。

(四)专业精湛的应急救援力量是成功救援的基础

事故发生后，抢险指挥部从山西焦煤集团和中煤能源集团调集了3 000多人的排水专业队伍，从山西省所属11个矿山救护大队以及河南省新密救护队调集了总计12支矿山救援队伍的32个矿山救护小队、376名救护指战人员的矿山救护队伍，为排水和救人工作顺利开展提供了人力保障，也为成功解救115名被困矿工赢得了宝贵的时间。卫生部及时派专家现场指导治疗，铁路部组织专列运送重症人员，为获救人员的身体的迅速康复提供了医疗保障。

(五)被困人员的自救互救是成功救援的重要条件

事故发生后,被困矿工积极开展自救互救,有效组织起来互相鼓励,节省体能。一是打开封闭的联络巷道,将辅助运输大巷与运输大巷贯通,增加的生存空间和救援通道为营救争取了时间;二是不间断检查瓦斯,掌握气体情况,防止了次生事故发生;三是轮流开启矿灯延长照明时间,有效保障了井下照明;四是将井下水沉淀后饮用,解决了饮水困难;五是在 2 号钻孔与井下打通后,通过敲击钻杆、捆绑铁丝传递生命信息;六是部分矿工用裤带或撕碎衣服吊在巷道顶梁上防止掉入水中被淹。通过各种自救互救方式,为最终获救赢得了时间。

(六)舆论的正面宣传报道为成功救援提供了良好氛围

各新闻媒体坚持正面报道,大力宣传党中央、国务院对被困人员的亲切关怀,及时报道事故抢险救援进展情况和抢险救援中的感人事迹,中央电视台还全程现场直播了被困人员安全获救的场面,为事故抢险救援营造了良好的舆论氛围,展现了党和政府以人为本、关爱民生的执政理念,有力促进了救援工作。

(由国家安全生产应急救援指挥中心组织供稿)

6 山西王家岭煤矿特大透水事故医疗救援

一、王家岭煤矿透水事故和救援概况

2010年3月28日14时30分许，位于山西省运城市河津市和临汾市乡宁县境内的华晋焦煤王家岭煤矿在建施工中发生一起特别重大透水事故（当班下井261人，108人升井），造成38人死亡，115人受伤，直接经济损失4 937.29万元。事故发生后，党中央、国务院和卫生部等国家部委及山西省委、省政府高度重视，根据胡锦涛总书记、温家宝总理、张德江副总理、马凯国务委员等中央领导重要批示、指示和山西省委、省政府领导部署要求，各级各部门坚定信心、争分夺秒、千方百计救人8天8夜，抢险救援工作取得重大成效，115人成功获救升井，创造了被困工人的生命奇迹、事故救援的奇迹。经过国家、省、市、县四级专家组和5所医院医护人员39天精心救治，115名获救工人全部康复出院，创造了医疗救治奇迹。

透水事故发生在+583.168米标高以下巷道，因井下地理地质结构不同，可能存在有毒有害气体。长时间低温昏暗，生存环境差，极易产生心理恐慌，为求生存，吃煤块、纸片，饮不洁水，被困工人身体虚弱，出现饥饿相关性营养不良和脱水、电解质紊乱、中毒、皮肤外伤、皮炎、冻伤等。同时，患有肺气肿、高血压等基础疾病的被困工人随时可能出现各种并发症，生命安全和健康受到严重威胁。

卫生部及山西省、市、县卫生部门坚决执行党中央、国务院和山西省委、省政府救援方针及决策部署，坚持以人为本、科学施救，坚定"所有被困工人都能获救升井"信念，按照抢险救援指挥部指令，周密组织，全力以赴，启动应急响应机制。在此次特大透水事故医疗卫生救援工作中，卫生部、山西省卫生厅和运城、临汾、晋城市卫生部门先后派出、抽调61名专家和2 400余名医护人员、153辆救护车并配备心电监护、除颤、呼吸机、气管插管、氧气瓶、急救（营养）药品等，赶赴事故现场和定点医院，为被困工人科学配置营养液，提供营养支持，转运救治全程监护，与抢险救援人员共筑环环紧扣的"生命接力"救援通道。山西省人民医院、山西医科大学第一医院、山西医科大学第二医院和河津市人民医院、山西铝厂职工医院5所医院组建专门病区115张床位，配备一整套救治康复设备，成立115个救治小组,按照个性化、规范化、人性化救治原则,精心救治,确保获救工人尽快全面康复,卫生应急体系再一次经受住了严峻考验,圆满完成了党中央、国务院赋予的光荣使命,得到了张德江副总理等党和国家领导人及卫生部、山西省委、省政府领导的充分肯定。

二、王家岭煤矿透水事故医疗卫生救援工作

(一)统筹指挥协调,高效调派资源

山西省卫生厅接到3.28华晋焦煤王家岭煤矿特大透水事故医疗卫生救援指令后,厅长高国顺紧急安排部署,立即成立了卫生应急工作领导小组,启动医疗卫生救援Ⅱ级应急响应。山西省卫生厅副厅长王峻赶赴运城市,现场指挥协调医疗卫生救援各项工作。采取“多点组派、多点待命、按需调配”的卫生资源调度策略,省和事发地及其周边市、县联动,1小时内完成省级最好专家队伍集结组派工作,省、市、县和大型厂矿的9所医院迅速派出21辆救护车、114名专家和医护人员赶赴事故现场。运城、临汾两市还调配卫生应急队伍和急救资源组成后备应急救援队,24小时原地待命,随时集结出发。同时,确定运城5所医院为定点医院,腾出153张床位,人员、设备、药品等各项准备工作到位;要求山西省人民医院、山西医科大学第一、第二医院和山西省第二人民医院专家等技术力量对口支援各定点医院,并做好收治重症伤员准备。根据抢险救援工作进展和工作需要,在尚无被困工人获救升井前,事故现场留守11辆救护车和44名医护人员,合理排班,日夜轮换,为抢险救援人员提供医疗卫生保障服务,随时准备抢救转运伤员。

距离抢险救援120个小时后,4月2日14时10分地面2号钻口出现敲击钻杆的生命,发现有生命迹象。得知消息后,山西省卫生厅厅长高国顺亲自抽选并立即带领全省最好的重症医学、肾内、职业病、神内、呼吸、骨科、普外、消化、精神卫生、减压等专业21名专家赶赴事故现场。立即调整充实了医疗救援现场领导组和专家组,高国顺厅长任组长,王峻副厅长和运城、临汾两市卫生局局长任副组长,由山西省人民医院院长张汉伟任专家组组长,山西医科大学第一医院副院长刘强、山西医科大学第二医院院长肖传实、晋煤集团总医院院长李树峰任副组长,密切协调抢险救援指挥部及相关工作组,统筹指挥调度现场紧急医学救援力量,充分发挥专家作用,完善救治方案,研究制定科学的医疗救援方案。调集153辆救护车,随车配备医护人员和抢救设备,在抢险救援现场集结待命,每名获救工人

一车一医一护，做好随时救护和收治准备工作。山西铝厂职工医院、河津市中心医院、河津市人民医院、稷山县人民医院、运城市中心医院5所定点医院腾出153张床位，保证医护人员、医疗设备和药品等各项工作准备就绪。派出山西省人民医院、山西省第二人民医院、山西医科大学第一医院、山西医科大学第二医院专家对口支援各定点救援医院，同时省城各大医院做好收治重症伤员准备。

(二)制定救援方案，构筑生命通道

根据张德江副总理提出的“排水救人、通风救人、科学救人”的救援方针和方案及山西省领导“井下工人被困时间长、身体特别虚弱，要进一步调整、充实医疗救治方案，不惜一切代价，全力救治获救工人”的指示和要求，卫生部门上下坚定“所有被困矿工都能获救升井”的信念，坚持以人为本、科学施救，组织专家在充分考虑被困工人健康安全、救援实际和严谨论证的基础上，研究制定并完善井下救治、坑口救治、途中救治和院内救治四个救治方案。在井下救治阶段，组织临床营养学专家科学配伍营养液并有计划通过有生命迹象的2号垂直钻孔投放，尽最大努力为被困工人提供必需能量，增强体质，提高生还率和救援成功率。

按照抢险救援指挥部指令，经安监等部门许可和严格安全培训，在矿山救援安全员护送和防护措施完备的前提下，医疗救援现场领导组抽调医护人员携带血压计、听诊器等必要医疗器械，到井下安全岛，对抢险救援人员发现的被困工人进行井下分检甄别，提前识别危重病人，优先出井、有限转运，实施蒙眼避光、平卧保暖并佩挂手臂编号牌，确保坑口交接和转运工作有序、顺畅。

从4月5日凌晨0时30分到14时，经过8天8夜不间断救援，抢险救援工作取得重大进展，115名被困工人陆续成功获救升井，井口、途中、医院救治工作同时进行。卫生、公安、武警、交通等部门密切协作，有序调度在集结区待命且已编组、编号，定人、定点、定向的急救车进入交接转运区，车不熄火，人不离车，以最快速度将获救工人平稳搬运至救护车内，按照提前规划的转运行车路线，由公安、武警部门组织警力和开道车，引导救护车平安快速畅通前往河津市3所定点医院实施院内救治。医护人员按途中救治方案，采取全程监护处理措施，确保获救工人生命体征平稳。从井下到井上，从救援到救护，从路途到医院“生命接力”各个环节环环紧扣，密切配合，高效运转。

(三)安全有序转运，集中重症救治

党中央、国务院和全国人民及国际社会密切关注获救工人医疗救治工作。中央领导要求不惜一切代价全力救治。4月5日,受卫生部部长陈竺、党组书记张茅委托,副部长尹力率领第二批卫生部专家组赶赴定点医院,密切会商,指导救治。时任山西省委书记张宝顺、省长王君、副省长张建欣多次到医院看望慰问获救工人,转达胡锦涛总书记、温家宝总理的亲切问候,并召集专家座谈,研究医疗救治工作,争取创造"医疗救治奇迹"。

为充分发挥优质医疗资源,使病情较重伤员得到更好的救治,根据卫生部和山西省省、市专家组成联合专家组评估结果和意见,抢险救援指挥部决定借鉴"5·12"汶川地震医疗救治"集中伤员、集中专家、集中资源、集中救治"经验,分两批通过铁路、公路两种方式,将66名病情较重且符合转运条件的获救工人转诊省级三甲综合医院接受治疗。在山西省政府应急办统一领导和协调下,医疗救援现场领导组连夜调集救护车,遴选具备转运条件的重症伤员,一人一车一医一护,提前15分钟,于4月6日6时45分将首批60名伤员安全送上铁道部专列。11时38分,首批60名伤员在卫生部尹力副部长和张建欣副省长组织指挥及48名专家和医护人员精心照料下安全抵达太原。卫生、铁路、车站、武警、公安、宣传等部门按照各自职责,分工协作,密切配合,无缝衔接,迅速将60名伤员搬运至60辆救护车,在200余名医护人员陪护下,由警车开道,按照规划的最佳路线,高效、有序、安全转入省人民医院和山西医科大学第一、第二医院接受治疗。4月11日17时30分第二批6名伤员转运在一人一车一医一护一专家的全程监护下,经公路平安转送到山西医科大学第一、第二医院接受进一步全面治疗。

(四)发挥专家作用,科学规范施救

卫生部先后派出急救、重症医学、营养、消化、皮肤、神经、心内、心理、外科等学科的25名权威专家和山西省36名省级专家在定点医院持续一线指导参与救治工作。山西省卫生厅从首批山西名医中抽调呼吸、消化、血液、心内、心理、普外和中医等专业8名专家,组建了"山西名医巡诊团"赴5所医院,对115名获救工人逐一进行巡诊,做出总体评估,对伤员尽快全面康复提出指导意见,提供技术支持,促进各项医疗工作有序、高效开展。

各定点医院成立医疗救治领导组、专家组和115个救治小组,在国家、省、市联合专家组指导下,对所有伤员逐一会诊,针对获救工人伤病特点,逐一制定规范化、个性化、人性化治疗方案,密切观察病情变化,及时调整救治措施,精心救治。专家组和救治小组根据重症(危重症)伤员救治恢复情况,逐一针对性强化救治力

量，调整治疗康复方案，突出重症（危重症）个性化救治。在规范化、个性化救治的同时，从整洁病房环境、做好生活服务、加强营养支持、开展心理干预等方面进行人性化康复治疗服务，为伤员配置了全新的病房用品和衣物等生活用品，组织志愿者24小时值守伤员，悉心周到服务。根据获救工人进食能力、营养需求和饮食习惯，按照"宁饥勿饱、宁少勿多、宁软勿硬"的原则，针对性提供临床营养支持。抽调精神卫生和心理咨询专家逐一进行心理疏导，免费提供手机与家人联系，对伤员的身心康复起到了积极作用，促进了伤员全面康复。经专家组和5所医院医护人员39天精心救治及全面评估，115名获救工人陆续符合出院标准，5月13日全部康复出院，医疗卫生救援任务圆满完成。

三、工作经验及体会

（一）组织指挥协调有力有序是关键

胡锦涛总书记、温家宝总理和卫生部、省委、省政府领导高度重视获救工人医疗救治康复工作，在抢险救援和医疗救治的各个阶段，都及时做出重要批示和指示，指挥指导救治工作。卫生部副部长尹力和时任山西省委书记张宝顺、省长王君、副省长张建欣多次到医院看望慰问伤员，指挥、协调、指导伤员救治工作。

重症伤员转运工作中，卫生部积极协调铁道部，给予大力支持。省政府应急办统一协调，卫生、公安、铁路、交管等部门密切协作，提前谋划，尹力副部长和张建欣副省长全程护送，靠前指挥，确保了重症伤员转运高效、有序、安全。

山西省卫生厅按照《山西省突发公共事件医疗卫生救援应急预案》，适时启动医疗卫生救援Ⅱ级应急响应，卫生部全力指导支持，卫生部应急办、医政司和山西省卫生厅领导始终坚守一线，坐阵指挥。省、市、县三级卫生行政部门密切联动，坚决贯彻执行各项策略部署，组织指挥协调有力、有序，是此次医疗卫生救援工作圆满成功的关键。

（二）救援力量调配及时合理是保障

事故发生后、发现生命迹象和被困工人获救升井三个阶段，山西省卫生厅结合以往透水事故伤员救援经验，分梯队有计划统筹调派应急指挥人员、专家及医护人员赶赴现场，第一时间开展医疗卫生救援。此次救援中，卫生部及山西省卫生厅先后派出、抽调61名专家和医护人员2 400余名，救护车153辆，为实施四个救援方案和伤员成功救治提供了雄厚可靠的智力支持和力量保证。在重症伤员转运过程中，运城和太原转运点累计调派 130 辆救护车，300 余名专家和医护人员，全程陪护，精心照料，确保转运伤员安全。

(三)医疗救治措施科学规范是根本

根据王家岭煤矿特大透水事故医疗卫生救援实际，山西省卫生厅将行政决策与专家决策有机结合，将以往单纯的院前急救和院内救治调整完善为井下、坑口、途中、院内四个救援方案，各个方案形成链条，无缝对接，构筑了更加科学的生命救援通道，确保了 115 名获救工人第一时间获得医疗服务，第一时间得到转运救治。5 所医院在专家组指导下，对获救工人每人一个治疗小组，每人一个治疗方案，实施规范化、个性化、人性化救治，有力确保了 115 名伤员身心全面康复。

四、工作建议

王家岭煤矿特大透水事故发生地距离运城市河津市(县级市)区 10 余公里，路况良好；京昆高速(G5)、黄韩侯铁路和国道、省道贯穿河津市全境和主要区域，交通便利；同时运城市和河津市及其周边医疗资源分布较多。这些客观因素均有利于医疗卫生救援工作开展。我国是煤炭保有储量和消耗大国，除上海市和香港、澳门特别行政区外，其余省(自治区、直辖市)都有煤炭产出，煤矿数量多、分布广，大多处于山区，路况复杂，一旦发生事故，医疗卫生力量派往极可能不畅，严重影响和制约救援工作。结合此次救援和近年来我国代表性强、事故影响重大的矿难事故卫生应急工作经验教训，提出以下建议：

(一)强化紧急医学救援队伍装备建设，提高现场综合救援及保障能力

目前，省、市、县各级紧急医学救援队伍装备主要为普通型救护车和监护型救护车，大多数卫生应急队伍未进行装备，在矿难事故现场难以对生命体征及其微弱急需手术救治的伤员实施“保命”救治。建议强化国家、省、市级卫生应急(紧急医学救援)队伍装备建设，配置移动医院(手术方舱、化验、监护治疗、医疗供应车)、通讯办公和后勤保障装备，适当调整普通型救护车和监护型救护车比例，实现卫生应急队伍装备车载化、集成化和自我保障化。借鉴香港等国内外救援模式，建立我国立体救援体系。同时加强队伍培训演练，增强队伍整体配合、装备

应用、现场处置、野外生存等技能，重点提高在交通、通讯、能源中断等极端条件下的快速反应并展开救援及重大突发事件卫生应急工作的现场综合救援实战能力。

(二)加快推进区域性紧急医学救援基地建设，夯实医疗卫生救援基础

地市级和县级医疗卫生机构承担各类各级别突发事件紧急医学救援，特别是伤员救治任务，是卫生应急能力的主要依靠和基石。基层紧急医学救援能力直接影响事故伤员救治效果，事关人民群众健康和生命安全。建议加大地市级和县级紧急医学救援相关机构(120急救、医院、疾控、监督、采供血)建设支持力度。合理规划选定全国和省内区域紧急医学救援基地建设，承担区域性突发事件危重症救治和卫生应急培训演练任务。加强医疗机构间对口支援合作机制，以基地为支撑，辐射并带动周边地区紧急医学救援能力跨越式提升，夯实突发事件医疗卫生救援基础。

(三)修订完善紧急医学救援预案和工作指南，指导全国开展相关工作

《国家突发公共事件医疗卫生救援预案》已实施多年，对指导和规范自然灾害、事故灾难、社会安全事件卫生应急工作发挥了积极广泛的作用。建议结合近年来国际、国内突发事件卫生应急工作经验，对该预案进行修订并尽快印发实施。各级承担紧急医学救援任务的综合医院应制定、修订、完善床位动员、病人分流安置等工作方案和流程，特别要制定院前接转诊工作方案，紧张、有序做好大批伤病员同时接转诊和出入院工作。组织编制、修订、印发事故灾难等各类突发事件卫生应急工作指南，总结经验，提升普遍性，指导全国开展工作。

(四)完善卫生应急人员人身意外伤害保险保障，建立健全高危作业人员医疗档案

突发事件紧急医学救援现场情况复杂多变，且根据救援需要，医疗卫生人员随时会赴危险环境展开救援。依据《中华人民共和国突发事件应对法》等法律法规，建议各级政府及人力资源和社会保障部门将人身意外伤害保险强制列入作为卫生应急指挥、专家和队伍队员保险保障范围，由所在单位负责购买。配备必要安全防护装备并接受培训，减少其人身损害风险。同时，建议建立、完善矿工等高

危作业人员医疗(健康)档案,跟踪掌握其体质、基础性疾病等信息,为更好的制定并实施矿难事故获救工人个性化、人性化救治方案,确保生命安全和尽快全面康复提供可靠基础依据。

(由卫生部卫生应急办、山西省卫生厅组织供稿)

7 应对 2010 年西南地区特大旱灾

2009 年秋冬至 2010 年春，我国西南地区大部降水持续偏少，导致云南、广西、贵州、四川和重庆等省(自治区、直辖市)部分地区相继遭受不同程度的旱灾。此次旱灾持续时间长，受灾范围广，重旱区集中，一些地区出现秋、冬、春连旱，给灾区群众的生产生活造成严重影响。在党中央、国务院的坚强领导下，灾区各级党委、政府和有关部门积极采取有效措施，组织广大干部群众全力做好抗旱救灾工作。

一、灾害基本情况

(一)旱情

2009 年 9 月 1 日至 2010 年 5 月 6 日，西南五省(区、市)(云南、贵州、广西、四川、重庆)平均气温为 14.5℃，平均降水量为 376.2 毫米，分别比常年同期偏高 1.0℃，偏少 85.5 毫米，为 1952 年以来历史同期第 3 高(少)值。与常年同期相比，西南五省(区、市)大部降水量偏少，其中云南大部、贵州大部、广西西北部、四川南部降水量偏少 3～5 成，云南东部、贵州西南部偏少 5～8 成。温高水少导致西南地区旱情迅速蔓延，云南、贵州、广西、四川、重庆相继遭受严重旱灾。

(二)灾情

据民政部统计，此次特大旱灾共造成广西、重庆、四川、贵州和云南 5 省(自治区、直辖市)300 多个县(市、区)的 7 405.1 万人受灾，高峰时有 2 254.2 万人、3 018.2 万头(只)大牲畜出现临时饮水困难，农作物受灾面积 6 475.0 千公顷，绝收面积 1 770.5 千公顷，直接经济损失 447.4 亿元，有 1 817.4 万人需要救助。重旱区主要分布在云南中东部、贵州西南部和广西西北部等地。

(三)灾害特点

1. 持续时间长，影响范围广。常年来看，云南 5～10 月为雨季，11 月至次年 4 月为干季。但 2009 年，云南雨季至 8 月下旬就提前结束，9 月上旬全省降水量迅速减少到不足 20 毫米，仅相当于常年 11 月上旬降水量。自 2009 年 8 月，贵州省降水比常年同期明显偏少,雨季基本到8月中旬提前结束。广西降水量偏少最多的时段为2009年8月上旬至9月上旬。川西高原南部自2009年9月上旬降水量比常年偏少47.4毫米,10月中旬至11月中旬降水量仅为9.6毫米,比常年同期偏少46.3毫米。由此可见,自2009年9月份干旱露头至2010年5月份旱情缓解,西南地区干旱持续时间长达8个多月。

此次西南大旱影响了云南、贵州、广西、四川和重庆的大部分地区,其中云南和贵州重旱范围覆盖全省绝大多数县市区。据中国气象局统计,2010年1月上中旬,云南重度干旱范围达到峰值,重旱县数量占全省县(区、市)总数的85%,同期中旱以上范围比例高达95%;2月和3月,重旱县数量仍占全省县(区、市)总数50%以上,中旱以上范围则保持在80%以上。贵州省2月重旱以上县数量百分比达80%,中旱以上范围比例为92%;3月中旬,贵州省达到重旱以上级别气象干旱县数占总县数最大百分比为81%,中旱以上范围增至95%以上。

2. 群众人畜饮水困难问题尤为突出。持续高温无雨天气造成灾区地表水大量干涸,地下水位持续下降,人畜饮水保障困难。由于缺水地区主要分布在地势较高的丘陵和山地,有的地方为高山峡谷区,山区居民只能依靠异地、远距离取水,以及政府送水等方式维持基本生活用水,饮水救助难度大,救助成本高。此次旱灾造成的饮水困难人口数,已超过全国2000—2009年、2005—2009年全年因旱导致的饮水困难人口均值的70%,超过或接近全国2002、2004、2005、2008和2009年全年因旱饮水困难人口数。

3. 农民损失巨大,导致缺粮人数增加、时段延长。此次特大旱灾对农民的影响主要表现在三个方面:一是粮食作物损失惨重,直接影响了农民的夏粮收成;二是灾区群众收入主要依靠农业生产,长期干旱导致小春作物大量绝收减产,给当地群众经济收入造成很大影响,实施补救措施难度大,影响群众后续多年的生产生活和经济收入;三是长时间干旱导致灾区土壤普遍严重缺墒缺水、土壤硬化、农地龟裂,翻耕成本大量增加,给大春作物播种带来困难。部分地区大春作物勉强播种下地,大部分不能按时出苗。加上农民收入减少带来种子、化肥、农药等农资投入不足,大春作物产量也受到影响。受以上综合因素影响,此次旱灾导致春荒及后期缺粮人口大幅增加,缺粮时段延长。

4. 对国民经济各行业影响严重。一是农作物种植业损失惨重。此次干旱从2009年9月开始持续半年之久,正值当地小春作物播种与生长收获关键时期,严重干旱天气造成粮食大面积绝收减产，山地、半山地作物大量枯死，基本全部绝收，平时高产的坝区也出现大面积绝收现象，部分地区由于灌溉不足也导致大量减产甚至基本绝收，种植业损失十分惨重。

二是经济作物严重受损。灾区群众收入主要依靠农业生产，尤其依靠甘蔗、烟草、豆类、咖啡、核桃、药材、油料作物等经济作物。由于长期干旱，导致豌豆、蚕豆等小春作物大量绝收减产，多年生甘蔗、咖啡、药材、核桃苗等经济作物枯死，且补救难度大，造成当地群众经济收入锐减，对群众后续生产生活影响大。

三是对畜牧业影响严重。持续干旱给西南地区畜牧业生产和发展带来很大困难，牧草基本枯死，玉米、豆类、甘蔗等可用于牲畜饲料的作物秸秆严重短缺。据3月上旬统计，云南省人工草山草场成灾971.5万亩，受灾牲畜1 617.6万头(匹)，其中牛351.04万头，马160.05万匹，猪77 4.8万头，羊331.2万只，畜牧业直接经济损失总计达到11.5亿元。

四是工业生产受到严重影响。由于甘蔗、咖啡、桑蚕、茶叶、油料作物产量大幅减少，灾区食糖、咖啡、桑蚕、茶叶、烟草、油品、食品等农副产品加工业受到很大影响，大量的糖厂、咖啡加工厂、油厂由于原料不足而停产。仅制糖业一项，云南全省食糖减产约40万吨，制糖企业经济损失达20亿元左右。由于水量大幅减少，全省水电发电量急剧下降，统调电网水电发电量减少50%，全省缺电率达到30%，导致工厂用水用电不足，企业正常生产受到较大影响。

五是养殖业、旅游业影响较大。长期的干旱，导致灾区天然湖泊、人工水库面积大幅缩减，河流上游支流断流现象严重。保山市湖泊、水库最大蓄水量2.13亿立方米，比2009年同期最大蓄水量减小0.35亿立方米。大理州全州库塘蓄水3.23亿立方米，仅占计划蓄水量的71.78%，比2009年同期减少1.29亿立方米；洱海蓄水量比2009年同期减少0.88亿立方米，水位降低0.35米；大理州祥云县境内最大的天然湖泊莲花湖，正常年份水面面积达到3 000亩，干旱导致湖泊一度全部干涸。依靠天然降水的养殖业、与水有关的旅游业受到很大影响。

5. 对生态环境造成严重破坏。受长期干旱少雨天气影响，灾区部分树木出现枯死现象，特别是新造林、苗圃苗木受到严重影响，给当地造林、退耕还林的已有成果造成很大影响。缺水导致大量林木树叶干枯，叶绿素下降，植被盖度和植物生产力大幅下降，加上林下草地基本全部枯死，林下灌木枯死约三分之一到二分之一，当地生态系统受到严重破坏。此外，干旱还导致林业病虫害和森林火险隐患不断增大。

二、灾害应对工作

党中央、国务院高度重视西南地区抗旱救灾工作。胡锦涛总书记、温家宝总理、回良玉副总理、马凯国务委员等中央领导同志均作出重要批示。2月12日至13日,3月19日至21日,4月3日至5日,中共中央政治局常委、国务院总理温家宝分别赶赴广西、云南和贵州等地重旱区,看望慰问受灾群众,指导抗旱救灾工作。4月1日,中共中央政治局常委、国务院副总理回良玉在国家防总指挥中心主持召开国务院专题会议,传达胡锦涛总书记、温家宝总理重要精神,分析研究旱灾灾情,安排部署抗旱救灾和春季农业生产工作。为认真贯彻落实中央领导同志批示指示精神,围绕全力做好抗旱救灾工作,中央各部委及西南各省(自治区、直辖市)各级单位采取了以下主要措施:

(一)提早安排部署

在年初旱情初露时,民政部综合分析相关部门的信息和地方民政部门上报情况,于1月22日召开全国救灾减灾工作会议,对全国抗旱救灾工作作出专门部署,要求各地民政部门密切关注旱灾发展趋势,加强灾情会商,视情启动应急预案,及时派出工作组,措施有效应对措施,确保受灾群众基本生活。3月19日,针对全国旱情,国家减灾委办公室组织召开旱灾救助部委会商会,分析旱灾灾害形势和困难。3月29日和4月2日,国家防总、水利部两次主持召开抗旱视频会商会议,专题研究部署西南5省(自治区、直辖市)抗旱救灾工作。6月8日,国家减灾办、民政部组织水利、农业、气象等有关部委及云南、贵州和广西三省(自治区)及其重灾县召开西南重旱区救灾工作会商会,总结前一阶段的工作,分析春荒后期群众生活方面存在的困难,协调部署下一阶段抗旱救灾工作。

(二)紧急启动应急预案

针对西南地区大旱,国家减灾委、民政部、国家防总、农业部和中国气象局分别启动了应急响应。其中,国家减灾委、民政部分别于2月2日、3月1日、3月17日分别针对云南、广西和贵州、四川4省(自治区)相继出现的严重旱情第一时间启动国家四级救灾应急响应,根据旱情发展,2月5日、2月25日,将针对云南的响应等级分别提升为三级和二级,4月13日,将针对贵州、广西的响应提升至二级;2

月 24 日，国家防总启动抗旱 II 级响应；2 月 3 日，农业部启动抗旱一级应急响应；2 月 27 日，中国气象局启动重大气象灾害 III 级应急响应。5 月 4 日和 5 月 12 日，国家防总和国家减灾委、民政部分别终止响应。

云南、贵州、广西等省（自治区）各级单位也均在第一时间紧急启动了相应级别的应急预案，并随着灾情发展，将响应级别提升，如云南省民政厅先启动三级响应，后根据灾情发展，将响应级别分别提升至三级和二级；贵州省减灾委、民政厅先后 4 次启动和调整响应级别，3 月 18 日启动一级响应，5 月 14 日响应终止；广西民政厅也启动了相应级别的救灾响应。

（三）多次派出指导工作组

针对西南地区大旱，国家减灾委、民政部、国家防总、农业部和中国气象局启动响应后，均及时派出了工作组赶赴灾区指导抗旱救灾工作。民政部先后派出 6 个工作组紧急赶赴灾区，协助指导地方做好抗旱救灾工作。针对本省（自治区）灾情，云南省民政厅成立 7 个督查组，对 16 个市州实行督察，各督察小组每 15 天到包干市州督察一次；贵州省减灾委、民政厅先后派出了 41 个工作组深入灾区一线；广西民政厅也多次派出工作组。各受灾地区也及时启动应急预案，派出工作组深入灾区，核查灾情，指导抗旱救灾工作。

（四）及时下拨抗旱救灾资金

针对西南大旱，财政部、民政部多批次累计拨付中央旱灾救灾资金 1.95 亿元，其中，安排云南省 1 亿元、贵州省 3 500 万元、广西壮族自治区 2 500 万元、四川省 3 500 万元，帮助解决受灾群众口粮、饮水等基本生活困难。除此之外，财政部、民政部在安排中央冬春救灾资金时向旱灾区重点倾斜，在年前已拨付重旱区 4.71 亿元（其中广西 1.53 亿元、贵州 1.58 亿元、云南 1.6 亿元）中央救灾资金的基础上，今年春节前再次拨付 1.17 亿元（其中广西 3 800 万元、贵州 3 900 万元、云南 4 000 万元），要求旱灾地区统筹使用补助资金，及时将因旱灾生活困难群众纳入救助范围。

云南省投入群众生活救助资金 41.65 亿元，其中旱灾群众生活补助资金 4.5 亿元、优抚对象抚恤生活补助经费 4.16 亿元、农村临时救助资金 1.96 亿元、预拨城市低保资金 10.36 亿元，农村低保资金 17.6 亿元、献爱心抗旱救灾捐助款 2.67 亿元、共产党员特别捐献款3 639.99 万元，解决 499.56 万余群众饮水困难问题，购买粮食 67 932 吨,发放粮食 49 010.3 吨,共救助缺粮人口 456.1 万人。贵州省共投入旱灾救助资金 3.35 亿元,其中,中央下拨 3 500 万元,省级投入11 700 万元,地县投入 18 301 万元,共发放救助资金 8 779 万元,发放粮食 17 822 吨,口粮救助人口 185 万人,用于饮水救助资金 14 578 万元,解决 637 万人临时饮水困难。

三、结论

西南地区特大旱灾持续时间长,受灾范围广,重旱区集中,一些地区出现秋、冬、春连旱,给灾区群众的生产生活造成严重影响。面对此次历史罕见特大旱灾,西南地区各省(自治区)以及国家有关部门高度重视,周密部署,组织有力,反应及时,有序联动,多措并举,形成合力,最大程度地保障了群众饮水、口粮等基本生活。

(由民政部救灾司组织供稿)

8 河南蜱虫叮咬事件卫生应急处置

一、事件基本情况

2010 年 9 月 8 日，新京报发布题为“河南商城发生蜱虫致死疫情 多人被咬死村民恐慌”的报道，指出河南信阳市商城县发生蜱虫叮咬致死病例，中国疾控中心已前往研究对策，引起社会广泛关注。中央电视台、新华社、南方周末、中国新闻周刊、新京报等 20 多家媒体聚集商城，香港文汇报、南华早报来电表达关切，日本《朝日新闻》、英国《路透社》等外媒来电要求采访。党中央、国务院高度重视人民群众生命安全和身体健康，要求尽快查明病因，加强技术指导，做好相应防治工作。卫生部认真指导中国疾控中心和河南等省部门，认真开展病因探查研究、疾病防治和媒体沟通等工作，至 9 月 13 日，所有媒体全部撤离，事件卫生应急处置工作结束。

媒体反映的蜱虫叮咬致死病例临床表现以发热伴血小板减少为主。2006 年，安徽、山东等省先后陆续发现。卫生部门在做好病人救治和疾病防控的同时，立即组织专家开展病因探查。通过努力，2007 年下半年，中国疾病预防控制中心发现并证实人粒细胞无形体感染可引发此类疾病。2008 年 2 月，卫生部组织专家编写并印发了《人粒细胞无形体病预防控制技术指南（试行）》，积极指导各地建立、完善发热伴血小板减少综合征疾病监测网络；加强各级各类医疗卫生人员培训，切实提高了基层专业人员早发现、早诊断、早报告和早治疗的能力；及时组派专家组指导地方诊治病例，努力降低病死率；开展群众宣传，使群众能掌握疾病的基本防控知识等。2009 年下半年后，中国疾病预防控制中心先后在部分发热伴血小板减少综合征患者标本和蜱虫标本中，分离到一种新亚型布尼亚病毒。经实验室检测，高度怀疑该病毒和发热伴血小板减少综合征疾病之间有病因关系（2011 年 3 月，中国疾控中心在《新英格兰医学杂志》上发表文章，宣布我国在世界上首次发现该病毒，确认其经蜱叮咬传播至人，可引起为发热伴血小板减少综合征病因），中国疾控中心暂将该类病例命名为“发热伴血小板减少综合征”。2010 年 5 月，卫生部指导中国疾控中心，印发监测方案，选取河南省信阳市、湖北省随州市，开展发热伴血小板减少综合征疾病监测和防治工作，并组织专家蹲点，进一步探查论证疾病病因关系。截至2010年9月12日，我国内地共监测到2006年以来发热伴血小板减少综合征病例1 016例，死亡61例。河南省共监测到2007年5月以来的相关病例569例，累计死亡18例，其中，2010年共243例，死亡1例。患者多散发，主要分布在丘陵地区，发病季节一般为3月～11月，其中4月～8月病例较多。疾病患者多为成年农民，在城市人口中极少发现。大多数病例的临床表现主要为发热伴血小板、白细胞减少等，多急性起病；有较少部分患者可因肝肾等多脏器功能损害而导致死亡。

二、事件应对过程

9月8日媒体报道蜱虫叮咬村民致死事件后，河南省卫生部门高度重视，坚持调查与控制兼顾，病原学与流行病学病因调查并重，预防与救治同步，应急处置与媒体沟通结合，切实落实医疗救治、监测和实验室检测、技术培训、风险沟通等措施，取得了良好的防控效果。一是加强事件应急处置工作组织领导。在省委和省政府的统一领导下，河南省卫生厅迅速成立领导小组，强化疾病防治工作部署，加强疫情防控工作督导检查，确保病例救治、疫情报告、流行病学调查等各项防治措施落实。二是加强疾病监测，积极开展病例主动搜索，建立并不断完善监测网络，提高监测系统的敏感性和监测质量。三是加强疫情防治技术支持。立即组派省级专家组赶赴信阳市，加强病人救治和当地疾病防控等工作指导，协助当地做好信息发布和媒体沟通等工作。四是加强专业人员培训。邀请国家和有关院校的流行病学、临床和生物媒介方面的专家，组织开展临床医务人员和疾病预防控制人员专题培训，提高专业技术人员病例发现、诊断、报告、治疗、流行病学调查、标本采集与送检及实验检测能力，为病人的早发现、早诊断、早报告和早治疗奠定了坚实基础，提高了病例的及时发现率和成功救治率。五是加强病例救治。将信阳市中心医院、解放军154中心医院和相关县区综合医院等12家医院明确为发热伴血小板减少综合征的定点救治机构，将信阳市中心医院、解放军154医院为重症病人定点救治医院，并均成立省、市两级医疗救治专家小组，重点加强重症患者救治，并对县级定点医疗机构开展技术指导。同时，将治疗该病可能有效的药物强力霉素纳入当地新农合报销补偿范围，保证强力霉素早期、足量使用，确保治疗效果。六是强化群众宣教，普及防治知识。通过广播、电视、报纸、网络等途径，普及疾病防控知识，并印制 1 万余份宣传材料，采取重点地区入户发放、宣讲的形式，告知群众该病可防、可治。七是强化媒体沟通，迅速化解舆论危机。当地政府和卫生部门多次召开新闻通气会，及时向相关媒体通报有关情况，积极引导社会舆论，化危为机，在短时间内得到顺利平息。八是开展国际合作，河南省疾病预防控制中心已于 2009 正式启动《中澳卫生与艾滋病项目》，并与澳大利亚国立大学和美国约翰霍普金斯大学开展交流与合作。

事件发生后，卫生部十分重视事件的应对处置工作，9 月 8 日立即组派由疾病控制专家和临床专家组成的专家组赶赴河南省信阳市，进一步调查核实相关情况，指导、协助中国疾控中心开展病例致病原因调查研究，指导、协助当地卫生部门开展疾病防控工作。印发通知要求各地进一步做好发热伴血小板减少综合征的疾病监测、专业人员培训、宣传教育等工作，切实保障人民群众身体健康。组织专家编写该疾病防控基本常识，向社会公布；安排中国疾病预防控制中心专家参加了中央电视台新闻频道“新闻 1＋1”节目和我部例行新闻发布会，对“蜱虫咬人”有关情况进行解疑释惑，宣传疾病可防、可控、可治知识。同时，及时向世界卫生组织和我国台湾、香港地区卫生部门通报有关情况，解除世界各国对相关疫情的疑虑。

三、事件应对启示

发热伴血小板减少综合征防控工作是 2003 年“非典”之后，我国发现的又一重大新发传染病，在党中央、国务院的正确指导下，在各地、各卫生部门的共同努力下，事件应对工作取得了阶段性成果。主要启示有：

一是必须统一领导，多方协作。在引起发热伴血小板减少综合征的病原体未明情况下，卫生部和河南省政府加强事件应对组织领导，充分发挥中国疾控中心、河南省各级专家智慧，从疾病传播媒介、传播途径、治疗措施、预防手段等方面提供科学防控建议，告诉公众该病可防、可控、可治，最大程度保障了疫情的有序应对，防范疫情扩散蔓延。

二是必须加强监测，高度敏感，及早准备。此次事件的有序应对，得益于我国长期以来坚持的预防为主的工作方针。2006 年，医疗卫生机构发现少数相关病例出现异常症状后及时上报，卫生部立即组织开展相关病例病因研究，并不断总结病例救治经验，制定相关防控技术指南和监测方案，指导各地开展疾病防治工作。

三是必须建立卫生应急实验室网络，形成合力。引起发热伴血小板减少综合征的病原体之一为新型布尼亚病毒，其他国家均无相关研究或报道，且在我国发病数较少，事件应对过程中，市县级医疗卫生机构及时将可疑病例标本送有能力实验室进行检测，中国疾控中心病毒病所、传染病所与有关省份疾控中心实验室密切合作，最大程度争取了病原体的及早发现。

四是必须坚持信息公开、透明，加强健康教育。事件应对过程中，卫生部及时组织专家，进行答疑解惑。河南省卫生部门每天向媒体通报发热伴血小板减少综合症的住院人数、治愈人数，满足各媒体的报道需求；定期发布健康教育知识，增强群众认识和自我防护能力，消除群众的恐慌心理。通过各方努力，短时间内使质疑性报道显著减少，正面报道成为主流，营造了良好的防治氛围。

四、下一步工作建议

近年来，受世界经济一体化进程加快、全球气候变暖等诸多因素的影响，新发传染病、不明原因疾病不断出现，并且借助先进交通工具造成远距离传播扩散的风险进一步增加，做好以下工作极为重要：

一是进一步加强群众健康教育。广泛开展爱国卫生运动。特别是针对农村留守老人多的特点，组织乡村医生上门宣传，切实增强人民群众的卫生意识和自我防范能力，一旦出现疑似症状或体征，及早就医，避免延误病情。

二是加强突发公共卫生事件监测预警能力建设。依托现有疾病预防控制机构、医疗机构，建立国家、省、地市、县四级异常临床或症状监测和报告系统，提高事件苗头的早期风险识别能力，并在传染病疫情及突发公共卫生事件网络直报系统建设基础上，按照一网多用、填平补齐的原则，整合现有监测信息资源，完善、拓展网络直报系统功能，建立健全覆盖全国各级卫生系统的突发公共卫生事件监测预警制度和风险评估体系以及预警信息快速发布机制。

三是加强突发公共卫生事件应急检测能力建设。依托现有各级疾病预防控制中心、医疗机构、科研院所的实验室，建立国家卫生应急实验室网络，并通过加强各类突发公共卫生事件实验室检测仪器配备，建立卫生应急检测试剂有效保障供给机制，健全卫生应急处置实验室检测质量控制体系，健全医疗卫生机构实验室检测信息分享合作机制等，加强各级实验室突发急性传染病等事件及时判定能力。

四是推进卫生应急相关科学研究工作。针对世界及我国日益复杂的突发急性传染病防控形势，推进突发急性传染病传染源、传播途径、易感人群、媒介、宿主以及防控效果评价等相关研究工作，提高我国突发急性传染病防控水平。

（由卫生部卫生应急办组织供稿）

9 应对2010年7月南方地区洪涝灾害

2010年7月，我国南方地区湖北、湖南、安徽、浙江、江苏、上海、江西、重庆、四川、贵州等15个省(自治区、直辖市)发生了严重的洪涝灾害。此次洪涝灾害持续时间长，局地降雨强、受灾范围广，重复受灾率高，次生灾害多发群发，损失严重，对经济社会发展产生了严重影响。在党中央、国务院的坚强领导下，灾区各级党委、政府和有关部门积极行动，组织广大干部群众全力做好抗洪救灾工作，将人员伤亡和财产损失降到最低限度。

一、灾害基本情况

(一)雨情概况

2010年7月，全国平均降水量为121.2毫米，比常年同期(115.9毫米)偏多5.3毫米。其中安徽南部、湖北东部、江西北部、湖南西北部、四川东部等地7月降水量达300～400毫米，部分地区超过400毫米。与常年同期相比，长江中下游以及四川东部等地偏多3成至1倍，局部地区偏多1倍以上。7月8～16日长江流域出现入汛以来最强一次降雨过程。长江中下游大部分地区降水量100～200毫米，其中湖南西北部、湖北东部、安徽南部、江西北部等地达200～400毫米，局部地区超过400毫米。

由于暴雨范围广、持续时间长、累计雨量大、局地降雨强，导致江河湖库水位迅猛上涨，长江干流上游寸滩江段发生超保证洪水，中下游部分河段以及淮河先后发生超警戒水位洪水，长江三峡水库和汉江丹江口水库分别出现建库以来最大和第二大入库洪峰流量。长江中下游、四川盆地等部分地区发生暴雨洪涝及滑坡、泥石流灾害，其中湖北、湖南、江西、重庆、四川等省(市)的部分地区受灾严重。

(二)灾害损失情况

2010年7月南方地区连续2次洪涝灾害过程共造成湖北、湖南、重庆、四川和贵州等15个省(直辖市、自治区)7 507万人受灾，531人死亡(含失踪)，388万人紧急转移安置；农作物受灾面积4 683千公顷，绝收面积795千公顷，直接经济损失

909 亿元。其中，四川省达州市、巴中市，湖北省宜昌市，重庆市受灾最为严重。

（三）灾害主要特点

1. 致灾强度屡破极值。我国南方地区 7 月份连续遭遇持续强降雨袭击，降雨强度大、持续时间长，长江中下游地区的重庆、安徽、江西、湖北、湖南 5 省区 19 地市的 61 个县市区累积降水量超过 300 毫米。湖北省英山县 7 月 8 日遭受特大暴雨袭击，县城城区 8 小时降雨量达 282.8 毫米，降雨量超过 132 毫米的乡镇有 7 个，是自 1956 年当地有气象记录以来最大的一次强降雨过程，长江流域内有 6 个气象观测站日降雨量突破历史极值。

2. 重复受灾面广灾重。6 月中旬以来，我国南方遭受两次严重暴雨洪涝灾害过程。与 6 月 13 日～29 日南方洪涝灾害过程相比，7 月洪涝过程受灾区域偏西、偏北，除江苏、安徽外，其余省份均属于重复受灾，湖南、贵州、江西三省均属于重灾区。从县市区尺度上统计，重复受灾县市约占 7 月全部受灾县市区的 40%，其中浙江、福建全部，江西、湖南、重庆、贵州的大部分受灾县为重复受灾县。

3. 次生灾害多发群发。此次强降雨过程主要发生在山地丘陵面积相对较大的南方地区，特别是重灾省区湖北、湖南、重庆、云南，地貌类型中山地丘陵比例大，强降雨导致山洪、滑坡、泥石流等灾害多发群发，群众住房多依山傍河而建，造成了较为严重的人员伤亡和财产损失。其中 7 月 13 日云南省昭通市巧家县滑坡事件共造成 45 人死亡（含失踪）；7 月 18 日四川省达州市万源市滑坡造成 23 人死亡（含失踪）；7 月 24 日四川省巴中市通江县滑坡造成 16 人（含失踪）；7 月 8 日重庆涪陵区崇义街道办事处大水井滑坡体，使受影响的 116 户 324 人被迫转移安置。

4. 灾害损失相对集中。受持续降雨影响，长江上游干流出现 1987 年以来的最大洪峰流量，长江三峡水库、汉江安康水库均发生建库以来的最大入库洪水，汉江丹江口水库出现历史第二大入库洪峰，汉江支流丹江和白河、四川渠江发生超过历史实测记录的特大洪水，长江中下游、四川盆地灾情相对严重。其中四川、湖北、重庆、云南、贵州 5 省（直辖市）因灾死亡人口和直接经济损失分别占南方地区受灾总数的 90%、70%。四川、湖北 2 省直接经济损失均超过 200 亿元，因灾死亡（含失踪）人口均超过百人。

5. 城镇内涝日趋严重。短时集中降雨，还造成许多乡镇、县城、城市进水。由于城市排水不畅等因素造成暴雨引发的内涝，造成了城市居民的财产损失、城市社会经济生活受到严重影响。7 月 8 日湖北黄冈市英山县、麻城县和罗田县城区被淹,城区积水最深达1.3米,道路、桥梁、电力、供水、通信等基础设施损毁严重。广州、重庆等城市都不同程度出现了大面积积水,楼高路宽的广州新城区和道窄楼旧的老城区同时遭水淹的现象。严重的城镇内涝给城市安全运行、居民生活、交通运输、基础服务等带来严重影响。

6. 基础设施毁损严重。南方地区洪涝灾害对交通、通信、供水供电等基础设施造成巨大破坏,严重影响了灾区群众的正常生产生活。7月12日由强降雨引发的山洪、滑坡等次生灾害,造成川黔铁路桐梓段中断,道真县境内的207省道全面中断,桐梓县内的12个乡镇交通中断,大量乡镇公路、电力、通讯等基础设施受到不同程度损毁。7月15日重庆彭水县发生塌方7.7万立方米,公路损毁1 200余处。7月19日四川巴中到达州的S202公路两处中断,达州市主城区滨河路等低洼地区街道进水,渠县县城进水;7月19日广安市沿渠江的农田和房屋基本全部被淹,最深进水处达9米。

二、灾害应对工作

党中央、国务院高度重视南方洪涝灾害的抗灾救灾工作,中央领导同志先后就做好抗洪救灾工作多次作出重要批示,温家宝总理、回良玉副总理亲赴广西、江西、湖南、湖北、安徽等防汛前线,看望慰问受灾民众,指导救灾工作。国家减灾委、国家防总加强对抗洪救灾工作的综合协调,民政部、水利部、财政部、中国气象局等部门及时启动国家救灾应急响应预案,完善部门联动机制,加强汛情监测和会商,积极采取抗洪措施,迅速部署各项抗救灾工作。各受灾地区党委、政府加强对抗洪救灾工作的组织领导,落实工作责任制,及时组织大量人力、物力、财力投入抗灾救灾,千方百计安置受灾群众,采取有效措施确保大灾之后无大疫,切实做到灾区人民有饭吃、有衣穿、有干净水喝、有住处、有病医、有学上。

(一)及时启动预案,指导抗灾救灾工作

洪涝灾害发生后,按照《国家自然灾害救助应急预案》要求,7月份,国家减灾委、民政部对湖北、湖南、重庆、贵州、云南等南方8省(市)启动8次国家四级救灾应急响应,7月18日,分别根据四川灾情发展和国务院领导指示,紧急将四级响应提升至三级响应,并派出工作组协助指导地方抗灾救灾。受灾省区先后启动应急预案,重庆、贵州、湖北等省市启动二、三级救灾应急响应,并派出工作组深入

灾区指导抗灾救灾工作,保证了各项救助措施迅速到位,有力地维护了灾区社会稳定。

(二)加大救灾款物投入,保障受灾群众需求

民政部、财政部7月累计向湖北、湖南、重庆、贵州、云南等南方9省(市)紧急下拨中央自然灾害生活救助资金5.2亿元,帮助解决灾区受灾群众基本生活需求。同时各地区加大地方救灾资金和救灾物资投入,湖北省安排2.4亿元救灾资金,调拨救灾帐篷8 000余顶、救灾棉被5万余床、单衣近4万件。四川省安排省级自然灾害补助资金2 000万元,民政部从中央救灾物资西安储备库调运2万床棉被到四川达州和巴中市。重庆市安排市级救灾资金1.6亿元,调拨3万余床棉被、近5 000顶帐篷、1 000张折叠床、1.5万平方米彩条布及其他大量生活物品,贵州下拨省级救灾资金1.6亿元,紧急调拨救灾帐篷3 000顶,衣被15万件。

(三)科学调度骨干水利工程,统筹安全度汛

受7月持续强降雨影响,长江三峡水库发生建库以来的最大入库洪水,汉江丹江口水库出现历史第二大入库洪峰,长江上游干流出现1987年以来的最大洪峰流量。各级防汛、水利部门科学分析水情、雨情和工情,加强预测和会商,统筹上下游,兼顾左右岸,科学调度三峡等骨干水利工程,发挥拦洪削峰作用。三峡水库入库流量最高约7万立方米每秒,经水库调蓄后,出库流量4万立方米每秒左右,控制下游荆江河段水位,有效的减轻了中下游防洪压力。丹江口水库最大入库流量达2.75万立方米每秒,最大下泄仅0.19万立方米每秒,削减洪峰94%,最大程度地减轻洪涝灾害造成的损失,确保人民群众生命财产安全。

三、结论

洪涝灾害发生后,中央各有关部门和灾区各级政府按照中央领导指示和应急预案要求,及时启动预案,派出工作组,迅速部署各项救灾工作,主要领导深入灾区指挥抗洪救灾,及时做好受灾地区群众转移避险工作,科学调度水利工程,确保水库和江河堤坝安全,强化领导责任制,逐级落实防汛抗洪救灾工作,最大程度减轻灾害损失。在这次防汛抗洪救灾过程中,主要有以下三方面经验:

(一)领导高度重视,及时响应,靠前指挥

胡锦涛总书记、温家宝总理、回良玉副总理等中央领导同志多次对抗洪救灾

工作作出重要批示,温家宝总理、回良玉副总理亲赴一线视察灾情、指导工作。国家减灾委、民政部高度关注灾情发展趋势,及时启动国家救灾应急响应,并根据汛情发展及损失程度持续加重的情况,及时将四川、广西的四级救灾应急响应等级提升为三级,并派出工作组赶赴灾区协助指导救灾工作。灾区各级领导精心组织,靠前指挥,采取有力措施,加大救灾资金、物资投入,及时安排部署党员干部、解放军、武警官兵等救灾力量,为最大程度地降低灾害损失提供了坚强领导和人力、物资保障。

(二)部门协作联动,多措并举,取得实效

国家减灾委、民政部积极发挥综合协调职能,组织有关部门与地方开展救灾会商,协调相关救灾措施,及时向受灾地区调拨救灾款物,切实保障灾区生产生活需求。国家防总、水利部密切监视水情汛情变化,科学调度水利工程,统筹兼顾各级防汛,确保堤坝水库安全。气象局全力做好防灾减灾气象服务,特别是监测预报预警服务工作,及时与相关单位沟通,做好针对性服务,为各级领导应对灾害提供高质量科学决策依据。为救援被洪水围困群众,总参作战部、武警派遣直升机、冲锋舟等协助救援,运送急需的生活物资及药品。交通、农业、国土等部门及时启动应急预案,为灾区的应急救援、恢复重建等提供了有力支持。

(三)依靠科技支撑,科学防范,成效显著

重大灾情发生后,民政部依托灾情报送和管理系统、环境减灾 A、B 星资源以及其他相关基础数据,利用致灾因子危险性、承灾体脆弱性等灾害评估模型,及时开展洪涝灾害的应急评估工作,科学分析判断灾区实时灾情和发展趋势,掌握救灾工作需求,为救灾决策提供了重要参考依据。针对江西抚州洪涝灾害首次正式启动无人机合作机制下的应急响应,完成了灾区唱凯堤决口高分辨率数据采集任务。针对部分地区人口、财富的高聚积性呈现出的新特点,依据灾害预警预报信息,重点开展城市(群)等人口、财富高密集区灾害风险预评估,切实做到重点防范,提前部署,有效降低了灾害损失。

(由民政部救灾司组织供稿)

10 应对贵州关岭"6·28"山体滑坡灾害

贵州关岭"6·28"山体滑坡灾害是2010年我国发生的人员伤亡最大的一次滑坡灾害，因灾造成42人死亡，57人失踪，280间房屋倒塌，因灾直接经济损失1 527万元。在党中央、国务院的坚强领导下，灾区各级党委、政府和各有关部门在灾害发生第一时间立即组织开展救援工作，迅速启动救灾应急预案，尽最大的努力搜救幸存人员，进行人员安全疏散，紧急调拨发放各类救助物资，妥善安置转移群众，及时确保受灾群众基本生活需求，将灾害造成的影响降到最低限度。

一、灾害基本情况

（一）灾害发生概况

2010年6月28日下午14时30分，贵州省安顺市关岭布依族苗族自治县岗乌镇大寨村大寨组、永窝组两处发生山体滑坡。大寨组、永窝组同处一个山头，所有村民住房依山而建，由于连续强降雨，灾害发生突然，滑坡体前行约500米后，与大寨村永窝村民组的一个小山坡发生猛烈撞击，偏转90度后转化为高速碎屑流高速下滑，造成了罕见的特大型山体滑坡灾害。

（二）灾害损失情况

贵州省安顺市关岭县岗乌镇山体滑坡特大灾害造成1 034人受灾，42人死亡，57人失踪；倒房房屋280间，损坏房屋1 325间；因灾死亡大牲畜124头，农作物受灾60公顷，毁坏耕地20公顷；直接经济损失1 527万元，其中农业经济损失186万元，基础设施建设损失450万元，房屋等家庭财产损失621万元，间接经济损失1.5亿元。

（三）灾害主要特点

1. 短时强降雨快速渗入疏松岩层，引发特大山体滑坡灾害。6月27日～28日，贵州关岭地区降雨量达310毫米，其间，27日晚至28日降雨量达到237毫米，超过当地此前的所有气象记录。去年贵州遭遇历史上罕见的夏秋冬春四季连旱，植被根系死亡，造成土质结构酥松，使得强降雨更易快速渗入下层的泥岩和砂岩中。

关岭地区的地质结构比较特殊，山顶是比较坚硬的灰岩、白云岩，灰岩和白云岩虽然比较坚硬，但透水性好，容易形成溶洞，地势比较平缓的地层是易形成富水带的泥岩和砂岩，这种“上硬下软”的地质结构，不仅容易形成滑坡，也容易形成崩塌等地质灾害。

2. 山体滑坡冲击力大，破坏力强，并引发严重的地质隐患。发生滑坡的山体为上陡下缓的“靴状地形”，滑坡体路径相对高差达 400 米至 500 米，落差较大，突然快速下滑，形成巨大冲击力，滑坡体带动土石流，转瞬间掩埋了数百间民房。同时，滑坡造成后缘斜坡出现裂缝，约有 10 余万立方米的不稳定堆积体，随时有下滑的可能，对下方大寨村永窝组和大寨组两个自然村寨的其余农户的居住安全造成严重威胁。

二、灾害应对

6 月 28 日下午 14 时 30 分，贵州省关岭布依族苗族自治县岗乌镇大寨村发生山体滑坡，造成该村两个村民组多人被掩埋。温家宝总理迅速作出重要指示，要求组织力量查明情况，千方百计抢救人员，同时防止周边地区发生类似事故，确保人民群众生命安全。中共中央政治局委员、国务院副总理回良玉率有关部门负责同志紧急赶赴灾害现场，协调指导抢险救援工作，看望慰问受灾群众。

(一)第一时间组织救援，全力抢救幸存人员

滑坡灾害发生后，驻贵州解放军部队紧急投入抢险救援，贵州省军区成立了抢险救灾领导小组，组织官兵和民兵预备役人员 300 余人投入抢险救援。武警贵州总队第一时间调集 545 名官兵前往现场实施救援。紧急救援期间，各级共投入抗灾抢险救援人员 8 790 人次、车辆 782 台次、大型机械设备 238 台次，8 只搜救犬，以及生命探测仪、破拆、起重等救援器材 2 000 余件(套)。共清理土石 50 余万方，修复救援通道 14.5 公里，搜出罹难者遗体 42 具。

(二)紧急启动应急预案，派出工作组赶赴灾区

按照《国家自然灾害救助应急预案》要求，国家减灾委、民政部于 6 月 28 日 17 时紧急启动国家四级救灾应急响应，并派出工作组赶赴灾区。贵州省民政厅接到安顺市灾情报告，立即向关岭县民政局负责人核实灾情，并及时上报省委、省政府和民政部。贵州省民政厅于 28 日 15 时 30 分紧急启动自然灾害应急救助二级响

应，在对灾情的进一步核实后，于 17 时将响应等级提升为一级救灾应急响应。贵州省民政厅实行 24 小时零报告制度，明确专人负责与灾区联系，随时跟踪了解和收集掌握灾情，及时向有关部门报告灾情和救灾工作动态。

(三)快速调拨救助物资，妥善安置转移的受灾群众

按照贵州省委、省政府抢险救灾现场指挥部要求，省、市、县民政部门联合成立了《关岭县岗乌镇“6·28”特大型滑坡地质灾害抢险救援现场指挥部群众安置组》，由甄燕驰副厅长任组长，负责受灾群众的转移安置和生活救助，妥善处理罹难者遗体，积极做好遇难人员亲属安置抚慰工作。7 月 1 日，省财政厅、省民政厅紧急下拨救灾应急资金 250 万元，用于抢险救援和救助受灾群众。

贵州省各级民政部门共向灾区调拨救灾帐篷 322 顶、棉被 1 540 床、衣物 18 500 余件、折叠床 692 张、牛奶 50 件、矿泉水 776 件、方便食品 3 吨。省民政厅紧急下拨救灾应急资金 250 万元，关岭布依族苗族自治县民政局下拨救灾粮 30 吨。已转移安置受灾群众 265 户 1 025 人，分三个安置点集中安置受灾群众 233 户 861 人，分散安置 32 户 164 人。在转移安置点设置医疗救护点、卫生防疫点、治安警务室、食品卫生监测点、临时教学点，为群众生活提供帮助和服务，确保近千名受灾群众生活便利有序，灾区生产生活秩序很快得以恢复，受灾群众情绪稳定，安置保障工作取得明显成效。

(四)多种手段监测山体滑坡现场情况，认真排查地质隐患

灾情发生后，国土资源部迅速派出地质灾害防治专家一行 8 人赶赴受灾地点，认真分析地质灾害发生原因，指导岗乌地质灾害隐患排查和现场救援工作。省、市、县国土部门和岗乌镇加强抢险救援现场及周边地质环境监测，省国土资源部门派出无人飞机，利用低空航拍遥感技术，对灾害区域周边 17 平方公里的范围实施航拍监测，获取大量影像资料，为现场救援提供技术支持。在国土资源部地质专家的指导下，由 32 名专家、省、市、县国土部门相关技术人员和基层干部、群众代表组成 6 支排查小组，对受灾地区周边区域面积约 73 平方公里范围内的地质灾害隐患点进行拉网式排查。省、市、县国土部门和岗乌镇共投入人员 430 余人次、车辆 120 辆次，共排查出灾害现场及周边村组地质安全隐患点 22 个，设立监测点 22 个。

6 月 30 日、7 月 1 日，民政部国家减灾中心(民政部卫星减灾应用中心)两次利用环境减灾卫星数据，对山体滑坡现场进行监测。结果显示整个山体滑坡体覆盖

面积近0.7平方公里，最长达1.5公里左右，山体滑坡影响范围较大，并对周边居民点存在较大威胁。

(五)深入摸底排查，准确掌握底数，积极开展恢复重建

贵州灾区各级民政部门认真做好灾情核查统计工作，组织人员深入灾害现场，深入受灾农户家庭，做好人员死亡、失踪、房屋被毁等受灾情况，并进行分类统计，切实做到不漏一户，不漏一人，为妥善处理罹难者家属的抚慰、转移安置群众、分类救助以及毁损民房恢复重建等各项工作奠定了良好的工作基础。

在摸底排查和建立《因灾倒房户台帐》的基础上，安顺市、关岭县成立了岗乌“6·28”特大滑坡地质灾害灾区民房恢复重建工作领导小组，并严格按照《贵州省灾区民房恢复重建管理制度》要求，坚持公平、公正、公开原则，制定灾区倒塌民房恢复重建工作规划和方案，出台优惠政策，减免相关税费。通过群众自筹、政府救助、社会互助、邻里帮工帮料、以工代赈等多种途径筹集建房资金。同时，采取自建、援建和帮建相结合的方式，按照确保重点的原则，集中人力、物力、财力，实行灾区倒房恢复重建项目管理，全面开展恢复重建工作，帮助受灾群众重建家园。

三、结论

贵州关岭“6·28”山体滑坡灾害发生后，灾区认真贯彻落实中央领导指示要求，以救援为第一要务，全力抢救幸存人员。中央有关部门和灾区各级政府及时启动预案，派出现场工作组协助指导抢险救灾工作，主要领导深入灾区指挥抢险救灾，民政部门迅速调拨各类救助物资，妥善转移安置受灾群众，国土部门及时开展地质灾害隐患排查，确保了应急救援工作的顺利开展。在倒损房屋恢复重建中，科学规划，坚持因地制宜，规避灾害风险，切实提高了抵御自然灾害的能力。

(由民政部救灾司组织供稿)

11 大连中石油"7·16"输油管道爆炸火灾事故救援

2010年7月16日,位于辽宁省大连市保税区的大连中石油国际储运有限公司(以下简称国际储运公司)原油库输油管道发生爆炸,引发大火并造成大量原油泄漏,导致部分原油、管道和设备烧损,另有部分泄漏原油流入附近海域造成污染。

一、事故单位基本情况

国际储运公司是中国石油大连中石油国际事业公司(80%股份)与大连港股份公司(20%股份)的合资企业,成立于2005年9月,注册资金1亿元人民币。国际储运公司原油库的日常运营和检维修工作由中国石油天然气股份有限公司大连石化分公司负责。国际储运公司原油库内建有20个储罐,总库容185万立方米;周边还有其他单位大量原油罐区、成品油罐区和液体化工产品罐区,储存原油、成品油、苯、甲苯等危险化学品。

二、事故发生简要经过

2010年5月26日,中油燃料油股份有限公司与中国联合石油有限责任公司(与中石油国际事业有限公司合署办公)签订了事故涉及原油的代理采购确认单。在原油运抵大连港一周前,中油燃料油股份有限公司得知此批原油硫化氢含量高,需要进行脱硫化氢处理,于7月8日与天津辉盛达石化技术有限公司(以下简称天津辉盛达公司)签订协议,约定由天津辉盛达公司提供"脱硫化氢剂",由上海祥诚商品检验技术服务有限公司(以下简称上海祥诚公司)负责加注作业。7月9日,中国联合石油有限责任公司原油部向大连中石油国际储运有限公司下达原油入库通知,注明硫化氢脱除作业由上海祥诚公司协调。7月11日至14日,大连中石油国际储运有限公司、上海祥诚公司大连分公司和中石油大连石化分公司石油储运公司的工作人员共同选定原油罐防火堤外2号输油管道上的放空阀作为"脱硫化氢剂”的临时加注点。

7月15日15时45分，新加坡太平洋石油公司所属30万吨“宇宙宝石”号油轮开始向原油库卸油。20时许，上海祥诚公司人员开始加注“脱硫化氢剂”，天津辉盛达公司人员负责现场指导。16日13时，油轮停止卸油，开始扫舱作业。上海祥诚公司和天津辉盛达公司现场人员在得知油轮停止卸油的情况下，继续将剩余的约22.6吨“脱硫化氢剂”加入管道。18时02分，靠近加注点东侧管道低点处发生爆炸，引发火灾，造成部分输油管道、附近储罐阀门、输油泵房和电力系统损坏和大量原油泄漏。事故导致储罐阀门无法及时关闭，火灾不断扩大。原油顺地下管沟流淌，形成地面流淌火，火势蔓延。事故造成T103＃罐和周边泵房及港区主要输油管道严重损坏，部分原油流入附近海域。

三、事故典型特点

这起爆炸火灾事故有五个特点：一是燃烧面积大。事故发生后，大量原油从管道破裂处喷涌燃烧，流淌火迅速沿输油管线、管沟、排污渠、坡地面、排水、排污管道迅速扩散，在短时间内形成了一个总面积约6万平方米的巨大火海。二是爆炸危险性大。在流淌火作用下，多处输油管线、管道井连续多次发生爆炸，井盖、阀门被抛向空中。着火油罐猛烈燃烧，如处置不当，随时都有发生沸溢、喷溅的可能。三是潜在威胁多。距火场不足百米就是一个有51个储罐的危险化学品存储区，这些危险化学品受到火势严重威胁，一旦发生爆炸燃烧，毒气扩散，后果不堪设想。四是火灾损失大。火灾造成直接损失上亿元，燃烧、泄漏的原油达几千吨。五是扑救难度大。爆炸引起的大型油罐火灾热辐射强，浓烟、烈火阻挡视线，管线带压喷涌燃烧，加之还要高度警惕沸溢、喷溅和殉爆等次生灾害的发生，给消防官兵扑救带来了极大的困难。

四、应对处置经过

事故发生后，党中央、国务院高度重视，胡锦涛总书记、温家宝总理和李克强、周永康、张德江、马凯、孟建柱等中央领导同志立即作出重要指示。受党中央、国务院委托，中共中央政治局委员、国务院副总理张德江同志连夜率国务院有关部门负责同志紧急赶赴事故现场，指挥指导事故灭火救援工作。辽宁省和大连市在公安部等有关部门的指导下，立即启动应急预案，有关负责同志靠前指挥，先后调集2 000余名消防官兵、348台各类消防车辆、17艘海上消防船只参与扑救。这次事故处置分为堵截控火、重点攻坚、全面总攻、现场监护四个阶段。

第一阶段：堵截火势蔓延，防止灾情扩大。

7月16日18时19分，大连市公安消防支队官兵到场时，10万立方米的T103＃罐已经起火，北侧输油管线已经炸断，大面积流淌火直接威胁毗邻油罐和邻近的南海储油区、液体化工原料仓储区及油火经过区域的油泵房、输油管线和阀组等设施，现场多处输油管线、排水排污管道井连续发生爆炸。大连市公安消防支队现场指挥部立即作出战斗部署：一是派出灭火攻坚组，在技术人员指导下，深入罐区关阀断料；二是利用14门车载水炮、3门移动水炮对着火罐和毗邻的2个油罐及南海罐区的2个油罐进行冷却抑爆；三是利用6门车载、移动泡沫炮和25支泡沫管枪全力堵截消灭地面流淌火，压制输油管线火势，誓死保护液体化工仓储区安全；四是协调海事部门出动消防艇和拖消两用船，控制海面火势。由于大连市公安消防支队初期控火得力，从而为成功扑救火灾赢得了宝贵时间。

第二阶段：全面控制火势，掌握战局主动。

7月16日21时30分许，辽宁省公安消防总队领导抵达现场时，现场输油管线、泵房、明沟暗渠、污油池等处连续发生爆炸，原油从破裂管道、阀组处带压喷涌燃烧，巨大火柱照耀如同白昼，地面原油流淌火顺坡向四面八方急剧扩散，中联油库区及毗邻的南海原油罐区、液体化工仓储区等6大储罐区受到大火严重威胁。特别是T103＃罐，火势异常猛烈，火焰高达几十米，随时可能发生再次爆炸。随着增援力量的到场，辽宁省公安消防总队指挥员现场指挥决定，按照“先控制、后消灭”、“确保重点、攻克难点、兼顾一般”的原则，迅速调整作战力量，将火场划分了四个战斗区域并设置分指挥部。每个分指挥部由辽宁省公安消防总队一名党委成员和一名灭火高级工程师作为指挥员。四个战斗区域采取“冷却抑爆、全力控火”的战斗措施，利用车载水炮和移动水炮重点对第一战斗区域的103、106、102号原油罐；第二战斗区域的37、42号原油罐；第三战斗区域的43、48号原油罐进行冷却。并采取筑堤围堰、泡沫覆盖、沙土掩埋等措施堵截消灭地面流淌火和罐区阀组及地下沟渠内的火势，全力保护位于火场北侧的化工仓储区，牢牢地掌握火场主动权。

第三阶段：备足攻坚力量，发起总攻灭火。

17日8时20分,四个区域的火势基本得到控制,已具备发起总攻的各种条件,火场总指挥发出总攻命令,四个战斗区域同时利用车载泡沫炮、移动泡沫炮和泡沫管枪全力扑灭罐体、阀组、沟渠的大火,采取水流切封法彻底扑灭管线火灾,利用消防艇及拖消两用船,扑灭海面浮油火。经过1小时35分钟的艰苦奋战,9时55分,大火被全部扑灭,灭火战斗取得了决定性的胜利。

第四阶段:彻底消灭残火,实施现场监护。

总攻结束后,现场指挥部命令继续加强火场重点部位的冷却,并消灭残火。各战斗区域对残火逐一消灭,不留死角,对重点部位持续冷却,防止复燃复爆。尤其是在对T103#罐保持冷却的同时,利用改造的固定灭火系统向罐内灌注泡沫实施灭火,并采取"注水灭火"的措施消灭罐内残火。20日8时20分T103#罐内残火彻底消灭,至此,整个灭火战斗行动圆满结束。

这次事故,辽宁省公安消防部队先后出动14个消防支队、18个企业专职消防队、348辆消防车、2 380余名指战员赶赴现场扑救,在全省范围内调集泡沫液900余吨。同时,通过公安部消防局以陆运、海运、空运方式从吉林、河北、天津、黑龙江、山东等地调集泡沫液460余吨运往现场;协调沈阳空军调用运8飞机运送包括院士在内的11名专家到场,为火灾扑救工作提供技术支持。经过消防官兵15个小时的艰苦奋战,大火被彻底扑灭,成功保住了罐区19个总储量175万立方米原油储罐以及临近2个单位的56个总储量为560万立方米原油、成品油储罐和51个总储量为12.45万立方米二甲苯、苯等易燃易爆有毒危险化学品储罐乃至整个大连地区的安全。

五、应对处置体会

(一)化学品储运企业防火设计规范需要进一步修改完善

在大连"7·16"火灾扑救中,事故发生地各油罐区之间、油罐区与其他化工原料仓储区之间的安全距离虽然符合现行防火设计规范,但罐区之间特别是罐区与危化品储罐之间的距离太近,给控制火势蔓延带来巨大压力;罐区整体布局不合理,缺乏前瞻性,库区内配电室、消防泵房、消防水池、泡沫液罐等设施在设置位置、自身防护方面还存在一定问题,如库区停电后,现场无法实施电动关阀断料等工艺灭火措施,大大影响了灭火作战进程。

(二)危险化学品储存企业救援物资储备需要进一步做好

在大连“7·16”火灾扑救中,泡沫灭火剂用量巨大,辽宁全省共调集了900余吨泡沫,公安部消防局又从周边省份调集了400余吨泡沫空运大连,而事故单位自身的泡沫储备严重不足,往往错过了火灾最佳扑救时机。吸取大连火灾事故经验,危险化学品储存企业储备充足的泡沫灭火剂,固定消防设施要与储罐保持一定的安全距离,同时也要配备大功率、大流量的移动灭火装备,提高初期扑救火灾的能力。

(三)危险化学品储存企业消防安全管理需要进一步加强

危险化学品储存企业特别是石油化工企业要严格落实消防安全责任制,对生产、储存、经营、运输等各个环节存在的安全问题进行彻底排查、整改,坚决防止遗留火灾隐患:严格危险化学品储存企业生产、装卸作业活动的安全管理,坚决杜绝违章操作。配齐配强日常值班和应急处置力量,制定企业灭火和应急处置预案,定期组织消防安全培训和消防演练,确保一旦发生紧急情况能够快速有效处置。

(由国家安全生产应急救援指挥中心组织供稿)

12 2010年上海世博会卫生应急保障

2010年我国在上海成功举办了世界博览会(以下简称"世博会")。本次世博会是我国首次举办的综合性世界博览会,也是继北京奥运会后我国举办的又一个世界盛会,是一项举世瞩目的重大国际活动,对我国的卫生保障提出了巨大的考验。在党中央、国务院的有力领导下,在全国卫生系统的大力支持和努力下,上海卫生系统和食品药品监管系统广大职工齐心协力、积极主动、认真履行职责、提高卫生保障质量,经过183天辛勤工作和前期大量的准备工作,圆满且出色的完成了世博会卫生保障任务。

一、基本情况

上海世博会自2010年5月1日开幕至2010年10月31日闭幕,历时6个月,横跨了春、夏、秋三季,遇到了梅雨、持续高温、台风潮汛等自然因素影响,经历了国内手足口病、出血性结膜炎等疫情高发时期,境外同时有野毒株人脊髓灰质炎疫情暴发。可以说,本次上海世博会对卫生保障工作提出了极高的要求,给卫生保障的应对能力带来了极大的挑战。各级卫生部门在党中央、国务院的统一领导下,按照世博会组委会的协调部署,与有关部门密切配合,认真履行职责,世博会医疗卫生保障工作总体平稳有序,伤病人员得到及时有效救治,世博园区内和上海市无重大传染病疫情、其他重大突发公共卫生事件、重大食品安全事故发生,卫生系统圆满完成了世博会各项卫生保障任务。

二、卫生系统积极做好上海世博会的卫生保障工作

(一)卫生部统筹协调,全力支持做好上海世博会卫生保障工作

卫生保障是大型活动安全保障的重要内容,上海世博卫生保障工作关系到展会的成败。对此,卫生部领导高度重视,将上海世博会卫生保障工作列为2010年的一项重点卫生工作,并成立了由陈竺部长任组长的卫生部世博会卫生保障工作领导小组,制定下发了支持上海世博会卫生保障的工作方案。陈竺部长、张茅书

记多次批示，要求按照党中央、国务院的要求，精心部署、有效协调，全力支持上海市卫生部门和食品药品监管部门，做好世博会筹备和运营期间的各项医疗卫生和食品安全保障工作。在世博会召开前和世博会期间，卫生部陈竺部长等部领导多次赴上海协调、指导医疗卫生和食品安全保障工作。卫生部还在世博会开闭幕式等重要时段向上海派驻工作组，加强信息沟通和工作协调。

3 月下旬在上海召开了卫生部上海世博会卫生保障工作协调会，部署、推进各项工作。卫生部内各相关司局以及有关单位按照“主动参与、密切配合、全力支持、整体协调、加强指导、积极建设”的工作原则，全力支持、指导上海市卫生部门做好世博会卫生保障筹备工作，并就上海市卫生部门的请求事项进行逐一落实。

同时，为加强上海世博会卫生保障工作的有效沟通和协调联动，卫生部协调浙江、江苏卫生部门与上海卫生部门建立了上海世博会卫生保障的“长三角”区域协调联动机制；明确了 17 支国家级卫生应急队伍与国家应急实验室检测网络的支援机制和国家医药储备的调用程序；建立了上海世博会期间省际血液保障联动机制并指定了一、二、三线援助省份；协调建立了供博食品安全监管的部门协作、省际联动工作机制。卫生部与世界卫生组织、上海卫生部门共同推荐专家组成了“健康世博专家咨询委员会”，全程为世博会卫生保障工作提供咨询建议和技术指导与支持。

(二)卫生系统突出重点，强化落实，卫生保障工作取得成效显著

上海市政府成立了上海世博会主运行指挥部公共卫生和医疗组，建立了由市卫生局牵头，13 个部门和单位共同组成的世博会卫生保障组织架构，保障了世博会期间城市和园区公共卫生安全。卫生系统还制定 20 多个卫生保障预案和工作方案，及早落实准备工作，并组织开展了一系列世博卫生保障培训和应急演练，切实提高整体医疗卫生保障能力和应急处置水平。

1. 积极做好医疗卫生保障和突发事件应对工作

上海市卫生部门构建了世博园区、世博周边区、城市运行区“三个同心圆”的医疗救治体系。在世博园区，设立 5 个医疗站、11 个医疗点，并安排 10 辆医疗救护车和 5 辆医疗用巡视车，为参观、参展人员提供日常医疗服务。在世博园区周边，选定了 8 家世博园区定点医院，负责世博园区和世博村的医疗保障工作，院内设立了世博会专用诊区和绿色通道，每院建立 2 支应急医疗救援队，对突发医疗

救治任务进行及时响应。依托分布在全市三级医院的33个临床医学中心，组建市级专家库，为世博医疗保障提供人员、技术支撑。组建贵宾医疗保障会诊专家组和血液保障组，为医疗服务提供保障。世博会期间，上海市卫生部门及时分析研判园区内就诊信息，向公众发出预防外伤、中暑、慢性病急性发作等健康提示，提请世博局增设遮阳篷、设立冷雾喷淋点等防暑措施。世博会期间，园区累计接诊12.9万人次，出动急救车8 533车次，转入医院救治213人次，手术97人次。在做好医疗保障工作的同时，积极主动开展社会面的卫生保障，城市层面疾病防控和健康干预有效开展，全市食品安全总体安全可控，重性精神病人治疗管理成效显著，为世博会的顺利举办创造了良好的城市环境和社会氛围。

2. 有效开展传染病防控工作，城市的传染病防控能力明显增强

卫生部门在世博园区内建立了就诊异常情况监测预警系统和快速响应工作机制，及时发现并处置了多例散发传染病病例和6起工作人员或志愿者的上呼吸道感染聚集性疫情，避免了疫情扩散；开展了园区内重点工作人员和志愿者的麻疹、霍乱和甲肝等疫苗接种工作，累计接种6 508剂次，有效阻断重点传染病的传播。通过健康体检、疫苗接种、健康宣教、健康监护、消毒隔离等措施，切实加强对园区工作人员和志愿者的传染病防控工作。同时，加强上海市城市层面的传染病疫情防控工作，采取措施，严防境外由野毒株引起的脊髓灰质炎的输入，有效降低手足口病和出血性结膜炎的发病率。世博会期间，上海市甲、乙类传染病病例报告数比2009年同期下降13.99%。

3. 加强食品安全监管，预防突发公共卫生事件发生

上海市卫生部门和食品药品监管部门实行供博食品可追溯全程管理，严格控制食品和原料采购渠道，对供博餐饮企业进行评估，对入园食品进行严格检测，加强园内企业和从业人员的规范化管理和培训；建立园区腹泻病例监测系统，一旦发现3例及以上的关联性事件，立即联合开展调查处理；同时，加强落实城市层面食品安全保障措施。

据统计，上海世博会累积共接待入园游客7 300万余人次，其中在园区享用食品(包括餐饮和食品零售)的游客与入园游客的比例超过75%；此外，园区工作人员用餐达850万余人次。在世博会食品安全保障部各成员单位全力以赴、善始善终的共同努力下，确保了世博会举办期间，园区内未发生集体性食物中毒，未接到重大食品安全投诉，全市食品安全总体平稳可控。

4. 强化监测预警，保障园区公共卫生安全

卫生系统建立了园区内疾病快速监测反应系统，对在世博会中对园区所有就诊患者开展了发热、腹泻、皮疹等传染病症状的监测工作，累计近 2 000 人次的疾控专业人员进驻园区，每日连续 14 个小时对症状监测情况开展分析研判，及时预警，及时处置各类可能的突发公共卫生事件。

全力确保世博园区饮用水卫生安全，卫生系统每天对园区 100 多个直饮水点和 13 个地块市政管网水点进行全覆盖现场快速检测，对世博园区 30 个生活饮用水在线监测点进行 24 小时实时在线监测和分析，每周对园区生活饮用水进行采样检测。

加强园区传染病和病虫媒防治。世博会开幕初期，为园区内餐服人员、志愿者等重点人群进行了麻疹、霍乱和甲肝等疫苗的接种工作。世博会开幕后，定期向世博局通报园区病媒情况，及时协调世博局组织各片区、物业管理人员开展相关的技术培训，向世博园区的餐饮服务单位、部分展馆赠送了病虫媒的防治工具用品，有效控制了园区蚊、鼠、成蝇密度，园区内的病虫媒密度明显低于周边地区。

5. 及时发布信息，密切沟通协作，优化世博会游园环境

开园后，卫生系统通过新闻媒体向公众发布了参观世博“八注意”、入秋期间游客观博防病“五须知”等的健康游园、安全游园的温馨健康提示 21 次。针对食物中毒高发季节的特点，发布了 10 次《世博园区食品安全提示》，提高游客食品安全防范意识。与气象等部门联手，根据天气预测情况开展次日世博园区中暑、腹泻、外伤人数预测工作，进行每日健康提示供园区管理部门决策参考。

由于本届世博会是 WHO《烟草控制框架公约》在我国生效后举办的第一届世博会，积极履约有助于提升中国政府的公信形象。卫生系统积极推进了园区内的控烟工作，园区场馆全面做到 100％无烟雾环境，餐饮场所基本达到无烟标准，户外非吸烟区域吸烟状况有明显改观，逾九成参观者对世博控烟状况表示满意。卫生部和世卫组织在实地考察后也正式宣布上海世博会“无烟世博”目标成功实现，成为国际重大活动无烟目标实现史上的一个重要里程碑。

6. 全力做好重性精神病人治疗管理工作

卫生部门对包括外省市来沪在内的 2 103 万人开展了世博前和世博期间的滚动式的行为异常线索调查，发现阳性 6 647 例，其中，确诊和基本确诊为重性精神病人的 4 760 例，进行风险评估后全部落实住院或社区看护。按照国家规范标准

对原登记在册的95 344名重性精神病人进行了风险评估，占全市在册重性精神病人登记数的96%。对于评估发现的风险等级在3级以上的有暴力倾向的8 263名病人均措施到位，其中88%住院，其余12%落实了社区监护。

三、工作启示

(一)政府高度重视、统筹决策、系统部署是上海世博会卫生保障工作顺利进行的组织保障

上海市委、市政府高度重视世博会卫生保障工作，在市委、市政府的领导下，在兄弟省市卫生部门的支持下，上海市卫生系统克服工作时间长、压力大等困难，切实贯彻落实市委、市政府领导关于办博的指示精神，以饱满热情和忘我精神投入到世博会医疗卫生保障工作，一丝不苟地实施各项保障措施，圆满完成了世博会任务，得到了全国和国际社会的普遍赞扬。

为了向上海世博会提供优质、便捷的医疗卫生相关保障工作，保障世博会城市和园区公共卫生安全，从2005年开始，上海世博会主运行指挥部公共卫生和医疗组的各成员单位就先后启动了各项筹备工作，有专门的部门、专人负责筹备工作。2009年，上海又专门成立了上海市世博会筹办工作领导小组卫生组，系统部署，统筹协调，全面加强世博会卫生保障工作。

(二)各有关部门密切沟通、有效配合、协调联动是上海世博会卫生保障工作顺利进行的机制保障

世博会公共卫生和医疗组成立了“一室五部”的组织架构，即综合协调办公室、公共卫生保障部、食品安全保障部、医疗服务保障部、健康促进行动部和贵宾医疗保障部。根据实际工作需要，上海市卫生局、上海市食药监局、上海出入境检验检疫局、上海市干保局、上海市爱卫办、上海市红十字会、第二军医大学等13个单位共同参与了医疗卫生保障工作。同时，各区县也成立了相应的组织构架，确保世博医疗卫生保障工作落到实处。同时制定了《上海世博会主运行指挥部公共卫生和医疗组保障工作运行方案》，确保公共卫生和医疗组运行的规范化、制度化。各部门、各区县各司其职、扎实推进和实施各项保障任务；部门之间建立了工作例会制度，各成员单位间工作动态实行“日报告”制度，畅通了日常信息沟通；各成员单位和各区县在疾病防控、食品安全保障、实验室生物安全管理、健康城市建

设等各项卫生保障工作上联动推进落实，保障卫生工作的整体实施。

（三）卫生部整体协调、加强指导、全力支持是上海世博会卫生保障任务圆满完成的重要条件

卫生部成立了陈竺部长任组长的卫生部上海世博会卫生保障工作领导小组，专门制定了《卫生部上海世博会卫生保障工作方案》，在传染病防控、医疗救援、血液保障、重性精神病人管理等方面，组织协调全国卫生系统，指导和支持上海市做好上海世博会各项卫生保障工作。卫生部还在世博会开闭幕式等重要时段向上海派驻工作组，加强信息沟通和工作协调。

在卫生部的协调下，上海市卫生系统与周边地区卫生系统之间建立了有效的信息沟通和联防联控工作机制。江苏、浙江两省卫生行政部门组建24小时应急处置队伍，随时做好支援准备，同时卫生部和江浙沪三地卫生行政部门还定期召开视频会议，及时沟通疫情防控信息，确保三地传染病防控协调有序。

（四）工作责任明确、程序明晰、措施有力是世博会卫生保障任务圆满完成的重要手段

为完成好世博会卫生保障任务，上海世博会主运行指挥部公共卫生和医疗组成员单位在2005年起就开始着手相关准备工作，通过参考往届世博会和国内其他各类大型活动医疗保障的经验，结合上海世博会总体规划，制定了《上海世博会主运行指挥部公共卫生和医疗组保障工作运行方案》等各类工作预案，并不断细化完善。此外，还专门编制了《公共卫生和医疗组世博相关文件汇编》，收录了成员单位服务世博会相关文件和方案20余篇。卫生部为指导和支持上海卫生部门做好世博会卫生保障工作，研究制定了《卫生部上海世博会卫生保障工作方案》，并多次派出由部领导带队的工作组赴上海指导工作。在卫生系统、食药监系统以及各相关单位的共同努力下，世博会卫生保障工作做到了有方案、有落实、有成效。

（由卫生部卫生应急办组织供稿）

第六部分

2010年全国应急管理工作大事记

2010年全国应急管理工作大事记

一月

2日～4日 中共中央政治局常委、中央政法委书记周永康赴四川地震灾区看望慰问干部群众，考察灾后恢复重建情况。

5日 国家防汛抗旱总指挥部和国家减灾委员会在国家防总指挥中心召开联席会议，研究部署2010年的防汛抗旱和减灾救灾工作。中共中央政治局委员、国务院副总理回良玉在会上强调，做好防汛抗旱和减灾救灾工作，对于经济社会发展大局具有特殊重要的意义。要切实加强组织领导，完善应急预案，强化基础建设，提高综合能力，最大限度地减少水旱等各类自然灾害损失。

6日 中印第三届防务安全磋商在北京举行。中国人民解放军副总参谋长马晓天与来访的印度国防秘书普拉迪普·库马尔就双边关系、地区安全形势、国防政策和两军交流合作等相关问题坦诚地交换了意见，取得了一定共识。

9日 由中国华能集团公司实施援建的西藏应急燃油发电工程首批机组在拉萨投产发电，并正式移交给西藏自治区人民政府。

10日 国家安全生产监督管理总局、国家煤矿安全监察局在北京召开纪念煤矿安全国家监察体制创建十周年座谈会。全国人大常委会副委员长华建敏出席会议并讲话。

12日～13日 中国红十字会2010年工作会议在深圳召开。会议部署了大力加强能力建设、着力完善应急工作机制、继续做好汶川地震灾后重建等10项工作重点。

13日 中共中央政治局常委、国务院副总理李克强来到国家电力监管委员会和国家电网公司，考察冬季电力生产供应情况，主持召开加强煤电油气运保障工作会议。他强调，要把保障能源供应作为当前经济运行调节的重点任务，维护经济社会正常秩序，确保人民群众生产生活。

同日 “民政部灾害评估与风险防范重点实验室”和“民政部减灾和应急工程重点实验室”正式在北京揭牌。作为民政部首批认定的部级重点实验室，一个定位于灾害评估与风险防范技术的研究开发，一个定位于减灾与应急工程建设的研究开发，两者各有侧重又彼此相关、互为支撑，共同支撑国家综合防灾减灾领域的业务体系建设和科技成果的集成与转化，对于全面提升我国综合防灾减灾科技支撑能力具有重要意义。

同日 全国民航工作会议在北京召开。中共中央政治局委员、国务院副总理张德江出席会议并强调，民航系统要深入贯彻落实科学发展观，贯彻落实中央经济工作会议精神，以确保航空运输持续安全为首要任务，以注重质量和效益为核心，统筹做好保障安全、发展生产、改善服务、深化改革和队伍建设等各项工作，努力促进我国民航事业科学发展。

同日 5时53分，海地发生里氏7.3级地震，造成联合国驻海地稳定特派团总部大楼倒塌，当时正在楼内同联合国官员举行会谈的我公安部赴海地维和工作组4名人员及我驻海地4名维和警察被埋入大楼废墟。

同日 20时30分，由地震应急抢险、医疗救护等专业人员组成的中国国际救援队一行60余人从首都国际机场启程飞赴海地，支援海地抢险救灾。

15日 在上海考察工作的中共中央总书记、国家主席、中央军委主席胡锦涛，在中共中央政治局委员、国务院副总理、上海世博会组委会主任委员王岐山和中共中央政治局委员、上海市委书记、上海世博会组委会第一副主任委员俞正声等陪同下，专程前往上海世博园区，实地考察上海世博会筹办工作情况。胡锦涛对进一步做好安保工作提出了明确要求，强调要始终把安保工作放在首要位置，完善安保政策和安保工作方案，强化安全防范措施，广泛动员社会力量参与安保工作，确保安保工作万无一失，实现平安世博目标。

同日 国务院在四川成都召开全国防震减灾工作会议。中共中央政治局委员、国务院副总理回良玉在会上强调，我国是世界上地震灾害最严重的国家之一，党中央、国务院对防震减灾工作始终高度重视，胡锦涛总书记、温家宝总理多次作出重要指示。我们要进一步深刻总结借鉴汶川特大地震抗震救灾的经验启示，认真贯彻落实党中央、国务院关于防震减灾工作的部署和要求，坚持以人为本、民生为重，切实强化监测预报、抗震设防、应急救援、宣传动员、灾后救助和恢复重建工作，全面提升地震灾害综合防范应对能力，为经济社会发展和人民安居乐业提供有力保障。

同日 全国交通运输工作会议在北京召开，中共中央政治局委员、国务院副总理张德江出席会议。他强调，要深入贯彻落实科学发展观，贯彻落实中央经济工作会议精神，围绕建设畅通高效、安全绿色交通运输体系的目标，转变发展方式，深化体制机制改革，加快建设步伐，加强队伍建设，着力推进交通运输快速发展、高效发展、安全发展、绿色发展，为经济社会发展提供强有力的交通运输保障。

同日 国家质量监督检验检疫总局与澳门特区政府在特区政府总部签署了关于内地与特区出入境卫生检疫合作安排的协议，两地将进一步加强传染病跨境传播的防治措施，确保口岸公共卫生安全。

17日 我国在海地地震中8名被埋人员的遗体已全部找到。中共中央总书记、国家主席、中央军委主席胡锦涛向我在海地地震中不幸遇难人员表示沉痛哀悼，向遇难人员亲属表示深切慰问，并要求有关方面全力做好善后工作。中共中央政治局常委、国务院总理温家宝，中共中央政治局常委、国家副主席习近平，中共中央政治局常委、中央政法委书记周永康也就做好善后工作作出指示。

同日 22时36分(海地时间1月17日9时36分)，搭载我8名海地地震遇难人员遗体的中国南方航空公司包机从海地首都太子港起飞，飞机经停美国迈阿密机场和安克雷奇机场，19日上午抵达北京首都国际机场。

18日 国务院在北京召开全国安全生产电视电话会议。中共中央政治局委员、国务院副总理、国务院安全生产委员会主任张德江在会上强调，各地区、各部门要深入贯彻落实科学发展观，全面落实中央经济工作会议部署，坚持安全发展理念，继续深入开展"安全生产年"活动，以预防为主、加强监管、落实责任为重点，进一步全面加强安全生产工作，有效防范和坚决遏制重特大安全事故，促进安全生产形势持续稳定好转，为实现经济发展和维护社会和谐稳定提供安全保障。

19日 中共中央政治局委员、国务院副总理回良玉主持召开国家减灾委紧急会议，传达贯彻胡锦涛总书记、温家宝总理的重要指示精神，进一步研究部署寒潮冰雪灾害防范应对工作。他强调，各有关地区和部门要以对人民高度负责的精神，进一步紧急动员起来，周密部署、科学防控，强化责任、落实预案，确保人民生命安全，努力保障生活必需品的供应，妥善安排受灾群众生活，维护正常的经济社会秩序，最大限度地减轻灾害损失。

同日 国家安全生产监督管理总局在北京召开全国安全生产工作会议。国家安全生产监督管理总局局长骆琳作题为《坚定信心 强化措施 加大力度 继续深入开展"安全生产年"活动》的讲话。会议强调，2010年全国安全生产工作的主要目标是:一是事故总量和伤亡人数继续下降;二是有效防范遏制重特大事故;三是安全生产总体水平进一步提升。

同日 全球气候观测系统中国委员会第六次会议在北京召开,中国气象局局长郑国光在会上表示,我国将大力推进中国气候观测系统建设,全面提高对气候变化及其影响的认识、理解和预测水平,从而提升我国在应对气候变化方面的国际话语权。

同日 由大陆中华医学会和台湾生物科技医疗产业策进会共同主办的“两岸共同防治甲型H1N1流感研讨会”在台湾大学医学院举行,两岸近200名防治专家和相关人士就两岸甲型H1N1流感疫情状况、疫苗接种、疫苗研发与流感重症治疗经验等展开讨论,并就未来两岸如何在共同防疫方面开展合作交换意见。

20日~21日 全国卫生应急工作会议在广西南宁召开。会议主题是:全面贯彻落实2010年全国卫生工作会议精神,认真总结2009年全国卫生应急工作,深入分析形势,明确发展思路,研究部署2010年重点工作。卫生部副部长尹力出席会议,做了题为“强化能力,突出重点,扎实做好卫生应急工作”的重要讲话。

20日 第一届食品安全国家标准审评委员会成立大会在北京举行。第一届食品安全国家标准审评委员会由10个专业分委员会的350名委员和工业和信息化、农业、商务、工商、质检、食品药品监管等20个单位委员组成,主要职责是审评食品安全国家标准,提出实施食品安全国家标准的建议,对食品安全国家标准的重大问题提供咨询,承担食品安全标准其他工作。委员会下设食品产品、微生物、生产经营规范、营养与特殊膳食食品、检验方法与规程、污染物、食品添加剂、食品相关产品、农药残留、兽药残留10个专业分委员会。

20日~21日 全国地震烈度速报及预警技术专题研讨会议在北京召开。会议就开展地震烈度速报及预警工作的规划编制、组织实施、试点工作、政策研究等内容作了全面部署。

21日 2010年交通运输部直属海事系统工作会议在广西南宁召开。会议确定,2010年直属海事系统紧紧围绕水上交通安全监督管理中心工作,加强队伍建设,加强科学管理,以创建“学习型、责任型、服务型、创新型”海事为着力点,大力推进海事软实力建设,努力实现“十一五”规划目标,加快推进海事科学发展。交通运输部副部长徐祖远出席会议并讲话,广西壮族自治区副主席杨道喜到会并致辞。

21日～22日 全国防汛抗旱工作会议在江西南昌召开，国家防总副总指挥、水利部部长陈雷出席会议并作重要讲话。会议对2010年全国防汛抗旱工作作出全面部署，要着力做好大江大河防汛、水库安全度汛、山洪灾害防御、台风灾害防御、城市防洪、抗旱和调水等六项重点工作，确保大江大河、大型和重点中型水库、大中城市的防洪安全，全力保障人民群众生命安全和城乡居民生活用水安全，努力保证中小河流和一般中型、小型水库安全度汛，千方百计满足生产和生态用水需求，最大程度减轻水旱灾害损失。

21日～23日 国务委员、公安部党委书记、部长孟建柱率工作组检查指导上海世博会安保工作情况。他指出，安保工作进一步总结经验、查找薄弱环节，把问题想得更细一些，考虑得更周全一些，应对得更有针对性一些，关键是抓细节、促落实，务求实际、实用、实效，进一步完善各项措施，既要确保世博会各项活动的安全，又要最大限度方便人民群众的生产生活。

22日 2010年全国救灾减灾工作会议在广西壮族自治区召开。民政部副部长罗平飞出席会议并讲话。会议强调，2010年救灾减灾工作重点抓好七件大事：一是进一步加快法规制度建设；二是妥善安排好受灾群众冬春生活；三是认真做好汶川地震灾区恢复重建后续工作；四是组织落实好新灾应对工作；五是着力加强基层能力建设；六是协调推进各项综合减灾工作；七是努力强化救灾减灾科技支撑。

22日～23日 国家海洋局在辽宁省葫芦岛兴城市召开“海冰灾害防御工作领导小组现场工作会议”。国家海洋局副局长、“海冰灾害防御工作领导小组”组长王宏对海冰灾害防范应对工作提出了五点要求：一要进一步提高对海冰灾害防范应对工作重要性的认识，二要进一步加强海冰观测工作，三要进一步做好海冰预警报工作四要加大海岛周边海域冰情观测和评估力度，五要及时总结海冰观测预报和应急工作经验，动态修订完善海冰灾害应急工作预案，努力将海冰灾害造成的损失降到最低。

23日～24日 中共中央政治局常委、国务院总理温家宝来到新疆阿勒泰市、塔城市、托里县、额敏县，慰问各族干部群众，实地察看灾情，指导抗灾救灾工作。

24日～26日 中共中央总书记、国家主席、中央军委主席胡锦涛来到陕西省考察工作。在汉中、西安等地，胡锦涛深入城乡基层调查研究，看望慰问地震灾区干部群众。

25日 中共中央政治局常委、中央政法委书记周永康在北京主持召开会议,专题研究部署2010年信访工作。他强调,要带着对人民群众的深厚感情扎实做好信访工作,加强源头预防,抓好案结事了,促进社会和谐稳定。

同日 2010年全国环境保护工作会议在北京召开,环境保护部部长周生贤出席会议并发表讲话。他强调,以解决危害群众健康和影响可持续发展的突出环境问题为重点,以圆满完成"十一五"减排任务为目标,努力推动环境保护事业在探索中国环保新道路的征程中不断前进,为建设生态文明、促进经济社会全面协调可持续发展做出更大贡献。

25日~26日 2010年全国卫生系统食品安全与卫生监督工作会议在北京召开。会议明确要切实抓好以下四个方面工作:一是深入贯彻实施《食品安全法》,认真履行食品安全综合协调职责,全力做好食品安全整顿综合协调工作;二是创新思路,加强职业卫生、放射卫生监管工作,加大公共场所、饮用水卫生和消毒产品、涉水产品监督管理工作力度,推进环境与健康管理能力建设;三是规范卫生监督执法行为,加强卫生监督队伍建设与管理;四是积极加强食品安全与卫生监督相关公共卫生专业服务领域能力。

26日 中共中央政治局委员、国务院副总理张德江在北京市检查铁路、公路和民航春运工作,慰问交通运输战线干部职工。他强调,交通运输部门要坚持以人为本,加强组织领导,周密细致部署,优化运力安排,提高服务质量,完善应急预案,确保运输安全,全力以赴做好春运工作,保障人民群众春节期间便捷、顺利、平安、满意出行。

同日 国家发展和改革委员会、铁道部等八部门召开全国春运电视电话会议,动员和部署春运各项工作。会议要求相关部门,确保春运安全,力争让广大旅客走得了、走得好、走得满意。

27日 中国国际救援队圆满完成赴海地地震抢险救援任务,回到北京。中共中央政治局委员、国务院副总理回良玉在中南海紫光阁看望会见了全体赴海地救援队员,代表党中央、国务院向他们致以亲切的慰问。

27日~28日 交通运输部救捞系统2010年工作会议在北京召开,交通运输部党组成员、副部长徐祖远出席会议并讲话。会议要求全国水上救助打捞系统完善救捞布局网络,扩大救捞装备规模,加大救捞设施装备投入力度,着眼于"精干实用"的目标,加强专业救捞队伍建设,进一步提高水上应急救助和抢险打捞能力。

28日 上海世博会水上交通管控和应急指挥中心成立，该中心将全程负责世博会期间水上交通管控及人员落水、船舶碰撞等水上突发事件的应急处置和救援工作。这标志着上海海事局世博水上安保工作正式启动。

28日～29日 国家发展和改革委员会在北京召开了首次全国发展改革系统应对气候变化工作会议。会议主题是：以科学发展观为指导，认真学习贯彻中央经济工作会议精神，落实全国发展改革工作会议部署，全面总结“十一五”以来应对气候变化的工作情况，深入分析哥本哈根会议之后的形势与任务，围绕贯彻落实国家控制温室气体排放的行动目标和发展低碳经济，研究部署全国发展改革系统的应对气候变化工作。国家发展和改革委员会主任张平、副主任解振华出席会议并讲话。

29日 住房和城乡建设部召开“全国建筑安全生产电视电话会议”，住房和城乡建设部郭允冲副部长出席会议并讲话。他针对春节和两会期间的安全生产工作重点指出：各级政府要认真履行安全生产监管职责，加强在建工程项目的安全生产监督检查，确保各项安全生产措施落实到位，预防和控制安全生产事故的发生，为广大人民群众过好愉快祥和春节，确保两会胜利召开，创造安全稳定的社会环境。

同日 全国信访局长电视电话会议在北京召开，国务委员兼国务院秘书长马凯出席会议并讲话。他强调，各级信访部门要深入贯彻落实科学发展观，紧紧围绕切实维护群众合法权益、密切党和政府同人民群众的血肉联系这一主线，着力抓好源头预防、事要解决、完善机制、落实责任、提升能力等重点，为促进社会和谐稳定、实现经济平稳较快发展营造良好环境。

30日 全国食品安全整顿工作办公室召开2010年全国食品安全整顿工作视频会议。会议强调，食品安全整顿工作要突出重点，采取坚决果断措施，主动出击，全面彻查食品安全隐患。会议要求，2010年全国食品安全整顿工作要围绕食品安全法及其实施条例的贯彻实施，建立完善地方政府负总责、各监管部门各负其责的监管体制，健全食品安全监管长效工作机制，狠抓薄弱环节，解决突出问题，坚决避免食品安全隐患演变为危害人民群众健康的食品安全事故。

29日到31日 中共中央政治局委员、国务院副总理回良玉，赴内蒙古考察指导雪灾救助和黄河防凌工作，代表党中央、国务院看望慰问灾区各族干部群众。

回良玉强调，党中央、国务院对部分地区的寒潮冰雪灾害高度重视，胡锦涛总书记、温家宝总理多次就此专门作出重要指示，对做好防灾减灾工作、保障人民生命财产安全提出了明确要求。我们一定要认真学习贯彻，进一步落实抗灾工作各项措施，全力保障灾区群众基本生活，千方百计力保畜牧业生产，加强技术指导和服务，做好疫病防治工作，最大限度地降低灾害损失。

31日～2月2日　中共中央政治局常委、中央政法委书记周永康在河北考察，他强调，要巩固和发展学习实践科学发展观活动取得的成果，统筹抓好发展与稳定两件大事，让人民得到更多实惠，让社会更加和谐安宁。

二月

1日　中国气象局召开全国气象部门应对气候变化工作电视电话会议。中国气象局局长、局气候变化工作领导小组组长郑国光出席会议并强调，要把握应对气候变化工作的新机遇、新定位、新要求，扎实做好气象部门气候变化的各项工作。

3日　中央政法委员会第十次全体会议在北京召开。中共中央政治局常委、中央政法委书记周永康主持会议并强调，各级政法机关要认真贯彻落实中央有关文件和全国政法工作电视电话会议精神，进一步提高认识，细化实化各项部署要求，扎实推进社会矛盾化解、社会管理创新、公正廉洁执法三项重点工作，确保取得实实在在的成效，为实现国家长治久安奠定坚实基础。

6日　《国务院关于设立国务院食品安全委员会的通知》(国发〔2010〕6号)出台。

同日　自本日起，武汉、广州、合肥、郑州等11个城市陆续查出海南豇豆农药残留超标，被称为“豇豆事件”，在社会上造成恶劣影响，13名相关责任人被问责。

8日　中共中央政治局委员、国务院副总理张德江在山东检查安全生产工作，他强调，要深入贯彻落实科学发展观，转变经济发展方式，牢固树立安全发展理念，加大安全事故隐患排查力度，加大安全生产责任落实力度，加大安全生产监督管理力度，毫不松懈地抓好安全生产各项工作，努力实现安全生产形势持续稳定好转。

同日　交通运输部与国家质量监督检验检疫总局签署《关于加强进出口监管

提高口岸工作效率合作备忘录》。两部门在电子通关、口岸执法、危险品管理、疫病疫情防控、国际交流合作、定期沟通六个方面深化合作：一是推进电子口岸建设，提高口岸进出效率；二是建立执法联动机制，加强进出境货物监管；三是建立危险品管理合作机制，强化运输安全；四是加强疫病疫情防控合作，共同维护国门安全；五是加强对外交流协作，共同维护国家利益；六是建立联席合作机制，密切双方联系。

同日 电力监管委员会召开全国电力安全生产电视电话会议，贯彻落实全国安全生产电视电话会议和全国安全生产工作会议精神，总结2009年电力安全生产工作，部署2010年电力安全生产工作。

9日 国务院设立食品安全委员会，作为国务院食品安全工作的高层次议事协调机构，督促落实食品安全监管责任。

同日 国务院食品安全委员会召开第一次全体会议。中共中央政治局常委、国务院副总理、国务院食品安全委员会主任李克强在会上讲话时强调，食品安全是重要的民生问题，要下更大的决心，采取更有力的措施，依法加强治理整顿，依法加大监管力度，切实提高食品安全水平，保障人民群众身体健康，维护改革发展稳定大局。中共中央政治局委员、国务院副总理、国务院食品安全委员会副主任回良玉、王岐山出席会议并讲话。

10日 受胡锦涛总书记委托，中共中央政治局常委、中央政法委书记周永康专程来到中国石油天然气集团公司、国家电网公司和铁道部，考察重点行业企业安全运行和维护稳定工作，代表党中央、国务院看望慰问干部职工，强调要深入贯彻落实科学发展观，统筹做好发展和稳定两篇大文章，确保经济安全运行，促进社会和谐稳定。

12日～13日 中共中央政治局常委、国务院总理温家宝来到广西河池市东兰县、巴马瑶族自治县，看望慰问受灾群众，指导抗旱救灾工作。

15日 国务院办公厅印发《关于继续深入开展"安全生产年"活动的通知》（国办发〔2010〕15号）。

24日～26日 中共中央政治局委员、国务院副总理、国家防汛抗旱总指挥部总指挥回良玉，赴云南省考察指导抗旱救灾和森林防火工作，代表党中央、国务院看望慰问灾区各族干部群众。

24日～25日 全国动物疫病防控卫生监督工作座谈会在北京召开。会议强调,2010年重点加强非洲猪瘟、甲型H1N1流感、布病和结核等人畜共患疫病三种动物疫病的防控工作。

26日 农业部召开全国春季重大动物疫病防控工作启动会议,分析禽流感、高致病性猪蓝耳病等重大动物疫病防控形势,部署2010年春防工作。农业部副部长高鸿宾强调,各级畜牧兽医部门要切实采取有效措施,集中力量,扎实工作,紧紧围绕农业部党组确定的"两个千方百计、两个努力确保"的中心任务推动工作落实。

同日 中国国际救援队位于北京北郊的训练基地首度向中外媒体开放,30多名记者参观了包括真火实验室、烟热训练室等在内的训练基地,并观摩了队员在基地进行的一场模拟搜救演练。

三月

1日 7时20分许,位于内蒙古自治区乌海市境内的神华集团乌海能源公司骆驼山煤矿,在基建施工中发生透水事故,造成32人遇难、7人受伤。事故直接原因是:事发矿16号煤层回风大巷掘进工作面遇煤层下方隐伏陷落柱,在承压水和采动应力作用下,诱发这个掘进工作面底板底鼓,承压水突破有限隔水带形成集中过水通道,导致奥陶系灰岩水从煤层底板涌出。

同日 国务院召开全国森林草原防火工作电视电话会议。中共中央政治局委员、国务院副总理回良玉在会上强调,各地区、各有关部门要充分认识做好森林草原防火工作的极端重要性,着力强化防控能力,严格落实各项责任,切实加强火源管控,科学处置突发火情,坚决遏制森林火灾多发态势,坚决避免发生重大森林草原火灾和重大人员伤亡,努力维护人民生命财产和森林草原资源安全,为促进经济平稳较快发展和社会和谐稳定创造有利的环境条件。

同日 位于上海世博会园区内的三个"世博食品安全检测实验室"正式启用,实验室内共有58项食品安全检测技术,拥有达到国际先进水平的食品安全快速检测系统,实现对世博会期间的入园食品进行严格检测。

1日~2日 内地、香港、澳门三地传染病防治专家工作组第一次联席会议在海南省三亚市召开。会议就三地间如何加强新发传染病防治预案的沟通、实验室检测信息共享和及时通报、实验室检测人员定期交流、建立三地间新发传染病风险评估机制，以及联合制订传染病诊疗和感染控制等相关技术文件，开展传染病重症救治、远程会诊、病人转院和临床诊疗方面科研等进行了探讨。

2日 《国务院办公厅关于印发2010年食品安全整顿工作安排的通知》(国办发〔2010〕17号)出台。

同日 交通运输系统公路水路世博安保工作动员部署视频会议在上海召开。交通运输部动员部署交通运输行业进一步提高认识，增强责任感和使命感，全力以赴做好公路水路交通安保工作。

同日 环境保护部与国家海洋局在北京签署《关于建立完善海洋环境保护沟通合作工作机制的框架协议》，决定在重点海域污染控制、海洋生态保护等方面加强合作，合力保护海洋环境，促进沿海经济与环境协调发展。

同日 国家安全生产监督管理总局召开学习贯彻国务院办公厅《关于继续深入开展"安全生产年"活动的通知》专题视频会议，要求各地区、各部门，采取开展安全生产检查和督查等措施，严防重特大事故。

同日 我国首个网络森林医院正式开通，广大林农足不出户就可以自我诊治林业有害生物，与专家进行面对面咨询，并得到专家的现场指导和帮助。

3日～4日 民用机场应急救护工作委员会工作会议在北京中国民航管理干部学院举行。会议强调，做好机场应急救护工作，要在民航行业总体应急救援基础上，满足民用机场管理和应急救援要求，同时要遵守国家应急医疗救援的相关规定，将机场应急救护队伍建设成为国家紧急医疗救援体系中的"国家队"。

8日 由广东省政府应急办、香港特别行政区政府保安局、澳门特别行政区政府保安司和台湾消防设备师(士)协会共同主办的首届粤港澳台应急管理论坛在广州举办。

14日 农业部在河北承德召开2010年全国草原防火工作暨应急队伍建设现场会议，贯彻落实国务院召开的全国森林草原防火工作电视电话会议精神，对全国草原防火工作和应急队伍建设作出部署。

17日 国家林业局在北京召开2010年春季沙尘暴灾害应急工作会议，确定了衡量沙尘暴灾害应急处置工作的7项标准：一是成立应急领导小组、建立专门机构和信息员队伍；二是编制完善应急预案，制定详细工作方案；三是公众对灾害预防知识的普及；四是准确掌握灾害信息；五是迅捷报送和发布灾害信息；六是快速处置重特大灾害；七是通过媒体及时宣传防灾救灾情况。

17日～19日 2010中国(上海)国际突发事件灾难预防及救援装备技术展览会在上海国际展览中心举办。

19日 国家减灾委员会办公室、全国抗灾救灾综合协调办公室组织召开旱灾救助会商会议,研判旱情发展趋势,研究旱灾救助工作。

19日～21日 中共中央政治局常委、国务院总理温家宝来到云南省曲靖市,深入旱灾最严重的地区,看望慰问受灾群众,指导抗旱救灾工作。

22日 中国民用航空局在北京举办为期12天的危险品航空运输管理培训班。中国民用航空局、各地区管理局及监管局的33名运输监察员参加培训。

25日～26日 全国震害防御工作研讨会在广州召开。中国地震局党组成员、副局长刘玉辰出席了会议,并做重要讲话。会议的主题是:深入贯彻落实全国防震减灾工作会议和全国地震局长会暨党风廉政建设工作会议精神,总结经验,扎实推进震害防御发展,研究部署2010年震害防御工作。

26日～27日 由公安部主办、上海市公安局承办的上海世博会安保国际合作会议在沪召开,公安部副部长刘京出席会议并作重要讲话。会议期间,上海世博会安保部门的有关负责人向与会代表介绍了安保工作相关情况,并汇总了各方安保需求。

27日～29日 2010年全国地震应急救援工作交流会在江西省南昌市召开。会议就海地地震国际救援、国家防震减灾事业发展思路、“十一五”重点工程和“十二五”规划编制、地方应急预案建设和应急救援队伍建设等主题进行了探讨,并对2010年地震应急救援工作提出了十个方面的要求:(一)加强应急救援组织领导;(二)加强应急救援规划设计;(三)加强应急救援法规建设;(四)加强重点区应急准备工作;(五)加强应急救援队伍建设;(六)加强应急救援社会管理;(七)加强应急救援公共服务;(八)加强应急救援基层基础工作;(九)加强应急救援国际合作交流;(十)切实加强地震灾害应急处置工作。

28日 13时40分左右,华晋焦煤公司王家岭煤矿发生一起特别重大透水事故,153人被困。经全力抢险,115人获救,38人遇难。事故直接原因是:事发矿未探明20101回风巷掘进工作面附近小煤窑老空区积水情况,发现透水征兆后未果断及时采取撤出井下作业人员等措施,掘进作业导通老空积水,造成+583.168m标高以下的巷道被淹和人员伤亡。

29日 本日是第15个全国中小学生安全教育日,教育部、公安部等13个部门在北京联合主办了以“加强疏散演练，确保学生平安”为主题的活动。

同日 国家防总、水利部启动10个省(市)水利部门对口帮扶云南、贵州、广西等重旱区。根据国家防总、水利部的部署，上海、江苏、浙江、山东四省(市)对口帮扶云南省；北京、天津、安徽、湖北四省(市)对口帮扶贵州省；广东、福建两省对口帮扶广西。

31日 交通运输部召开全国公路水运工程“平安工地”建设活动部署电视电话会议，标志着为期两年的“平安工地”建设活动正式启动。活动旨在把政府监管关口前移、重心下移，将安全生产工作重点放在施工工地，大力推进交通运输建设行业安全管理标准化进程，进一步在建设项目各个方面、各个环节凝聚共识，切实提高制度的执行力，把安全生产抓紧、抓实、抓细、抓好，促进交通运输快速高效安全绿色发展。

31日 19时20分，河南省洛阳市伊川县国民煤业公司发生一起特别重大煤与瓦斯突出事故，造成44人死亡、6人下落不明，直接经济损失2 728.4万元。

四月

1日 中共中央政治局委员、国务院副总理回良玉在国家防汛抗旱总指挥部指挥中心主持召开国务院专题会议，传达贯彻胡锦涛总书记、温家宝总理重要指示精神，分析研究旱情灾情农情和低温对部分地区农业生产的影响，进一步安排部署抗旱救灾和春季农业生产工作。会议强调，要坚持科学抗旱，把解决群众饮水问题放在抗旱工作的首位，做好人工增雨和找水、打井、送水工作，加强水源的统一管理和调配，并积极调整旱区农业结构，加强受灾群众的生活救助，确保旱区市场和社会稳定。要高度重视低温对粮食生产的危害，加强分类指导，强化春季田间管理，努力增温促熟，促进苗情转化，力争夏粮获得好收成。要坚持抗大旱和防洪涝两手抓，切实加快水利基础设施建设，从根本上提高防御自然灾害和农业综合生产能力。

同日 《气象灾害防御条例》施行，条例建立了政府统一领导、多部门配合、社会广泛参与的防灾减灾机制，进一步规范了各级政府、有关部门和社会公众在气象灾害防御活动中的权利义务关系。

1日～2日 国务院安委会办公室、国家安全监督管理总局在广州召开广东安全生产应急管理综合试点现场会暨全国安全生产应急管理工作会议。国务院安委会副主任、安委办主任、国家安全生产监督管理总局党组书记、局长骆琳做作重要讲话。

2日 全国构筑社会消防安全“防火墙”工程现场会在河北省石家庄市召开。会议总结推广河北等地消防工作经验,部署开展2010年至2012年为期3年的构筑社会消防安全“防火墙”工程,力争通过三年努力,消防工作社会化水平明显提升,全社会消防安全环境明显改善,重特大尤其是群死群伤火灾事故有效遏制。

同日 公安边防部队上海世博边防安保誓师大会在上海外高桥海警码头举行,来自上海、广东、山东、江苏、浙江、福建、河北等公安边防总队的800多名边防官兵庄严宣誓,全力以赴誓保世博平安。

3日～5日 中共中央政治局常委、国务院总理温家宝赶赴贵州旱灾最严重的黔西南苗族布依族自治州,先后到兴义市、兴仁县、安龙县,深入村寨,走访农户,慰问各族群众,到田间地头察看灾情,与干部群众共商抗旱救灾大计,检查指导抗旱救灾工作。

5日 国务委员、公安部党委书记、部长孟建柱在上海主持召开由江浙沪三省市公安厅局长和有关部门、警种负责同志参加的会议,专题研究部署构建江浙沪世博安保警务联勤指挥机制问题,并形成了《江浙沪警务联勤指挥机制纪要》。

同日 晚20时12分,浙江省台州市下辖的三门县城发生一起惨烈车祸。当地一名企业主在醉酒情况下驾驶一辆黑色宝马轿车,5分钟内在县城最繁华的人民路连撞八辆车,直至撞上右侧的人行道台阶后才停下来。短短193米,4人死亡、6人受伤。这也是“新交规”后首起醉驾致重大伤亡案。

6日 卫生部和国家食品药品监督管理局在北京举行新闻发布会,通报“山西疫苗事件”有关情况。山西省疾控中心与北京华卫时代公司合作经营期间在疫苗管理上存在一定问题,合作中有违反招投标程序、违反人事管理规定等问题,山西省疾控中心还存在未经批准并违反操作技术规程在部分疫苗包装上加贴标签、下发的免疫方案涉及具体疫苗生产企业和批发企业等问题。

7日 交通运输部救捞系统“世博”应急保障誓师大会兼海空立体演习在上海外高桥救助码头举行。

7日～8日 全国危险化学品安全监管工作会议在福建省泉州市召开。会议的主要任务是,分析危险化学品安全生产形势,大力推进危险化学品领域安全生产"三项行动"和"三项建设",研究落实 2010 年危化品安全监管重点工作的措施,遏制重特大危险化学品事故,继续保持全国危险化学品安全生产形势稳定好转。

8 日 中国气象局与国家林业局《关于森林防火与气象合作的框架协议》签字仪式在北京举行。双方在健全和完善气象、林业信息共享机制等方面进一步加强合作。

9 日 2010 年全国整治违法排污企业保障群众健康环保专项行动正式启动,全力整治重金属排放企业环境违法问题,遏制重金属污染事件频发的势头,进一步加大对污染减排重点行业的监管力度。

13 日 国务院华晋焦煤公司王家岭矿"3·28"特别重大透水事故调查组成立,并召开了第一次全体会议,事故调查工作全面展开。

同日 国土资源部在北京召开全国汛期地质灾害防治工作视频会议,重点部署 2010 年汛期防灾工作的 7 项工作:一是加强群测群防体系建设;二是加强地灾气象预警;三是加强重点地区工作;四是加强黄土地区工作;五是加强在建工程防灾工作;六是加强部门联动;七是加强督查检查。

13 日~15 日 中共中央政治局常委、中央纪委书记贺国强在四川绵阳市、德阳市、阿坝自治州、成都市等地就灾区恢复重建及监督检查工作进行实地考察。

14 日 7 时 49 分,青海省玉树藏族自治州玉树县(北纬 33.1 度,东经 96.7 度)发生 7.1 级地震,给人民群众生命财产造成严重损失。

同日 为做好青海玉树抗震救灾工作,国务院已成立抗震救灾总指挥部,回良玉副总理任总指挥,有关部门负责同志任副总指挥,下设抢险救灾、群众生活、卫生防疫、基础设施保障和生产恢复、地震监测、社会治安、宣传、综合等 8 个工作组。受胡锦涛总书记、温家宝总理委托,回良玉副总理已率国务院有关部门和军队、武警部队负责同志紧急赶赴灾区慰问受灾群众,指导抗震救灾工作。

14 日~15 日 中共中央政治局常委、中央政法委书记周永康赴上海和浙江嘉兴、江苏昆山等地,看望慰问奋战在世博安保一线的公安政法干警、解放军指战员、武警官兵、安保志愿者和广大干部群众,实地检查指导世博安保工作。

15 日~16 日 中共中央政治局常委、国务院总理温家宝在青海玉树地震灾区考察灾情,慰问各族干部群众,指导抗震救灾工作。

16 日 中共中央政治局委员、国务院副总理、国务院抗震救灾总指挥部总指挥回良玉在青海玉树灾区主持召开抗震抢险救灾工作联席会议。他强调,要全面贯彻落实温家宝总理在玉树地震灾区考察时的讲话精神，细化、实化各项要求和工作措施，进一步做好抗震抢险救灾工作。

17 日 胡锦涛总书记主持召开中共中央政治局常务委员会会议，全面部署青海玉树抗震救灾工作。

18 日 中共中央总书记、国家主席、中央军委主席胡锦涛来到玉树地震灾区，视察灾情，看望慰问受灾群众和救援人员，实地了解救灾工作面临的突出困难，指导解决影响救灾工作进展的瓶颈问题。

19 日 全国食品安全工作电视电话会议在北京召开，中共中央政治局常委、国务院副总理、国务院食品安全委员会主任李克强出席会议并讲话。他强调，要依法加强食品安全整顿工作，强化措施，落实责任，提高食品安全监管能力，努力实现全国食品安全形势持续稳定好转。

21 日 为表达全国各族人民对青海玉树地震遇难同胞的深切哀悼，全国举行哀悼活动，全国和驻外使领馆下半旗志哀，停止公共娱乐活动。

21 日～24 日 第五届中国国际警用装备博览会在北京展览馆举办，来自 14 个国家及地区的近 300 家参展商将展出自己最新的警用装备产品。

22 日 以公安消防为依托的上海市应急救援总队挂牌成立。这一总队承担以抢救人员生命为主的应急救援任务，并负责现场的统一救援指挥，为平安办世博和城市安全运行提供高效的综合性应急救援服务。

22 日～24 日 “2010 年中国(西安)国际社会公共安全产品暨警察反恐技术装备博览会”在西安曲江国际会展中心举办，共有来自美国、日本、德国、意大利、韩国、荷兰等国际和国内近 530 家知名企业参展，博览会展示了安全技术防范、消防技术装备、交通安全、刑事技术、反恐警用装备、生命探测救援设备、专用车辆、计算机网络安全、楼宇智能、防伪技术等十大类 2 000 多个新产品。

23 日～24 日 中共中央政治局委员、国务院副总理、国务院抗震救灾总指挥部总指挥回良玉深入玉树地震灾区，考察指导抗震救灾工作，看望慰问受灾群众，并连夜主持召开抗震救灾联席会议，传达胡锦涛总书记、温家宝总理关于抗震救灾的重要指示精神，重点研究部署灾后恢复重建前期工作。

24 日 国务院第 108 次常务会议修改通过的《中华人民共和国国境卫生检疫法实施细则》正式公布，自公布之日起施行。

26 日 中共中央政治局常委、全国政协主席贾庆林专程赶赴青海玉树地震灾区，看望慰问受灾群众和救援人员，实地察看地震灾情，了解抗震救灾进展情况，指导抗震救灾工作。

28 日　教育部应急管理咨询专家组在北京成立。由高校和有关部门 22 名专家组成的专家组将专注于提高教育系统应急管理工作水平、提升教育系统应对突发公共事件能力。

同日　玉树灾区地灾预警监测网全面建成，可为灾后重建工作提供更科学的地灾防治信息。

29 日　中国国家发展和改革委员会副主任解振华和欧盟委员会气候行动委员康妮·赫泽高在北京举行中欧气候变化部长级磋商，并发表中欧气候变化对话与合作联合声明，形成了中欧气候变化部长级对话与合作机制。

同日　江苏泰兴市泰兴镇中心幼儿园发生一起持刀行凶案件，犯罪嫌疑人砍伤 32 人，伤者中幼儿 29 名，教师 2 名，保安 1 名。犯罪嫌疑人徐玉元当场被制服。

30 日　举世瞩目的中国 2010 年上海世界博览会开幕式在上海世博文化中心隆重举行，国家主席胡锦涛出席开幕式并宣布上海世博会开幕，来自世界各地的领导人和贵宾出席了开幕式。

五月

1 日　中国上海世博会开园仪式在上海世博中心举行。主题：城市，让生活更美好。吉祥物为“海宝”。

1 日～2 日　中共中央政治局常委、国务院总理温家宝赴青海玉树地震灾区，深入村庄、学校、“方舱”医院、自来水厂和寺庙等，看望慰问灾区各族干部群众，了解灾后群众安置情况，指导灾区恢复重建工作。

3 日　全国综治维稳工作电视电话会议召开，中共中央政治局常委、中央政法委书记、中央综治委主任周永康出席会议并讲话。他强调，要以对人民生命安全高度负责的精神，切实履行维护稳定的第一责任，加强学校、幼儿园安全保卫工作，为孩子们学习成长创造平安和谐的社会环境。

5 日～7 日　由民政部和东盟秘书处主办、国家减灾中心承办的“东盟 10＋3 城市灾害应急管理研讨会”在北京召开。参会代表和部分国际组织专家结合本地区城市灾害风险管理工作面临的形势和任务，围绕灾害信息获取、灾害预警、应急联动和救灾应急指挥体系建设、志愿者参与以及促进区域合作等方面展开了富有成效的交流和研讨。

5日 中国气象局召开2010年全国汛期气象服务动员电视电话会议,贯彻落实中央战略部署,进一步加大各项工作力度,切实落实各项任务措施,全力做好汛期气象服务工作,确保汛期气象服务取得全面胜利。

6日 全国水库安全度汛异地视频会议召开。国家防总提出,2010年水库安全度汛工作的目标是,确保大型和防洪重点中型水库不垮坝,确保一般中型和小型水库设计标准内洪水不垮坝,确保水库下游地区人民群众生命安全,充分发挥水库防洪减灾与兴利综合效益。为此,国家防总强调,各地要强化组织领导,全面落实各项责任,要逐库逐站落实技术和管护责任人,将预报预警、洪水调度、应急抢险、人员转移等各项措施落到实处,对因责任制不落实、工作不到位导致水库垮坝,造成严重后果的,要依法追究行政责任人的责任。

6日~7日 交通运输部在四川成都召开"抗震救灾,交通科技在行动——交通基础设施抗震减灾技术研讨会",深入总结科技支撑交通基础设施抗震减灾及恢复重建经验,交流抗震减灾技术成果,促进成熟技术的推广应用,以提高交通运输行业抗震减灾能力和水平。

7日 国家减灾委员会专家委员会、国家减灾委员会办公室联合主办的"国家综合防灾减灾与可持续发展论坛"在北京开幕。中共中央政治局委员、国务院副总理、国家减灾委员会主任回良玉致信要求,认真组织、扎实开展"防灾减灾日"有关活动,加大宣传教育力度,增强全社会防灾减灾意识和社会公众的自救互救能力,促进国家综合防灾减灾体系建设。

8日 中共中央政治局常委、国务院副总理李克强出席在北京举行的绿色经济与应对气候变化国际合作会议开幕式并发表主旨演讲。他强调,要推动绿色发展,加快经济发展方式转变,促进世界经济健康复苏和可持续发展。他还就发展绿色经济与应对气候变化国际合作提出三点建议:第一,加快转变经济发展方式,积极推动绿色发展;第二,牢固树立生态文明理念,大力倡导绿色消费;第三,完善经济全球化机制,形成有利于绿色经济发展的环境。

9日 2010年太湖流域防汛抗旱总指挥部指挥长会议在江苏南京召开,研究分析太湖流域的防汛抗旱形势和任务,安排部署各项工作。会议明确,全力做好2010年太湖流域防汛抗旱工作:一要加强领导,全面落实防汛抗旱责任制;二要修订预案，完善应急管理机制；三要齐心协力，确保上海世博会防汛供水安全；四要高度重视，确保水库度汛安全；五要以人为本，切实做好台风和山洪灾害防御工作；六要统筹兼顾，做好水量调配和供水保障工作；七要抓住机遇，加快流域防洪抗旱工程体系建设；八要团结协作，共同做好流域防汛抗旱工作。

同日 “杀害”同村人在监狱已服刑10多年的河南商丘村民赵作海，因“被害人”赵振晌的突然回家，被宣告无罪释放，河南省法院纪检组、监察室同时启动责任追究机制。5月13日上午，河南省高院召开新闻发布会宣布：给予赵作海国家赔偿及生活困难补助共计65万元。

10日 中国海事局“海巡31号”和“海巡11号”执法船完成了为期9天的南海巡航执法任务，这是中国海事局首次赴南沙海域巡航。

同日 受社会广泛关注的“央视大火”被告人徐威等21人危险物品肇事案，经北京市第二中级人民法院公开审理后进行一审宣判。以危险物品肇事罪，判处徐威有期徒刑七年；判处刘发国有期徒刑六年六个月；分别判处王世荣、高宏有期徒刑四年六个月；分别判处李小华等十三名被告人三年至六年不等的有期徒刑；判处陈代义有期徒刑三年，缓刑五年；分别判处刘桂兰、戴剑霄有期徒刑三年，缓刑三年；对陈子俊免予刑事处罚。

10日～11日 中共中央政治局常委、国务院副总理李克强来到青海玉树地震灾区，看望灾区各族干部群众和救灾人员，重点考察灾后恢复重建、灾后防疫等工作，强调要认真贯彻落实党中央、国务院决策部署和胡锦涛总书记、温家宝总理指示精神，扎实有序全面推进灾后恢复重建工作，着力解决受灾群众基本民生问题。

10日 纪念中国渔政指挥中心成立10周年暨全国渔政执法能力建设座谈会在北京举行。会议就加强全国渔政执法能力建设、《全国渔政装备设施建设“十二五”规划》有关问题进行了研讨。

12日 中共中央政治局委员、国务院副总理、国家防汛抗旱总指挥部总指挥回良玉主持召开全国防汛抗旱电视电话会暨国家防汛抗旱总指挥部全体会议，研究分析汛情灾情形势，进一步安排部署防汛抗旱救灾工作。他强调，各地区、各有关部门要认真贯彻落实胡锦涛总书记、温家宝总理的指示精神，坚持以人为本、依法防控、科学防控、群防群控，强化措施，落实责任，扎实做好防汛抗旱救灾各项工作，最大限度减轻灾害损失。

同日 我国第二个“防灾减灾日”，各地举行各种宣传活动和防灾减灾演练，增强人民群众的防灾减灾意识和应急自救能力。

同日 上午8时左右，48岁的陕西省南郑县圣水镇林场村村民吴焕明持菜刀闯入该村幼儿园，致使7名儿童和2名成年人死亡，另有11名学生受伤。

同日 中央社会治安综合治理委员会办公室、中央综治委学校及周边治安综合治理工作领导小组发出通知要求，各级综治办和学校及周边治安综合治理工作领导小组要深入贯彻落实5月3日全国综治维稳工作电视电话会议精神，认真总结经验和教训，采取更加坚决有力的措施，进一步健全完善学校及周边治安综合治理工作机制，切实维护学校及周边的安全稳定。

同日 下午，公安部、教育部联合召开紧急视频会议，对进一步加强学校、幼儿园安全保卫工作进行再动员、再部署。国务委员、公安部部长孟建柱在会上强调，要把中央领导同志的指示精神进一步贯彻落实到位，把学校和幼儿园安全隐患排查整改措施进一步落实到位，把学校和幼儿园周边治安防控措施进一步落实到位，把学校和幼儿园安全责任进一步落实到位，切实维护学校、幼儿园安全稳定。

13日 卫生部组织召开全国卫生系统手足口病防治工作电视电话会议。会议要求各地切实加强领导，提高认识，明确责任，强化督导，进一步加强六个方面的工作：一是加强农村基层卫生技术人员手足口病防治知识培训，切实提高其防治能力。二是加强重症病例的救治工作，努力降低病死率。三是加强重点场所的疫情控制，有效控制疫情蔓延。四是加强疫情监测报告，科学研判疫情发展趋势。五是加强健康教育工作，切实做好风险沟通。六是进一步加强科研攻关的力度，早日取得突破性进展。

同日 国家安全生产应急救援联络员第七次会议暨中央企业汛期安全生产工作座谈会在北京召开。国务院安委会办公室副主任、国家安全生产监督管理总局副局长、国家安全生产应急救援指挥中心主任王德学出席会议并讲话。

同日 国家海洋局在北京召开2010年汛期海洋灾害应急管理工作视频会议，国家海洋局王宏副局长出席会议并讲话。会议传达全国防汛抗旱电视电话会暨国家防汛抗旱总指挥部全体会议精神和回良玉副总理的重要讲话，部署2010年汛期的重点工作。

14日 联合国开发计划署助理署长兼危机预防与恢复重建局局长瑞俊丹接

受记者采访时，对中国四川地震灾区重建工作表示赞赏，认为中国在此方面的经验值得世界其他国家学习和借鉴。

同日 中共中央政治局委员、国务院副总理、国务院抗震救灾总指挥部总指挥回良玉主持召开国务院抗震救灾总指挥部会议，听取并审议关于玉树地震灾后恢复重建承载能力评价报告，研究抗震救灾和灾后恢复重建有关工作。他强调，青海玉树地震灾区的恢复重建，必须遵循自然规律和经济社会发展规律，充分考虑资源环境承载能力，科学规划、合理布局、保证安全、保护生态，不仅要让灾区经济社会发展和人民生产生活上新台阶，而且要让三江源地区生态环境建设上新台阶。

同日 玉树地震灾区文化遗产抢救保护工程启动仪式在全国重点文物保护单位青海玉树的新寨嘉那嘛呢举行。

19日 国家防总召开2010年防台风工作视频会议，贯彻落实全国防汛抗旱电视电话会议暨国家防汛抗旱总指挥部全体会议和回良玉副总理的重要讲话精神，总结交流防台风工作经验，研究讨论《关于加强防台风工作的意见》，安排部署防台风工作。国家防总副总指挥、水利部部长陈雷强调，要立足于防御超强台风，从最不利情况着眼，向最好结果努力，未雨绸缪，精心准备，把防台风工作抓早抓细抓实，牢牢把握防台风工作主动权，最大程度减轻台风灾害损失，为保障经济社会又好又快发展作出新的贡献。

19日～20日 国家安全生产监督管理总局、国家煤矿安全监察局在山西省潞安矿业（集团）公司召开全国煤矿坚决遏制重特大事故、推广井下救生舱等避险设施现场会。会议深入学习贯彻中央领导同志关于安全生产的重要批示精神，积极探索坚决遏制煤矿重特大事故的有效措施，按照《国务院办公厅关于继续深入开展“安全生产年”活动的通知》（国办发〔2010〕15号）的要求，学习借鉴南非等国家先进经验，并部署煤矿安全工作。

20日～24日 中共中央政治局常委、全国人大常委会委员长吴邦国来到四川，深入绵阳、德阳、成都、阿坝等地震重灾区，实地了解灾区群众生产生活情况，检查指导灾后恢复重建工作。

21日 中国地震局召开专题会议，研究国家地震灾害紧急救援队装备扩充与更新项目实施工作。

22日 为应对经济社会快速发展带来的日益严峻公共安全形势和生产与自

然灾害等突发事件,中国首家以培养应对突发事件应急管理专门人才专业学院——应急管理学院在河南理工大学正式成立。

23日 凌晨2时10分,因连日降雨造成山体滑坡掩埋线路,由上海南开往桂林的K859次(编组17辆)旅客列车,运行至江西省境内沪昆铁路余江至东乡间(K699+700米处),发生脱线事故,机车及机后第1至9位车辆脱线,造成19人死亡、71人受伤。

同日 凌晨3时许,在辽宁省阜新市境内铁岭至朝阳高速公路发生一起特别重大道路交通事故,一辆大货车因方向辨别错误,逆向行驶,与一辆正常行驶豪华卧铺大客车相撞起火,造成33人死亡、24人受伤。

同日 14时许,黑龙江省庆安县一辆从县城开往乡下载有22人的宇通客车,在呼兰河边李贵渡口经摆渡船摆渡过河时,坠入水流湍急的呼兰河,造成19人遇难。

24日 《国务院关于做好玉树地震灾后恢复重建工作的指导意见》(国发〔2010〕14号)出台。

27日 《国务院关于支持玉树地震灾后恢复重建政策措施的意见》(国发〔2010〕16号)出台。

29日 16时许,位于湖南省汝城县文明乡境内的曙光煤矿技改矿井发生井下炸药爆炸事故。当班下井的矿工中,除1人获救外其余17名矿工全部遇难。

30日 由中国儿童少年基金会安康计划捐建的首座安全应急体验中心在北京启用,它主要通过互动体验的形式,让孩子们在寓教于乐中掌握应对自然灾害、公共安全、社会治安等方面的安全应急知识,提高儿童的安全应急素质。

31日 教育部办公厅关于2010年学校突发公共卫生事件防控工作第二次预警通知。

六月

1日 中共中央政治局常委、中央书记处书记、国家副主席习近平专程赶赴青海玉树地震灾区,看望慰问灾区各族干部群众和灾后重建人员,考察群众安置情况和灾后重建工作,强调要以科学发展观为指导谋划重建、推动重建、检验重建,把保障和改善民生放在优先位置,精心组织好对口援建工作,按照中央要求又好又快地建设新玉树。

同日 我国首部专门规范食品添加剂生产的管理规定《食品添加剂生产监督管理规定》正式实施。

2日 凌晨，广西玉林市容县六王镇、杨梅镇遭遇大暴雨袭击，发生山体坍塌，造成30人遇难。

3日 黑龙江、吉林、辽宁、大连四大机场集团，在沈阳签署《合作框架协议》，并宣布成立"东北四大机场高层论坛"，标志着中国首个区域机场合作平台搭建完成。

4日 卫生部通报，湖北省确诊一例人感染高致病性禽流感病例。

5日 第五届"安全发展"高层论坛在人民大会堂举行。论坛主题是"安全发展、预防为主"。国家安全生产监督管理总局副局长杨元元出席论坛并讲话。他强调，要始终坚持安全发展的理念，以预防为主、加强监管、落实责任为重点，促进各类生产安全事故继续下降，有效遏制重特大事故发生。要进一步加强宣传教育和队伍建设、加强安全基础建设、加强组织协作，抓好基层，夯实基础，逐步构建安全生产长效机制，实现安全生产总体形势持续稳定好转。

6日 由中国国家质量监督检验检疫总局与欧盟健康与消费者保护总司共同举办的"中欧食品安全合作论坛"在上海开幕。论坛为期5天，双方官员及专家分别介绍中欧食品安全法律法规体系、管理体制、全程控制、成功经验、面临的挑战和双边合作与交流等内容，并分动物卫生、植物卫生、动物福利、药物残留控制、转基因食品、食品添加剂、食品接触材料等9个专题，围绕食品安全进行法规及技术交流。

9日～11日 共中央政治局委员、国务院副总理、国家防汛抗旱总指挥部总指挥回良玉赶赴汛情灾情较重的湖南、江西，代表党中央、国务院看望慰问受灾群众，考察指导防汛救灾工作。他强调，各地、各有关部门要立足于防大汛、抢大险、救大灾，切实加强预警、落实预案、强化责任、严肃纪律，周密安排各项防汛抢险措施，高度重视水库、堤防安全和山洪灾害防范，及时转移受威胁地区群众，最大程度地减轻洪涝灾害损失，为经济社会发展提供有力保障。

9日 《国务院关于印发玉树地震灾后恢复重建总体规划的通知》(国发〔2010〕17号)出台。

同日 《国务院关于进一步加强防震减灾工作的意见》(国发〔2010〕18号)

出台。

同日 国务院安委办在北京召开海洋石油安全生产专题会议。会议的主要任务是:贯彻落实党中央、国务院关于加强安全生产工作的一系列重要指示精神,深刻吸取美国墨西哥湾深水地平线钻井平台“4·20”井喷、爆炸、原油泄漏事故教训,结合我国海洋石油安全生产工作实际,分析形势、总结经验、查找问题、研究对策、超前防范,进一步提高我国海洋石油安全生产水平,促进我国海洋石油工业科学发展、安全发展。

同日 农业部新闻办公室发布消息,国家禽流感参考实验室从西藏自治区那曲地区双湖区死亡野鸟中检出 H5N1 亚型禽流感病毒。

10 日 国土资源系统西南抗旱找水打井工作总结会在贵阳召开。经过 3 个多月的艰苦奋战,国土资源系统在云南、贵州、广西 3 省(区)的 26 个市(州)156 个县(区),共完成勘探钻孔 2 703 眼,成井 2 348 眼,成井率 87%,累积每天总出水量 36 万立方米,解决了 520 万人饮水问题。

12 日 卫生部办公厅印发《关于进一步加强手足口病防控工作的通知》(卫办疾控发〔2010〕97 号),进一步加强手足口病防控工作。

同日 甘肃省酒泉市阿克塞哈萨克族自治县发生一起腺鼠疫疫情,患者是一名男性,甘肃省张掖市民乐县人,系敦煌至当金山公路修路工人,因在工地捕食旱獭染疫发病,当日经抢救无效死亡。

同日 吉尔吉斯斯坦南部奥什地区发生骚乱,造成大量人员伤亡。外交部第一时间启动应急机制,连夜召开“境外中国公民和机构安全保护工作部际联席会议”,会同有关部门研究部署撤侨方案。

13 日 中国政府网发布《玉树地震灾后恢复重建总体规划》,国家将力争用三年时间基本完成玉树地震灾后恢复重建主要任务,使灾区基本生产生活条件和经济社会发展全面恢复并超过灾前水平,生态环境切实得到保护和改善,为建设生态美好、特色鲜明、经济发展、安全和谐的社会主义新玉树奠定坚实基础。

同日 “贫困所致传染病研究与控制学术会议”在上海召开。200 名中外资深科学家、世界卫生组织热带病研究和培训特别规划署联合协调委员会的代表,就进一步加强中国与世界卫生组织有关机构在消除贫困所致传染病和援助非洲开展传染病控制等领域的广泛合作,进行研讨。

同日 中国疾病预防控制中心和世界卫生组织热带病研究和培训特别规划

署在上海签署合作备忘录。中国将进一步加强与世界卫生组织在贫困所致传染病预防控制和科学研究等领域的合作。

14日 中国政府派包机赴奥什实施撤侨，由外交部牵头组成的两个工作组分别赶赴吉尔吉斯斯坦和乌鲁木齐协助开展撤侨工作。

同日 23时35分，康定县捧塔乡金平电站绕坝公路K3 000段因连日降雨，发生山体滑坡和泥石流灾害，灾害导致该段左岸双基沟葛洲坝集团第二工程有限公司金平电站项目临时施工营地工棚被掩埋，导致23人遇难。

17日 凌晨1时30分，中国政府派往吉尔吉斯斯坦的第九架撤侨包机安全返抵乌鲁木齐国际机场，机上搭载着148名中国公民。至此，中国从吉尔吉斯斯坦的撤侨行动基本结束，共计1 300名在吉中国公民搭乘包机返回国内。

17日～18日 荒漠化防治国际伙伴关系高峰论坛在北京举行。论坛旨在构筑交流平台，汇聚各方智慧，共同为中国乃至全球荒漠化防治和履约行动提供科技支撑和智力支持，为减缓全球变暖、土地退化对人类的影响，携手共建地球家园贡献力量。

18日 2010年"全国安全生产万里行"活动在广西南宁举行发车仪式。由新华社等近30家中央和地方新闻媒体组成的采访团通过深入报道矿山、企业安全生产先进经验，揭露和曝光非法违法、违规违章生产经营和建设行为，推动安全生产工作。

18日～19日 全国社会治安综合治理工作会议在四川成都召开。中共中央政治局常委、中央政法委书记、中央综治委主任周永康出席会议并讲话。他强调，要深入贯彻落实科学发展观，适应经济社会形势新变化，把加强社会建设、创新社会管理摆到更加重要的位置，用更大的劲头抓紧抓好，努力探索一条符合中国国情、体现时代特征、与社会主义市场经济体制相适应的社会建设和社会管理新路子。

18日 香港大学公布，一项研究结果表明，甲型H1N1流感病毒在猪身上进行基因重组后产生了一种新病毒，可能威胁全球公共卫生，专家呼吁各地有系统地对猪进行监测。

19日 由国家行政学院、公安部、民政部、卫生部和国家安全生产监督管理总局共同主办的"2010年应急管理国际研讨会"在北京开幕，国务委员兼国务院秘书长马凯出席。他指出，要把应急管理放在突出位置，加强应急机制建设，强化综合管理,突出预防和全过程控制,注重发挥政府、企业、社会组织、公民以及国际合作的作用,共同做好防范应对突发事件工作。

19日～20日 中共中央政治局常委、国务院总理温家宝来到广西梧州市,实地察看汛情、灾情,慰问奋战在抗洪救灾一线的干部群众,主持召开会议,部署防汛抗洪救灾工作。

20日 经党中央、国务院批准,国务院抗震救灾总指挥部在西宁召开青海玉树地震灾后恢复重建工作会议,传达贯彻胡锦涛总书记、温家宝总理的重要指示,全面部署灾后恢复重建及对口援建工作。中共中央政治局委员、国务院副总理、国务院抗震救灾总指挥部总指挥回良玉在会上强调,青海玉树地震抗震救灾工作已经取得重大胜利,经国务院批准的玉树地震灾后恢复重建总体规划即将全面启动实施,灾区人民殷切期盼的重建美好家园的大幕正式拉开。

21日 1时40分左右,河南省平顶山市卫东区兴东二矿井下火药库发生爆炸事故,胡锦涛总书记、温家宝总理立即作出重要指示,要求千方百计抢救被困人员,严防次生事故发生,并查清事故情况和原因,做好各项工作。国务院副总理张德江也作出指示。受党中央、国务院委派,国务委员兼国务院秘书长马凯率国务院有关部门负责同志赶赴事故现场,慰问伤亡人员家属,部署相关工作。事故发生时有75人在井下,28人安全升井,47人死亡。

22日 国务院河南省平顶山市"6·21"特别重大炸药爆炸事故调查组正式成立。国家安全生产监督管理总局局长骆琳任组长,国家安全生产监督管理总局副局长、国家煤矿安全监察局局长赵铁锤、监察部副部长郝明金、河南省副省长史济春等人担任副组长。

同日 人民调解法草案首次提请全国人大常委会审议。这一立法将进一步完善人民调解法律制度,充分发挥人民调解在化解矛盾纠纷、维护社会稳定的"第一道防线"作用。

同日 我国首艘专业溢油应急环保船"海洋石油252"在天津渤海石油港区交船启用。"海洋石油252"是一种有效防范和制止此类灾难的专业性应急设备,用于接收海上石油勘探、开采过程中的测试井液、污油水,具有海面溢油回收作业功能和海面油污消除能力及一定的对外消防灭火作业能力,被誉为"海上的溢油应急指挥中心"。

24日 温家宝总理专程来到江西抚州,冒雨察看汛情、灾情,代表党中央、国务院、中央军委和胡锦涛总书记看望受灾群众,慰问奋战在抗洪抢险一线的解放军、武警、公安民警和消防官兵,指导抗洪救灾工作。

同日 国务院召开防汛抗洪救灾紧急视频会议,分析汛情灾情形势,进一步安排部署防汛抗洪救灾工作。中共中央政治局委员、国务院副总理、国家防汛抗旱总指挥部总指挥回良玉在会上强调,防汛抗洪救灾工作要坚持以人为本、科学防控、依法防控、群防群控,突出重点任务,把握关键环节。一要进一步加强组织领导,确保防汛抗洪救灾各项工作有力有序有效进行。二要进一步加强监测预报预警,确保防汛抗洪工作主动及时。三要进一步加强防洪统一调度,确保防洪工程拦洪蓄洪、削峰错峰等防灾减灾效益充分发挥。四要进一步加强江河堤坝、大中型水库防守,确保安全度汛。五要进一步加强抢险物资充实和队伍演练,抓紧修复水毁工程,确保抗洪救险需要。六要进一步加强群众转移避险,确保人民生命安全。七要进一步加强救灾工作,确保受灾群众基本生活。八要进一步加强生产自救和灾后恢复重建,确保经济社会正常运转。九要进一步加强和改善宣传报道,按照求实公开及时透明的原则发布汛情灾情和防汛救灾工作,确保防汛抗洪救灾有良好的舆论环境。十要进一步加强团结协作,加强与人民解放军、武警部队的联系和协调,确保形成防汛抗洪救灾合力。

同日 国土资源部启动全国汛期地质灾害隐患再排查紧急行动。根据部署,从即日起至9月底,在全国31个省(区、市)范围内开展地质灾害隐患再排查紧急行动,对城镇、乡村、医院、学校、集市等人员集中地以及重要铁路、公路等交通干线沿线和重要工程建设活动区内的地质灾害隐患点再排查、再巡查、再复查。

24日~25日 国家粮食局在甘肃省兰州市召开全国军粮供应应急保障工作经验交流会。会议以科学发展观为指导,认真总结和交流了近几年军粮供应应急保障工作的成绩和经验,研究讨论了进一步加强军粮供应应急体系建设、提高应急保障能力的具体工作措施。国家粮食局党组成员、副局长任正晓出席会议并作讲话。总后勤部军需物资油料部副部长李俊锁和甘肃省委常委、副省长刘永富应邀到会并讲话。

28日 14时左右,贵州省关岭布依族苗族自治县岗乌镇大寨村发生严重山体滑坡,造成重大人员伤亡。温家宝总理迅速作出重要指示,要求组织力量查明情况,千方百计抢救人员,同时防止周边地区发生类似事故,确保人民群众生命安全。受党中央、国务院委派,中共中央政治局委员、国务院副总理回良玉率国务院有关部门负责人紧急赶赴灾害现场,指导抢险救灾工作。他强调,要千方百计抢救人员,竭尽全力救治伤员,安置好受灾群众生活,同时要防止新的地质灾害和次生灾害的发生。

七月

1日 据国家减灾委统计,6月,我国自然灾害以洪涝、旱灾为主,部分地区遭受风雹、地震、台风、山体滑坡和泥石流、病虫害等灾害。6月全国受灾人口6 753.1万人,因灾死亡279人,失踪93人,紧急转移安置202.9万人;农作物受灾面积67.32万公顷,其中绝收8.32万公顷;倒塌房屋13.2万间,损坏45.2万间;直接经济损失571亿元。

同日 《广东省突发事件应对条例》正式实施。

3日 15时50分左右,地处汀江流域的福建省上杭紫金矿业集团有限公司铜矿污水池前发生渗漏,造成汀江流域污染。经调查,此次事件是由废水池渗膜破裂导致污水大量渗漏后通过人为设置的非法通道溢流至汀江而引发的重大突发环境事件。

同日 黑龙江大兴安岭呼中林业局夏季森林火灾扑救取得全面胜利。从6月26日~7月3日,26个火场过火总面积达13 497.62公顷,其中林地11 737.62顷,占过火面积87%;荒山、草地、裸露岩石1 760公顷,占过火面积的13%。

4日 23时16分许,无锡市雪丰钢铁公司一辆夜班车在内环高架惠山隧道由南向北隧道中段突然起火,造成24人死亡,19人受伤。

5日 6时整,因水害中断行车17天的鹰厦铁路全线恢复通车。6月中旬以来,福建、江西境内遭遇持续强降雨侵袭,南昌铁路局管内的赣龙、鹰厦、峰福、外南等线先后出现不同程度的水害塌方294处。其中鹰厦铁路部分路段尤为严重,水害中断行车达166处。

同日 全国公安消防部队应急救援工作现场会在大连召开。会议号召全国公安机关和消防部门提升综合救援能力,着力完善应急联动机制,切实加强应急救援工作领导。

6日 财政部、民政部向浙江、福建、江西、湖南4省下拨3.77亿元中央救灾资金,用于支持洪涝灾区开展受灾人员紧急转移安置和农户因灾倒塌损坏住房的恢复重建等工作。至此，财政部、民政部共向遭受较重洪涝灾害的浙江、福建、江西、湖南、广东、广西、贵州、云南8省区下拨8.67亿元，帮助解决受灾群众基本生活困难。

同日 青海湟源因强降雨引发山洪灾害，造成12人死亡，3人失踪，11人受伤。洪灾还造成20个村交通中断，67个村电力中断，9个村供水中断，9户农民的房屋被冲毁，77户房屋倒塌。

7日 国务院召开国务院常务会议，部署进一步加强企业安全生产工作。会议强调，必须牢固树立以人为本、安全发展的理念，坚持"安全第一、预防为主、综合治理"的方针，以煤矿、非煤矿山、交通运输、建筑施工、危险化学品、烟花爆竹、冶金等行业为重点，全面加强企业安全生产工作。一要严格企业安全管理。二要严格行业安全准入。三要建设坚实的技术保障体系和高效的应急救援体系。在高危行业强制推行一批安全适用的技术装备和防护设施。加快国家安全生产应急救援基地建设，建立健全企业安全生产动态监控和预警预报体系，完善企业应急预案，定期进行安全生产风险分析和应急演练。四要实行更加严格的监督管理。五要积极推进重点行业企业重组和矿产资源开发整合，淘汰安全性能低下、危及安全生产的落后产能和落后技术、工艺、装备。

8日 青海玉树巴塘机场完成首次夜间飞行，标志着玉树大地震发生后第一个立项、第一个开工、第一个竣工、第一个投入使用的灾后重建重点工程——玉树机场抗震救灾应急工程建设圆满完成并通过国家验收、交付使用。

9日 环境保护部部长周生贤表示，由环境保护部牵头的《重金属污染综合防治规划(2010—2015)》编制工作已完成，将突出抓好重点防控地区、重点防控行业和重点防控企业，扎实深入推进重金属污染综合防治。

同日 西藏自治区综合应急救援总队在拉萨成立。

10日 中共中央政治局委员、国务院副总理、国家防汛抗旱总指挥部总指挥回良玉主持召开防汛抗旱紧急会，进一步安排部署防汛抗洪救灾工作。他强调坚持以人为本、科学防控、依法防控、群防群控，以确保人民生命安全为中心，以确保大江大河和大中型水库安全为重点，有力有序有效做好防汛抗洪救灾工作。

同日 "玉树地震灾后恢复重建万人誓师大会在玉树结古镇举行，灾区首批200多个灾后重建项目正式开工建设，这标志着玉树灾后重建大幕正式开启。

同日 国家减灾委办公室启动南方暴雨洪涝灾害国家救灾预警响应，向上海、江苏、浙江、安徽、江西、河南、四川、云南8省市和民政部各中央救灾物资储备库紧急下发通知，全面部署近期暴雨洪涝灾害抗灾救灾工作。7月1日以来南方洪涝灾害过程造成浙江、安徽、福建、江西、湖北、湖南、重庆、四川、贵州9省市1 719万人受灾，因灾死亡50人，失踪15人，紧急转移安置59.7万人；农作物受灾面积94.65万公顷，其中绝收面积13.39万公顷；倒塌房屋4.2万间，损坏房屋12.1万间；因灾直接经济损失89.3亿元。

12日 湖北省政府办公厅发出通知，要求进一步加强汛期应急值守，对突发事件报告不得超过3小时 。通知要求，各市、州、县政府和省政府各部门要严格实行24小时值班制度，及时报送突发事件信息，及时、客观、真实做好突发事件信息报送工作，不得迟报、谎报、瞒报、漏报。

13日 云南巧家县小河镇发生特大洪涝泥石流灾害，致17人死亡，28人失踪，43人受伤，冲毁房屋16户128间，1 200余人受灾。小河镇街道以及电力、电信、供水等基础设施损毁严重，直接经济损失达1.8亿元。

同日 民政部向各地下发《关于切实做好当前救灾应急工作的紧急通知》，要求各地民政部门把防灾救灾工作作为当前民政工作的重中之重，进一步强化和落实救灾工作责任制，下大力气将各项应急措施落到实处。

14日 中国疾病预防控制中心应急综合保障方舱完成验收。方舱由通讯指挥方舱、生活保障方舱和仓储运输方舱三个方舱组成，可根据不同需求，装载不同的设备及装置。方舱的投入使用将进一步提升中国疾控中心承担、参与处置突发事件的能力。

15日 国家防总召开防御强热带风暴“康森”异地视频会商会议，部署“康森”防御工作。国家防总副总指挥、水利部部长陈雷宣布启动国家防总防汛Ⅲ级应急响应，并派出2个工作组赶赴广东和海南，协助地方做好防台风工作。

16日 第五届中国灾难恢复行业高层论坛召开。工业和信息化部透露，我国将制定强制性灾备建设规范完善灾备标准体系并及时出台灾难恢复服务资质管理办法，以促进政府相关部门、行业用户、企业灾难恢复保障体系的发展。

同日 中石油大连新港输油管道发生爆炸，造成原油大量泄漏并引起火灾，周边海域受到污染。17日9时45分，事故现场明火基本被扑灭。

17日～18日 中共中央政治局委员、国务院副总理、国家防汛抗旱总指挥部总指挥回良玉深入安徽灾区，代表党中央、国务院看望奋战在抗洪抢险一线的广大军民，慰问受灾群众，检查指导防汛抗洪救灾工作。他强调，当前全国防汛抗洪救灾正处于关键时期，长江、淮河流域的防汛工作进入紧要关头。要认真贯彻落实中央的部署安排，把防汛抗洪救灾作为头等大事来抓，进一步强化措施，落实责任，确保人民群众生命安全，确保水库和江河堤坝安全，确保受灾群众生活得到妥善安置，最大程度地减轻灾害损失。

17日 国家专业救助打捞力量海上救助演练在烟台举行。交通运输部北海救助局、烟台打捞局、北海第一救助飞行队等单位出动专业救助船艇、救助直升机、海事巡逻船等救助打捞力量参与演练。

同日 20时10分左右，陕西韩城一煤矿发生矿难，28人遇难。

同日 国家海洋局启动应对海洋污染紧急预案，应对大连海上溢油。

同日 由国家交通战备办公室和解放军总后勤部军事交通运输部举行的代号为“交战—2010”的海上应急保障演练在济南战区举行。

18日 10时15分左右，四川省阿坝州一客车在甘孜境内坠河，造成4人死亡，22人失踪。

同日 11时30分，甘肃金塔芨芨台子煤矿发生透水事故，13人遇难。

同日 22时30分许，陕西岚皋县发生山体滑坡，20人失踪。

19日 国务院制定印发《关于进一步加强安全生产工作的通知》(以下简称《通知》)。《通知》从企业安全管理、技术保障、监督管理、应急救援、行业安全准入、政策引导、经济发展方式转变、考核和责任追究等方面提出了明确要求，确定了一系列有关安全生产新的制度和政策举措。

同日 青海省人民政府、商务部、中国人民银行、国家粮食局联合印发《玉树地震灾后恢复重建市场服务体系规划》，提出到2010年年底完成玉树地震灾区市场服务体系恢复重建的主要任务。

20日 国家安全生产监督管理总局局长骆琳表示，上半年我国大部分地区安全生产状况比较稳定，事故起数和死亡人数同比分别下降6.6%和11%，大部分行业领域事故下降。

同日 中国红十字会“社会心理支持工具包培训班暨灾后心理援助项目启动会”在京举行。“社会心理支持工具包”是一套针对心理救援工作人员，面向儿童和成人的心理救援教材，其中包含心理急救、灾后心理危机干预及儿童青少年社会心理支持三大部分，它是我国第一个灾害心理救援工具包。

同日 四川省凉山彝族自治州冕宁县发生一起山体滑坡灾害,2人遇难,11人失踪,省道215线许家坪段中断。

同日 18时许,湖南花垣县锰矿区发生透水事故,10人遇难。

同日 福建省成立首支综合应急救援大队。该大队的成立旨在提高辖区应对突发公共事件的应急抢险救援能力,确保应急救援工作能够更加高效开展。

同日 全国第一个应急管理学会——广东省应急管理学会挂牌仪式暨应急管理法制建设专题研讨会在广州举行。

21日 国务院总理温家宝主持召开国务院常务会议,研究部署当前防汛抗洪工作。

同日 国家防总启动Ⅲ级应急响应防御强热带风暴"灿都"。

同日 中央组织部再下拨党费550万元,用于帮助南方受灾省市抗洪救灾。此前,中组部已向江西、福建、湖南、广西、贵州等5省(区)下拨党费700万元,用于支持做好防汛抗洪救灾工作。

同日 民政部统计,7月以来南方洪涝灾害导致浙皖闽等12省(市)5 793.1万人受灾,因灾死亡273人,失踪218人,紧急转移安置300万人;农作物受灾面积395.6万公顷,其中绝收面积61.7万公顷;倒塌房屋33万间,损坏房屋88.1万间;因灾直接经济损失582.7亿元。

同日 卫生部发布公告,就食品中毒等进行预警,这是食品安全法颁布以来发布的首个食品安全预警公告。

同日 江苏电网与气象部门合作,建成电力气象预警防灾体系,全省电网的防灾减灾能力显著提高。

22日 国务院安全生产委员会办公室通报称,上半年全国325.4万家生产经营单位开展了隐患排查治理,共排查出事故隐患466.9万项,整改率94.6%,其中排查出重大隐患1.55万项,整改率72.5%。

同日 13时45分,台风"灿都"在广东湛江吴川沿海登陆后,先后影响海南、广东、广西和云南等省(区),造成广东、云南、广西3省(区)622.3万人受灾,因灾死亡9人,紧急转移安置30余万人;倒塌房屋3.6万间,损坏房屋8.6万间;因灾直接经济损失55.4亿元。针对广东和广西灾情,国家减灾委、民政部分别于23日和24日紧急启动国家四级救灾应急响应。

23日 中共中央政治局常委、国务院总理温家宝在湖北考察防汛抗洪工作,要求按科学规律防汛抗洪。

同日 国家安全监督管理总局通报上半年全国各类事故共死亡33 876人，同比减少4 174人，下降11%。

24日 国家减灾委、民政部紧急启动国家四级救灾应急响应，应对广西、河南严重洪涝灾害。

同日 甘肃省平凉市华亭县发生一起山体滑坡，造成13人死亡。

同日 河南栾川县汤营大桥整体垮塌，致53人遇难，13人失踪。

同日 陕西山阳一村庄遭遇泥石流灾害，6人遇难，5人重伤，18人失踪，紧急转移安置群众530人。

25日 长江防总评估长江流域防汛抗旱形势称，2010年长江流域水情之猛、灾情之重、抗灾之急为近十年罕见。6月以来，长江流域受灾人口近8 000万，323人因灾死亡。

26日 零时30分许，云南怒江突发泥石流灾害，致11人失踪11人受伤。

同日 卫生部公布《食品用香精、香精使用原则(征求意见稿)》，列出了不得添加食用香料、香精的食品名单。

27日 四川省汉源县突发山体滑坡，致21人失踪，58户房屋受损，4 000多居民紧急疏散。

同日 “西部复杂山体重大地质灾害防治学术论坛”在重庆召开，指出我国地质灾害防治科技水平亟待提高。

同日 吉林永吉县新亚强化工厂7 000多只化工厂原料桶被洪水冲入松花江。

28日 南京市塑料四厂发生可燃气体管道泄漏爆燃，造成13人死亡，120人住院治疗。

29日 陕西延长县发生天然气井喷事故，千余群众被疏散，事故未造成人员伤亡。

同日 新疆阿克苏地区库车县北部山区突降暴雨导致特大洪灾，造成国道217线通往北部山区部分道路、桥梁冲毁，1 000余人被困。经过4天救援，8月1日19时，共有949人安全撤离。

30日 四川首个综合性灾害应急救援基地在成都建成。该基地是一座集技能训练、救援演习、教育培训等为一体的现代化防灾减灾消防培训基地，也是汶川地震后四川建成的首个综合性灾害应急救援基地。

同日 南海海区首支海上救助志愿者队伍在海口成立。该支队伍的成立将在一定程度上弥补南海海区海上救助力量的不足。

31日 山西阳泉煤业集团刘沟煤业公司职工宿舍附近发生爆炸,造成17人死亡,104人受伤,其中7人重伤。

同日 黑龙江恒山区恒鑫源煤矿发生透水事故,24人遇难。

同日 15时50分,四川省达州市宣汉县一辆客车发生重大道路交通事故,造成13人死亡,9人受伤。

八月

1日 16时30分许,河北省元氏县发生重大交通事故,一煤场工人驾驶的铲车冲撞多辆汽车,造成11人死亡,37人受伤。

同日 17时30分许,广东省肇庆市发生一起重大交通事故,造成11人死亡,2人重伤。

2日 自6月1日入汛以来,吉林洪灾已致1 223人死亡,59人失踪,倒塌房屋6.2万间,损坏房屋19.3万间。

同日 23时19分,河南省郑煤集团资源整合矿井三元东煤矿发生煤与瓦斯突出事故,造成16人遇难。

3日~4日 中共中央政治局常委、国务院总理温家宝在吉林省考察防汛抗洪工作。

3日 贵州省遵义仁怀长岗镇明阳煤矿发生煤与瓦斯突出事故,16名矿工遇难。

同日 总参召开专题部署会要求进一步做好抗洪救灾工作,对进一步做好抗洪救灾工作作出部署安排。

5日 解放军总政治部发出通知,要求全军和武警部队坚决贯彻落实胡锦涛主席重要指示,进一步做好抗洪救灾中政治工作。

6日 21时,长江干流退至警戒水位以下,国家防汛抗旱总指挥部终止针对长江的防汛Ⅲ级应急响应。

同日 17时左右,山东省招远玲南金矿井下发生电缆着火事故,16人死亡。

7日 15时15分，四川省眉山市洪雅县发生客车坠崖事故，造成15人死亡，1人受伤。

8日 8月8日凌晨，甘肃省舟曲县因强降雨引发山洪泥石流，造成1 287人死亡，457人失踪，电力、交通、通讯中断。胡锦涛总书记、温家宝总理作出明确指示，要求甘肃省和有关部门当前要把确保人民生命安全放在第一位，千方百计救人，组织群众避险，确保群众生命安全，妥善安排灾区群众的生活；同时要兼顾上下游、左右岸，科学处置堰塞湖，迅速抢修重要基础设施，特别要尽快抢通道路、电力、通信等，保证抢险人员和救灾物资的运送；解放军、武警部队要全力支持抢险救灾。

9日 中央组织部再次从代中央管理的党费中向甘肃省增拨党费300万元，用于帮助舟曲灾区党员群众抗灾救灾，解决生产生活困难。

10日 上午，中共中央政治局常务委员会召开会议，全面部署甘肃省甘南藏族自治州舟曲县特大山洪泥石流灾害抢险救援工作。中共中央总书记胡锦涛主持会议。会议指出，灾害发生后，党中央、国务院、中央军委高度重视，对抢险救援工作迅速作出部署，进行组织协调。受灾地区党委、政府和广大干部群众，人民解放军和武警部队官兵、民兵预备役人员，公安民警、消防官兵和专业救援队伍，万众一心，不畏艰险，科学处置，全力开展了一场复杂、艰巨、紧迫的生命救援行动。目前，人员搜救、淤泥处理、堰塞湖处置、基础设施恢复、群众安置、受伤人员转移医治、灾害治理等工作正在有力、有序、紧张地进行。会议强调，一定要把保护人民群众生命财产放在最突出位置，以更加顽强的精神、更加科学的安排、更加有力的措施，争分夺秒抢救被困人员，千方百计做好抢险救援各项工作。要加强统一领导，合理部署力量，采用先进有效设备，全力搜救被掩埋人员。要科学制定方案，尽快安全处置堰塞湖，调集大型机械设备，加快清除城区淤泥，抓紧进行河道整治。要全面排查地质灾害隐患，及时转移受威胁群众，防止次生灾害。要妥善安置受灾群众，保证他们有住处、有饭吃、有干净水喝、有病能就医。要切实做好伤员救治工作，及时将重伤员转移到条件较好的地方治疗，并加强卫生防疫工作，确保灾后无大疫。要组织足够应急抢险力量，尽快抢修恢复水、电、路、通信等基础设施。要抓紧制订支持灾后重建的政策措施，尽快全面启动灾后重建。

同日 世界卫生组织宣布，甲型H1N1流感大流行结束，甲型H1N1病毒的传播基本上接近尾声。当晚，我国卫生部表示，将研究进一步调整现行甲型H1N1

流感防控措施。卫生部指出,将在总结甲型 H1N1 流感防控工作经验的基础上,进一步修改完善相关应急预案;同时继续做好流感防控工作,切实保障人民群众身体健康和生命安全。

同日 中国石油青海玉树分公司结古镇油库在结古镇东郊动工。这标志着玉树灾后重建能源保障体系全面开工建设。

同日 零时 10 分许,吉林省通化市二道江区宏远煤矿发生淹井事故,18 名工人被困井下。

11 日~14 日 中共中央政治局委员、国务院副总理张德江在江苏、河南调研安全生产工作。他强调,要深入贯彻落实科学发展观,认真贯彻《国务院关于进一步加强企业安全生产工作的通知》,坚持预防为主,加强安全监管,严厉打击非法违法生产经营建设行为,严格落实企业安全生产主体责任和责任追究,有效防范和坚决遏制重特大事故发生。

甘肃中南部遭受严重洪涝灾害,38 人死亡,66 人失踪。截至 15 日 10 时,陇南、天水、平凉甘南、庆阳 5 市(州)23 县(区)104.8 万人受灾,紧急转移安置 13.6 万人;农作物受灾面积 4.26 万公顷;倒塌房屋 1.4 万间,损坏房屋 2.9 万间;直接经济损失 36.6 亿元。

11 日 从 11 日晚开始暴雨袭击甘肃陇南。暴雨造成山洪,并引发泥石流、山体滑坡等地质灾害,造成 36 人遇难、23 人失踪、295 人受伤,全市紧急转移安置 122 835 人。

12 日 卫生部明确表示直接介入调查"奶粉疑致婴儿性早熟"事件。

13 日 第二松花江干流全线退至警戒水位以下,国家防总于 10 时终止针对松花江的防汛Ⅲ级应急响应。

同日 吉林省抗灾减灾科普视频网正式开通。网站以视频、音频和图片等方式把近年来世界和我国发生的水灾、地震、泥石流、火灾等 7 种严重灾害展现给公众,给人以强烈的震撼和启迪。此外,网站还包括急救、食物中毒和野外生存等 6 种应急避险知识以及防灾减灾动态、预警信息等内容。

14 日 中共中央政治局委员、国务院副总理回良玉主持召开全国进一步防御洪水地质灾害工作紧急电视电话会议,传达贯彻胡锦涛总书记、温家宝总理重要指示精神,分析当前全国防汛抗洪救灾形势,进一步研究部署全国特别是西部地区洪水地质灾害防御工作。

同日　上午，青海省抗震救灾表彰会在青海会议中心召开。122个救灾模范集体、308名救灾模范个人和31个震救灾民族团结模范受到表彰。

同日　针对甘肃东南部、四川、山东、陕西等省部分地区发生的严重洪涝灾害，国家防总8时启动防汛Ⅲ级应急响应，并向全国各省(自治区、直辖市)防汛抗旱指挥部、各流域防汛抗旱总指挥部发出紧急通知。

13日夜间至14日凌晨　汶川遭强降雨袭击，多个乡镇发生泥石流，造成32人失踪，震中生命线213国道汶川段多处中断。经过9天9夜的全力抢险，22日15时15分，国道213线映秀至汶川段初步恢复了通车。

15日　国务院发布公告，2010年8月15日举行全国哀悼活动，全国和驻外使领馆下半旗志哀，停止公共娱乐活动，以表达全国各族人民对甘肃舟曲特大山洪泥石流遇难同胞的深切哀悼。

16日　中共中央政治局委员、国务院副总理回良玉主持召开国务院舟曲特大山洪泥石流灾害抢险救援指导协调小组第六次会议，进一步研究部署抗灾救灾重点任务和灾后重建前期工作。

同日　国家减灾委办公室发出紧急通知，要求各地认真贯彻落实中央领导同志的重要指示、批示精神，按照全国进一步防御洪水地质灾害工作紧急电视电话会议和国务院舟曲特大山洪泥石流灾害抢险救援指导协调小组第五次会议要求，进一步做好当前洪涝和地质灾害救灾应急工作，切实保障受灾群众基本生活。

同日　6时35分，吉林省梅河口市爱民医院住院部的大楼建筑工地，一台升降机从6楼坠落，导致11人死亡。

同日　9时45分许，黑龙江省伊春市乌马河区华利实业有限公司(鞭炮厂)发生爆炸，造成30人死亡、3人失踪，还有关联死亡3人。

17日　中共中央政治局常委、中央纪委书记贺国强在青海省玉树藏族自治州出席玉树地震灾后安置、恢复重建暨监督检查工作汇报会并发表讲话。会前，贺国强深入玉树灾区，看望慰问灾区各族干部群众和奋战在恢复重建一线的广大建设者，实地考察受灾群众安置、灾后恢复重建及监督检查工作情况。

同日　国家煤矿安监局发出通知，在8月中旬至10月组织开展一次煤矿瓦斯治理专项检查活动，以遏制重特大瓦斯事故的发生，进一步促进煤矿安全生产形势持续稳定好转。此次专项检查的主要内容包括落实煤矿瓦斯先抽后采和抽采达标情况、贯彻落实《防治煤与瓦斯突出规定》情况、矿井通风系统可靠性情况以及瓦斯事故隐患排查治理情况。

18日～19日 中共中央政治局委员、国务院副总理张德江在北京调研部分中央企业安全生产工作。他强调，中央企业要认真贯彻落实科学发展观，牢固树立安全发展理念，全面落实《国务院关于进一步加强企业安全生产工作的通知》精神，加强企业安全生产管理，夯实安全生产基础，履行企业主体责任，着力推进本质安全型企业建设，坚持依法依规生产经营建设，坚决做到不安全不生产，有效防范和切实遏制各类生产安全事故发生，真正成为安全生产的模范，真正发挥表率和带头作用。

18日 1时30分左右，云南怒江贡山普拉底乡发生特大山洪泥石流灾害，造成32人死亡，60人失踪。家减灾委、民政部于10时50分将针对此次灾害的国家四级救灾应急响应提升到三级。民政部民政、财政、国土资源、交通运输、水利等5部门组成的国家减灾委工作组紧急赶赴云南灾区，协助指导抢险救援和受灾群众安置工作。

同日 北京市气象局气象预警塔和社区显示屏预警信息建设项目通过验收。该项目主要分布在北京主要道路周边和人员稠密的社区附近，起到提醒北京市民注意防范暴雨、雷电、冰雹等灾害性天气的作用。

同日 银行业监督管理委员会主席刘明康在青海调研时指出，银行业金融机构要抓住灾后重建机遇，推进银行业科学发展。

19日 国务院安全生产委员会全体会议在北京召开，中共中央政治局委员、国务院副总理、国务院安全生产委员会主任张德江主持会议并讲话。他强调要努力促进全国安全生产形势根本好转

同日 青海玉树全国抗震救灾总结表彰大会在青海西宁举行。中共中央政治局委员、国务院副总理回良玉，中共中央政治局委员、书记处书记、中宣部部长刘云山，中共中央政治局委员、中央军委副主席徐才厚，全国人大常委会副委员长李建国，全国政协副主席钱运录出席大会，国务委员兼国务院秘书长马凯主持大会。

同日 四川广汉市境内K165次列车车厢坠河事件，无一人遇难。

同日 上海专门制定《大型游乐设施运营安全管理办法》，并将于10月1日起正式实施。

同日 15时15分，水害致宝成铁路德阳至广汉间石亭江大桥倾斜。行至该

处的K165次旅客列车紧急停车，列车工作人员迅速组织1 300名旅客安全撤离。之后2节列车掉入江中，未造成人员伤亡。

20日 全国食品安全整顿办表示，三聚氰胺问题乳粉案已查处，相关责任人被批捕或已被采取刑事强制措施。

同日 国家海洋局海洋灾害预报技术研究重点实验室揭牌仪式暨第一届学术委员会会议在京举行。重点实验室的研究方向为海洋灾害机理、海洋灾害预警报关键技术、海洋灾害应急管理及决策支持等。依托国家海洋环境预报中心，重点实验室的建立不仅能够完善我国风暴潮、海浪、海冰、灾害性海洋生态过程等海洋灾害理论体系、海洋灾害风险评估技术体系、海洋灾害预警报技术体系，还能为建立符合我国国情的海洋灾害应急辅助决策支持平台提供依据。

同日 海南省应急救援总队成立 。

同日 “四川大学—香港理工大学灾后重建与管理学院”在北京举行签约仪式。这是中国第一个灾后重建与管理学院。

22日 中共中央政治局委员、国务院总理温家宝在甘肃舟曲召开会议，研究灾后恢复重建工作。他强调前一阶段舟曲应急救援和抢险救灾取得重大进展，现在抗灾救灾工作已从应急救援转向进一步妥善安置受灾群众、恢复正常秩序、着手灾后重建阶段。我们要立足舟曲灾区实际，充分认识这次灾害的特殊性和复杂性，充分估计灾后重建和灾害预防的艰巨性和长期性，进一步明确任务，落实责任，毫不松懈地抓好当前抢险救灾各项工作，科学规划灾后重建，让灾区人民满意，让全国人民放心。

22日～23日 中共中央政治局常委、国务院总理温家宝赶赴四川特大山洪泥石流灾区，看望受灾群众和参加抢险救灾的部队官兵，代表党中央、国务院向他们致以亲切的慰问，鼓励大家坚定信心，克服困难，努力用双手把家园建设得更加美好。截至23日 从8月13日开始的暴雨、泥石流等自然灾害已造成四川省754万人受灾，因灾死亡24人、失踪79人。

23日 载有20多名香港游客的旅游巴士在菲律宾马尼拉遭劫持，8人遇难。

同日 新疆阿克苏地区库车县和青海祁连县各发生一起O型口蹄疫疫情。

24日 21时35分许，一架经哈尔滨飞往伊春的客机在伊春林都机场附近失事，造成42人遇难，54人受伤，其中7人重伤。胡锦涛总书记、温家宝总理作出重要指示，中共中央政治局委员、国务院副总理张德江赴伊春指导事故救援工作。胡锦涛总书记、温家宝总理要求全力抢救受伤人员，妥善处理善后，查明事故原因，举一反三，立即在全民航系统开展安全大检查，消除隐患，确保航空安全。

26日 由55名队员组成的中国国际救援队启程赴巴基斯坦洪水灾区实施国际人道主义救援。

27日 9时许，河南义马至郑州的煤气管道在洛阳偃师段穿越伊河处发生事故，造成管道下游巩义、荥阳、郑州等沿线煤气供应中断，4万居民用气受影响。

29日 8月16日以来，安徽蒙城县陆续报告霍乱病例30例。截至当日，10例病人已治愈出院，20例仍在住院治疗，无死亡病例。

30日 国家防总、农业部、气象局全力应对今年第6号热带风暴“狮子山”、第8号热带风暴、第7号强热带风暴“圆规”。中国气象局29日启动重大气象灾害(台风)Ⅳ级应急响应。国家防总10时30分启动防台风Ⅳ级应急响应。

31日 第五届中国国际安全生产论坛暨安全生产及职业健康技术与装备展览会在北京开幕。中共中央政治局委员、中国国务院副总理张德江出席论坛并参观展览会。张德江强调，搞好安全生产，实现安全发展要切实维护劳动者生命安全和身心健康。

同日 11时10分，法国籍油轮“FLANDRE”在航经虾峙门航道下栏山附近水域与舟山籍干货船“桦驰8”轮发生碰撞，造成“桦驰8”轮7人落水。

九月

1日 《自然灾害救助条例》开始施行，该条例将进一步规范自然灾害救助工作，保障受灾人员基本生活。

条例规定，县级以上地方人民政府及其有关部门应当根据有关法律、法规、规章，上级人民政府及其有关部门的应急预案以及本行政区域的自然灾害风险调查情况，制定相应的自然灾害救助应急预案。条例规定，自然灾害发生并达到自然灾害救助应急预案启动条件的，县级以上人民政府或者人民政府的自然灾害救助应急综合协调机构应当及时启动自然灾害救助应急响应，采取下列一项或者多项措施：立即向社会发布政府应对措施和公众防范措施；紧急转移安置受灾人员；紧急调拨、运输自然灾害救助应急资金和物资，及时向受灾人员提供食品、饮用水、衣被、取暖、临时住所、医疗防疫等应急救助，保障受灾人员基本生活；抚慰受灾人员，处理遇难人员善后事宜；组织受灾人员开展自救互救；分析评估灾情趋势和灾区需求，采取相应的自然灾害救助措施；组织自然灾害救助捐赠活动。

同日 23 时左右，云南保山市隆阳区瓦马乡河东大石房村民小组发生山体滑坡泥石流，造成 20 户 84 人被掩埋。因灾死亡 15 人，失踪 33 人。灾害发生后，保山市委、市政府紧急启动应急预案，并组织人员赶赴受灾现场开展抢险救灾工作。保山市民政局紧急调拨灾区 30 顶救灾帐篷、50 床棉被。

2 日 国家减灾委、民政部 5 时紧急启动国家四级救灾应急响应，9 时 30 分，将国家四级救灾应急响应提升到三级，民政部副部长姜力率由民政、财政、国土资源、交通运输、水利 5 部门组成的国家减灾委工作组紧急赶赴云南保山灾区，协助指导抢险救援和受灾群众安置工作。2 日，国土资源部启动云南保山崩塌灾害二级应急响应。

同日 6 时 50 分，今年第 8 号热带风暴“狮子山”在福建漳浦古雷镇登陆。受“狮子山”影响，福建漳州沿海部分出现暴雨，东山和漳浦两县局部出现大暴雨。

同日 渝黔高速綦江往赶水 32 公里的瓦窑沟大桥处，一辆车牌为川 S27975 的大货车发生侧翻事故，将桥面上施工的 7 名工人扫倒，后方行驶车辆纷纷来不及减速，造成多辆车轻微追尾。事故造成 6 人死亡 1 人重伤。

同日 国家安全生产监督管理总局、国家煤矿安全监察局下发实施意见，明确煤矿企业实施监测监控系统、井下人员定位系统、紧急避险系统、压风自救系统、供水施救系统和通信联络系统的时间表。两部门确定的实施步骤为：2010 年底前所有煤矿全面完成监测监控系统、压风自救系统、供水施救系统和通信联络系统的完善工作；2010 年底前中央和国有重点煤矿企业的所有煤矿全部建设完善井下人员定位系统，2011 年底前所有煤矿全部安装井下人员定位系统；2012 年 6 月底前所有煤(岩)与瓦斯(二氧化碳)突出矿井及中央企业煤矿和国有重点煤矿中的高瓦斯、开采容易自燃煤层的矿井全部建设完成紧急避险系统。2013 年 6 月底前全国所有煤矿全部完成“六大系统”的建设完善工作，切实提高安全防护水平。

30 日～9 月 1 日 海南、广东、广西三省(区)海警部队举行联合巡逻监管暨应急协同演练。

九月

3日 国务院食品安全办会同有关部门编制实施相关规划,统筹推进食品安全检测能力建设。

同日 13时30分左右,鹤岗至大连高速公路佳木斯境内发生一起车祸,造成10人死亡,1人受伤。据初步调查分析,事故的直接原因为小型普通客车非法占道行驶。两车超员超载是事故伤亡扩大的重要原因。

同日 14时50分,在吉林长平高速164公里+100米处发生一起客货车相撞事故,造成17人死亡,37人受伤。据调查分析,事故的直接原因为卧铺客车左前轮爆胎,导致车辆失控。卧铺客车超速、严重超员也是事故发生和伤亡扩大的重要原因。

4日 河南省孟津县自西向东遭受特大龙卷风、冰雹及暴雨袭击,瞬时风速达43米/秒,最高风力达14级,最大降雨量达60毫米。强对流天气造成孟津县10个乡镇、120个行政村农作物大面积倒伏和损伤。

5日 《内蒙古自治区突发公共事件信息报告制度(试行)》出台,全面规范自治区突发公共事件信息报告工作。

同日 广西国土部门制定突发重大地质灾害应急工作响应方案,依据地质灾害险情和灾情等信息情况,设置Ⅰ、Ⅱ两个级别的突发重大地质灾害应急响应工作方案,现场和后方同时开展应急响应行动。

7日 23时,东海海域的山东东营胜利油田作业3号平台发生倾斜事故,平台上36人遇险。中国海上搜救中心连夜救助,34人获救,1人遇难,1人失踪。

9日 据河南省卫生厅新闻办公室通报,截至9月9日,河南省共监测发现蜱虫叮咬类综合征病例557例,死亡18例,重点集中在信阳市商城县、浉河区、光山县和平桥区。

同日 上午,甘肃舟曲灾区永久性供水工程正式动工。这是舟曲灾区灾后建设的首个永久性项目。

同日 陕西省应急救援总队正式成立。

同日 第六届中国国际救捞论坛在西安举行。交通运输部救捞局局长宋家慧表示,中国救捞将调整功能发展定位,在保障海上应急救助和抢险打捞的基础上，本着就近、便利的原则，探索投入沿海高速公路救援、空难救援、反恐救援及自然灾害等方面应急救援。

7日～10日 由国家安全生产监督管理总局、国家煤矿安全监察局、中华全国总工会、共青团中央、安徽省人民政府共同主办的第八届全国矿山救援技术竞赛在安徽省淮南市举行，来自全国的32支矿山救援队伍、288名队员参加竞赛。

13日 江苏无锡市对口援建的绵竹汉旺新镇全部项目竣工并交付使用。

15日 国务院召开常务会议，部署加强中小河流治理和山洪地质灾害防治工作。会议确定以下重点工作任务和治理措施：(一)加大堤防建设和河道整治力度，优先治理洪涝灾害易发、保护区人口密集的河流及河段。(二)在巩固大中型水库除险加固成果基础上，加快小型水库除险加固，消除水库安全隐患。(三)加强洞庭湖、鄱阳湖重点圩垸整治。(四)完善防洪非工程措施。(五)深入开展山洪地质灾害调查评价，全面查清重点防治区山洪、泥石流、滑坡、崩塌等灾害隐患点基本情况。(六)加强易灾地区生态环境综合治理，努力恢复生态系统功能。

16日 “2010年海峡两岸海上联合搜救演练”在台湾海峡厦门、金门附近海域举行。此次联合演练主题为“保障两岸三通 共建平安海峡”，这是两岸首次共同开展海陆空立体搜救演练。

同日 全国地质灾害通报显示，今年8月，全国发生地质灾害2 150起，造成1 583人死亡，358人失踪；直接经济损失12.21亿元。死亡失踪人数和直接经济损失均为近十年之最。

同日 13时许，新疆泰运运输有限责任公司布尔津分公司一辆核载33人、实载17人的客车由阿勒泰市前往禾木景区，行至省道232线一上坡路段时驶下路基，坠入66米深的山谷中，造成11死亡，6人受伤。

17日 中石油在新疆乌鲁木齐南郊乌拉泊举行油气长输管道突发事件应急演练。

20日 由68名队员组成的中国人民解放军医疗救援队启程赴巴基斯坦。医疗救援队携带80余吨的药品等救灾物资将到巴基斯坦信德省的塞赫万地区，为当地灾民实施医疗救治。

21日 台风“凡亚比”带来的强降雨给致广东造成严重灾害，全省136人因灾死亡或失踪，其中90人为泥石流和山体滑坡等地质灾害所致。

同日 国内首家以急救科普为主题公益科技馆在京建成并开馆，市民可免费参观学习急救知识和体验急救技能。北京急救科技馆运用高科技数字化控制的声光电手段营造出模拟场景,可以将先进的科普急救知识传播给广大受众。参观者还可以自己动手,在急救导师的带领下学会应急避险、突发急症与意外伤害等急救知识和技能。北京急救科技馆的建立为提升市民急救意识、传播急救知识、体验急救技能提供了一个科技平台。

22 日 "5·12"汶川恢复重建暨巨灾应对国际研讨会在成都举行。本次会议以 2008 年发生在中国四川的汶川地震为样本,进一步总结和提升汶川地震抗震救灾和恢复重建经验、做法和模式,形成人类社会应对地震和巨灾的共同成果。会议由四川、甘肃、陕西三省省政府与国家行政学院联合主办,联合国开发计划署、亚洲减灾中心、国际应急管理学会中国分会等单位协办。来自联合国有关机构、相关国际非政府组织、部分国家和地区的政府官员、学者以主题发言的形式,共同探讨地震灾区灾后恢复重建的理念、模式与机制。此次国际研讨会所涉及的议题不仅包括汶川地震灾区抗震救灾及灾后重建过程中的方方面面,还包括了日本、德国、印尼、中国香港、中国台湾等地的灾害管理经验,借此来加快汶川地震灾区灾后恢复重建,加强应急管理体系建设,增强人类社会应对地震和巨灾的能力。

24 日 12 时 30 分许,杭州一在建工地塌方,12 名工人被埋压。

25 日 由中国中铁二局承建的青海玉树灾后重建首个主体工程玉树县第一民族中学封顶。

28 日 北京市综合应急救援总队正式成立。国务委员兼国务院秘书长马凯为北京市综合应急救援总队揭牌,并观摩应急救援综合演练。

29 日 中共中央政治局就正确处理新时期人民内部矛盾问题研究进行第二十三次集体学习。中共中央总书记胡锦涛在主持学习时强调,面对复杂多变的国际形势,面对艰巨繁重的改革发展任务,我们要深刻认识正确处理人民内部矛盾的重要性和紧迫性,着眼于最大限度激发社会创造活力、最大限度增加和谐因素、最大限度减少不和谐因素,更加积极主动地处理好人民内部矛盾,为推动科学发展、促进社会和谐,为实现全面建设小康社会奋斗目标、加快推进社会主义现代化创造良好社会环境。

同日 国庆节期间,北京动员 68 万群防群治力量,并以日均投入各种巡逻力量 1.1 万人次的规模开展"平安街头"专项行动,同时做好各类突发事件的预防和处置准备。

同日 青海玉树地震灾区重建3万千瓦应急燃油发电工程正式投产发电。该工程的投产为玉树灾区重建电力保障打下了坚实的基础，这也是玉树灾区第一个完工的重建项目。

30日 凌晨，天津籍货船"惠盈168"轮在福建平潭附近海域沉没，船上15名船员落水，3人死亡，4人获救，8人失踪。

31日 中共中央政治局委员、国务院副总理、国家防汛抗旱总指挥部总指挥回良玉主持召开国务院加快水利建设专题会议，安排部署秋冬明春兴修水利工作。他强调，频繁发生的水旱灾害再次给我们敲响了警钟，再次凸显了水利建设严重滞后的严峻形势，必须痛定思痛、痛下决心，加大水利投入强度，加快水利建设进度，从根本上提高我国防灾减灾能力，大幅度提升水利对促进经济长期较快发展和社会和谐稳定的基础保障水平

十月

2日 5时25分，贵州遵义桐梓段发生山体坍塌，川黔铁路贵州段被迫中断。

同日 15时许，受连日暴雨影响，海南省陵水县吊罗山突发山体滑坡，造成2人失踪，125名游客被困。经全力救援，125名游客于4日被安全转移。

8日 9月30日以来，海南省遭遇连续强降雨，多条河流发生超警戒水位洪水，部分地区受淹严重，164万多人受灾。党中央、国务院高度重视。中共中央总书记、国家主席、中央军委主席胡锦涛作出重要指示，强调要把确保人民群众生命安全放在首位，及时组织受威胁群众避险转移，妥善安排受灾群众生活，切实加强次生灾害防范，最大程度减少灾害损失。

同日 宁合高速南京段发生交通事故，造成17人死亡，6人重伤。

9日 中国红十字会首个国家级备灾救灾中心在北京落成。全国人大常委会副委员长、中国红十字会会长华建敏出席落成仪式并为中心揭牌。至此，中国红十字会在全国范围内已建有6个区域性备灾救灾中心，并在15个自然灾害频发省份建立省级红十字会备灾救灾中心或物资库。

10日 《四川省突发事件应对办法(送审稿草案)》起草完毕。该《草案》规定，为应对突发事件，县级以上政府必要时可依法征用单位和个人的财产。《草案》第四十七条规定，县级以上人民政府为应对突发事件，必要时可依法征用单位和个

人的财产。财产征用人员不得少于2人,并署名备查,征收组应当有公证人员参加。被征用的单位或者个人拒不接受应急征用的,征用执行人员在情况紧迫并且没有其他替代方式时可以强制征用。

同日 亚运安保全国社会面防控工作战前誓师动员电视电话会暨环粤环穗公安检查站启动仪式在广州举行。公安部宣布,环粤环穗公安检查站启动,全面强化亚运安保。

11日 全国质检科技工作会议在北京召开。会议透露,"十一五"期间,质检科技在突发事件和国家重大项目中发挥保障作用 。

12日～13日 第二届东盟与中日韩武装部队非传统安全论坛在石家庄召开。来自东盟国家、中国、日本、韩国的防务官员和武装部队的20多位代表出席论坛。论坛主要围绕武装部队应对非传统安全威胁能力建设展开交流,旨在进一步增进"10+3"武装部队间的互信与合作,交流各国武装部队建设的经验做法,探索"10+3"框架内武装部队相关领域能力建设合作的途径、程序与方法,提高共同应对非传统安全威胁的行动能力。

12日 北京援建汶川地震极重灾区四川什邡的162个项目全部竣工。当天,什邡为最后一批400多名北京援建者举行欢送仪式。经过两年的对口援建,北京市累计投入援建资金70亿元,援建项目包括民生、公共服务、基础设施、新农村建设等四大类,在智力支持、产业发展、精神家园建设、援建项目运行维护、长效合作机制等方面有专项投入。

13日 首届中国—东盟红十字论坛在南宁开幕,中国红十字会表示正从完善备灾救灾中心网络体系、加强救援队伍建设等方面提升应急救灾能力。

同日 第十四届国际消防设备技术交流展览会在北京开幕。展会展示了近年来国内外研制开发的各类新型消防车、抢险救援器材、消防员个人装备,以及火灾报警设备、灭火系统、防火材料等各种高新消防装备、器材和技术。

15日 全国尾矿库环境应急管理工作现场会在河北张家口举行。环境保护部副部长张力军强调扎实推进尾矿库环境应急管理工作。

同日 河北对口援建四川平武地震灾区项目正式交接。投资28亿元、108个援建项目已全部完工并交付使用。

16日 国家海洋局亚运会海洋预报服务中心正式挂牌成立。在亚帆赛比赛期间,该预报中心将为亚帆赛组委会提供关于海洋环境的监测数据,以保证亚帆赛的顺利举行。

同日 凌晨4时59分，一辆载有44名乘客的大巴在青海都兰县109国道2 518公里加500米处，撞毁大桥护栏后掉入桥下，造成10人死亡，34人受伤。

同日 6时左右，河南禹州市平禹煤电公司四矿发生煤与瓦斯突出事故，造成37人遇难。

同日 针对单日入园人数超过100万，上海世博园区启动大客流应急预案。世博园总体运行平稳有序，公共交通基本顺畅，场馆秩序良好，餐饮、商品供应较为充足。

同日 7时许，京港澳高速湖北段北向1 140公里处至1 142公里处范围，在30分钟内，共发生7起连环相撞事故，造成8人死亡、23人受伤。

17日 全国17个省区出现雾天，其中，山东南部、江苏北部、浙江北部、安徽中南部、湖北东部、湖南北部、重庆中部和四川东部等地出现大雾，局部地区能见度小于200米，交通出行受到较大影响。6时，中央气象台发布大雾蓝色预警。

18日 10时，国家减灾委、民政部紧急启动国家救灾预警响应，并向海南、广东、广西、福建4省(自治区)民政厅，以及民政部南宁、长沙、合肥中央救灾物资储备库发出通知，紧急部署救灾工作。

同日 中国国际航空股份有限公司通过中国民用航空局安全管理体系补充运行合格审定，成为国内率先获得国家此项审定的航空公司之一。

同日 由环境保护部、发展和改革委员会、监察部、财政部、住房和城乡建设部、交通运输部、农业部、国家海洋局和解放军环境保护局等9部门组成的海洋环保联合执法检查督查组成立，2010年海洋环保联合执法正式启动。

19日～20日 中共中央政治局委员、国务院副总理、国家防汛抗旱总指挥部总指挥回良玉，深入海南重灾区，代表党中央、国务院看望慰问奋战在抗洪抢险救灾一线的广大干部群众、解放军指战员、武警官兵和公安民警，实地察看灾情，指导抗洪救灾和恢复重建工作。他指出，党中央、国务院对海南的灾情和抗洪救灾工作高度重视，对受灾群众的生产生活十分关心。我们一定要贯彻党的十七届五中全会精神，落实好胡锦涛总书记、温家宝总理的重要指示，发扬不怕疲劳、连续作战的精神，狠抓各项措施落实，及时转移受威胁群众，妥善安置受灾群众生活，加大查险抢险力度，加强山洪、泥石流防控，积极做好应对台风工作，最大限度地减轻灾害损失。

19日 国家防汛抗旱总指挥部启动防台风Ⅱ级应急响应,以应对台风“鲇鱼”,并加派2个工作组分赴广东、海南等省,加强对台风防御工作的督促指导。

同日 中国地质环境监测院发布全国地质灾害通报显示,2010年9月,我国共发生地质灾害909起,造成65人死亡,30人失踪、直接经济损失3.43亿元。在909起地质灾害中,滑坡467起、崩塌286起、泥石流114起、地面塌陷29起、地裂缝9起、地面沉降4起。与2009年同期相比,全国9月份地质灾害发生数量略有增加,造成的死亡、失踪人数和直接经济损失均有较大幅度增加。

同日 京津冀晋蒙鲁辽七省(区、市)签署危险化学品道路运输安全监管联控协议,建立危险化学品道路运输安全监管联控机制,明确并建立联控机制的总体目标。

21日 受台风“鲇鱼”及东北季风影响,台湾东北部山区暴雨导致苏(澳)花(莲)公路塌方,造成大批游客被困,其中20名大陆游客遇难。

同日 16时40分左右,广西柳江县洛满镇洛满中心小学教学楼二楼走廊护栏发生坍塌,共有27名学生坠落不同程度受伤,4人伤势较严重。

22日 民政部部长李立国紧急主持召开部长办公会议,认真贯彻落实党的十七届五中全会精神,专题研究部署今后一个阶段的减灾救灾工作。25日,民政部向各地民政部门发出《关于贯彻落实党的十七届五中全会精神切实做好近期减灾救灾工作的通知》,要求民政部门超前部署近期工作,超常规安排救灾款物,切实安排好受灾群众基本生活。

同日 贵州召开地质灾害隐患详细调查动员会,全面启动地质灾害隐患详细调查。贵州是我国地质灾害最为严重的省份之一,隐患点数量多、威胁大、分布广且灾种齐全,地质灾害防治形势严峻。

23日 凌晨1时10分许,“浙三渔0036轮”在江苏大洋港附近遇大风沉没,造成1人遇难,12人失踪。

同日 武警部队亚运安保动员誓师大会在广州举行。武警部队王建平司令员在讲话中,要求各任务部队增强完成亚运安保任务光荣感责任感,扎实有效抓好各项工作落实,高标准高质量完成亚运安保任务。要坚持党委统揽、主管主抓、分管专司、机关合力,切实加强组织领导,确保指挥高效顺畅,进一步完善预案,加强针对性训练,全面抓好各项工作落实,确保亚运安保任务万无一失。

同日 四川省崇州市崇阳镇发生一起由婚宴导致的较大食物中毒事件,造成

396 人就诊，123 人住院治疗。

24 日 台风“鲇鱼”使福建全省 15 个县(市、区)、121 个乡镇、64.79 万人受灾，房屋倒塌 500 间；紧急转移 31.32 万人；农作物受灾 26 190 公顷。

26 日 海南省卫生部门发布《2010 年灾后霍乱等应急监测工作方案》，重点防治霍乱和病媒生物疾病，以加强洪涝在后疫情检测。

同日 为进一步加大食品安全整顿工作力度，督促各地全面落实食品安全整顿各项任务，确保整顿质量和成效，国务院食品安全委员会对地方食品安全整顿工作开展督导检查。

同日 江苏要求所有煤矿企业必须按照规定建立三级紧急避险系统，并于 2013 年年底前所有矿井全部完成系统建设。

同日 19 时左右，承担哈尔滨市道外、道里两个区大部分冬季取暖任务的哈尔滨市华能集中供热有限公司一条主供热管线发生爆裂。事故将影响到道外、道里两个区的住户供暖。

27 日 7 时 40 分，贵州安顺市普定县马场镇大坡煤矿 611070 回风巷掘进工作面发生透水事故，造成 12 人死亡，1 人受伤。

同日 上午，一艘载有约 4.3 万吨货物的巴拿马籍货轮在台湾南部鹅銮鼻西南方海域沉没。船上 25 名大陆船员中有 12 人获救，1 人死亡，另有 12 人下落不明。

28 日 9 时 40 分许，一辆车牌号为辽 H78577 半挂车沿京藏高速公路自西向东行驶至 K338＋300 处时(乌兰察布市境内)，因制动失灵导致 9 车连环相撞，造成 11 人死亡，4 人受伤。

31 日 全国地质灾害防治“五条线”建设现场会在四川雅安召开。国土资源部副部长汪民表示，多年的群防群治网络建设已经开始发挥效果。2010 年成功预警 1 100 多起地质灾害，避免了 9.2 万余人可能出现的伤亡。

十一月

1 日～3 日 第十二届中国科协年会在福建举行。年会透露，我国利用卫星系统开展地质灾害监测取得初步成功。据专家介绍，基于北斗一号卫星系统的地质灾害监测技术研究，是在传统的地质灾害监测系统基础上，利用北斗一号卫星系统作为信息传输系统，选择有代表性的典型滑坡、泥石流和地面沉降区作为示范区，建立我国滑坡、泥石流和地面沉降实时监测系统，提高对重点地区地质灾害的监测效率和预警能力。

1日 苏浙皖沪区域警务合作会议在上海召开。中共中央政治局委员、上海市委书记俞正声，国务委员、公安部部长孟建柱出席会议并讲话。会上，江苏、浙江、安徽、上海四省市公安机关共同签署区域警务合作章程，这标志着苏浙皖沪区域警务合作全面启动。

2日 中共中央政治局委员、国务院副总理张德江在北京出席全国煤矿瓦斯防治工作电视电话会议。他强调，要认真学习贯彻党的十七届五中全会精神，深入贯彻落实科学发展观，牢固树立安全发展理念，全面加强以瓦斯防治为重点的煤矿安全生产工作，健全工作体系，狠抓责任落实，坚决推行先抽后采，加大措施落实力度，加快瓦斯综合治理，有效防范和遏制重特大事故，为经济平稳较快发展和社会和谐稳定创造良好环境。

同日 国家森林防火指挥部办公室向湖南、湖北、江西、福建、广东、广西发布高森林火险橙色警报。10月下旬以来，华南、江淮部分地区降水较常年同期异常偏少，其中，湖南、江西、广东、广西大部、湖北中东部、福建西北部偏少五成以上。湖南南部、江西南部、广东北部、广西大部旱情维持，局部地区有中到重旱。

同日 河南省对口援建的四川地震灾区江油市恢复重建项目进行整体移交。

同日 云南省综合应急救援总队成立。

3日 全国地质灾害防治工作现场会在成都召开。国土资源部部长徐绍史说，今后地质灾害防控的重点是对特大地质灾害的防控和对人口密集区的防治。现场会对下一步工作提出具体要求，要求各地创造条件编制地质灾害防治的专项规划，争取把专项规划纳入地方“十二五”规划中，推进调查评价体系、监测预警体系、综合防治体系和应急救援等四大体系的建立。

同日 一艘采沙船在大连长兴岛附近海域沉没。船上14人有3人获救，1人死亡，10人失踪。

5日 全国人口宏观管理与决策信息系统一期成果应用现场会在河北石家庄召开。借助国家人口宏观管理与决策信息系统PADIS，政府能及时掌握地震、洪灾等所影响区域的人口汇总信息和个案信息，开展应急决策。

同日 沪昆高速江西樟树段发生7起交通事故，涉及41辆车，造成19人死亡,16人受伤。

同日 陕西西安启动"千场万人"应急疏散演练。至11月底,西安市将在1 000余处人员密集场所开展疏散逃生演练,带动数百万群众接受消防教育。

同日 由中国关心下一代工作委员会主办的"全国中小学生交通安全教育活动"在北京举行启动仪式。

同日 9时15分许,吉林市船营区珲春街商业大厦发生火灾,导致19人死亡,27人受伤。

同日 19时许,山东省东营市大众运输有限责任公司一辆核载19吨,实载94.8吨的重型罐式半挂车运载工业火碱,在山东淄博境内与一辆客车相撞,造成13人死亡,8人受伤。

9日 江苏省综合应急救援总队成立暨江苏省南京区域性灭火应急救援中心落成仪式在江苏省消防总队训练基地举行。江苏省区域性灭火应急救援中心分别承担所在地及其周边区域大型高层地下火灾和建筑倒塌、危化品灾害、航空铁路、水域、核电事故等重大突发事件的应急救援任务。

同日 上海市举行10年来规模最大的一次大型应急救援综合演练,出动救援人员1 000余人,抢险救援车辆超过100辆。高层建筑救人灭火、化工装置爆炸事故处置、地震灾害救助、大流量水炮车远距离射水和直升机快速空降实施救助等科目依次进行了实战演练,这是上海首次整合资源,动员全市各类专业队伍共同举行的一次演练。

11日 根据国务院安全生产委员会办公室日前出台的有关进一步加强安全生产应急救援体系建设的实施意见,我国将依托黑龙江鹤岗、山西大同、河北开滦、安徽淮南、河南平顶山、四川芙蓉、甘肃靖远矿山救护队,抓紧建设7个国家矿山应急救援队,力争到2011年底前全部建成。

同日 世界卫生组织公布《2010年全球控制结核病报告》,报告肯定了中国加强结核病等传染病监控系统建设的做法。世卫组织资料显示,中国结核病患者人数居世界第二位,是全球22个结核病高负担国家之一。该组织在报告中介绍说,在应对2003年非典型肺炎疫情时,中国政府在全国范围内建立了传染病疫情直报系统,各地将包括结核病在内的37种法定传染病的任何发病情况在24小时内撰写疫情报告呈报卫生部。

同日 "汶川站起来——全国各省市及港澳台援建成果大型图片纪实巡展"

在北京展览馆开幕。四川省政府负责人表示,汶川特大地震灾区恢复重建取得重大阶段性胜利,中央提出的重建三年目标任务两年基本完成的目标已成功实现。

同日 19时左右,一辆载有22人的三轮汽车在行至山东聊城市境内333省道时逆向行驶,与对向开来的核载30吨,实载52吨的重型自卸货车相撞,造成16人死亡,6人受伤。

15日 14时15分许,上海市静安区胶州路一幢高层居民住宅发生火灾,造成58人遇难,71人受伤。

受国务院委托,国务委员、公安部部长孟建柱当日深夜率国务院工作组紧急赶赴上海,指导火灾事故救援及善后工作。

16日 我国第一艘配载直升机的渔政执法船——中国渔政310船开赴东海某海域执法。这标志着我国渔政执法已从单一海上执法走向海空结合的立体执法时代。今后,该船主要用于我国重点海域,作为开展对外维权护渔工作的海上指挥船,并担负起南沙守礁、专属经济区巡航管理、西南中沙的护渔护航、北部湾双边协定监管以及突发事件的应急处置工作。

17日 国家煤矿安监局局长赵铁锤表示,我国已确定了煤矿监测监控、人员定位、紧急避险、压风自救、供水施救和通信联络等安全避险"六大系统"建设完善的时间表,最后的紧急避险系统建设要在2013年6月底前完成。

同日 环境保护部公布2010年环境保护部第二批挂牌督办案件,决定对存在严重违法行为和突出问题的湖南省冷水江市锡矿山地区、广西壮族自治区南丹县2个区域性环境违法问题和内蒙古自治区包头市危废处置中心等8家企业环境违法案件挂牌督办。

19日 国务院总理、国家应对气候变化领导小组组长温家宝在北京主持召开国家应对气候变化领导小组会议,研究应对气候变化工作面临的形势,就进一步做好应对气候变化工作进行部署。

同日 西藏自治区发布首个《西藏自治区气象灾害应急预案》(以下简称《预案》)。《预案》的正式发布实施,对西藏提高气象灾害的防范和处置能力,最大限度地减少气象灾害所造成的人员伤亡和财产损失,具有重要意义。

同日 住房和城乡建设部开展建筑施工消防隐患排查治理,要求各地立即组织开展对在建工程项目,特别是对既有建筑的改、扩建项目施工消防隐患排查治理工作。

同日 三峡库区首次举行大规模地质滑坡实景模拟应急救援演练。

21日 11时许，四川省内江市威远县八田煤矿发生一起透水事故，29人被困。22日，29人全部获救。

22日 中共中央政治局常委、国务院副总理、国务院防治艾滋病工作委员会主任李克强在北京考察中国疾控中心艾滋病预防控制中心，并现场主持召开防治艾滋病工作委员会全体会议。

24日 广西罗城市113例甲型副伤寒疫情得到控制，113名病例全部康复出院。2010年10月3日，罗城县出现首例甲型副伤寒病例，10月中旬以后发病数逐渐增多。截至11月5日，累计报告病例113例，其中学生89例，均为轻症病例。11月6日后均无确诊病例。

25日 为加大对事故企业的处罚力度，天津出台新规，对于发生较大以上生产安全事故或一年内发生2次以上一般事故并负主要责任的企业以及存在重大隐患整改不力的企业实行"黑名单"制度，并作为银行贷款等的重要参考依据。

同日 中国环境监测总站成立30周年纪念大会在京召开。会议透露，我国现已初步建成覆盖全国的国家环境监测网，环境监测保障能力不断提高。

同日 水利部会同财政部、国土资源部和中国气象局在京联合启动全国县级山洪灾害防治区的非工程措施体系建设。未来三年，全国1 836个县级山洪灾害防治区的非工程措施体系将初步建成，实现预警及时、反应迅速、转移快捷、避险有效，为人民群众的生命财产安全提供可靠的保障。

同日 公安部决定，从即日起到2011年底，在全国集中开展"大排查、大整治、大宣传、大培训、大练兵"活动，以全力维护火灾形势稳定，坚决遏制重特大火灾事故特别是群死群伤火灾事故发生。

26日 2008年11月15日发生的杭州市地铁施工工地坍塌重大事故案的8名责任人被杭州市萧山区人民检察院以涉嫌重大责任事故罪依法提起公诉。2008年11月15日15时15分许，正在建设中的杭州地铁一号线萧山湘湖站工地北2基坑突然发生大面积坍塌事故，共造成21人死亡，直接经济损失约4 961万元。

27日 12时40分左右，国道323线云南石屏县大桥乡境内发生一辆大客车翻下山坡的道路交通事故，造成10人死亡，24人受伤。

29日 国务院总理温家宝主持召开国务院常务会议，研究部署进一步加强艾滋病防治工作。会议确定了以下政策措施:(一)扩大宣传教育覆盖面。(二)扩大监测检测覆盖面,最大限度发现感染者。(三)扩大预防母婴传播覆盖面,有效减少新生儿感染。(四)扩大综合干预覆盖面,遏制艾滋病病毒传播。(五)扩大抗病毒治疗覆盖面。(六)加强血液安全管理,保障临床用血安全。(七)加强对感染者和病人的关怀救助,落实受艾滋病影响儿童的福利保障政策。(八)加强艾滋病防治队伍建设,促进科研和科技成果转化,提高防治能力和水平。

同日 我国政府和欧盟委员会在布鲁塞尔欧盟总部签署一项灾害控制管理合作协议。国务委员兼国务院秘书长马凯出席协议签字仪式。该协议是中欧双边第一个涉及灾害控制管理的发展援助项目,欧盟将为此提供600万欧元的资金,以帮助中国加强灾害控制体系,并促进双方在该领域的经验交流。

同日 凌晨,两艘万吨级外轮在山东省威海市成山头以东海域发生碰撞,经当地海事和海上搜救部门的全力救助,49名遇险船员全部获救。

同日 12时许,新疆阿克苏第五小学发生踩踏事故,造成41受伤,其中7人重伤。

30日 23时40分许,湖南湘潭县云湖桥镇亿德煤矿突发透水事故,7人遇难。

十二月

2日 江西省拉开全省重点圩堤、小(二)型水库应急除险工程全面开工序幕。江西省明确今冬明春对6 000座小(二)型病险水库进行应急除险,以保证工程防洪安全。这次小(二)型病险水库应急除险总投资6亿元,全部应急除险项目要求在2011年3月31日前完工。

3日 凌晨,在建的嘉绍跨江大桥工地发生断塌事故,造成2人死亡,9人受伤。

同日 万国数据成都数据中心正式竣工,这是西部通信枢纽建设工程重大项目之一,也是地震灾后重建的重要基础设施项目之一。

同日 13时43分,一艘搭载24名中国籍船员的巴拿马籍"宏伟"轮在巴士海峡附近海域翻沉,14人获救,10人下落不明。船上24名中国籍船员落水遇险。5日下午,12名中国籍获救船员回国。

4日 贵州省黔东南州凯里市清平南路大桥下一非法违规存有危险化学品等危险物品的违规建筑物发生爆炸，导致一墙之隔的网吧墙体倒塌并引发火灾，造成7人死亡，39人受伤。

5日 凌晨，一艘运煤货轮在山东东营港东北30海里处发生主机故障，失去动力。经交通运输部北海救助局全力救援，船上11名船员全部脱险。

同日 山东省发展计划项目"海洋环境监测平台及海洋灾害预警系统"通过鉴定。这套系统通过利用浮标网、海洋监测站、巡航飞机、监测船等监测手段获取海洋环境实测数据，并对数据进行处理和分析，对沿海海域海洋环境形成立体监测，对海啸、风暴潮、海冰、赤潮等海洋自然灾害和人为污染事故提供及时有效的预警预报。

同日 12时30分左右，位于甘孜道孚县鲜水镇孜龙村呷乌沟突发草原火灾，造成22人死亡，1人重伤。中共中央总书记、国家主席、中央军委主席胡锦涛作出重要指示，要求尽最大努力抢救伤员，妥善处理遇难人员善后。

7日 中共中央、国务院在甘肃兰州举行全国防汛抗旱暨舟曲抢险救灾总结表彰大会，219个先进集体和378名先进个人受到表彰。中共中央政治局委员、国务院副总理、国家防汛抗旱总指挥部总指挥回良玉出席并讲话。

同日 19时40分，位于河南省三门峡市渑池县的河南义马煤业集团巨源煤业公司发生瓦斯爆炸，共造成26人遇难。

11日 山东省滨州市阳信县商店镇一栋商住两用居民小楼二层的居民家中非法存放烟花爆竹，发生爆炸事故，造成8人死亡，6人受伤。

12日 全国工业污染源监控暨环保物联网技术研讨会在太原召开。会议透露，"十一五"期间，我国投入百亿元用于国控重点污染源自动监控能力建设。目前，全国已建成343个省级、地市级污染源监控中心，对15 559家重点污染源实施了自动监控，现场端建设完成率和联网率均达到百分之百。

13日 我国建立三聚氰胺快速检测技术与方法评价机制。

14日 8时49分左右，深圳地铁1号线国贸站5号手扶电梯发生运行故障，突然逆向下行，致使24名乘客受伤。

16日 "泛珠三角九省区食品药品监管合作第六届联席会议"在海口举行，会议并就一系列区域食品药品监管合作问题深入探讨。

同日 越南籍渔船"PHU TAN"在海南省三亚市以西约110海里处、中越专属经济线界附近遭遇大风倾斜翻沉，船上 27 名渔民落水。接到越南搜救中心的通报后，中国交通运输部南海救助局紧急赶往现场，救起 2 人，其余 25 人失踪。

同日 重庆举行首次桥梁危化品应急救援演练。

同日 18 时许，两辆大客车在杭州萧山国际机场附近的高速公路发生重大交通事故，造成 6 人死亡，10 人受伤。

17 日 当日晚，湖南宁乡鞭炮运输车发生爆炸，造成 12 人遇难，9 人受伤。

18 日 浙江省平湖市全塘镇华辰能源油库一万立方米丙烯罐起火。经上海、杭州、宁波、嘉兴四地消防部门救援，上午 9 点半左右，现场明火被扑灭。

22 日 “风雨同舟，舟曲不屈——甘肃舟曲特大山洪泥石流灾害抢险救援主题展览”在中国人民革命军事博物馆开幕。中共中央政治局委员、国务院副总理回良玉出席开幕式。

24 日 一艘越南籍轮船在闽江口海域遇大风沉没，17 名越南籍船员遇险。交通运输部东海救助局的“东海救 113”轮紧急出动，13 人获救。

26 日 由安全生产监督管理总局、全国总工会、煤矿安全监察局联合主办的全国煤矿班组安全建设推进会在北京人民大会堂举行。中共中央政治局委员、全国人大常委会副委员长、全国总工会主席王兆国，中共中央政治局委员、国务院副总理张德江会前接见与会代表。

27 日 国家质量监督检验检疫总局下发通知，要求各地根据全国食品安全整顿工作部署和总局“双打”工作的要求，进一步加强“两节”期间食品质量安全监督检查和执法打假工作。

同日 7 时 40 分，湖南衡南县松江镇校车坠河，造成 14 名学生死亡，6 名学生受伤。

29 日 全国地质灾害群测群防十大杰出监测员颁奖晚会在北京隆重举行。中共中央政治局委员、国务院副总理回良玉出席晚会并为十大杰出群测群防监测员颁奖。

后　记

经国务院领导同志同意，在国务院应急管理办公室的大力支持与具体指导下，国家行政学院与民政部、卫生部、国家安全监管总局等共同组织编写了《中国应急管理报告(2011)》。国务院应急管理办公室、民政部、卫生部、国家安全监管总局、国土资源部、水利部、科技部、环境保护部、国家林业局、中国地震局、中国气象局等中央部委以及北京、上海、天津、重庆、广东、江苏、辽宁、江西、甘肃、云南等省级政府组织供稿。《中国应急管理报告(2011)》体现了全面总结我国应急管理年度工作情况和创新做法、反映工作成就和政策导向的白皮书性质。

中国应急管理年度报告系列白皮书第1本即《中国应急管理报告(2010)》，已于2011年1月由红旗出版社正式出版发行，在社会上产生了广泛影响，有效地发挥了指导部门和地方政府应急管理工作实践的作用。

按照"客观、全面、权威、精品"的要求，《中国应急管理报告(2011)》以反映2010年中央政府和省(区、市)政府应对各类突发事件的情况分析、创新做法和典型案例为主要内容，并对2010年突发事件应急管理工作创新进行专题分析。报告总体结构分为六大部分，具体内容如下：

第一部分　权威要论。主要内容为：中央部委负责人等关于2010年应急管理工作的重要讲话、权威论述及指示精神。

第二部分　2010年全国应急管理工作总体概况及分析。主要内容为：2010年全国突发事件应急管理工作的总体概况以及应对工作的总结评估，分析2010年全国突发事件应急管理工作取得的巨大成效及存在的主要问题，并就加强应急管理工作提出相关建议。

第三部分　2010 年分类突发事件应急管理工作概况及分析。主要内容为：2010 年全国自然灾害、事故灾难、公共卫生等分类突发事件应急管理工作的总体概况以及应对工作的总结评估，研判突发事件应急管理的发展趋势，总结突发事件应急管理工作的经验和规律。

第四部分　2010 年应急管理工作创新专题分析。主要内容为：对 2010 年突发事件应急管理工作创新进行专题分析。具体选择了应急资源普查、风险评估、预案优化、监测预警、应急平台建设、应急救援队伍建设、基层社区应急能力建设、应急科技支撑、应急信息报告、应急信息公开、军地应急联动、应急评估、应急教育、应急管理区域合作等 14 个应急管理工作创新专题。

第五部分　2010 年应急管理典型案例介绍与分析。主要内容为：选择 2010 年发生的有重大影响的突发事件应急管理典型案例 9 个，进行介绍与分析。主要典型案例包括青海玉树地震、甘肃舟曲特大山洪泥石流、山西王家岭煤矿透水事故、西南地区特大干旱、河南蟑虫中毒事件、南方地区洪涝灾害、贵州关岭山体滑坡、大连中石油“7·16”输油管道爆炸火灾事故、上海世博会卫生应急保障等。

第六部分　2010 年全国应急管理工作大事记。主要内容为：按照时间顺序，编写整理 2010 年全国突发事件应急管理工作大事。

图书在版编目(CIP)数据

中国应急管理报告. 2011/洪毅主编 .—北京:国家行政学院出版社,2012. 3
ISBN 978-7-5150-0277-4

Ⅰ. ①中…　Ⅱ. ①洪…　Ⅲ. ①紧急事件－公共管理－研究报告－中国－2011　Ⅳ. ①D63

中国版本图书馆 CIP 数据核字(2012)第 035382 号

书　　名　**中国应急管理报告(2011)**
作　　者　洪　毅　主编
责任编辑　阴松生
出版发行　国家行政学院出版社
(北京市海淀区长春桥路 6 号　100089)
(010)68920640　68929037
http://cbs. nsa. gov. cn
编 辑 部　(010)68928789
经　　销　新华书店
印　　刷　北京天宇万达印刷有限公司
版　　次　2012 年 3 月北京第 1 版
印　　次　2012 年 3 月北京第 1 次印刷
开　　本　787 毫米×1092 毫米 16 开
印　　张　25. 75
字　　数　408 千字
书　　号　ISBN 978-7-5150-0277-4/D・0108
定　　价　80. 00 元